21世纪高等院校市场营销专业精品教材

Excellent Course of Speciality of Marketing for
High-level Universities in the 21st Century

U0656904

Essentials of Commodity Science

商品学概论 （第五版）

胡东帆 编著

东北财经大学出版社
Dongbei University of Finance & Economics Press

·大连·

图书在版编目（CIP）数据

商品学概论 / 胡东帆编著．—5版．—大连：东北财经大学出版社，2020.12

（21世纪高等院校市场营销专业精品教材）

ISBN 978-7-5654-3983-4

Ⅰ．商… Ⅱ．胡… Ⅲ．商品学-高等学校-教材 Ⅳ．F76

中国版本图书馆CIP数据核字（2020）第177708号

东北财经大学出版社出版

（大连市黑石礁尖山街217号 邮政编码 116025）

网　　址：http：//www.dufep.cn

读者信箱：dufep@dufe.edu.cn

大连图腾彩色印刷有限公司印刷　　东北财经大学出版社发行

幅面尺寸：170mm×240mm　字数：430千字　印张：20.75　插页：1

2020年12月第5版　　　　　　　　　2020年12月第1次印刷

责任编辑：朱 艳　　　　　　　　责任校对：石建华 孙冰洁

封面设计：沈 冰　　　　　　　　版式设计：钟福建

定价：43.00元

第五版前言

商品学是一门建立于自然科学与社会科学理论基础上的综合性应用科学，它从技术、经济两个方面来研究和评价商品质量与商品的使用价值。从宏观的角度出发，研究商品质量和使用价值的核心问题，已经进入了经济全球化发展和标准全球化普及的全面质量观阶段。

随着时间的推移，科技的迅速发展，全世界范围内高科技的广泛推广，商品质量技术参数不断升级换代，国际贸易和国内贸易市场中商品品种和数量以前所未有的速度迅猛增长。科学技术的发展与变化使商品学的内容不断扩展，从而满足科学理论的应用需要。

本书从商品全面质量观出发，围绕商品质量的自然属性和社会属性，在商品的寿命周期及其延伸的全过程中，通过质量与标准，标准化与质量管理，质量监督与认证，商品检验、分类与编码、包装、储运与养护，商品的可持续发展，新产品开发等方面，研究商品的质量及变化规律。

本书自1998年出版以来，广泛应用于高等院校的经济管理类专业，受到好评和肯定。

新版对商品学理论与实践内容、国内外最新研究成果做了延伸、增补和更新。

在第5章中，《中华人民共和国产品质量法》《中华人民共和国消费者权益保护法》《中华人民共和国食品安全法》等法律法规均从原始版本更新到最新修订版。全面质量管理的政策和法律条文也拓展到2019年，上了一个新台阶。

《中华人民共和国标准化法》是我国标准化工作的一部基本法，自1989年起施行。新修订的《中华人民共和国标准化法》于2018年施行。新法的施行，对于促进科学技术进步，提高商品质量和服务质量意义重大。《中华人民共和国商标法》于1982年8月23日通过，并于2019年第四次修正。

在第7章中，对假冒伪劣商品的含义做了新的阐述，进一步明确了假冒伪劣商品的危害性。

随着经济全球化的发展，商品编码技术不断提高，我国在重点领域的发展应用和新型数字经济的扩展方面都做出了突出贡献。为推动电商发展，夯实产业互联网数据基础，中国编码APP正式上线。中国编码已跨入5G时代，"让数据多跑路，群众少跑路"，APP可以更好、更便捷、全天候为企业提供高质量的服务，我国已开启向编码强国迈进的新征程。

本书可作为商品学、市场营销、工商管理、贸易经济、物流管理、国际贸易、国际商务及工商行政管理等专业的教材，也可作为从事经济管理的专业人员的参考用书。

本书在编写过程中借鉴和引用了国内外学者的大量研究成果，在此表示衷心感谢。由于编著者水平有限，书中难免有不足之处，敬请广大读者、同行学者、专家批评指正。

胡东帆

2020年9月

目　录

第 1 章

商品学的研究对象、内容与任务

学习目标

通过本章的学习，使学生了解商品学是以商品质量为中心，研究商品的使用价值的科学，商品学概论侧重于研究商品学学科的共性，掌握现代商品学的整体概念，培养学生掌握研究商品使用价值的有关基础理论和基本方法。

1.1　商品学的产生与发展概况

商品学作为一门独立科学，只有200多年的历史。

由于商品学特定的研究对象是商品，因此商品学的产生与发展和商品经济的产生与发展密切相关，它是商品经济发展到一定阶段的必然产物。伴随着商品经济的逐步深化，商品学的研究领域在不断地拓宽，商品学自身也处于不断地深化发展之中。

在原始社会阶段，生产力水平低下，人类处于自给自足的自然经济条件下，没有多余的劳动产品用于交换，商品学自然不存在产生的条件。随着生产力的不断发展，有了剩余的劳动产品用于交换，也就出现了商品经济，人类社会进入了商品和货币交换时代。随着商品经济的发展，人类文化和科学技术水平逐步提高，商品学开始进入萌芽阶段，以后逐渐形成了商品学这门科学。因此，无论是我国的商品学还是国外的商品学，其产生与发展总体上都可分为萌芽、创立和发展几个阶段。

1.1.1　我国商品学的发展概况

1）商品学的萌芽阶段

我国是一个历史悠久的文明古国，古代商品经济的发达曾闻名于世，为商品学的萌芽奠定了丰富的物质基础。

唐朝（公元618—907年）是我国封建社会发展的鼎盛时期，当时在西京（西安）、东京（洛阳）两地之间的商业很繁盛，农业、冶炼业、陶瓷业、印刷业以及其他手工业都有了很大的发展，广州、泉州、扬州等地已成为我国对外贸易的重要商埠。盛唐中叶，我国的茶叶生产很发达，从江淮一带传入北方，运到京城的茶叶品种繁多，色、香、味各异，茶叶作为饮料逐渐盛行起来。当时的复州竟陵（今湖北天门）人陆羽收集了大量有关茶叶生产和消费方面的知识，于公元780年写出了《茶经》一书，全书共三卷十篇。书中对各种茶叶的形状、品质、产地、采集、加工炮制、烹饮方法等均有详细阐述，还对茶叶的审评、用途及储藏方法等内容做了专门介绍。中国的茶叶闻名世界，同《茶经》的问世与传播有着密切的关系，《茶经》促进了茶叶的生产与消费。我国商品学界认为，《茶经》应是世界上最早的一部茶叶商品学专著。

公元1578年明朝李时珍完成了《本草纲目》一书，公元1590年（明神宗万历十八年）出版的《本草纲目》版本共五册五十二卷，收集药物1 892种，系统地总结了药物学方面的知识，是我国药物学、植物学等方面的宝贵遗产。《本草纲目》相继被译成多种文字版本在国外流传，曾传入日本，并在日本普及。在日本的商品学学者中占主流的一种看法认为，商品学是由本草学和物产学演变而发展起来的。因此，《本草纲目》也是我国历史上较早的一部药物商品学专著。

此外，在古代有记载的还有春秋时期师旷著的《禽经》、晋朝戴凯之著的《竹谱》、宋朝蔡襄著的《荔枝谱》、清代王秉之编著的《万宝全书》等。这些学科商品学从内容看趋近于商品学体系，但并未系统化、理论化，只是处在商品学的萌芽阶段。

2）商品学的创立和发展阶段

19 世纪以来，商品学由德国传入我国，使我国商品学得到迅速发展。1902 年我国商业教育中把商品学作为一门必修课，商品学教育和研究从此不断发展起来。

这期间，有 1917 年方嘉东编著的《商品研究通论》，1925 年戴在珣编著的《商品学》，1932 年刘冠英编著的《现代商品学》，1934 年潘吟阁编著的《分类商品学》和王博仁编著的《商品学》等。这些都是我国近代商品学研究中的早期著作。在此期间北平大学、中国大学、津法大学、沪江大学、暨南大学等高等院校先后开设了商品学课程。

1949 年中华人民共和国成立之后，许多高等院校相继开设了商品学课程，商品学的教学和研究工作受到了党和政府的极大重视和关怀，取得了一系列的进展。1951 年中国人民大学由苏联专家执教，招收了商品学研究生班，培养了一批商品学的师资骨干队伍。1958 年之后国内许多高等商业、财经院校创办了商品学系、商品学专业或开设商品学课程，编写了许多商品学教材，如中国人民大学编写的《商品学总论》及分论共计五册，黑龙江商学院编写的《日用工业品商品学》《食品商品学》《五金商品学》，由院校与商业部门共同编写的《纺织品商品学》《针织品商品学》《百货商品学》《棉花商品学》《茶叶商品学》等多种专业商品学。

1959 年在《商业研究》刊物中还开展了关于商品学的研究对象与任务的学术讨论。此后，上海、北京、天津、广州等地的大型商业企业出版了定期的商品知识刊物，自 1961 年 7 月开始，《大公报》开辟专栏开展了商品学学术讨论，1963 年 9 月在哈尔滨召开了首届商品学学术讨论会，这些对我国商品学的研究和发展都起到了积极的推动作用。

这个阶段，我国商品学的研究范畴，还只限于商品质量的自然属性研究，还不是全面的商品质量观。

3）我国商品学的现状——商品学的全面质量观阶段

1978 年党的十一届三中全会以来，我国的工作重心转到社会主义现代化建设上来，开始大力发展社会主义市场经济，商品学也随之得到了迅速发展，商品学的教学和科研工作出现了百花齐放的繁荣景象。近年来，国内商品学界广泛开展了商品学学术讨论和交流活动。自 1983 年以来，相继成立了若干个地方商品学会，1995 年 10 月中国商品学会在北京成立，总部设在中国人民大学，同年加入国际商品学会。

在这期间，涌现了一大批热于商品学研究的优秀人才，从事商品学教学实践和理论研究工作。不少学者编写了教材，发表了许多有价值的科研论文，在拓宽商品学研究领域方面取得了共识。他们普遍认为商品学研究的核心——商品质量，应包含商品的明确质量与隐含质量，商品的有形质量与无形质量，商品的内在质量与外在质量，应是商品质量的自然属性和商品质量的社会属性的总和，从而使商品学的研究和教学工作进入了一个崭新的发展时期，商品学进入全面质量观阶段。这个阶段还将不断深化完善。

1.1.2　国外商品学发展概况

1）商品学的萌芽阶段

据西方和日本文献记载，在9—10世纪，身居大马士革的阿拉伯人阿里·阿德·迪米斯基著有《商业之美》一书，该书的副标题是"关于优质商品和劣质商品的鉴别方法及对商品骗子伪货的识别指南"。这是现存文献记载中世界上最早的商业著作。可见，早在1 000余年前的早期商业中，识别商品的真伪、优劣已是经商的必备知识和技能。在此之后，在当时欧洲的商业中心意大利的各城市中经商的人也著述了大量内容相近的著作。

16世纪中叶，意大利的普那斐特药剂师著有《生药学》，从内容体系上看类似药物商品学；日本的直漱道三著有《宜禁本草》；法国官员沙瓦利著有《完美商人》，书中有十余章记述了关于纤维制品和以染料为主的各种商品的产地、销路、包装和储藏方法等，是当时享有盛名的商业业务书；在俄国也出现了首批商品学书籍。这期间的书，从内容上看趋近于商品学体系，但也都未能系统化、理论化。

2）商品学的创立发展阶段

在国外，首次开设商品学课程的年代为18世纪，德国人约翰·贝克曼教授于1780年在德国哥丁堡大学首次开设商品学课程，并于1793—1800年出版了《商品学导论》一书。该书分为两卷，第一卷内容主要是商品的制造工艺和生产技术方法；第二卷的内容主要包括商品的分类、性能、用途、产地、质量、价格、检验、鉴定及主要市场和商品包装等，从而明确了商品学的研究范围和内容，建立了商品学学科体系。由于贝克曼做出的突出贡献，他被誉为商品学的创始人，他所创立的"商品学"被誉为"贝克曼商品学"。

俄国于1831年在莫斯科商学院开设了商品学课程。1906年，俄国的尼基琴斯基著有《商品学基础教程》，他被誉为俄国商品学的奠基人。俄国商品学体系属于技术派，曾对中华人民共和国成立后的商品学产生过巨大影响。

英国于1910—1930年期间，出版了70余种商品知识书籍，近年来也出版了不少商品知识丛书。

日本于1892年首次出版了由日本人户田翠香编著的《日本商品学》，并规定为学校的教材。1926年上坂酉三编著了《商品学概论》。

美国于1936年出现了商品研究机构，同年出版了哈佛大学戈林女士编著的《购物试验指导》教科书。1946年加利福尼亚大学出版了《消费品的标准与标志》教科书，近年来又出版了《纺织原料学概论》《现代纺织品》等一些书籍。

1976年成立了国际商品学会，以德文缩写"IGWT"为会徽标志，总部设在奥地利的维也纳经济大学，会刊为《商品论坛——科学与实践》。

3）国际商品学界的主要学派及学术主张

当今世界商品学界存在着三大学派，即技术学派、经济学派和融合学派。

（1）技术学派

技术学派主张从自然科学方面研究商品学，确立以商品检验和鉴定为主体的商品学，运用物理、化学、电子学等方面的研究成果，开展对商品质量的研究，把商品的有形质量、内在质量、质量标准、检验和鉴定方法，作为商品学的主要研究内容。进入20世纪，技术学派的理论和体系趋于完善，在意大利、奥地利、俄国、东欧一些国家，以及日本和我国都先后开始讲授这一体系的商品学。

（2）经济学派

经济学派主张从社会科学方面研究商品学，主要是从市场经济出发，建立以市场价值为中心的商品学，着重研究商品的经营管理、商品销售、商品广告、商品包装、消费者和市场信息等。

1804年德国尼恩贝格大学劳克斯教授首次提出了经济商品学大纲和体系的设想，1947年德国的珀施尔教授创立了目的论商品学，1958年奥地利维也纳经济大学格伦斯洗特尔创立了商品经济学，1961年德国科隆经济大学库兹尼格教授创立了经济商品学。

（3）融合学派

融合学派主张从技术和经济两方面来研究和评价商品的使用价值，使商品学成为一门典型的边缘科学以及一门具有较强实践性的应用技术科学。

日本的水野良象主张："商品学既不是研究物质的自然科学，也不是研究经济的社会科学，而是这两者融合起来的一门科学。"德国的费尔认为："现代商品学应把商品作为经济物，从自然科学和技术科学及经济科学方面研究和探讨商品形成全过程中的各种现象及变化规律。"奥地利的加瑟勒认为："传统的商品学中应保留自然科学的内容，但还要增加市场学、销售学、市场情报、质量管理等经济科学和管理科学的内容。"中国人民大学万融等编著的《商品学概论》中提出："现代商品学围绕商品-人-环境系统，从技术、经济、社会等多方面，运用自然科学、技术科学与社会科学中相关的原理和方法，综合研究商品与市场需求，商品与资源合理利用，商品与环境保护，商品开发与高新技术，商品控制、质量保证、质量评价及质量监督，商品分类与品种，商品标准与法规，商品包装与商标、标识，商品形象与广告，商品文化与美学及商品消费与消费者保护等技术与经济问题。"

1.2　现代商品的整体概念

1.2.1　商品的概念

商品是指用来交换，并能满足人们和社会某种消费需要的劳动产品。商品是一种特指范畴的产品。

1）商品是劳动的产物

商品首先是劳动的产物。商品是由人们的劳动创造出来的，这种产物可以是有形的，也可以是无形的。有形商品通常是需要人们经过设计、加工、制作等一系列劳动而生产出来的有形物品或产品。这里特别强调指出，它必须是经过劳动而获得的。某些天然的物品，如果人们不劳而获、为己所用就不能称为商品，如空气、自然水、沙石等。如果这些天然物品经过人们劳动而用于交换则另当别论，如河沙通过人们劳动挖出后，装袋或装车出售用作建筑材料，就构成商品。无形商品如知识、技术等。

2）商品能满足人们和社会的某种需要

商品能满足人们和社会的某种需要是指商品的使用价值，即商品的有用性。马克思指出：物的有用性使物成为使用价值。但这种有用性不是悬在空中的，它决定于商品体的属性，离开商品体就不存在了。所以，使用价值是由商品本身能满足人们某种需要的属性所形成的。商品体的属性包含商品的自然属性和商品的社会属性两部分。商品的自然属性主要形成人们的明确需要，商品的社会属性则主要形成了人们的隐含需要，如心理上、精神上、感情上的需要等。商品如果不能满足人们的明确需要和隐含需要就失去了使用价值。失去了使用价值的劳动产品，如废弃、假冒等劳动产品，也不能算作商品。

3）商品必须用于交换

为自己消费而生产的产品不是商品，为他人生产的产品，如不经交换也不是商品。因为这类劳动产品，只有使用价值而无价值，不能体现货币形式。商品是供他人或社会消费，而不是供生产者或经营者自身消费的劳动产品。商品必须是通过交换而到达别人手中的劳动产品，也就是说商品必须用于交换。正如马克思所指出的：一个物可以有用，而且是人类劳动产品，但不是商品。谁用自己的产品来满足自己的需要，他生产的就只是使用价值，而不是商品，他不仅要生产使用价值，而且要为别人生产使用价值，即生产社会的使用价值。如手工业者自产留下自用的手工业品，农民自产留下自用的农业副产品，就不能归于商品。商品要交换就必须进入市场，并受市场规律的制约，如价值规律、供求规律、竞争规律等。商品交换是在一定经济条件下产生和存在的历史范畴，是社会分工和产品属于不同所有者的结果。

1.2.2　商品的宏观分类

国际标准化组织质量管理和质量保证技术委员会ISO/TC176指出：产品是指活动或加工的结果。产品可以是有形的，可以是无形的，也可以是两者的结合，叫作通用产品。产品包括硬件产品、软件产品、流程性产品、服务活动四大类，或称四类产品类型。

据此，将商品按商品的形态和类型特征进行如下分类：

1）按商品的形态分类

（1）有形商品。有形商品是以物质状态存在的核心商品体及它的有形附加物，例如，在服装市场、食品市场、五金市场、百货市场等市场上以物质状态存在的商品。

（2）无形商品。无形商品是劳动的无形产物，其存在状态相对于有形商品而言是无形的，它不是以物质状态存在的，例如，知识、技术、证券、股票、服务、劳务等。

（3）通用商品。通用商品是有形商品和无形商品的结合，具有广义商品的概念，是现代商品的整体概念，即商品是由商品体、有形附加物和无形附加物构成的完整商品。

2）按商品的类型特征分类

（1）硬件商品

硬件商品一般是指有形的商品体，例如，微机的主机。

（2）软件商品

软件商品通常是指知识和技术的劳动产物。例如，微机的软件商品、设计图纸等通常属于无形商品，或有形与无形的结合体。

（3）流程性商品

流程性商品通常是指工艺流程中所需的零部件、组件、配件、元器件等，或工艺流程中间产物。它是最终消费品商品体的重要组成部分，通常属于有形商品。商品的重要易损件常以有形附加物的形式提供。

（4）服务活动性商品

服务活动性商品是指商品在实现交换和消费时的服务活动。服务是无形商品。

我国从1995年4月1日起，实施了《国民经济行业分类与代码》国家标准，调整了行业划分和称谓，显示了一些行业的服务性质。另外我国等同采用的国际标准ISO 9004-2《质量管理和质量体系要素第2部分：服务指南》，明确了12种服务类型：

第1种为接待服务：餐馆、饭店、旅行社、娱乐场所、广播、电视、度假村。

第2种为交通与通信：机场与空运，公路、铁路和海运，电信、邮政、数据通信。

第3种为健康服务：药剂师、医生、医院、救护队、医疗实验室、牙医、眼镜商。

第4种为维修：电器、机械、车辆、热力、系统、空调、建筑、计算机。

第5种为公用事业：清洁工作、废物处理、供水、场地维护、供电、煤气和能源供应、消防、治安、公共服务。

第6种为贸易：批发、零售、仓储、配送、营销、包装。

第7种为金融：银行、保险、津贴、财产、服务、会计。

第8种为专业：建筑设计（建筑师）、勘探、法律、执法、安全、工程、项目管理、质量管理、咨询、培训和教育。

第9种为行政管理：人事、计算机处理、办公服务。

第10种为技术：咨询、摄影、试验室。

第11种为采购：签订合同、库存管理和分发。

第12种为科学：探索、开发、研究、决策支援。

由上可见，通用商品把有形商品和无形商品融为一体，形成了商品的整体概念。通用商品一般包括硬件部分、软件部分、流程性商品部分（零配件）、服务活动四个部分。例如，微机硬件通常是由主机、显示器、键盘、鼠标和打印机等组成；软件通常是由操作系统、工具类软件（杀毒软件、磁盘工具软件等）、数据库类软件、高级语言类软件、汇编语言类软件、集成化软件、窗口类软件等组成。硬件部分和软件部分，再加上零配件和销售服务，方才构成一个完整的商品。

目前，商品学主要侧重于通用商品的研究。

1.2.3　通用商品的内容范畴

在市场经济条件下，商品经济高度发展，人们的需求水平越来越高，对商品质量的要求也越来越高，对商品的内容范围和要求更加广泛。现代商品的全部内容包含商品体和它的附加物两大部分。附加物又分为有形附加物和无形附加物两部分。只有提供商品体本身的同时还提供附加物的商品才是完整的商品，消费者才乐于接受，产品才能真正地转化为现实的商品。所以，人们在选购商品体的同时，还要选购它的附加物。

1）商品体

商品体主要指商品的核心部分，包括与它不可分割的外观式样和款式。它具有特定的功能或效用。不同的商品体其功能、性能和品质指标都存在明显的差异。

商品体通过功能和效用来满足消费者的需求。消费者的不同使用需要，要求商品体具有不同的功能，这是消费者追求的核心利益，是满足消费者需求的中心内容。比如电视机具有影视和声音的功能，它满足消费者的影像和声音的需求。

商品体性能主要指商品的物理性能（机械学、电学、电子学、光学、热力学、声学、力学等方面的性能）、化学性能（无机化学、有机化学、物理化学、药物化学等方面的性能）、技术经济性能、生理生化性能等。不同功能和效用的商品体，其性能也不同。不同领域的商品体，其商品性能有其特有的含义和明确的品质等级要求。比如家用电器商品，突出的是电学性能；家用电器商品中的影碟机商品，突出的是图像和声音方面的电子学性能，不同品种的影碟机（EVD、DVD、SVCD、VCD）的图像和声音质量，存在着明显差异。商品的自然属性形成了商品使用价值的客观物质基础，集中体现了商品质量的明确需要。

商品体品质指标把商品功能（效用）以及商品特性等进一步层次化。具有同一功能的商品在性能品质上有高低、好坏、优劣之分，有名牌商品和一般商品、优质商品和合格商品的差异等。

具有相同功能不同性能的商品体，在商品质量上的差异满足着不同消费阶层需求上的适应性和适用性，是消费者最关心的要素之一。

2）商品附加物

（1）商品的有形附加物

商品的有形附加物是指在商品体上或商品体之外的必要附加物品。它对消费者起到识别和确认商品、保护和维护商品、证明和保证商品等作用。它是保证商品体的安全和维护消费者利益的重要组成部分。在流通领域，商品的有形附加物满足运输、装卸、储存和销售等方面的需要。商品的有形附加物包括包装、标志、商标、附件、说明书、合格证、保修单和发货票 8 项内容。

①包装。包装包括运输包装和销售包装。包装物本身也是一种商品，它的质量具有商品全面质量的含义，既有商品自然属性的一面，又有商品社会属性的一面。

②标志。标志是标明在商品体上和包装物上的各种文字和符号。标志有商品的名称、运输和销售标志、商品注册标志、条形码标志、质量认证标志、安全认证标志、优质产品标志、卫生标志、绿色环保标志、商品使用指标性标志等。

③商标。商标是一个重要标志，它不同于其他一般标志之处在于它本身也是一种商品，它是企业的一种无形资产。不同厂家的产品由商标加以区别，同一厂家的不同产品也由商标加以区别。商品的声誉往往表现为某一商标的声誉。名牌商品的商标对商品能起到增值的作用。

④附件。商品附件是商品体之外的附加物品，它是商品使用和维护时的必备品，有的附件还为扩展商品的应用范围、多用途使用提供了方便。

⑤说明书。说明书是商品的使用指南。说明书中有商品技术性能、质量指标等详细说明，是选购商品时区别商品效用、品质的主要依据。另外说明书中还有商品的功能和使用方法的详细说明等。

⑥合格证。合格证是厂家出厂时的一个质量合格的认证。它是一个合格证书或是一个合格证标签，上面印有质检员的标记，说明产品各项质量指标检验合格。它具有法律的效用。

⑦保修单。保修单是商品售后服务的一种承诺，为消费者提供售后服务保障。在保修单上注有购买日期，保修范围、地点和期限。

⑧发货票。发货票是商品交换双方的重要证据，是国家税收制度的一个组成部分，是合法交易的标志。发货票本身是有价的。

（2）商品的无形附加物

商品的无形附加物是人们在购买商品时所获得的各种销售服务，包括售前服务、售中服务、售后服务和附加利益。例如，销售时的分期付款、优惠、折扣、送货上门、免费安装调试；销售之后的包退、包换、包修和保修服务等质量保证措施。商品的无形附加物为消费者提供了更多的实际利益，免除了消费者的后顾之忧，保护了消费者的合法权益。在激烈的市场竞争中它的作用将越来越明显。

1.3 商品学的研究对象

1.3.1 商品的使用价值

商品学作为一门独立的科学，有它特定的研究对象和范畴。商品学研究的客体是商品，商品具有价值和使用价值双重属性，商品的价值属于政治经济学研究的对象和范畴，商品学的研究对象和范畴主要是商品的使用价值。

商品的使用价值是指商品满足人们和社会需要的效用，即有用性，其属性是能满足人们的某种需求。商品的使用价值是一个相对概念，具有时空占位性、动态变化性和科技递进性。

商品对于商家（厂商和经销商）的有用性是用来交换，把它变成货币形式。商家从商品上获得的不是直接的使用价值，而是间接的使用价值。马克思把这种使用价值称为形式使用价值。我们也可以把它称为商家使用价值或交换使用价值。在历史的长河中，商品随着时间的延伸，总有好的品种在更新变换，商品还在不同的地理位置做不等同的变化，因此商家的使用价值具有时空占位性。

商品对于消费者（人或社会）的有用性，是用商品的属性来满足自己的使用需要。消费者从商品上获得的是直接的使用价值。马克思把这种使用价值称为实际使用价值。我们也可以把它称为消费使用价值。人们所说的商品使用价值，也具有明显的时空占位性。

商品学研究的商品客体，贯穿于生产领域、流通领域和消费领域的全过程之中。厂商、销售商和消费者所面对的是不断更新的同一商品客体，商品本身在动态变化。因此，商品学研究的使用价值，实质上是一个广义的、全面的使用价值，它具有商品的形式使用价值和实际使用价值的两重性，或称商品的交换使用价值和消费使用价值的两重性。商品的交换使用价值与商品的各种交换场所，即各种市场密切相关，因此，商品学必须加强有关商品市场质量的研究。研究商品使用价值应该具有动态变化性观念。

随着社会科学技术的进步和人类文明程度的提高，科技递进性在不同时期使商品使用价值发生变化，商品使用价值的作用、效用和意义也随着人类社会的发展和进步而不断提高。生产厂商的产品投入市场用于交换就成为商品，通过交换，商品将完成由厂商到销售商，或由厂商直接到消费者手中的交换转移。使用价值将经历从形式使用价值（交换使用价值）到实际使用价值（消费使用价值）的动态变化过程，才使商品使用价值最终得以实现。

1.3.2　商品学的研究对象

商品学是研究商品使用价值及其变化规律的科学。商品的使用价值是由商品体本身的属性所形成的。商品的自然属性构成了使用价值的物质基础，是商品使用价值形成和实现的重要依据和必备条件。商品的社会属性（除商品价值之外）构成了使用价值的社会基础，是社会需要和市场交换需要必不可少的组成部分，是商品使用价值实现的必要条件。

商品学研究商品的自然属性包括：商品的功能、性能、性质、成分、结构等。不同效用的商品，有着不同的用途、使用方法和使用条件，与此相关的各种属性综合构成了具有自然属性的商品质量。

商品学研究商品的社会属性包括：商品对社会的适应性、时代性、心理性、文化性、流行性、民族性、区域性、可持续发展性等。与其相关的商品市场质量、美学质量、包装质量（社会属性部分）、服务质量等综合构成了具有社会属性的商品质量。

对于商品的属性其状态静止是相对的，随着社会的发展和进步，商品的属性在不断地打破相对的静止状态，处于动态的发展变化之中。因而促进新产品（商品）的开发、满足动态发展市场的需求，是历史的必然。工商企业必须清楚这一点，才能在激烈的市场竞争中立于不败之地。

商品学研究的商品全面使用价值有如下特征：商品使用价值处在动态发展之中，动态发展是绝对的，静止是相对的，它属于历史的范畴；商品使用价值与商品价值是一个对立的统一体，不能绝对地分割开来；商品的运转离不开社会，其使用价值是社会的使用价值；商品使用价值具有两重性。

商品使用价值的上述特征，决定了商品学具有综合型交叉边缘科学的性质。在商品学的研究领域中，自然属性涉及物理学、力学、电学、电子学、机械学、材料学、化学、物理化学、药物学、生理生化学、医学、生物学、工艺学、环境科学和计算机科学等自然科学和技术科学；社会属性部分将涉及市场学、广告学、商业经济学、企业管理学、物流学、价格学、消费经济学、国际贸易学、标准化与质量管理学、资源与环境经济学、社会学、心理学、法学、政治经济学等社会科学。综上所述，商品学是一门文理兼容、综合性的应用技术科学。

1.4　商品学的研究内容

1.4.1　商品学的组成部分

商品学是以商品客体为研究对象，以商品质量为中心内容，研究商品使用价值的科学。商品学总体上分为两大部分：其一为商品学概论，其二为专业商品学，如食品商品学、纺织品商品学、家用电器商品学、日用工业品商品学等。商品学概论侧重于研究商品学学科的共性，培养学生掌握、研究商品使用价值的有关基础理论和基本方法。专业商品学则是研究学科中具体商品的个性问题，以具体商品的质量为核心，研究其使用价值。商品学概论是我国经济管理专业的重要专业基础课。在市场经济条件下，市场中运行的最基本客体是商品，无论是市场的建立，还是商品的流通，以及贸易的发展都离不开商品，其成败的关键在于商品的质量。因此，不了解商品的属性，不懂商品的质量，很难在市场经济中立足。

在国外，市场学、广告学、商品学已被视为销售战略的三大支柱。我国经济的腾飞也离不开商品学，离不开商品质量这个核心问题。

1.4.2　商品学的研究内容

商品学的研究内容是由商品学研究的对象所决定的。商品学的研究对象——商品使用价值是以商品的属性为主要依据的。因此，商品学的研究内容是围绕形成商品属性的诸因素而进行的。

商品学的研究内容是以商品体为基础，在人、商品与环境所组成的系统中，以满足消费市场的需求为出发点，以商品整体内容为线索，以构成商品属性的质量问题为核心内容而展开的，主要研究商品在流通领域和消费领域中的商品质量及其变化规律。在概论中，具体内容包括商品质量与标准、商品质量的自然属性、商品质量的社会属性、标准化与质量管理、商品质量监督与认证、商品检验、商品分类与编码、商品包装、商品的储运与养护、商品的可持续发展和新产品开发的理论问题、管理问题、应用技术和方法等问题。

商品学研究的中心内容——商品质量是商品学研究对象的具体体现。商品使用价值是由商品的自然属性和社会属性综合构成的。商品学是从商品客体的这些属性来研究商品使用价值的，这些不同属性的综合构成了评价商品使用价值的尺度，即商品质量。因此，商品学所研究的中心内容就是商品质量及其变化规律，以及与商品质量变化规律有密切关系的若干问题。商品质量的水平在一定程度上反映了某个国家和地区科学技术和经济发展的水平。商品质量是区别商品优劣的等级标志。商品质量的不同等级满足不同消费阶层的需要。

商品学对商品质量自然属性的研究是从分析商品成分、结构、性质、技术特性等入手，研究商品质量的自然属性及其在流通领域和消费领域中的变化规律。它全面阐明商品质量自然属性的功能、效用；表明评价商品质量的标准，影响商品质量的各种因素；指明如何检验与鉴定商品质量；指出维护商品质量的措施和提高商品质量的途径等。

商品学对商品质量的社会属性的研究，是从商品的社会适应性角度出发，着重探讨商品质量的社会属性在商品流通领域和消费领域的变化规律。商品质量的社会属性必须与社会相适应才能得到社会的认同，才会取得好的市场反响。

研究商品使用价值是以商品质量为核心而展开的。根据商品使用目的、用途、使用方法、使用条件和安全保证等提出商品的质量要求，确定商品质量标准。商品标准是评价商品质量的准则。商品检验是评价商品质量的手段和方法。商品标准与商品检验是研究商品质量的重要内容。

商品的种类极其繁多，如何将其系统地、科学地分类也是商品学研究的重要理论问题。科学的系统分类体系使研究众多的商品成为可能，为专业商品学的建立提供了理论依据。专业商品学的研究使各类商品质量的研究具体化，使商品学得以向纵深方向发展。

商品质量管理与质量监督使商品质量得到社会保证；商品质量法规和商品质量认证与监督，以法律法规的形式保证了商品质量，维护了国家利益和消费者的合法权益，对防止假冒伪劣商品混入流通领域有着重要意义。

商品包装作为商品体的附加物，具有商品质量的自然属性和社会属性两重性。其质量好坏，直接或间接地影响着商品质量。

商品储运和养护的条件与方法，是保护商品质量的重要方面，也是商品学研究的技术问题。

商品的可持续性发展问题是一个新课题，引起了世界范围的广泛关注。人类在发展商品经济的同时，必须密切注意自己赖以生存的自然环境，合理利用资源，保护环境，生产可持续发展性商品是历史的必然。商品的可持续发展问题将越来越突出，生产可持续发展性商品是今后商品发展的趋势和方向。

新产品开发为商品注入了生命活力。随着科学技术的进步和市场经济的繁荣，新产品层出不穷，产品更新换代的周期日趋缩短，人们对商品质量的要求越来越高。只有搞好商品信息的收集、商品预测和新产品开发，不断地提高商品质量，才能不断地满足市场需求。

商品学研究商品使用价值的目的是为商品经济发展提供依据。为此，必须从系统的角度分析商品与商品、商品与技术、商品与社会、商品与人、商品与资源、商品与环境、商品与经济效益等之间的关系，全面研究商品的质量，实现系统的整体优化。

1.5　商品学的任务

1.5.1　商品学的总任务

商品学是为商品在设计、开发、生产、流通、消费到废止的全过程实行科学管理和决策服务的，是为促进商品生产、经营和销售，提高社会主义现代化管理水平，满足人民日益增长的美好生活需要服务的。

1.5.2　商品学的具体任务

1）指导商品使用价值的形成

商品使用价值的形成是商品使用价值形成诸要素的优化组合，是一个系统效应。从产品设计开始，最终到消费者手中使用，商品功能和效用得以发挥，形成使用价值，这是一个大系统，任何环节出问题都将导致使用价值不同程度的破坏。因此，在使用价值处于动态转换过程时，必须遵守客观规律、法则和法规的约束，才能最终形成使用价值。这个大系统涉及商品学的全部内容。

2）评价商品使用价值的高低

评价商品使用价值高低的依据是商品质量标准。依据商品的质量标准，通过商品检验和鉴定手段，确定商品的使用价值是否符合要求，这些是商品学的重要任务。它对维护正常的市场竞争、保护消费者的利益有着重要的意义。

3）保证商品使用价值的质量

在生产领域，通过标准化活动、质量管理体系、质量监督体系、质量认证体系对商品使用价值的质量进行严格的管理和控制，保证合格的产品进入市场。

在流通领域，通过指导消费和完善的包装、运输、储藏、养护措施，保证商品质量不因发生不良变化而造成损失。

在消费领域，通过完善的售后服务系统，保证商品使用价值效用的正常发挥。

4）促进商品使用价值的实现

商品学是通过多种途径促进商品使用价值实现的，促进商品使用价值的实现属于商品质量社会属性的市场质量范畴。商品投入的区域性、阶段性、时间性、服务性必须适应市场需求才能取得好的市场质量，促进商品使用价值的实现；否则，必将影响商品交换的效益。另外，促进商品使用价值实现的措施还有促销、广告、消费者的心理研究和普及商品知识等。

5）推动商品使用价值的发展

现代社会飞速发展，高科技推动新产品日新月异，使商品使用价值处在动态发展之中。商品学通过商品信息与预测、新产品开发、对可持续发展性商品的研究来推动商品使用价值的发展。

6）培养使用价值研究和管理专业人才

商品学是我国经济管理专业的重要基础课，它是从事经营活动专业人员的必修课，商品学为从事经济管理人员获得必备的商品学理论知识，培养造就新一代具有商品学科学知识和管理能力的专业队伍奠定基础。

本章小结

商品学产生与发展可分为萌芽、创立和深化发展三个阶段。我国商品学界认为，唐朝陆羽于公元780年写出的《茶经》是世界上最早的一部茶叶商品学专著。国际商品学界认为，德国人贝克曼为商品学的创始人。

商品学界存在着三大学派，即技术学派、经济学派和融合学派。我国商品学属于融合学派，进入全面质量观阶段。

商品是指用来交换，并能满足人们和社会某种消费需要的劳动产品，是一种特指范畴的产品。商品分类，在宏观上可按形态和类型特征进行。通用商品是现代商品的整体概念，现代商品的全部内容包含商品体和它的附加物两大部分，附加物又分为有形附加物和无形附加物两部分。

商品学的研究对象和范畴主要是商品的使用价值。商品的使用价值是由商品体本身的属性所形成的。商品体的属性是由商品自然属性和商品社会属性构成的，商品使用价值处在动态发展之中。商品学是一门文理兼容、综合性的应用技术科学。

商品学是以商品客体为研究对象，以商品质量为中心内容，研究商品使用价值的科学。商品学总体上分为两大部分：其一为商品学概论；其二为专业商品学。

商品学是为商品在设计、开发、生产、流通、消费到废止的全过程实行科学管理和决策服务的，是为促进商品生产、经营和销售，提高社会主义现代化管理水平，满足人民日益增长的美好生活需要服务的。

关键概念

商品学　商品　商品使用价值　通用商品　硬件商品

简答题

1.我国商品学的发展过程历经了几个阶段？每个阶段的基本观点和学术主张是什么？

2.国际商品学界的主要学派及我国商品学界属于哪个学派？其基本学术主张是什么？

3.什么是商品附加物？包括哪些内容？

实训题

结合某一商品实例试述现代商品的全部内容包括哪些。

试述题

1.试述商品体之间的主要区别表现在哪几个方面。
2.试述商品按宏观是如何分类的。
3.试述商品学研究的中心内容和基本内容是什么。
4.试述商品学研究的任务是什么。

论述题

试论商品学的研究对象。

第 2 章

商品质量与商品质量标准

学习目标

通过本章的学习，使学生掌握现代商品的全面质量观、相关术语及基本要求；学会分析影响商品质量的因素；掌握商品质量标准的有关概念和制定原则；掌握标准分级的制定、修订与实施的原则和措施。

2.1　现代商品的全面质量观

2.1.1　商品质量

商品质量是商品学研究商品使用价值的核心内容，是商品学研究的中心问题。商品质量的一般理解是商品的优劣程度，品质通常指物品、产品或商品的质量。所以，商品质量与商品品质是同义词，商品质量即商品品质。通常人们习惯上使用商品质量，但也有个别学者使用商品品质。用质量或品质来表示优劣程度是普遍概念，它适用于任何领域。不同的领域、不同的角度由于侧重面不同，质量的概念也不相同。随着科学技术的发展，质量也处于动态深化之中。商品学对其商品质量的认识，也是一个动态变化和深化的过程。商品质量研究商品的本质和核心问题。商品是一个整体的概念，质量也是一个整体的概念。因此，商品学中所研究的商品质量是一个全面的商品质量。商品质量的优劣关系到商品使用价值的高低，是企业生存、发展的关键问题，从长远的观点看，它关系到企业和国家的命运。

1）狭义的商品质量

质量的概念源于物理学，在物理学中质量的基本概念是物体中所含物质的多少。商品质量中的质量是由此转义而来的。

狭义的商品质量通常限定在一个特定的范围或领域内，在一定的条件下，满足一定的需要，片面强调某一方面的各种特性。

在生产领域，从生产的角度理解商品的质量，是对工序、工艺和产品性能的综合鉴别，偏重于自然属性和技术特性，是设计质量、工艺质量、工序质量和工作质量的综合。

在流通领域，商品质量偏重于社会属性，从统计质量管理的角度，以满足消费需求为量度，即以商品能否售出为标准。

在消费领域，消费者理解的商品质量通常是由购买时的商品性能和使用过程中的商品性能，如好用性、耐用性、可靠性、安全性、绿色性等构成的。

目前，在学术界较典型的狭义商品质量有两种：

（1）商品质量的自然属性观点。这种观点认为商品质量是评价商品使用价值优劣程度的各种自然属性的综合，用自然属性的商品质量来衡量商品使用价值的大小。商品是否符合预先提出的使用目的、要求的总性能，通常用商品质量表达。我国商品学界在新中国成立后曾一度持这种观点。

（2）商品质量的社会属性观点。这种观点认为质量是指特定的商品，在特定的时间、特定的市场，以社会的观点全面评价的结果作为基础，表现为平均使用价值的客观形态。这种观点渗透了商品销售学的观点，带有全面质量管理的质量概念色彩，偏重于商品质量的社会属性。

2）广义的商品质量

在我国的商品学教科书和各种文献中，对商品质量曾有过多种表述，从不同的角度对商品质量予以解释。通常描述质量时采用正面描述法。美国著名质量管理专家克劳斯比（P.B.Crosby）认为质量是"符合规范或要求"；世界著名质量管理专家朱兰（J.M.Juran）认为质量是"适用性"；世界著名质量管理专家费根鲍姆（A.V.Feigenbaum）认为质量是"满足顾客期望的各种特性综合体"。

随着我国社会主义市场经济的深化，我国商品学界处在一个极其活跃的学术争鸣时期，经历了我国商品学界对商品质量概念认识深化的发展过程，目前这一状态已基本趋于统一。对商品质量的概念，采用国际通用惯例，采用 ISO 和我国国家标准给出的质量定义范畴，引出商品学研究领域特定含义的全面商品质量概念，这对改进和提高我国商品学研究与教学，统一商品质量概念具有重大的理论意义和现实意义。

（1）质量的国家标准定义

质量的国家标准定义要具有广泛的适应性、扩展性、广义性、时效性和相对性。

质量的国家标准定义简述如下：

国家标准 GB/T 19000—2016 idt ISO 9000：2015《质量管理体系　基础和术语》是 GB/T 19000 族的核心标准之一。

GB/T 19000—2016 标准所代替标准的历次版本发布情况为：GB 6583.1—1986、GB/T 6583—1992、GB/T 6583—1994、GB/T 19000—2000（将 GB/T 19000.1—1994 的内容并入。同时，该标准被取消）、GB/T（19000—2008）。

GB/T 6583—1994 标准中对质量的定义是"反映实体满足明确和隐含需要的能力的特性总和"。

GB/T 19000—2000 标准中对质量的定义是"一组固有特性满足要求的程度"。

GB/T 19000—2008 标准中对质量的定义也是"一组固有特性满足要求的程度"。

为了准确地理解 GB/T 19000—2016 标准中对质量的定义，应该注意以下要点：

①质量

"质量"不应作为一个单一的术语来表示在比较意义上的优良程度，也不应用于定量意义上的技术评价。为了表达这些含义，应使用恰当形容词，如差、好或优秀等。

②要求

要求是指"明示"的、"通常隐含"的或"必须履行"的需求或期望。

"明示"是指以组织、顾客和其他相关方的需求或期望为规定的要求。

"通常隐含"是指组织、顾客和其他相关方的惯例或一般做法，所考虑的需求或期望是不言而喻的。

"必须履行"是指法律、法规要求的或强制性标准要求的准则条款，是组织、顾客和其他相关方必须执行的。

特定要求可用限定词表示，如产品要求、质量管理要求、顾客要求。

③等级

质量等级是对功能用途相同的产品、过程或体系所做的不同质量要求的分类或分级。

在确定质量要求时，等级通常是规定的。

④顾客满意

顾客满意是顾客对其要求已被满足程度的感受。

顾客抱怨是一种满意程度低的最常见的表达方式，但没有抱怨并不一定表明顾客很满意。即使规定的顾客要求符合顾客的愿望，也不一定确保顾客满意。

⑤能力

能力（capability）是组织、体系或过程实现产品并使其满足要求的本领。

能力（competence）则特指人员"能力"，是应用知识和技能的本领。

⑥产品

产品被定义为"过程的结果"。

过程被定义为"将输入转化为输出的相互关联或相互作用的一组活动"。

如果"过程"由它的定义所替代，则产品称为"将输入转化为输出的相互关联或相互作用的一组活动的结果"。

"过程的结果"有下列四种通用的产品类别：服务（如运输）；软件（如计算机程序、字典）；硬件（如发动机机械零件）；流程性材料（如润滑油）。

例如：汽车是由硬件（如轮胎）、流程性材料（如燃料、冷却液）、软件（如发动机控制软件、驾驶员手册）和服务（如销售人员所做的操作说明）所组成。

服务通常是无形的，并且是在供方和顾客接触面上需要完成至少一项活动的结果。例如：在顾客提供的有形产品（如需要维修的汽车）上所完成的活动；在顾客提供的无形产品（如为准备纳税申报单所需的利润表）上所完成的活动；无形产品的交付（如知识传授方面的信息提供）；为顾客创造氛围（如在宾馆和饭店）。

软件由信息组成，通常是无形产品，并可以方法、报告或程序的形式存在。

硬件通常是有形产品，其量具有计数的特性。流程性材料通常是有形产品，其量具有连续的特性。硬件和流程性材料经常被称为货物。

质量保证主要关注预期的产品。

⑦特性

特性具有可区分的特征。

特性可以是"固有"的或"赋予"的。

特性可以是定性的或定量的。

特性有各种类别，例如：物理的（如机械的、电的、化学的或生物学的特性）；感官的（如嗅觉、触觉、味觉、视觉、听觉）；行为的（如礼貌、诚实、正直）；时间的（如准时性、可靠性、可用性）；人因工效的（如生理的特性或有关人身安全的特性）；功能的（如飞机的最高速度）。

"固有"的特性是指某事物中本来就有的，或者是永久不变的特性。

"赋予"的特性不是指某事物中本来就有的，而是因不同的要求或希望，人为增加的特性，是可变性的特性。

"固有"的和"赋予"的特性有明显的区别，是不变性与可变性的相对性差异。

⑧可信性

可信性是用于表述可用性及其影响因素（可靠性、维修性和保障性）的集合术语。可信性仅用于非定量术语的总体表述。

⑨可追溯性

可追溯性是指追溯所考虑对象的历史、应用情况或所处位置的能力。

当考虑产品时，可追溯性可涉及原材料和零部件的来源、加工的历史、产品交付后的发送和所处位置。

（2）商品学的全面商品质量概念

商品质量即商品品质，是在一定的条件下评价商品使用价值优劣程度的各种自然属性和社会属性、商品有形质量和无形质量、内在质量和外观质量、商品满足明确需要和隐含需要能力的特性和特征的总和。

上述的商品质量观念反映了商品学的全面商品质量观念，它从商品学研究的特定对象和范畴、商品使用价值的全面属性，即自然属性和社会属性的全面观点出发，从各个不同角度全面地研究商品质量。商品质量中的"商品"泛指商品品种的集合。

定义中的"在一定条件下"，反映了商品质量的动态观念。不同历史时期和不同的生产力发展阶段，商品质量属性的内涵也发生变化。其商品质量随着社会的发展，在不断地修订、发展、变化。例如，可持续发展性商品——绿色商品，将是今后的发展方向。

定义中的"有形质量和无形质量、内在质量和外观质量"反映商品自然属性和社会属性的有形和无形状态、内在和外在的质量特性。

定义中的"明确需要和隐含需要能力"则是从商品标准、法律和法规规范的角度约束商品质量。这种限定是不可缺少的。

（3）商品质量的其他定义方式

日本著名的质量管理专家田口玄一教授提出：所谓质量是商品上市后给予社会的损失，但是，由功能本身所产生的损失除外。为进一步解释，他补充说明：质量定义的另一个问题是关于损失的内容。作为质量定义的损失，限于功能波动的损失和弊害项目的损失。例如，电动机在使用中出现的转速不稳属于"功能波动"问题；而该电动机出现振动和噪声增大则属于与功能无关的"弊害项目"问题。酒能醉人是它的一种功能，因酗酒而蒙受的损失属于由功能本身所产生的损失，不属于酒的质量问题，应属使用不当的问题。至于社会允许具有何种功能的商品，那是文化问题，是法律问题，而不是技术问题。与田口玄一的质量定义相似的，还有吴玉印的质量定义：品质是一个制品自出货以后至在社会中完全消灭为止的期间内，给予他人的有形和无形的损失。

这些定义方式是从商品使用后，带给社会的损失角度考虑的，它反映了商品质量反面描述方法。这种描述质量的方法与世界通用的正面描述方法相反，适用性差。

2.1.2 保证和提高商品质量的重要意义

商品具有满足人们某种需要的使用价值，是商品进入流通领域，走向国内外市场的基本条件，商品质量是决定商品使用价值高低的重要因素。当前，国内外市场商品竞争日趋激烈，商品质量关系到商品竞争力的强弱，这种竞争的核心是高新科学技术和现代化科学管理，它集中反映在商品质量上。保证和提高商品质量对国家和企业的经济腾飞、不断地改善人民的精神生活和物质生活具有十分重要的意义。随着经济的发展，人们的消费水平不断提高，特别是工业发达、高工资、高消费的国家和地区，对商品质量的要求愈来愈严格，一般对商品的要求，首先是质量优，其次才是同样质量比价格。因此，以"低价低质取胜"的时代已过去，"以质优取胜"才是当今世界各国发展对外贸易的战略。

1）质量是水平的标志

商品质量是一个国家生产力发展水平、技术水平和经济水平的一个重要标志，也是衡量企业生产能力、企业素质的标准。保证和提高商品质量是直接关系到我国社会主义现代化建设、关系到经济发展的大问题。

2）质量是企业的生命

在激烈的国内、国际市场竞争中，竞争力的强弱、价格高低、交易成败的关键问题是商品质量。质量是商品的生命，是企业的生命。企业要振兴，国家要振兴，靠的是质量。质量是关系到企业生死存亡的重大问题，劣质商品给企业带来的最终结果是倒闭。

3）质量是供给的基础

质量和数量是辩证的关系，它们共处一个矛盾统一体之中。提高商品质量，增加商品数量，是增加社会财富的两个渠道。从质量和数量的关系来看，低质量的商品不顶用或几个顶不了一个用，数量再多也无用，数量越多浪费越大；无效商品的数量越多，数量的有效性越低；高质量的商品一个顶几个用，是最大的增产节约，实际上等于增加了商品的数量。因此，可以说质量是数量有效性的前提，是保证商品长期有效供给的基础和关键。

4）质量提高效益

现代质量观是质量与效益的统一观，质量提高效益。我们还必须坚持经济效益与社会效益统一的观点。企业的经营目的是最大限度地满足社会和消费者的需求，企业在取得好的社会效益的同时，必将获得好的经济效益。而这一切都与商品质量密切相关，质量是效益的前提，效益是质量的结果，有质量才有效益，没有质量就没有效益。因此，质量是发展经济和取得效益的关键。

5）质量控制市场

市场的竞争，实质上是占领市场的商品竞争，而竞争的焦点集中在质量、品种和价格上，这其中最关键的是质量。因此，市场竞争实质是质量竞争，竞争的基本规律是优胜劣汰。胜利者最终占领市场，失败者退出市场。企业必须凭借先进的科学技术和现代化管理手段，紧紧抓住质量不放，充分利用市场机制，保证市场中商品的质量优先地位，巩固市场并扩大市场。

2.2　商品质量的基本要求

商品的种类繁多，其用途和特点各不相同，对商品质量的要求也各不相同。按当前世界可持续发展战略的要求，从长远和发展的观点来看，对商品质量的各项基本要求，都要贯彻商品可持续发展的方针。对商品质量的基本要求，可以归纳为：功能保证性、质量指标可信性、性能稳定性、安全性、环保性、经济性、市场适应性和质量信息服务性等。

2.2.1　功能保证性

功能保证性是指商品保证满足质量要求或完成规定功能和主要用途所必须具备的性能，如食品的营养价值功能、日用工业品和家用电器的适用性功能等。功能保证性是构成商品使用价值的基本条件，是评定商品质量的基本要求。

2.2.2　质量指标可信性

质量指标（技术指标）是各级各类标准所规定的质量特性必须达到的技术要求。可信性是一种集合特性，包括可用性、适应性、可靠性、维修性、耐用性和商品寿命等。

1）可用性

可用性是指商品根据用户需要，随时使其处于工作状态的可使用程度。通常当商品处于使用状态时，称为可用。商品处于使用状态的时间，称为可用时间，它包括商品实际使用时间和非故障原因的待用时间；处于不能使用状态的时间，称为停工时间。因此，可用性可用公式（1）表示：

$$可用性 = \frac{可用时间}{可用时间 + 停工时间} \tag{1}$$

对于结构复杂、价格较高的耐用商品，在更换易损件之后仍可继续使用。对于此类可维修性商品，通常用平均无故障工作时间和平均修复时间来表示可用性。平均无故障工作时间是指在一定时间内，无故障工作时间之和的平均值。平均修复时间是指在相同时间内修复时间总和的平均值。其可用性可用公式（2）表示：

$$可用性 = \frac{平均无故障工作时间}{平均无故障工作时间 + 平均修复时间} \tag{2}$$

可用性指标反映了该种商品在规定条件下保持其规定功能的能力。

2）适应性

适应性是指商品使用时，商品与外界条件的适应能力，其内容包括商品与人和商品与周围环境的适应性。首先，商品对人的适应性，由于商品所面对的是各种不同层次的消费者，他们的素质和文化修养各不相同，因此不是所有的消费者都十分了解商品的性能，保证商品使用过程中不出现差错。为了避免使用者在操作上的失误和在规定以外的条件下使用，导致商品出现人为故障的可能性，在设计时应尽可能减少操作上的难度，以便减少人为操作上的使用故障。其次，商品对不同的外界环境的适应性，如温度、压力、卫生条件等的适应性强，使用适应性指标是评价高档耐用商品的重要质量要求。

3）可靠性

可靠性是指商品在规定条件下和规定时间内（寿命之内），完成规定任务的能力、可接受维修的能力、任意可用的能力。可靠性表明商品使用价值真实可信。它要求商品在使用过程中的稳定性和平均无故障工作时间符合标准，是评价机电、电器类商品质量的重要指标之一。它通常与设计可靠性、可维修性和稳定性联系在一起。

4）维修性

维修性是指商品在发生故障后能被迅速修好恢复其功能的能力。商品是否可以维修、方便维修和容易维修与商品设计直接相关。设计中要方便拆卸和更换；所用零部件尽量采用标准化、通用化、系列化的，为零部件的替换提供方便性和可能性；商品结构尽量采用组合式和插件式结构，为维修人员用仪器检测提供方便。这些都将提高维修效率，使平均修复时间缩短。

5）耐用性

耐用性是指商品在使用过程中抵抗各种外界因素对其破坏的性能。它反映商品的耐用程度和使用期限，是评定绝大多数日用工业品和耐用消费品质量的主要依据。

6）商品寿命（时间性）

商品寿命包括商品使用寿命和商品储存寿命。商品使用寿命是指商品在规定的使用条件下，保持正常工作的总时间，如白炽灯泡的使用寿命为 900～1 100 小时。商品储存寿命是指商品在规定条件下使用性能不失效的储存总时间，如 1 号干电池一级品标准储存期限为一年，保证开路电压不低于 1.52V。

2.2.3　性能稳定性

性能稳定性是指商品在使用过程中性能的不变动性。它是评价电器类商品和机械类商品质量特性的重要指标。例如，许多电器耐用消费品，往往由若干元器件组成，某一元器件出现变异波动，就可能使整机性能发生波动，造成性能不稳定的现象，使整机时好时坏，使用性能难以保证。

2.2.4　安全性

安全性是指商品在储存、流通和使用过程中保证人体和周围环境不受伤害的性能。安全性指标应符合各级各类标准的相应要求。如食品必须符合卫生标准要求，食品中不应含有对人体有害的物质或有害物质的含量以及病毒微生物的含量不得超标；家用电器必须有良好的绝缘性能和防护装置，以免造成被电击伤和死亡事故；日用工业品中的肥皂、牙膏、化妆品等，应对人的皮肤、口腔无刺激性，无毒害性等。

2.2.5　环保性

环保性主要是指商品对周围环境的保护性能。它是商品绿色性重要指标之一。商品不污染破坏环境，是商品可持续发展的重大保障。保护人类赖以生存的自然环境是目前全球性推行绿色工程的主要目标。"绿色"是纯净的代称，它象征着带给人类幸福和安康的大自然，如现代家用电器中的绿色电冰箱、绿色电脑，食品中的绿色食品等。环保性要求商品在生产、流通、消费直至废弃阶段，均不应对社会和人类生存环境造成危害。

2.2.6　经济性

经济性是指商品的生产者、经营者、消费者都能用尽可能少的费用获得较高的商品质量，从而使企业获得最大的经济效益，使消费者的消费总和最低。经济性反映了商品合理的寿命周期费用及商品质量的最佳水平。离开经济性孤立地谈质量，没有任何实际意义。对商品的生产者、经营者来说，常用质量成本来衡量产品的经济性，质量成本越低越好。质量成本是指为保证消费者获得满意的质量所发生的费用，以及不能获得满意的质量所造成的损失。质量成本是质量与经济的衔接点，通过寻求最佳质量成本区域，企业可以掌握商品质量信息，采取控制措施，对市场做出正确的生产经营决策，不断提高经济效益。质量成本分为生产经营质量成本和消费质量成本两种。

1）生产经营质量成本

生产经营质量成本可概括地分为工作质量成本和外部保证质量成本。

（1）工作质量成本

工作质量成本是生产经营单位为了达到和确保规定的质量水平而支出的费用，它包括预防、鉴定、内部损失和外部损失成本。

①预防成本是指用于预防不合格品与故障等所支付的费用。

②鉴定成本是指评定商品是否满足规定的质量要求所支付的费用。

③内部损失成本是指商品交货前因不满足规定的质量要求所损失的费用。

④外部损失成本是指商品交货后因不满足规定的质量要求，导致索赔、修理、更换或信誉损失等所损失的费用。

（2）外部保证质量成本

外部保证质量成本是指为了获取顾客所要求的客观证据而进行论证和证明所支出的费用。在国际上由于质量保证的需要，顾客会提出特别的和额外的质量保证要求，为此供方必须外加费用用以提供客观证据，按常规为此可提高15%～30%的商品销售价。

2）消费质量成本

消费质量成本是指商品的购买以及使用过程中保养、修理、能源消耗等费用的总和。消费质量成本的最佳水平应是商品在消费或使用过程中所支付总费用的最低点。

2.2.7　市场适应性

市场适应性是指商品的市场质量适应市场消费需求的程度，主要包括商品的适销对路性，即商品要适应市场的消费习惯、适应国内外市场的消费水平、适应网络市场的变化、适应季节的变化、适应节日的需要、适应消费市场的时尚等，以及商品的更新换代性和美观舒适性等。

2.2.8　质量信息服务性

质量信息服务性是依照商品有关的质量法规，生产经营者有责任和义务通过其商品或商品包装上的规定标识以及包装内必备的有关文件，向消费者提供有用的质量信息。

1）认证标识

在商品或其包装上，按规定必须标明执行的商品标准号、商品质量管理认证和保证、质量检验合格证、商品的中文名称、产品规格、型号、等级、主要技术指标或成分和含量、商品技术标准编号、商标、认证标志等。

2）警示性标识

警示性标识要在商品及其包装上明确注明：限期使用的商品要标明生产日期和安全使用期（保质期或有效期）或失效日期；因使用不当容易造成商品本身损坏或者可能危及人身财产安全的商品，要有警示性标志或者中文警示说明；剧毒、危险、易碎、储运中不能倒置以及有其他特殊要求的商品，其包装必须符合相应标准要求，有警示性标志或者中文警示说明以标明储运注意事项等。

3）生产许可证标识

实施生产许可证管理的商品还应标明批准的许可证编号、批准日期、审批单位和有效期限。

4）使用说明

对于耐用性商品尤其是电器类商品，还应备有安装方法、原理图、维修方法、线路图，价格昂贵的高档电器商品还应备有维修手册等。比较完备的商品使用说明书应包括以下内容：商品的技术经济指标、使用范围和条件、使用方法、质量保证期限、储存条件、保养方法、注意事项等。

5）工序质检标识

在工艺比较复杂、工序较多的耐用商品中，按照企业质量管理的质量保证体系要求，对每道工序完成的零部件都要打上印迹，如序号、日期、批号、件号、操作员号、检验员号等标记。

6）出厂地点和时间

在商品或其包装上应标明生产厂厂名、厂址、生产时间和产品有效期等。

2.3　影响商品质量的因素

2.3.1　影响商品质量的因素是一个复杂的系统

影响商品质量的因素是一个复杂的系统，商品质量问题是一个复杂的系统效应问题。与商品质量相关的因素包括宏观因素和微观因素两部分，无论是宏观的还是微观的，都直接或间接地成为影响商品质量的因素，而且是相互交叉的影响。

2.3.2　影响商品质量的因素

在分析影响商品质量的因素时，以商品质量形成过程为主线，按科研与设计、生产、流通、消费到废止的流程顺序，就其主要的问题，分析和论证影响商品质量的因素，主要概括为以下方面：

1）科学技术的发展

20 世纪以来，特别是第二次世界大战以后，科学技术以迅猛的速度向前发展，极大地改变了世界的面貌和人类的生活，创造了巨大的物质财富。科学技术是第一生产力，它已成为发展生产力的首要因素。在新科学理论的指导下，新技术、新材料和新工艺日新月异，"三新"的应用使商品质量不断提高。应用新技术、新材料和新工艺而开发的新商品，不但成本低，有较高的使用价值，而且往往可以"创造"出消费者对该类产品的新需求。因此，这样的新商品不但有较强的竞争力，而且有更旺盛的生命力。最新的高科技商品代表着目前市场上最新最好的商品质量水平。新的科学技术成为影响当今市场商品质量的首要因素。

2）科学管理和员工素质

商品质量形成过程中的设计质量、制造质量、检验质量、包装质量、流通质量、使用质量等无一不同人有关，商品质量的科学管理和操作员工的素质是商品质量形成的最基本和最重要的因素。商品生产系统的整体化管理问题是当前世界管理科学的热点之一。市场经济的发展和高新技术的运用给企业带来了新的挑战和机遇，商品质量应针对市场导向的外部环境，建立能适应市场变化的高度柔性的生产系统，使企业人员、技术、物质、设备、能源、资金和信息等要素获得有效的整体化管理。企业应充分利用时间、空间、物质、信息等各种资源，利用工程技术、应用数学、计算机科学等自然科学，应用系统科学、管理科学、市场学、经济学原理等社会科学，对企业的生产进行科学化的系统管理，以使商品质量体系处于最佳状态，确保商品质量最优。

在推动社会的进步，建设一个现代化、高度文明、高度民主的社会主义国家的实践中，拥有人才就等于拥有未来。当前，越来越多的企业家开始意识到市场竞争最终是人才的竞争，谁先掌握了人才谁就先掌握了主动权。人才的选拔和培养是当务之急。科技进步、经济繁荣、社会发展，从根本上说取决于劳动者的素质。"十年树木、百年树人"，培养人才是长远之计，很不容易。企业必须不断提高员工素质，才能从根本上保证商品质量。

3）科研与设计

新产品的科学研究与设计是商品质量形成的第一道手续，它给商品质量定型，决定了商品的质量指标。新产品的科研与设计必须坚持质量标准，采用标准化形式，应用高技术，使之简化、统一化、系列化、通用化、组合化，强调商品的可持续发展。

在生产领域，科学、技术、竞争和需求的发展，使社会中商品的种类急剧增多。这种多样化的发展趋势，不可避免地带有不同程度的盲目性，如果不加控制地任其发展，那就有可能出现多余的、无用的和低功能的商品品种。对这类商品除了通过竞争加以淘汰之外，在科研与设计时，必须对这类商品进行有意识的自我控制，克服和防止混乱与重复。

科研与设计要遵从统一化的适时原则、适度原则、等效原则和先进性原则，严格质量标准。不允许灵活的部分，如各种编码、代号、标志、名称、单位、运动方向（开关的转换方向、电机轴的旋转方向）、交通规则等要绝对的统一。对可以灵活的部分，如分级规定、指标上下限、公差范围等可以相对统一。在社会生产日益发展、国际交往日益扩大的情况下，各生产环节和生产过程之间的联系日益复杂，需要统一设计的对象和范围也越来越多。

系列设计以基型为基础，对整个系列产品进行技术设计或施工设计。系列设计是最有效的统一化，可以有效地防止同类产品形式、规格杂乱，保证一定范围内的统一与高度互换性，便于专业化协作生产，便于维修配套。系列设计不是简单的造型、选型、定型，而是选中有创，选创结合。所以，它也是推广新技术、促进产品更新换代的一种手段。

通用化设计以互换性为前提，使不同时间、不同地点制造出来的产品或零件，在装配、维修时不必经过修整就能任意替换使用。

组合化设计则强调对功能结构的分解而确定功能单元和结构单元，以较少的种类和规格组合成较多的制品，有效地控制零部件（功能单元或结构单元）的多样化。

商品可持续发展是可持续发展战略的重要组成部分，生产出低消耗、低污染、商品废弃物易回收、可再生的可持续发展商品（绿色商品），实现生产与生态的良性循环，是可持续发展商品质量指标的需要，是全球 21 世纪可持续发展战略的要求，意味着生产具有可持续发展的商品是今后的发展方向。当今国内外的商品需求趋势和特点要求商品绿色化。可持续发展商品将是商品研究和设计的重要内容，商品的生态指标将是影响商品质量的重要指标。

4）原料

商品的原材料、零部件或半成品等原始物质是形成商品的基础物料。原材料构成了商品的物质基础，在其他条件相同的情况下，它的好坏直接决定着商品质量的优劣。

原料的质量特性对商品质量的影响，主要表现在它们的成分、性质、结构方面所引起的差别。例如，制造玻璃制品时，硅砂中含铁量的多少，决定制品的色泽和透明度；用氯丁橡胶制作电线具有阻燃性；用不同质量的原料制成的食品，其营养价值和色、香、味等特点差别很大；用牛、羊脂做的肥皂，去污力强，并耐用。

在选择原料质量的同时，还要考虑到合理利用资源问题。在不影响商品质量的前提下，选用原料时，应考虑原料的合理使用和综合利用。绝不能把节约原材料同保证和提高商品质量对立起来，应当不断地发掘新材料，开发新品种，并提高材料利用率。

5）工艺和设备

将生产原料进行加工形成产品，需要通过工艺流程完成。工艺中的制造方法和技术水平的差异对商品质量具有决定性作用。相同的原料，不同的工艺，形成的商品质量也不相同。例如，棉布漂白时，氧化剂的用量、温度、时间都会影响漂白布的质量；纺纱过程增加精梳工序，其外观、强度就有明显提高；猪皮毛孔较粗，影响制品外观，但加以美化处理，可改进猪革制品的外观质量；对于窗用平板玻璃的生产，新式的浮法工艺流程是将玻璃熔体在金属液体中成型，其平整和光洁度是老式垂直引上法工艺流程所无法比拟的。当生产按一定工艺流程进行时，若某工序上未按工艺标准的技术要求操作，就会形成制品的质量缺陷，造成质量下降。例如，原料熔化不充分会使玻璃制品表面出现波纹和砂粒等缺陷；发酵不充分的红茶会降低色、香、味。

设备是生产加工的必备装置，如机器、检测仪器、仪表和量具等。设备的质量好坏是影响商品质量的一个重要系统因素。设备的加工精度，仪器、仪表的准确度，设备的自动化、现代化程度，都是保证商品质量的必要条件。设备的缺陷和毛病，将会造成系统误差故障，测量设备的质量将会影响检测结果的准确性。

6）质量检验

质量检验是保证商品质量的主要手段之一。质量检验是商品质量保证体系的重要组成部分。在现代化生产中，质量检验工作往往融会在生产工艺之中，在生产的同时进行质量监控，把质量事故消灭在萌芽之中。在生产的全过程中，进行全面质量管理，通过工序检验、原材料（含元器件）检验、半成品检验、成品检验相结合，形成一个人人负责与专职检验相结合的全面质量检验系统，确保产品质量。

7）包装

商品包装作为商品不可缺少的附加物，具有保护商品、方便购买、促进销售、使商品增值的作用。商品包装可以避免商品在流通领域中在运输、储藏和销售等环节中的外界因素（温度、湿度、氧、日光、微生物等）和人为因素对商品的损伤。同时，商品包装又能起到装饰和美化商品、方便使用、提高商品身价的作用。商品的包装质量，直接或间接地影响着商品的质量。

8）运输与储存

运输与储存是商品流通的必经环节，它是影响商品质量的外界因素。

运输对商品质量的影响与运输工具、装卸工具、运输方式、运程远近、时间长短、运输环境、季节、气候、道路等因素有关。

商品在运输过程中会受到冲击、挤压、颠簸、震动等物理性机械作用破坏，也会受到气候因素，如湿度、温度、风吹、日晒、雨淋等的伤害，在装卸过程中还会发生碰撞、跌落、倒置、破碎、散失等问题，这些都会导致商品损耗或质量下降。

商品储存的环境因素，如日光、温度、湿度、氧气、腐蚀性物质、灰尘、微生物、害虫、鼠类等，是商品储存期间质量发生变化的外因。商品储存期间的质量与商品的耐储性、仓库内外环境、储存期的长短以及所采用养护技术和管理手段等因素有关。通过采取一系列仓储商品质量的保养与维护技术和管理手段，可以有效地控制储存环境因素，减少或减缓外界因素对仓储商品质量的不良影响。

9）销售服务

销售服务过程包括进货验收、入库短期存放、提货搬运、技术咨询、包装服务、装配调试、维修和退换服务等项内容。这一系列内容的工作质量将成为最终影响消费者所购商品质量的因素。商品良好的销售服务质量已逐渐被消费者视为商品质量的重要组成部分。

10）使用与保养

为了保证商品质量，消费者必须遵照商品说明书中的使用要求进行操作，详细了解该种商品的结构和性能特点，在此基础上，掌握正确的使用方法，并学会一定的日常维护保养商品的知识，避免由于操作或使用不当而造成的质量故障。通常商品在使用中发生质量问题，多数情况下不是商品本身的质量故障，而是由于使用者缺乏商品知识或未按照商品使用说明书的要求使用，操作错误、操作不当或缺乏科学的保养维护所引起的。

11）商品的废弃处理

商品的废弃处理包括商品体和它的附加物两部分废弃时的处理。失去使用价值的商品附加物和失去使用功能的商品体，在它们"寿终正寝"之后，都需要进行废弃处理。按照可持续发展的原则，这些废弃物不应对环境造成污染，破坏生态平衡，这是生态性商品（环保性绿色商品）的重要质量指标。生态指标要求废弃物做到可回收利用；不能回收利用的，应能被自然因素或微生物分解，不许对自然环境造成污染和破坏。

2.4　商品质量标准

2.4.1　标准和制定标准的原则

1）标准的概念

标准是在一定的范围内，为获得最佳秩序，对其活动或结果所规定的共同和重复使用的规则和守则。

标准应以科学、技术和经验的综合成果为基础，以促进最佳社会效益为目的。它是以文件的形式，经有关各方协商一致制定，并要经过一个公认机构的批准。

"获得最佳秩序""促进最佳社会效益"是制定标准的目的。这里所说的最佳效益，就是要发挥出标准的最佳系统效应，产生理想的效果；这里所说的最佳秩序，则是指通过实施标准使标准化对象的有序化程度提高，发挥出最好的功能。

2）制定标准的原则

制定标准应遵循从全局利益出发，认真贯彻国家技术经济政策，充分满足使用要求，有利于促进科学技术发展的原则。

2.4.2　商品质量标准概述

1）商品质量标准的概念

对商品质量和有关商品质量的各方面（如品种、规格、用途、试验方法、检验方法、标志、包装、储存、运输、养护等）所做的技术规定，称为商品质量标准。

2）商品质量标准的主要内容

商品质量标准的主要内容包括：①商品的适用范围；②商品的品种、规格和结构形式；③商品的主要性能；④商品的试验、检验方法和验收规则；⑤商品的包装、储存和运输等方面的要求。

3）商品质量与商品质量标准的关系

（1）商品质量即商品品质的好坏，对商品质量必须有一个判定的准则，这个准则就是商品质量标准。商品质量标准是商品质量的具体化和量化指标。

（2）商品质量是一个相对的概念，其质量的高低是比较而言的，各种层次和等级的商品质量有其相对应的质量标准。

2.4.3　商品质量标准的分类

1）按标准的约束性分

按标准的约束性可分为强制性标准和推荐性标准。国家对涉及人类健康和安全、动植物生命和健康，以及环境保护和公共安全的产品实行强制性标准和强制性认证制度。除强制性标准之外，自愿采用、自愿认证的标准属于推荐性标准。

2）按标准的表达形式分

按标准的表达形式分为文件标准和实物标准。按规定，标准的表达形式必须采用文件标准，以文本形式表述，用特定格式的文件，以文字、表格、图样等形式表达商品质量和对有关商品质量的各方面所做的技术规定。对难以用文字准确表达的质量要求（如色、香、味、手感、质感等），由标准化机构或指定部门用实物制成与文件标准规定的质量要求完全或部分相同的标准样品（标样），按一定程序颁布，用以鉴别商品质量和评定商品等级，称为实物标准。如粮食、茶叶、棉花、羊毛、蚕茧等农畜产品都需要实物标准。

2.4.4　商品质量标准的作用

（1）商品质量标准对促进技术进步，保证商品质量，维护国家和人民的利益，促进社会主义市场经济的发展，提高社会经济效益，促进贸易的发展等都具有重要意义。

（2）商品质量标准是社会生产力发展的产物，是科学技术和生产发展水平的重要标志，具有推动社会生产力发展的重要作用。

（3）商品质量标准是一定时期和一定范围内具有约束力的产品技术准则，是商品生产、质量检验、选购验收、使用维护和洽谈贸易的技术依据。

（4）商品质量标准是对商品质量争议做出仲裁的依据，对保证和提高商品质量，提高生产、流通和使用的经济效益，维护消费者和用户的合法权益等都具有重要作用。

（5）商品质量标准可以提高我国企业和产品的国际竞争力。

2.4.5　标准体系

为了使一定范围内的标准建立起协调的秩序，并达到规定的功能，所应当具备的具有内在联系的标准有机整体，称为标准体系。

标准体系具有如下特征：

1）目的性

标准体系的目的是使标准化对象系统具备适合需要的功能和为此所必须具备的协调统一的秩序。比如，企业标准体系，就是为了使企业这个系统实现其社会使命必须具备一定水准的生产经营功能，为了达到并保持这个功能所需要的协调统一的秩序。

2）整体性

标准体系是由一整套相互依存、相互制约的标准组合而成的有机整体，具有整体性功能。这种整体性功能不是由各子系统或各要素简单叠加起来的功能，而是这些子系统或要素相互"结合"而生成的新系统的独特功能。比如企业标准体系的整体功能，能使企业这个系统具备一个协调有序的、高质量的、高效率的生产经营条件和过程，能够适应市场和用户的需要，稳定地、不断地创造出高质量的产品、服务和经济效益。因此，需要有产品标准、服务标准、效益标准以及整个生产经营流程的程序标准、方法标准和条件因素标准。而产品整体的质量标准是由其构成要素，即部件、零件、配件、半成品、材料、原料的质量标准的结合而形成的。这些构成要素标准的确定，必须以能实现产品整体的质量标准为原则。

3）结构性

标准体系内的标准是按照一定的结构形式结合起来的。最基本的结构形式有层次性结构形式与程序性结构形式。

（1）层次性结构形式

层次性结构形式是指标准按层次关系结合起来的形式。这种结合形式，从本质上说，反映了标准化对象内在的抽象与具体、共性与个性、统一与变异的辩证关系。层次性结构有两种形式：

①高低性结构

层次越高的标准，越反映对象的抽象性、共性与统一性；层次越低的标准，越反映对象的具体性、个性与变异性（多样性）。层次高低的结合，使抽象与具体、共性与个性、统一与变异这些对立的特性能够恰当地统一起来。比如，在企业一级，有各种产品具体的形式、规格标准；在行业一级，有同类产品的系列标准；而在国家一级，则有优先数系标准。在这三层结构形式的标准中，行业系列标准反映了企业各具体产品在形式、规格方面的共性，是各种产品的具体性的抽象，对各企业产品起着协调统一的制约作用；而国家的数系标准则反映了各行业产品系列的共性，是各系列产品具体性的抽象，对各行业产品起着协调统一的制约作用。从另一方面看，行业产品系列标准是国家数系标准的变异和具体化，反映了各行业产品系列的个性，是对国家数系标准的丰富和补充；而企业产品的形式规格标准，则是对行业系列标准的变异和具体化，反映了各种具体产品的个性，又是对行业系列标准的丰富和补充。正是这种关系，既保证了产品发展的千姿百态，又保证了产品之间的协调统一。这就是全国标准体系层次性结构的本质与作用。

②隶属性结构

层次性结构的另一种形式是隶属性结构，即按照标准化对象自身结构的隶属关系将标准结合起来。比如，产品可分成若干组件；组件分成若干部件；部件分成若干零件；零件还可分成若干元素，按照这种隶属关系将标准结合起来。

（2）程序性结构形式

程序性结构形式，是指标准按照过程的内在联系和顺序关系结合起来的形式。这种形式反映了标准化对象活动过程在空间上和时间上的有序性。比如，企业生产经营流程的标准体系，是由开发设计标准子系统、工艺标准子系统、生产供应标准子系统、销售服务标准子系统、财务分配标准子系统和管理标准子系统等主要子系统结合而成的标准体系。这种结构形式，使整个过程与各阶段之间、阶段与阶段之间达到高度的协调和衔接。

2.5　商品质量标准的分级

2.5.1　国际标准和国际先进标准

1）国际标准

国际标准是指国际标准化组织（ISO）、国际电工委员会（IEC）和国际电信联盟（ITU）制定的标准，以及国际标准化组织确认并公布的其他国际组织制定的标准。国际标准在世界范围内统一使用。

目前，被国际标准化组织确认并公布的其他国际组织有：国际计量局（BIPM）、国际人造纤维标准化局（BISFA）、国际食品法典委员会（CAC）、空间数据系统咨询委员会（CCSDS）、国际建筑研究实验与文献委员会（CIB）、国际照明委员会（CIE）、国际内燃机会议（CIMAC）、世界牙科联盟（FDI）、国际信息和文献联合会（FID）、国际原子能机构（IAEA）、国际航空运输协会（IATA）、国际民航组织（ICAO）、国际谷类加工食品科学技术协会（ICC）、国际排灌研究委员会（ICID）、国际放射防护委员会（ICRP）、国际辐射单位和测量委员会（ICRU）、国际制酪业联合会（IDF）、互联网工程任务组（IETF）、国际图书馆协会联合会（IFLA）、国际有机农业联盟（IFOAM）、国际煤气工业联合会（IGU）、国际制冷学会（IIR）、国际劳工组织（ILO）、国际海事组织（IMO）、国际种子检验协会（ISTA）、国际电信联盟（ITU）、国际理论与应用化学联合会（IUPAC）、国际毛纺组织（IWTO）、国际动物流行病学局（IOE）、国际法制计量组织（OIML）、国际葡萄与葡萄酒局（OIV）、材料与结构研究实验所国际联合会（RILEM）、贸易信息交流促进委员会（TARFIX）、国际铁路联盟（UIC）、经营、交易和运输程序和实施促进中心（UN/CE FACT）、联合国教科文组织（UNESCO）、国际海关组织（WCO）、世界卫生组织（WHO）、世界知识产权组织（WIPO）、世界气象组织（WMO）、国际无线电干扰特别委员会（CISPR）。

国际标准采用标准代号（如ISO、IEC）、编号（标准序号：发布年号）和标准名称来表示。

示例：ISO 8402—1994《质量管理和质量保证术语》。其中：ISO为标准代号，8402为标准序号，1994为发布年号，《质量管理和质量保证术语》为标准名称。

国际标准的有效期又称国际标龄，是指自标准实施日起至标准复审、重新确认、修订或废止的时间。ISO国际标龄为每5年复审一次。

2）国际先进标准

国际先进标准是指国际上有权威的区域性标准、世界经济技术发达国家的国家标准、国际公认的行业性团体标准和国际公认的先进企业标准。

（1）国际上有权威的区域性标准

国际上有权威的区域性标准是指由世界区域性集团组织或标准化机构制定的标

准。例如欧洲标准化委员会（CEN）、欧洲电工标准化委员会（CENELEC）、欧洲广播联盟（EBU）、亚洲大洋洲开放系统互联研究会（AOW）、亚洲电子数据交换理事会（ASEB）、欧洲电信标准化协会（ETSI）、欧洲质量组织（EOQ）、欧洲认证协会（EA）、欧洲标准计量协会（EUROMET）、欧洲国家法定计量服务组织（WELMEC）、联合国欧洲经济委员会（UNECE）、太平洋地区标准大会（PASC）、欧亚标准计量认证委员会（EASC）、亚太法定计量论坛（APLMF）、亚太经合组织（APEC）、泛美技术标准委员会（COPANT）、非洲地区标准化组织（ARSO）、东南亚国家协会（ASEAN）、阿拉伯标准化与计量组织（ASMO）、阿拉伯工业发展和矿业组织（AIDMO）等制定的标准。

（2）世界经济技术发达国家的国家标准

世界经济技术发达国家的国家标准是指世界上主要经济技术发达国家所制定的国家标准。例如美国国家标准学会（ANSI）、英国国家标准协会（BSI）、加拿大标准协会（CSA）、瑞典标准化学会（SIS）、法国标准化协会（NF）、德国标准研究院（DIN）、俄罗斯国家标准认证机构（GOST）、日本规格协会（JSA）、意大利国家标准协会（UNI）制定的标准等。

（3）国际公认的行业性团体标准

国际公认的行业性团体标准包括美国材料与试验协会（ASTM）标准、美国石油学会（API）标准、美国军用标准（MIL）、美国机械工程师协会（ASME）标准、美国电气制造商协会（NEMA）标准、美国电子工业协会（EIA）标准、英国船级社（ABS）标准、日本工业标准（JIS）、美国钢结构协会（AISC）标准、日本电信技术委员会（TTC）标准、韩国电信技术协会（TTA）标准、英国贸易与工业部（DTI）标准、英国皇家认可委员会（UKAS）标准、挪威技术标准化协会（NTS）标准、第三代移动通信伙伴项目标准（3GPP）、美国磁性材料制造商协会标准（MMPA）、美国电影电视工程师协会标准（SMPTE）等。

（4）国际公认的先进企业标准

国际公认的先进企业标准如美国IBM公司、美国HP公司、芬兰诺基亚公司、瑞士钟表公司等企业标准。

2.5.2 采用国际标准的方法

ISO/IEC导则21—1981（E）中规定，一般采用六种方法将国际标准和国外先进标准订入（编）采用国的国家标准。

1）认可法

由国家标准机构直接宣布某项国际标准为国家标准，其具体办法是发一认可公告或通知，公告和通知中一般不附带国际标准的正文，也不在原标准文本上加注采用国家的编号。

2）封面法

在国际标准上加上采用国的国家标准编号，并附一简要说明和要求，如说明对原标准做了哪些编辑修改，以及要求如何贯彻等。

3）完全重印法

将国际标准翻译或不做翻译，采用原标准标题，重新印刷作为国家标准，并可在国际标准正文前面，加一篇引言，做一些说明或指示、要求。

4）翻译法

国家标准采用国际标准的译文，可以用两种文字（原文和译文）或一种文字出版，采用时，也可在前言中说明对被采用国际标准做了哪些编辑性修改，或做一些要求说明。

5）重新制定法

根据某项国际标准，重新起草国家标准，即把国际标准"融入"国家标准之中，或作层次上的修改或作结构上的变动，但一般要保留国际标准的主要指标或基本上保留原结构格局。

6）包括与引用法

在制定国家标准时，完全引用或部分引用国际标准的内容。根据国际标准的"包容"情况及专业深度，在制定国家标准时，可以选择相关部分进行贯彻，其余部分不贯彻；也可包括其国际标准的一部分，其余根据需要补充新的内容和指标。

目前世界各国都积极采用国际标准。这是由于国际贸易广泛开展，产品在国际市场上的竞争越来越激烈，要求产品具有高的质量、好的性能，还要具有广泛的通用性、互换性。这就要求标准在各国间统一起来，按照国际上统一的标准生产，如果标准不一致，就会给国际贸易带来障碍。

我国采用国际标准和国外先进标准的方针是认真研究，积极采用，区别对待。原则是密切结合我国国情，有利于促进生产力发展；有利于完善我国标准体系，促进我国标准水平的不断提高，努力达到并超过世界先进水平；合理安排采用的顺序，注意国际上的通行需要，还要考虑综合标准化的要求；采用国外先进标准要根据标准的内容区别对待。

目前，我国采用国际标准和国外先进标准的状况如下：

例1：我国到2007年年底，在21 579项国家标准中，采用国际标准和国外先进标准共10 024项，采标率为46.45%。其中：采用ISO 5 157项；采用IEC 2 184项；采用ISO/IEC 319项；采用ITU 50项；采用其他先进标准2 314项。

例2：2010年，中国提出和主导制定的国际标准达227项，承担的ISO、IEC技术机构秘书处达到50个。

例3：2011年2月我国主导的IEEE 1888绿色节能国际标准发布。经美国电气和电子工程师协会标准协会（IEEE-SA）批准，由我国企业主导制定的IEEE 1888标准（Ubiquitous Green Community Control Network，泛在绿色控制网络协议）正式发布，此举标志着我国在绿色节能国际标准制定方面取得重大突破。

2001年，我国国家质检总局发布了《采用国际标准管理办法》，规定了采用原则、采用程度、表示方法和有关措施等。我国标准与国际标准的对应关系：有等同关系（identical）的表示代号为（IDT或idt）；有修改关系（modified）的表示代号为（MOD或mod）；有非等效关系（not equivalent）的表示代号为（NEQ或neq）。

2.5.3　我国标准的分级

《中华人民共和国标准化法》将我国标准分为国家标准、行业标准、地方标准、企业标准四级。这四级各层次之间有一定的依从关系和内在联系，形成一个覆盖全国又层次分明的标准体系。我国的国家标准由国务院标准化行政主管部门制定；行业标准由国务院有关行政主管部门制定；地方标准由省、自治区和直辖市标准化行政主管部门制定；企业标准由企业自己制定。我国由市场监督管理总局负责统一管理全国的标准化工作，各地也相应成立对应的组织机构，服务本地区的标准化工作。

1）国家标准

（1）国家标准的概念

国家标准简称国标，是指由国家标准化主管机构批准发布，对全国经济、技术发展有重大意义，且在全国范围内统一的技术要求。国家标准的年限一般为5年，过了年限后，国家标准就要被修订或重新制定。此外，随着社会的发展，国家需要制定新的标准来满足人们生产、生活的需要，因此，标准是一种动态信息。

对需要在全国范围内统一的下列技术要素，应当制定国家标准（含标准样品的制作）：

①使用的技术术语、符号、代号（含代码）、文件格式、制图方法等通用技术语言要求和互换配合要求；

②保障人体健康和人身、财产安全的技术要求，包括产品的安全、卫生要求，生产、储存、运输和使用中的安全、卫生要求，工程建设的安全、卫生要求，环境保护的技术要求；

③基本原料、材料、燃料的技术要求；

④通用基础件的技术要求；

⑤通用的试验、检验方法；

⑥工农业生产、工程建设、信息、能源、资源和交通运输等通用的管理技术要求；

⑦工程建设的勘察、规划、设计、施工及验收的重要技术要求；

⑧国家需要控制的其他重要产品和工程建设的通用技术要求。

（2）国家标准的分类、代号与编号

国家标准分为强制性国家标准和推荐性国家标准。

国家标准的代号由大写汉语拼音字母构成。强制性国家标准的代号为"GB"，推荐性国家标准的代号为"GB/T"。国家标准中的"T"是推荐的意思。国家标准的编号由国家标准的代号、国家标准发布的顺序号和国家标准发布的年号构成。

示例 1：GB ××××× —××××。其中：GB（标准代号），×××××（标准序号），××××（发布年号）。例如：GB 50011 — 2016《建筑抗震设计规范》。

示例 2：GB/T×××××—××××。其中：GB/T（标准代号），×××××（标准序号），××××（发布年号）。例如：GB/T 8572—2010《复混肥料中总氮量的测定 蒸馏后滴定法》。

国家标准由国务院标准化行政主管部门编制计划，协调项目分工，组织制定（含修订，下同），统一审批、编号、发布。法律对国家标准的制定另有规定的，依照法律的规定执行。

（3）强制性国家标准的范围

下列国家标准属于强制性国家标准：

①药品国家标准、食品卫生国家标准、兽药国家标准、农药国家标准；

②产品及产品生产、储运和使用中的安全、卫生国家标准，劳动安全、卫生国家标准，运输安全国家标准；

③工程建设的质量、安全、卫生国家标准及国家需要控制的其他工程建设国家标准；

④环境保护的污染物排放国家标准和环境质量国家标准；

⑤重要的涉及技术衔接的通用技术术语、符号、代号（含代码）、文件格式和制图方法国家标准；

⑥国家需要控制的通用的试验、检验方法国家标准；

⑦互换配合国家标准；

⑧国家需要控制的其他重要产品国家标准，例如：国家军用标准 GJB 等。

上述范围之外的其他国家标准是推荐性国家标准。我国每年都不断增加和拓宽国家标准。

2）行业标准

（1）行业标准的概念

行业标准是指全国性的各行业范围内统一的标准。行业标准由行业标准归口部门统一管理，国务院标准化行政主管部门审查确定。行业标准分为强制性标准和推荐性标准。推荐性行业标准的代号是在强制性行业标准的代号后面加"/T"。

行业标准是对没有国家标准而又需要在全国某个行业范围内统一的技术要求所制定的标准。行业标准不得与有关国家标准相抵触。有关行业标准之间应保持协调、统一，不得重复。行业标准在相应的国家标准实施后，即行废止。

（2）行业标准的代号与编码

①行业标准代号由国务院标准化行政主管部门规定，代号如下：

农业 NY、石油化工 SH、林业 LY、机械 JB、轻工 QB、环境保护 HJ、纺织 FZ、煤炭 MT、化工 HG、商业 SY 等。截至 2020 年已有 62 种行业标准代号。

②行业标准的编号由行业标准代号、标准顺序号及年号组成。

示例 1：强制性纺织行业标准编号 FZ××××—××××。

示例2：推荐性纺织行业标准编号FZ/T××××—××××。

3）地方标准

（1）地方标准的概念

地方标准是指在没有国家标准和行业标准的情况下，需要在省、自治区、直辖市范围内统一制定和使用的标准。地方标准由省、自治区、直辖市标准化行政主管部门统一编制计划、组织制定、审批、编号和发布。其内容包括：

①工业产品的安全、卫生要求；

②药品、兽药、食品卫生、环境保护、节约能源、种子等法律、法规规定的要求；

③其他法律、法规规定的要求。

（2）地方标准的代号与编号

①地方标准的代号为汉语拼音字母"DB"加上省、自治区、直辖市行政区划代码前两位数，组成强制性地方标准代号。再加"/T"，组成推荐性地方标准代号。

示例1：吉林省强制性地方标准代号DB 22。

示例2：吉林省推荐性地方标准代号DB 22/T。

②地方标准的编号由地方标准代号、地方标准顺序号和年号组成。

示例1：强制性地方标准代号DB××××—××××。

示例2：推荐性地方标准代号DB××/T×××—××××。

③省、自治区、直辖市代码：

北京市110000、湖南省430000、天津市120000、广西壮族自治区450000、河北省130000、广东省440000、山西省140000、内蒙古自治区150000、海南省460000、四川省510000、辽宁省210000、黑龙江省230000、吉林省220000、云南省530000、贵州省520000、西藏自治区540000、上海市310000、江苏省320000、陕西省610000、浙江省330000、甘肃省620000、安徽省340000、青海省630000、福建省350000、河南省410000、江西省360000、山东省370000、新疆维吾尔自治区650000、湖北省420000、台湾省71000、宁夏回族自治区640000。

4）企业标准

（1）企业标准的概念

企业标准是指由企业制定发布，在该企业范围内统一使用的标准。企业生产的产品没有国家标准和行业标准时，应当制定企业标准，作为企业组织生产、经营活动的依据。已有国家标准和行业标准的，国家鼓励企业制定严于国家标准或行业标准的内控企业标准，以提高产品质量水平，保证产品质量优于国家标准或行业标准，争优质和创名牌。企业标准虽然是我国标准体系中最低层次的标准，但这不是从标准的技术水平的高低来划分的。

企业标准由企业自行制定、审批和发布实施，报当地政府标准化行政主管部门和有关行政主管部门备案。

（2）企业标准代号与编码

企业标准代号由"Q"加斜线"/"再加上企业代号组成，如各省、自治区、直辖市发布的企业标准，则应在"Q"前加本省、自治区、直辖市的简称汉字，如北京市为"京Q/"。其编号形式由企业标准代号、标准序号和年号组成。

企业代号可用汉语拼音字母或用阿拉伯数字或两者兼用，具体办法由当地政府标准化行政主管部门规定，中央所属企业则由国务院有关行政主管部门规定。

示例1：×Q/×××　×××—××××。×Q/×××（企业标准代号），×××（标准序号），××××（发布年号）。

示例2：Q/×××　×××—××××。Q/×××（企业标准代号），×××（标准序号），××××（发布年号）。

2.5.4　国家标准的制定、修订与实施

1）国家标准的制定

（1）制定国家标准的基本原则

制定国家标准应当贯彻国家的有关方针、政策、法律、法规；有利于合理开发和利用国家资源，推广科学技术成果；积极采用国际标准和国外先进标准，促进对外经济技术合作与对外贸易的发展；保障安全和人民的身体健康，保护环境；充分考虑使用要求，维护消费者的利益；做到技术先进、经济合理、安全可靠、协调配套。

（2）制定国家标准的一般程序

①组织起草

国务院标准化行政主管部门在每年6月提出编制下年度国家标准计划项目的原则要求，下达给国务院有关行政主管部门和国务院标准化行政主管部门领导与管理的全国专业标准化技术委员会；国务院有关行政主管部门将编制国家标准计划项目的原则、要求，转发给由其负责领导和管理的全国专业标准技术委员会或专业标准化技术归口单位。

②征求意见

国家标准征求意见稿和"编制说明"及有关附件，经负责起草单位的技术负责人审查后，印发至各有关部门的主要生产、经销、使用、科研、检验等单位及大专院校征求意见。国家标准征求意见稿征求意见的期限应明确，一般为2个月。

③归纳整理

负责起草单位应对征集的意见进行归纳整理，分析研究和处理后提出国家标准送审稿、"编制说明"及有关附件、"意见汇总处理表"，送负责该项目的技术委员会秘书处或技术归口单位审阅，并确定能否提交审查。必要时可重新征求意见。

④审稿

国家标准送审稿的审查，凡已成立技术委员会的，由技术委员会按《全国专业标准化技术委员会章程》组织进行。国家标准送审稿的审查，未成立技术委员会

的，由项目主管部门或其委托的技术归口单位组织进行。参加审查的，应有各有关部门的主要生产、经销、使用、科研、检验等单位及大专院校的代表。其中，使用方面的代表不应少于 1/4。审查可采用会议审查或函审。对技术、经济意义重大，涉及面广，分歧意见较多的国家标准送审稿可会议审查；其余的可函审。采用会议审查还是函审由组织者决定。

⑤审批

国家标准由国务院标准化行政主管部门统一审批、编号、发布，并将批准的国家标准一份退给报批部门。其中，药品、兽药国家标准，分别由国务院卫生主管部门、农业主管部门审批、编号、发布；食品卫生、环境保护国家标准，分别由国务院卫生主管部门、环境保护主管部门审批，国务院标准化行政主管部门编号、发布；工程建设国家标准由国务院工程建设主管部门审批，国务院标准化行政主管部门统一编号，国务院标准化行政主管部门和工程建设主管部门联合发布。

2）国家标准的复审和修订

《中华人民共和国标准化法》规定：标准实施后，制定标准的部门应当根据科学技术的发展和经济建设的需要适时进行复审，以确认现行标准有效或者予以修订、废止。标准复审周期一般不超过 5 年，我国国家标准每隔 3～5 年重审一次。

标准修订的主要工作程序，按制定标准的有关规定要求执行。修订后的标准顺序号不变，仅把年号改为修订的年即可。

（1）确认继续有效的国家标准，不改顺序号和年号。当国家标准重版时，在国家标准封面上、国家标准编号下写明"××××年确认有效"字样。

（2）需做修改的国家标准作为修订项目，列入计划。修订的国家标准顺序号不变，把年号改为修订的年号。

（3）已无存在必要的国家标准，予以废止。

3）国家标准的实施

商品标准的实施，大致要经计划、准备、实施、检查、总结这五个阶段。

（1）计划。贯彻实施国家标准，首先要制订计划，从整体上分析实施项目的需要和可能的相关因素和条件。合理安排人力，具体划分任务和工作进度，明确职责，并对实施后的经济效果进行预测分析。

（2）准备。为保证国家标准贯彻实施工作的顺利进行，必须事先做好思想准备、组织准备、技术准备和物质条件准备这四个方面的工作。

（3）实施。实施就是将国家标准用于生产和流通。根据不同情况，可采取不同的实施方式。在实施过程中，各部门不得擅自更改或降低标准。从事科研、生产、经营的单位和个人，必须严格执行标准。不符合标准的商品，禁止生产、销售和进口。市场监督管理部门要严格按照标准进行商品质量监督与认证，这是保证标准贯彻实施的重要手段。

（4）检查。要将生产和流通过程中的实施情况进行全面检查，使其符合标准化的要求。

（5）总结。总结包括技术上的总结以及各种文件和资料的归纳、整理、立卷、归档，对下一步工作提出意见和建议。

国家标准的贯彻实施，需要标准化主管部门、产品归口部门、设计部门和企业等各方面相互配合、分工协作、共同努力，也需要与消费者和用户密切合作。在国家标准的贯彻实施过程中，还应做好信息反馈、调查研究等工作，为标准的修订准备条件。

本章小结

商品学的全面商品质量概念是在一定的条件下评价商品使用价值优劣程度的各种自然属性和社会属性、商品有形质量和无形质量、内在质量和外观质量、商品满足明确需要和隐含需要能力的特性和特征的总和。

对商品质量的基本要求概括起来可以归纳为：功能保证性、质量指标可信性、性能稳定性、安全性、环保性、经济性、市场适应性、质量信息服务性等。

影响商品质量的因素是一个复杂的系统效应问题。在分析影响商品质量因素时，要以商品质量形成过程为主线，按科研与设计、生产、流通、消费到废止的流程顺序来进行。

商品质量标准是对商品质量和有关商品质量的各方面（如品种、规格、用途、试验方法、检验方法、标志、包装、储存、运输、养护等）所作的技术规定。商品质量标准是商品质量的具体化和量化指标。

国际标准是指国际标准化组织（ISO）、国际电工委员会（IEC）和国际电信联盟（ITU）制定的标准，以及国际标准化组织确认并公布的其他国际组织制定的标准。国际标准在世界范围内统一使用。我国标准分为国家标准、行业标准、地方标准和企业标准四级。

关键概念

商品质量功能　商品质量性能　商品质量指标　标准　商品质量标准　国际标准　国家标准

简答题

1. 对商品质量的基本要求是什么？
2. 制定标准的原则是什么？
3. 标准体系有哪些特征？
4. 采用国际标准和国际先进标准有哪些方法？

实训题

以某一商品实例说明我国标准是如何分级的，相应的代号与编号是什么。

计算题

根据商品质量的可用性表达式，计算平均无故障工作时间和可用性等指标。

试述题

1. 试述我国标准的制定、修订与实施、原则与程序。
2. 试述商品学的全面商品质量概念。

论述题

论保证和提高商品质量的重要意义。

第
3 章

商品质量的自然属性

学习目标

通过本章的学习，使学生在了解商品的自然属性的构成要素的基础上，掌握商品的物理特性、商品的化学特性、商品的微生物学特性和商品的生理生化特性、商品质量的技术特性。

3.1　商品自然属性的构成要素

3.1.1　商品自然属性的构成

商品的自然属性是由商品的组成成分、结构和性质所决定的。不同的成分、结构和性质，使商品具有不同的自然属性。

1）商品组成成分

商品的种类繁多，每种商品都是由一种或多种不同数量的成分所组成。商品所含成分的种类和数量决定和影响商品的结构、性质和用途，进而决定或影响商品质量。

商品的组成成分，通常按各种成分在其使用性能中所发挥的作用，分为主要成分、辅助成分、无用成分和有害成分。其中商品的主要成分在其使用性能中发挥主要作用；辅助成分在商品使用性能中发挥辅助作用；而无用成分和有害成分，则影响商品的使用性能。

2）商品的结构

商品的结构与性质的关系密切，不同的结构会给商品带来不同的性质。因此，分析研究商品质量状况及其变化规律，就必须了解商品的结构状态。

无论商品的结构多么复杂，商品品种多么繁多，商品的结构仍分为宏观结构与微观结构两大类。

（1）商品的宏观结构。商品的宏观结构是指能够用人的肉眼或低倍放大镜所能观察到的外形结构。商品的宏观结构，有的是人为通过生产过程形成的，有的则是自然生长形成的。如各种日用工业品、纺织品等的外形结构状态是经过生产工艺过程形成的，而水果、蔬菜等商品的外形结构状态则是自然生长形成的。

（2）商品的微观结构。商品的微观结构是指用人的肉眼看不到而借助于各种专门仪器的功能来观察到的内部结构。如同商品的宏观结构与性质的关系一样，我们可以通过微观结构状态分析出商品的基本性质。

3）商品的性质

与商品质量有密切关系的性质主要包括商品的物理性质、化学性质、生理生化性质和微生物性质。商品的性质因商品而异，内容繁多，极为复杂，是本课程难点集中之处。

商品的性质与商品品质、合理使用、包装、储存和运输等有着极为密切的关系。它是判断许多商品质量优劣的重要指标，也是研究和采用科学的包装、储存、运输和养护的依据。

（1）物理性质。物理性质是指物质本身的属性，一般讲物质某些性质改变时，不一定涉及物质分子化学组成的改变，该性质即属于物理性质，如聚集状态、密度、沸点、熔点、蒸气压、电导率等。

（2）化学性质。化学性质是指物质的某种性质在其分子（或晶体）起化学反应时方显示出，如氧化性质、还原性质、酸性、碱性、化学稳定性等。

（3）生理生化性质。生理生化性质是指一切生物有机体商品为了维持其生命而本身进行的一系列生理生化变化。如粮谷、果蔬的呼吸作用及发芽与抽薹，果实和瓜类的后熟作用，鲜蛋的胚胎发育，畜肉、禽肉和鱼肉的僵直和软化作用等。

（4）微生物性质。微生物性质是部分商品（主要是直接食用的商品）被细菌污染后所发生的变化，同时影响环境的卫生以及对环境造成污染和破坏。如食品（肉及肉制品、乳及乳制品、蛋品、水产、清凉饮料、罐头、糕点、调味品、蔬菜、瓜果、豆制品、酒类等）、饮用水、口服及外用药品、化妆品及需灭菌的商品，均要有卫生标准，以严格控制细菌污染，防止各种有害的病原微生物侵入身体而直接危害广大消费者的人身健康。

4）商品的技术特性和质量功能

这是商品使用价值实现的基本条件，是评价商品质量的基本要求，商品的技术特性和技术指标是各级各类标准所规定的质量特性必须达到的技术要求。

3.1.2　商品的自然属性与商品质量的关系

商品的自然属性构成了商品质量的物质基础，是商品体的核心部分性能的具体体现，它集中体现了商品的使用价值。商品自然属性不同，商品的使用功能和效用也不同，服务的效果也不同。

商品的自然属性是商品的技术特性和质量标准的表征，是保证商品质量、满足人们物质需求的基本条件。

研究商品的质量，研究各种外界因素在运输、储存和使用中引起商品质量变化的规律，就必须从商品及其材料的成分、结构等自然属性入手。

3.2　商品的物理特性

3.2.1　商品的微观结构

在日用工业品商品中含有高分子的商品占有相当大的比例，如种类繁多的塑料、橡胶等高分子固体商品。高分子微观结构与商品性质紧密相关，通过商品的微观结构状态可以分析出商品的基本性质。

1）高分子的大分子链结构的几何形状

高分子商品的性质与其分子链的几何形状有密切关系。高分子的大分子链结构的几何形状通常分为线型、支链型和体型三种。

（1）线型。线型高分子链形状如长线，自由状态下呈卷曲状，外力作用下可伸直，分子中某一链节仅与两个相邻的链节相连，大分子链之间没有任何化学键，而只有分子引力作用。这种结构状态使高分子物具有一定的弹性和可塑性，呈柔软状态；在加热和外力作用下，分子链之间可产生相互位移而使高分子物发生软化，在高温作用下甚至可发生熔融现象；能溶于适当的有机溶剂中，硬度和脆性较小。这类高分子物又称为热塑性高分子物，如低压聚乙烯、聚丙烯、尼龙、天然橡胶等均属此类高分子物。

（2）支链型。支链型高分子链除主链外还有支链存在，即分子中某一链节除与两个相邻的链节相连外，还与支链相连。支链按其长短又可分为短支链与长支链。支链的长短对高分子物的性能影响也不同。此类高分子物也具有柔软性，但不如线型高分子物，在加热条件下也能发生软化，高温下甚至也能熔融，并能溶于适当的有机溶剂中。由于其堆砌松散、结晶度低、密度低，因而其硬度、强度、耐热性、耐腐蚀性等也随之降低，但透气性增强。属此类高分子物有高压聚乙烯、接枝型ABS树脂等。

（3）体型。体型高分子是线型或支链型高分子链之间以化学键交联而成的巨型分子。这种高分子物并无独立的大分子链存在，各大分子链间除有分子引力外，还有化学键的作用力。因此，这种高分子物的弹性与可塑性很小，加热不发生软化，也不能熔融，不溶于任何有机溶剂中，其硬度和脆性较大，耐热性较好，强度较高。属此类的高分子物有硫化橡胶、环氧树脂、加交联剂后的酚醛树脂等。

2）高分子物的聚集态结构

高分子物的聚集态结构，是指高分子物内部大分子链间的几何排列。高分子物的聚集态结构是在加工成型过程中形成的。相同的高分子物，经过不同的成型工艺，可使其具有不同的聚集态结构，进而使其制品的性能发生变化。

高分子物的聚集态结构主要包括晶态结构、非晶态结构和取向态结构。

高分子物的晶区和非晶区并无一定界限，相互交错。高分子物的结晶度高，其强度、硬度、耐热性、抗溶剂性、抗渗透性等都有提高；结晶度低，其弹性、伸长率、抗冲击强度等有所降低。

高分子物的取向态结构是指在外力的作用下，沿力的方向大分子链或链段取向有序排列，晶态物拉伸形变取向形成微纤晶结构，从而提高了高分子物的强度和韧性。只沿一个方向拉伸取向为单轴取向；平面纵横两个方向拉伸取向为双轴取向。

3.2.2　商品的物理性质

1）商品的集聚状态及其变化

商品的集聚状态有三种，即固态、液态和气态。这三种集聚状态在一定压力条件下，随着温度的变化会发生变化。这些变化主要包括：

随着温度升高而由固态转变为液态的现象称为熔化，此时温度称熔点；随着温度升高而由液态转变为气态的现象称为沸腾，此时温度称为沸点；随着温度升高而由固态直接转变为气态的现象称为升华；随着温度的降低而由液态转变为固态的现象称为凝固，此时温度称为凝固点。

商品集聚状态一经发生变化，就意味着质量降低，甚至失去原有的使用价值。例如，香脂、蜡烛、油膏类药品等的熔化，油脂的凝固，萘、樟脑的升华，茶叶中芳香物质的挥发，白酒中酒精的挥发等均会造成该种商品质量降低。

2）吸湿性

商品的吸湿性是指商品吸着和放出水分的性质。

商品含水量与商品吸湿性大小成正比。具有吸湿性的商品，其含水量随环境湿度的改变而改变，在环境潮湿条件下吸收水分，在干燥条件下放出水分，进而使商品的正常含水量发生变化，影响其质量。

（1）吸湿类型

商品吸附水分的现象有两种类型：一类是商品表面吸附；另一类是与水发生离子或分子间的结合。

表面吸附，由于物体表面具有未平衡的自由力场，就可能有吸附周围气体与液体分子的作用。当一种由亲水物质构成的商品处在潮湿的环境中，其表面就会从潮湿的空气中吸附水蒸气，然后逐渐向内扩散；与此相反，当这种商品处在干燥环境中，商品表面的水分则逐渐向外扩散。吸附与解吸都要使商品体水分的蒸气压与空气中的蒸气压达到动态平衡。当其他条件（即商品的成分、组织结构、外界温湿度条件等）相同时，其表面吸附水量的大小是由单位体积的表面积大小决定的（吸湿量与表面积成正比）。当吸附与解吸呈动态平衡时，吸湿量就趋于一定的极限数值。

与水发生离子或分子间的结合，这是由商品体的组成成分及其结构所引起的。在这些成分中，有的易溶于水（如盐或碱等）；有的则可与水发生化学反应（如生石灰吸水则变成熟石灰等）；还有的含亲水基团（如羟基——OH，羧基——COOH，氨基——NH_2，磺酸基——SO_3H 等），就能与水以氢键形式结合形成化学结合水，存在于商品体内而难以放出。商品表面和商品体内存在的微细空隙以及毛细管等结构体均具有吸附水分的能力。

（2）吸湿平衡

具有吸湿性的商品，只有在一定的温湿度条件下，当吸湿达到动态平衡时，其含水量才能具有相对稳定性。空气的温度或相对湿度发生改变，则可引起吸湿平衡的移动。气温增高或相对湿度降低时，促使平衡向解吸方向移动，商品体中的水分含量就会降低；气温下降或相对湿度增高时，促使平衡向吸湿方向移动，商品体中的水分含量就会增加。原来的吸湿平衡被破坏后，在新的条件下，又将逐渐达到新的吸湿平衡，进而又使商品体中的水分含量具有相对稳定性。显然，商品吸湿性的大小不仅取决于商品的组成成分和商品的组织结构，也取决于空气的温湿度。

（3）关于吸湿性的定量计算

商品吸湿性大小，通常用含水率、实际回潮率（又称实际吸湿率）、公定回潮率和回潮率的实际应用——公量计重来表示。

①含水率

含水率是指在一定温湿度条件下，商品中的水分重量占商品重量（包括含水量）的百分率。在实际应用中，绝大多数商品都以含水率来表示其含水量。其计算公式为：

$$含水率（\%）=\frac{商品中水分重量}{商品重量}\times100\%$$

②实际回潮率

实际回潮率则指商品中的水分重量占商品干燥重量的百分率。实际回潮率的计算方法，主要应用于天然纺织纤维公量的计算。其计算公式为：

$$实际回潮率（\%）=\frac{商品中水分重量}{商品干燥重量}\times100\%$$

$$=\frac{商品中水分重量}{商品重量-商品中水分重量}\times100\%$$

③公定回潮率

为了消除因回潮率不同而引起的重量不同，满足纺织材料贸易和检验的需要，国家对各种纺织材料的回潮率规定了相应的标准，称为公定回潮率。公定回潮率是国际上用公量来计算纤维重量所采用的标准回潮率。它在数值上接近标准温湿度条件下测得的平衡回潮率。应该注意的是，因为各国对纺织材料公定回潮率的规定往往根据自己的实际情况而定，所以并不完全一致。

我国部分纺织材料的公定回潮率如下：棉花 8.5、棉纱线 8.5、棉缝纫线 8.5、棉织物 8.0、精纺毛纱 16.0、粗纺毛纱 15.0、毛织物（精纺、粗纺、驼绒、工业呢、工业毡）14.0、山羊绒 15.0、兔毛 15.0、驼毛 15.0、牦牛毛 15.0、亚麻 12.0、黄麻 14.0、大麻 12.0、罗布麻 12.0、剑麻 12.0、蚕桑丝 11.0、柞蚕丝 11.0、黏胶 13.0、富强纤维 13.0、醋酸纤维 7.0、铜氨纤维 13.0、锦纶 4.5、涤纶 0.4、腈纶 2.0、维纶 5.0、丙纶 0、聚氯乙烯纤维 0、聚偏氯乙烯纤维 0、聚氨基甲酸酯纤维 1.3。

各国用公认的公定回潮率来计算公量，可避免国际贸易中交易双方对纤维计重由于表示方法不一致而引起的争议，平衡卖方风险和买方风险。

④回潮率的实际应用——公量计重

回潮率的实际应用是公量计重。国际贸易中通常以公量来表示商品的实际交易重量。公量的计算公式如下：

$$公量=商品干燥重量\times（1+公定回潮率）$$

$$公量=商品重量\times\frac{1+公定回潮率}{1+实际回潮率}$$

3）导热性与耐热性

（1）导热性。商品的导热性是指商品传递热能的性质。商品的导热性与其成分和结构有关。金属材料是热的良导体，导热性大，因此铝和铁常被用做烹饪用具的材料。非金属材料大多为热的不良导体，因此皮革、纺织品等非金属材料常被用做穿着用品来保持人的体温；玻璃、塑料等也因导热性差，可用做隔热保温材料。

（2）耐热性。商品的耐热性是指商品在温度急剧变化条件下，不被破坏或保持性质不变的能力。商品的耐热性与商品的导热性和膨胀系数有关。导热性好而膨胀系数小的商品（如金属制品），耐热性良好。导热性差而膨胀系数大的商品（如玻璃），其耐热性就差。

4）透气性和透水性

（1）透气性

商品的透气性是指商品能被水蒸气或其他气体透过的性质。

（2）透水性

透水性是指商品被液态水透过的性质。

商品透气性和透水性的大小，主要决定于构成商品材料的结构与成分。多孔性结构材料和纤维织品，如皮革制品、纸张、纺织品、服装、鞋帽等都具有较好的透气性和透水性。商品成分中含亲水基团或具有微孔结构，虽然组织紧密，透水性可能很小，但透气性仍可能较好。凡透水商品都透气；但能透气的商品不一定能透水。玻璃、搪瓷、陶瓷、金属制品等由于成分和结构的特点，不具有透气性和透水性。

商品的用途不同，对透气性和透水性的要求也不同。对服装、鞋帽等商品来说，透水性、透气性是重要的卫生性能指标，只有具备良好的透气性和透水性，人体分泌的各种挥发性物质和汗液等，才能散发出去，穿着才能舒适卫生。作为包装商品的材料，则要求不透气和不透水。

5）弹性与塑性

弹性与塑性主要反映的是物体受力之后的形变性能。外力向外物体被拉伸变长；外力向内物体被压缩变短。物体有反抗外力的作用和恢复原来状态的性质。

（1）弹性

弹性是指物体承受外力作用时发生形变，当外力移去后能够自动回缩或弹开而恢复原来状态的性质。伸长的长度或压缩的长度称为变形长度。

具有弹性的商品很多，其中具有代表性的乃是橡胶制品。具有弹性的商品，应注意防止高温、日光直射和酸碱作用，以免破坏其弹性。

商品弹性大小，可用弹性形变值来表示：

$$弹性形变值（\%）=\frac{变形长度中能恢复的长度}{原长度}\times100\%$$

（2）塑性

塑性是指物体承受外力作用时发生形变，当外力移去后却不能自动回缩或弹开而恢复原来状态的性质。

具有塑性的商品很多，其中具有代表性的乃是塑料制品，尤其是软质塑料制品。具有塑性的商品，应注意避免重压、强光照射、高温作用等，以免制品变形。

商品塑性的大小，可用塑性形变值来表示：

$$塑性形变值（\%）=\frac{变形长度中不能恢复的长度}{原长度}\times100\%$$

（3）影响商品弹性与塑性的主要因素

商品的弹性与塑性主要取决于物质内部结构的特点。内部微粒之间作用力相当大，但结构稳定的物质（如玻璃、钢材等），在外力作用下，内部会产生较大的压力，使微粒之间的相对位移较小，形变就小，当外力移去后能迅速恢复原来的形状和尺寸，表现出一般的弹性形变即普弹形变。

商品的弹性和塑性还随外界条件（如温度、压力等）的变化而不同。如玻璃、钢材、塑料等物质，在常温常压下都是弹性体（弹性很小），而在一定的高温下又是良好的塑性体。又如橡胶，在常温常压下是典型的弹性体，而在-80℃时又会变成脆硬的塑性体。

商品的弹性与塑性形变，除了与商品本身的内部结构及外界条件有关外，还与商品的组织结构有关。例如，纺织品、皮革、纸张等多孔性商品具有多种不同的组织形态，因此其形变特征也各不相同。一般说来，组织结构紧密的商品具有较高的弹性，而组织结构松弛的商品则易出现塑性形变。

6）强度与硬度

强度与硬度主要反映的是物体受力之后，抵抗外力不形变的性能。

（1）强度

强度是指商品抵抗外力作用而保持体态完整的性质。强度大小能够直接反映出商品的坚固耐用程度。我们通常用使商品体发生破裂的各种强度指标来表示商品强度的大小。各种商品的组成成分、结构、用途和使用条件不同，对各种强度指标的具体要求也不同。能够反映各类商品坚固耐用性的强度指标主要包括：抗拉强度、抗压强度、抗弯曲强度、抗冲击强度、抗磨强度、抗疲劳强度。

抗拉强度：物体受静态拉伸载荷发生断裂所呈现的强度。

抗压强度：物体受静态压缩载荷至破裂（脆性材料）或产生屈服现象（非脆性材料）时所呈现的强度。

抗弯曲强度：物体受静态弯曲载荷至物体破裂时的强度。

抗冲击强度：物体被冲断时所承受的冲击载荷。

抗磨强度：物体抵抗外物摩擦的能力。

抗疲劳强度：物体抵抗外力重复作用的能力。

（2）硬度

硬度是指商品抵抗较硬物体对其压入的能力。由于各种商品的组成成分和结构不同，因此表现出不同的硬度范围。对各种金属制品、塑料制品等来说，其硬度大小是分析评价其质量的重要依据。

3.3　商品的化学特性

3.3.1　工业商品的化学成分

尽管工业商品的种类繁多，成分复杂，但仍可以将其主要成分划分为无机物和有机物两大类。

1）以无机物为主要成分的商品

以无机物为主要成分的商品是指以自然界107种元素中除碳以外的单质及不含碳的化合物（但包括含碳氧化物、碳酸和碳酸盐等）为主要成分的商品。属于此类的商品有玻璃制品、金属制品、陶瓷制品、搪瓷制品、无机农药、无机化肥、无机化工原料商品等。此类商品成分中的元素种类不同，结合形式也不同，有的为单质，有的为化合物，而有的则为混合物。

2）以有机物为主要成分的商品

以有机物为主要成分的商品是指以含碳的化合物（但不包括含碳氧化物、碳酸和碳酸盐等）为主要成分的商品。此类商品根据其组成成分的分子量大小又分为低分子有机商品与高分子有机商品两类。

组成成分的分子量在1 000以下的属于低分子有机商品，如葡萄糖、酒精、有机农药、有机化肥、肥皂、合成洗涤剂等商品；而分子量在1 000以上的则属于高分子有机商品，如各种纺织纤维及其织品、橡胶制品、塑料制品、皮革制品、纸张、木制品等。其中天然纤维（如棉、麻、丝、毛等）及其织品、天然橡胶制品、皮革制品、纸张、木制品等是以天然高分子化合物为主要成分的商品，而合成纤维及其织品、合成橡胶制品、塑料制品等是以合成高分子化合物为主要成分的商品。以有机物为主要成分的商品，其成分的结合形式也不一样，有的为化合物，有的则为混合物。

应该指出，上述化学组成只是对某种商品的主要成分而言的，并不是说某种商品一定是要么由无机化合物组成，要么就由有机化合物组成。真正属于单一成分的商品是比较少的，而大多数商品则属混合成分。因此，在研究商品质量与组成成分的关系时，要对各种不同商品做具体分析，应着重考虑与商品质量关系极为密切的主要成分。

3.3.2　食品的营养成分

食品的营养成分是决定食品营养价值的重要因素，各种食品所含营养成分的种类和含量因品种而异。这些营养成分包括糖类、脂肪、蛋白质、矿物质、维生素和水分。

1）糖类

（1）糖类的组成及营养

糖类是植物性食品的主要成分，它在人体中的主要功用是供给能量，是人体所需能量的主要来源。人们每天的主食就是以糖类为主的植物性食品。

糖类是由碳、氢、氧三种元素所构成的一类有机化合物。

糖类是供给人体热量主要的来源。在植物性食品中除少量纤维素不能被人体消化吸收外，大部分都能被人体消化吸收而产生热量，因此糖类是人体获得热量主要的和比较经济的来源。

糖类又是构成人体某些组织的成分，如细胞中的核糖，人体组织中的糖脂、糖蛋白，肝脏和肌肉中的糖原，血液中的血糖（即葡萄糖）等均属糖类。糖对人体具有重要的生理功能，当血糖不足时，人会因神经系统得不到充分的营养物质而出现休克现象。

（2）糖的类别及其主要性质

糖类按其分子结构可分为单糖、低聚糖和多聚糖三类。

①单糖

单糖是分子结构最简单的一类糖，不能再水解为更小的糖分子。食品中常见的单糖为戊糖与己糖，其中戊糖不能被人体利用（如核糖）。食品中的重要单糖有葡萄糖、果糖、半乳糖、甘露糖。它们都是无色晶体，在水中的溶解度很大，都能直接被人体吸收，具有不同程度的甜味。它们是同分异构体，共同的分子式是：$C_6H_{12}O_6$。

A.葡萄糖

葡萄糖是自然界分布最广的己醛糖，广泛地存在于植物的叶、葡萄等水果及动物的血液、脊髓液等中，具有甜味，其甜度约为蔗糖的70%，远低于果糖。

B.果糖

果糖是广泛存在于瓜果、蜂蜜中的己酮糖。果糖的甜度在糖类中最高，且具有较强的吸湿性。

C.半乳糖

半乳糖也是己醛糖，它在食品中游离存在量很少，多是由乳品中的乳糖（系双糖）经水解产生。它是己糖中被人体吸收最快的单糖，并能帮助人体吸收钙，因此适宜做婴儿食品，但其甜度不如前两种单糖。

D.甘露糖

甘露糖也是己醛糖，在自然界主要以高聚体的形式存在于核桃壳、椰子壳等果壳中，味甜而略带苦。

②低聚糖

低聚糖相当于由2～9分子的单糖缩合成的物质。按合成的单糖个数分为双糖、三糖、四糖……九糖。

其中食品中常见的双糖是低聚糖中最重要的一类，双糖可以被看作由两分子单糖经缩合失水而形成的化合物，它们不能直接被人体吸收，只有经水解成单糖后才能被人体吸收，都具有不同程度的甜味和吸湿性，其分子式为 $C_{12}H_{22}O_{11}$，水解后可生成两分子单糖。

双糖主要有蔗糖、麦芽糖和纤维二糖、乳糖。

A.蔗糖

蔗糖大量存在于甘蔗和甜菜中，由于最早发现于甘蔗中，故被称为蔗糖。它是由一分子葡萄糖和一分子果糖缩合而成，因此，当蔗糖在酸或酶的作用下，与水发生水解反应则可得到等量的葡萄糖和果糖的混合物。由于蔗糖水解为葡萄糖和果糖后，旋光性发生由右旋改变为左旋的变化，故等量的葡萄糖和果糖的混合物称为转化糖，其甜度比蔗糖高。

蔗糖在水中水解成葡萄糖与果糖的反应为：

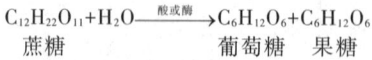

$$C_{12}H_{22}O_{11}+H_2O \xrightarrow{\text{酸或酶}} C_6H_{12}O_6+C_6H_{12}O_6$$

蔗糖　　　　　　葡萄糖　果糖

蔗糖是右旋光性物质（比旋光度 $[\alpha]_b^b=66.6°$），水解产物中的葡萄糖也是右旋光性物质（比旋光度 $[\alpha]_b^b=52.5°$），果糖是左旋光性物质（比旋光度 $[\alpha]_b^b=-91.9°$）。因此，当水解反应进行时，右旋角不断减小，当反应终了时体系旋光角将经过零变成左旋。

蔗糖不仅是重要的食品，供直接食用，而且广泛应用于糖果、糕点、水果罐头、果酱、果汁、蜜饯果脯等的生产中，也是良好调味品。

B.麦芽糖和纤维二糖

麦芽糖和纤维二糖主要存在于植物性食品中。由于可利用麦芽中的淀粉酶使淀粉水解而分别获得麦芽糖和纤维二糖，它是由两分子葡萄糖缩合而成的，因此，经水解可生成两分子葡萄糖。麦芽糖的甜度约为蔗糖的40%，多用做营养剂和各种饴糖生产原料。

C.乳糖

乳糖是哺乳动物乳汁中的主要成分。它是由一分子半乳糖和一分子葡萄糖缩合而成的，经水解可生成等量的半乳糖和葡萄糖。它大量存在于乳品中，人乳中的乳糖含量为5%～8%，在牛乳和羊乳中乳糖的含量为4%～5%。乳糖是双糖中水溶度较小、吸湿性极微的品种，甜度约为蔗糖的20%。乳糖可用于婴儿食品、糖果和医药工业生产上。

单糖和双糖由于均能溶于水，统称为可溶性糖。可溶性糖是水果甜味的主要成分，水果中可溶性糖主要有葡萄糖、果糖、蔗糖等，其含量因水果品种和种类而异。柠檬中可溶性糖含量最低，只有0.5%；葡萄中含量最高，一般可达10%～25%，最高者可达30%。

水果中的可溶性糖含量与水果成熟度有着密切关系，随水果成熟度的增加而增加，未成熟的水果淀粉含量高，而可溶性糖含量低。水果中所含可溶性糖的种类因水果种类而异，如苹果和梨富含果糖，葡萄中含有大量的葡萄糖和果糖，桃、李、杏、柑橘和香蕉中含有较多的蔗糖，西瓜含果糖多，甜瓜中的糖则以蔗糖为主。因此各种水果甜度不一。水果经长期储藏，可溶性糖会因水果生理活动的消耗而逐渐减少，故久储的水果甜度会降低。

谷物粮粒中可溶性糖含量很少。例如，正常成熟的小麦中可溶性糖含量仅占干物质的2%~5%，稻谷仅占0.46%，玉米仅占1.5%~3.7%。成熟不足、受冻或发芽的粮粒则含有较多的可溶性糖，因此质量不佳，且不耐储藏。

蔬菜中可溶性糖的含量，一般也随着蔬菜的成熟而增多，但块茎和块根蔬菜的含糖量则随成熟度的增高而降低。一般蔬菜的含糖量低于水果，以胡萝卜、洋葱、南瓜等含糖量较多，而番茄、青椒、黄瓜等含糖量则很低，仅含1.5%~4.5%。

③多聚糖

聚合度超过10个的聚糖称为多聚糖。它们的分子式都是（$C_6H_{10}O_5$）$_n$。多聚糖一般不溶于水，也无甜味。

自然界中的聚糖分布甚广，按其生理功能可分为两类：第一类为动植物的储存养分。在植物中储存的养分，溶于热水成胶体溶液，借助酸或酶反复水解而生成单糖，食品中常见的有植物淀粉和果胶物质等；在动物中储存的养分，易溶于水不成糊状，如动物淀粉（糖原）。第二类为形成动植物的支持组织，不溶于水，如半纤维素、纤维素。下面介绍几种常见的多聚糖：

A.淀粉

a.植物淀粉

淀粉为白色粉末，是由许多葡萄糖分子经缩合而成的高分子化合物，是植物的主要营养储备，多储存于植物的种子和块茎中，各种谷物和薯类中含有大量淀粉，是饮食中热量的主要来源。淀粉较难溶于水，但能吸收水分，且无甜味，也不能直接被人体吸收。

淀粉颗粒在热水中吸水膨胀而破裂形成糊状，这种现象称为淀粉的"糊化"，糊化后的淀粉分子结构松弛，易被酸或酶水解，这种淀粉称为α-淀粉；糊化的淀粉放置一段时间后，由于温度降低，淀粉分子又重新排列紧密并析出水分，产生离浆现象，这种变化现象称为淀粉的"老化"，老化的淀粉称为β-淀粉。淀粉老化后影响其水解和消化。淀粉在酸或酶的作用下，水解的最终产物是葡萄糖。

淀粉是谷物中（除大豆外）含量最多的糖类，是人类食用谷物的主要目的物，稻谷中淀粉含量占其干物质的75%~80%，小麦中占58%~76%，玉米中占60%~70%，高粱米中占69%，豌豆中占21%~49%，大豆中只占2%~9%。由于马铃薯、芋头、山药、慈姑等薯芋类中也含有大量的淀粉，因此除做菜食外还可作主食。

b.动物淀粉（糖原）

在动物肝脏和肌肉中有少量的动物淀粉，称为糖原。人体吸收的单糖，除供正常需要外，多余的部分即转变为糖原储存在肝脏中。当人体热量供应不足时，糖原即被消耗。肌肉中的糖原供肌肉活动时热量的需要，并分解生成乳酸，所以肌肉长期活动后感到酸痛。

B.半纤维素

半纤维素不是纤维素，而是与纤维素共存于植物细胞壁中的一类多聚糖，其分子比纤维素小，是由木糖、干露糖或葡萄糖组成的多聚糖。

C.纤维素

纤维素是组成植物细胞壁的主要成分，也是自然界分布最广的多聚糖。纤维素是纤维二糖的高聚体，用酸完全水解得到葡萄糖。棉花是含纤维素最高的物质，含量高达98%，其次是亚麻和木材。纤维素不溶于水，因此，纤维素虽然同样由葡萄糖组成，但不能作为人的营养物质。而在食草动物如马、牛、羊等的消化道中存在一些微生物分泌的酶可以水解纤维素，所以纤维素对于这些动物来说是有营养价值的。人体内由于缺乏水解它们的酶而无法消化吸收，所以在营养上无利用价值，但其在肠胃中具有促进肠胃蠕动的作用，有助于肠胃对食物的消化，也有利于代谢物的排泄。

2）脂肪

油脂广泛存在于动植物体中，是构成动植物的必要成分。由动植物体获得的油脂，一般在室温时为液体的叫作油，固体的叫作脂肪。脂肪是人体维持正常生理活动不可缺少的重要营养成分。

（1）脂肪的组成

纯净的脂肪是由碳、氢、氧三种元素构成的甘油酯（甘油酯由一分子的甘油和三分子的脂肪酸缩合而成），其分子式为 $C_3H_5(OOCR)_3$，式中R代表脂肪酸的烃基。由三分子相同的脂肪酸与一分子的甘油形成的酯，叫作单甘油酯；由三分子不相同的脂肪酸与一分子的甘油形成的酯，叫作混合甘油酯，又称杂甘油酯，如牛油、豆油、花生油等都是多种杂甘油酯的混合物。

甘油酯中脂肪酸所占比例为95%～96%，而甘油所占比例仅为4%～5%，因此脂肪的性质主要取决于脂肪酸的性质，不同脂肪酸具有不同性质。

脂肪酸根据其碳链上碳原子的饱和程度分为饱和脂肪酸与不饱和脂肪酸两类：

①饱和脂肪酸

在碳链上不存在双键结构碳原子的脂肪酸称为饱和脂肪酸。这种脂肪酸又可按碳原子数目的多少分为低级饱和脂肪酸和高级饱和脂肪酸。

A.低级饱和脂肪酸

分子中含碳原子数在10个以下者为低级饱和脂肪酸。常温下呈液态，能溶于水，易挥发。如在奶油中发现的丁酸也称酪酸（ C_3H_7COOH ）、己酸也称羊油酸（ $C_5H_{11}COOH$ ）等。

B.高级饱和脂肪酸

分子中含碳原子数在10个以上者为高级饱和脂肪酸。常温下呈固态，不溶于水，不挥发。常见的高级饱和脂肪酸有月桂酸（十二碳酸 $C_{11}H_{23}COOH$ ）、豆蔻酸（十四碳酸 $C_{13}H_{27}COOH$ ）、软脂酸（十六碳酸 $C_{15}H_{31}COOH$ ）、硬脂酸（十八碳酸 $C_{17}H_{35}COOH$ ）、花生酸（二十碳酸 $C_{19}H_{39}COOH$ ）等，其中软脂酸与硬脂酸最为普遍，几乎所有油脂中均含有软脂酸和硬脂酸。

②不饱和脂肪酸

在碳链上存在一个至若干个双键碳原子的脂肪酸称为不饱和脂肪酸。常温下呈液态，不溶于水，不挥发，其化学稳定性较饱和脂肪酸差。常见的不饱和脂肪酸有油酸（十八碳烯酸 $C_{17}H_{33}COOH$）、亚油酸（十八碳二烯酸 $C_{17}H_{31}COOH$）、亚麻酸（十八碳三烯酸 $C_{17}H_{29}COOH$）、花生烯酸（十八碳四烯酸 $C_{17}H_{27}COOH$）等。

（2）脂肪中的类脂和游离脂肪酸

①脂肪中的类脂

从油料或动物脂肪组织中提取的天然脂肪并不是纯净的脂肪，而是含有少量的蜡质、磷脂、固醇、色素、黏蛋白、水分等非脂肪成分的粗脂肪，其中蜡质、磷脂和固醇为类脂。

A.蜡质

蜡质是由高分子一元醇和高级脂肪酸缩合而成的高分子酯类，广泛存在于植物体表面和油料的表皮上，经加工成油脂后会混入植物油中。

蜡质的存在并不妨碍人体健康，但会降低植物油的透明度，尤其在低温的冬天，油脂的透明度降低，其原因之一就是蜡质在低温下溶解度降低。经过碱炼精制的植物油就可以把蜡质水解而除去。

B.磷脂

磷脂多为含磷的甘油酯，易溶于乙醚、苯、氯仿等有机溶液中，以卵磷脂和脑磷脂最为普遍。

卵磷脂为磷脂中最丰富的一种，存在于各种动物组织与器官中，尤其在动物的脑、肝、神经组织、心脏、肾上腺、红细胞中；蛋黄中含量特别多，占 8%～10%，所以叫作卵磷脂。

脑磷脂与卵磷脂并存于各种组织器官当中。脑磷脂与血的凝结有关。凝血激酶是由脑磷脂与蛋白质组成的，它存在于血小板内，能促使血液凝固，可应用于局部止血。

磷脂是一种很好的乳化剂，有助于人体对脂肪的消化。磷脂中的有机碱还可以防止肝脏中积存过多的脂肪，所以磷脂是对人体有益的成分。但作为脂肪，如果磷脂含量较多，在烹调食物时，一经加热便会产生较多的泡沫并易焦化而影响食物外观；同时它是一种吸水性强的蜡状物质，能使植物油脂透明度降低。

C.固醇

固醇是环戊烷多氢菲的衍生物，因在常温下为固态，所以称它为固醇。

固醇在动植物脂肪中都有存在，因来源不同，固醇的种类和特点也不同。在植物油中存在的是植物固醇，如谷固醇、麦角固醇和豆固醇等；在动物脂肪中存在的是动物固醇，其中最重要的是胆固醇。固醇都不溶于水，也不会与碱皂化，所以脂肪中它是不皂化物。

胆固醇是动物细胞的组成成分之一，它参与人体的新陈代谢和水分调节，也是某些内分泌物和维生素 D 的先驱物，所以正常人的血液中都有一定的含量。人体中胆固醇的来源，75% 左右为肝脏自身合成的，25% 从饮食中摄取。当饮食中摄取的胆固醇含量增加时，肝脏合成就相应减少，以保持人体内的胆固醇在一定的数量范围内。如果饮食中摄取的胆固醇含量较多，血液中的胆固醇含量超过正常含量时，就会沉积在血管壁上，造成动脉粥样硬化，血压升高，还会引起冠心病。所以，中老年人，特别是脑力劳动者，应控制饮食中的胆固醇含量（可通过增加维生素C和粗纤维来控制）。

②游离脂肪酸

油脂在提取过程中由于部分甘油酯分解，或在储存过程中受日光、空气中的氧、水分、微生物等作用而甘油酯分解，都会产生游离脂肪酸，其含量多少与油脂质量关系密切。含量多，则表明质量低；含量少，则表明质量好。其含量多少可用油脂的酸价（中和一克油脂中游离脂肪酸所需氢氧化钾的毫克数）表示。

游离脂肪酸含量和酸价可按下式换算。在换算时，液体植物油脂以油酸为计算基础，月桂酸油类以月桂酸为计算基础。

$$游离脂肪酸（\%）（以油酸计）=\frac{酸价\times282.3\times100}{56.11\times1\,000}=酸价\times0.503$$

$$游离脂肪酸（\%）（以月桂酸计）=\frac{酸价\times200\times100}{56.11\times1\,000}=酸价\times0.356$$

式中：$\dfrac{酸价}{1\,000}$——中和一克油脂中游离脂肪酸所需氢氧化钾的克数；

$\dfrac{282.3}{56.11}$——一克氢氧化钾能中和油酸的克数；

$\dfrac{200}{56.11}$——一克氢氧化钾能中和月桂酸的克数。

为了保障油脂的品质和食用安全，目前我国食用植物油标准中规定了油脂的酸价、过氧化值的限量。例如：卫生标准规定色拉油的酸价≤0.3（mgKOH/g）。酸价超标的食用油，一方面其营养价值降低，另一方面对健康会有影响，严重的还有可能引起食物中毒。

（3）脂肪的营养

脂肪是重要的营养成分之一，它的主要功能包括：

①脂肪是产生热量最高的营养成分（膳食中总热量的20%～35%是由脂肪供给），且具有较好的耐饥性。

②具有维持人体生长、修补组织、调节新陈代谢的功能。

③储存在内脏器官表面的脂肪具有保持内脏器官免受剧烈震动和摩擦的作用；储存在皮下的脂肪由于导热性差，具有保持人体体温的作用。

④脂肪是脂溶性维生素A，D，E，K的良好溶剂，促进它们的乳化作用，帮助人体对营养成分进行消化和吸收。

⑤改善食物的滋味和气味，增进食欲，有利于人体对食物的消化吸收。

（4）脂肪的重要化学性质

①油脂的皂化

油脂与碱反应生成脂肪酸盐类的化学反应称为皂化：

$$C_3H_5（OOCR）_3+3NaOH\longrightarrow C_3H_5（OH）_3+3RCOONa$$

可见，油脂是制皂的重要原料。制皂时通过计算油脂的皂化价来确定苛性碱的用量。皂化价是指皂化一克油脂所需氢氧化钾的毫克数。

②油脂的加成

液体植物油中的不饱和脂肪酸在加热、加压和有催化剂（如铂、镍、铜）作用的条件下，其双键打开与氢或卤素发生加成反应，与氢发生加成反应称"氢化"：

$$CH_3—CH_2—CH=CH—COOH+H_2 \xrightarrow[\text{加热加压}]{\text{催化剂}} CH_3—CH_2—CH_2—CH_2—COOH$$

经氢化，脂肪酸成为饱和状态，且常温下以固态存在，这种固体脂肪称为氢化油或硬化油。

控制油脂氢化的反应条件，可得到不同氢化程度的氢化油。人造奶油就是精炼植物油经轻度氢化并加入香料、乳化剂等而得。

脂肪的不饱和键与卤素发生的加成反应称"卤化"，在卤化时吸收卤素的量，反映植物油脂的不饱和程度。工业用植物油脂通常用碘价表示其不饱和程度。碘价是指每 100 克油脂吸收碘的克数，碘价高者，不饱和程度高，而其干化性能强。碘价在 130 以上者为干性油，100～130 者为半干性油，100 以下者为不干性油。

③油脂的氧化酸败

油脂的氧化酸败，是指油脂长期暴露于空气中，在氧的作用下发生酸臭和口味变苦的现象。这种酸败多为不饱和脂肪酸在光、氧、热、金属等作用下，双键处打开，被氧化生成过氧化物，进一步再形成氢的过氧化物。这种氢的过氧化物很不稳定，会继续氧化裂解，生成低分子醛、酮、酸等有哈喇味的产物，使油脂进一步酸败变质，从而影响人体健康，影响油脂储藏稳定性。所以，过氧化值可以作为判断油脂酸败程度的参考指标，也是鉴定油脂品质的重要指标。例如，卫生标准规定色拉油的过氧化值≤10（meq/kg）或≤5（mmol/kg）。

3）蛋白质

蛋白质是生命的物质基础，是人体中最重要的成分，是构成人体各部分器官和血液最基础的物质。早在 100 多年前，恩格斯就已对蛋白质的重要性做了正确的估价，他认为蛋白质与生命有着不可分割的关系，指出："生命是蛋白质的存在方式。"

（1）蛋白质的组成

蛋白质由碳、氢、氧、氮四种元素组成，多数蛋白质还含有少量的硫、磷，而少数蛋白质还含有少量的铁、铜、锰、锌、碘等元素。由于蛋白质的种类不同，其元素组成和比例不完全相同，一般情况下蛋白质中氮的比例为 16% 左右。

蛋白质的分子结构复杂，其水解的最终产物是 α—氨基酸的混合物。

氨基酸是含有氨基（—NH_2）和羧基（—COOH）的一类低分子有机物。许多氨基酸分子通过肽键相连接形成较长的多肽链，从而形成分子量很大的蛋白质分子。

①氨基酸

如上所述，氨基酸是含有氨基的羧酸，是组成蛋白质的基本单位，其通式为：

R—CH（NH₂）—COOH　　（R=CₙH₂ₙ₊₁）

氨基酸按照氨基与羧基相对位置不同分为α，β，γ，…，ω氨基酸，如α氨基酸R—CH（NH₂）—COOH、β氨基酸R—CH（NH₂）—CH₂—COOH、γ氨基酸R—CH（NH₂）—CH₂—CH₂—COOH等。

到目前为止发现组成蛋白质的氨基酸有20余种，如甘氨酸、丙氨酸、亮氨酸、缬氨酸、异亮氨酸、苯丙氨酸、丝氨酸、酥氨酸、酪氨酸、蛋氨酸、色氨酸、赖氨酸、精氨酸、组氨酸、门冬氨酸、谷氨酸、脯氨酸……其中人体必需（且人体不能自行合成，须由食物供给）的有8种，它们是色氨酸、赖氨酸、蛋氨酸、苯丙氨酸、亮氨酸、异亮氨酸、酥氨酸和缬氨酸。幼儿除上述8种外还需组氨酸和精氨酸。

②多肽类

多肽类是多个氨基酸去水缩合而生成的。如胰岛素是三十肽，它具有调节糖代谢的作用，能促进葡萄糖变为糖原和抑制肝脏中的糖原变为血糖，并能加速葡萄糖的氧化。如果胰岛素分泌不足，则可患糖尿病。

（2）蛋白质的分类

①根据组成蛋白质的氨基酸种类及其含量不同，将蛋白质分为完全蛋白质和不完全蛋白质两类：

完全蛋白质，是指含有人体必需氨基酸的种类齐全，且其含量均符合人体需要的标准水平的蛋白质，如乳中的酪蛋白、乳白蛋白；蛋中的卵白蛋白、卵黄蛋白；肉中的肌凝蛋白；大豆中的大豆蛋白等。

不完全蛋白质，是指所含人体必需氨基酸的种类不全或含量低于标准水平的蛋白质，如动物肉皮中的胶原蛋白、结缔组织中的弹性蛋白、植物性食品中的多数蛋白等。

②蛋白质还可按其水解产物分为单纯蛋白质和结合蛋白质两种：

单纯蛋白质，其水解后的产物中，只有氨基酸一种成分。属此类型的蛋白质有清蛋白、球蛋白、谷蛋白、组蛋白、精蛋白等。

结合蛋白质，其水解后的产物中，除氨基酸外，还有非蛋白质成分。属此类型的蛋白质有核蛋白、色蛋白、糖蛋白、脂蛋白等。

食品中除含单纯蛋白质和结合蛋白质外，还含有少量的非蛋白质含氮物，如茶叶中的咖啡因、烟草中的尼古丁、某些海产鱼中的氮化物、腐败肉类中的胺化物和氨类等，它们与食品质量及其变化有着密切关系。

（3）蛋白质的营养

①蛋白质是生命的物质基础，是构成人体各部分器官和血液的最基础的物质，占人体干物质的43%，占肌肉干物质的80%，占血液干物质的90%以上。人体和一切生物的新陈代谢都必须依靠蛋白质的不断补充。蛋白质对人体的修补作用，是其他营养成分不能代替的。

②蛋白质在体内氧化分解可产生与糖类相等的热量，以供人体正常生理活动的

需要。

③蛋白质是生物催化剂——酶的来源。人体就是依靠各种酶的催化作用维持正常的生理过程,如果没有酶的催化,那么一切生命活动就会停止。

④人体正常发育和体质健康靠蛋白质来保证。当人体缺少蛋白质时,儿童、青少年会出现发育迟缓、消瘦、发育不良症状;成年人则会出现疲倦无力、体重下降、抗病力减弱、平均寿命缩短等症状。

4)矿物质

矿物质,是指食品经高温(550℃~600℃)煅烧后所剩下的灰分中存在的除碳以外的各种元素,常以无机盐的形式存在于食品中。

(1)矿物质的分类

根据矿物质在食品中的含量不同,分为常量元素、微量元素和超微量元素三类。

常量元素:在食品中含量较多,100克食品中其含量超过0.01毫克,是食品中矿物质的主要组成部分,如钙、镁、钾、钠、铁、磷、氯、硫等。

微量元素:100克食品中其含量少于0.01毫克的矿物质,如碘、锌、铜、锰、氟等。

超微量元素:食品中含量极微,通常以微克计量的矿物质,如汞、金、镭等。

(2)矿物质的营养

①矿物质是构成人体组织的重要成分,如钙、磷、镁是构成人体骨骼、牙齿的主要成分;磷、硫是多数蛋白质的组成成分;铁是血红蛋白和细胞色素中必需的成分;碘是甲状腺中的必需成分;锌是胰岛素中的必需成分等。

②调节人体生理功能。矿物质具有保持人体某些组织的渗透压和酸碱平衡(即pH值的恒定)的功能,如无机盐氯化钠具有调节人体血液及组织液中渗透压的功能。

③与神经兴奋关系密切,如钾、钠、钙、镁等元素直接关系到心脏的跳动、肌肉的收缩以及神经兴奋等生命活动。

④参与体内生物化学反应,如磷、氯、镁、铜等元素对人体中的酶具有活性作用;铁、锌等元素是某些酶的组成成分。它们都直接或间接地参与体内的生化反应。

(3)矿物质的来源

食品中的矿物质主要来源于以下三方面:

①食品本身所固有的各种盐类中的矿物质;

②食品加工或储藏过程中加入的矿物质;

③由外界混入的金属、泥沙,农药残留物中的元素和加工机械或盛装食品的金属器具被腐蚀而混入食品中的元素,这部分矿物质对人体是不利的。

(4)几种重要的矿物质

①钙

人体中一般含钙1 200克左右,99%的钙集中在骨骼和牙齿中,1%的钙与蛋白质结合，存在于血液中。人体中的钙、镁、钾、钠等元素，一定要维持正常比例，以保持心脏的正常搏动，肌肉和神经的正常兴奋。血钙降低会提高肌肉和神经的兴奋，血钙提高则可抑制其兴奋性。钙有帮助血液凝结、调节体内酸碱平衡和对酶的活化作用。

由于钙的不断排出，尤其是少儿易因缺钙导致软骨病和发育不良，因此应给少儿多食用含钙较多的食品。

成年人每日从食品中摄入钙的量以400~500毫克为宜。含钙的食品主要有豆制品、乳品、虾皮、鱼类和海带等。

②磷

人体中含磷600~900克，80%的磷集中于骨骼和牙齿中，20%的磷存在于肌肉、脑神经及内脏器官中。磷是人体细胞核蛋白、磷脂及辅酶的重要成分，它能参与人体营养成分（糖类、脂肪、蛋白质）的代谢，调整人体渗透压和传递神经的刺激，并有储存和转移能量的功能。

成年人每日从食品中摄入磷的量以800~1 000毫克为宜。含磷的食品主要有乳类、肉类、蛋类、谷物胚芽、豆类、果蔬等。

③铁

人体中含铁约4克，70%的铁存在于血液中，是血红蛋白的组成部分，其余存在于肝脏、肌肉、脾脏、骨骼中。铁对维持人体正常的新陈代谢和体内氧气的输送起着重要作用。人体缺铁时容易引发贫血病。

成年人每日从食品中摄入铁的量以0.9~2毫克为宜。含铁的食品主要有肝、蛋黄、血液、豆类、谷类等。

④碘

人体内含碘20~25毫克，20%~30%的碘存在于甲状腺中，是构成人体甲状腺的主要成分，其余储存在肌肉中。甲状腺具有调节体内热能的代谢和对蛋白质、脂肪、糖类的合成与分解的作用。体内缺碘时，由于甲状腺激素合成少，导致脑垂体促使甲状腺激素的分泌而引起甲状腺肿大；乳母缺腆，还会使婴儿生长迟缓、智力低弱。

成年人每日从食品中摄入碘的量以0.1~0.3毫克为宜。含碘的食品主要有海盐、海带、蛤蜊、虾皮等。为保持体内正常的含碘量，必须食用碘盐。

（5）矿物质含量的表示方法

食品中的矿物质含量通常用食品煅烧后所剩下的灰分含量来表示。由于食品在高温燃烧过程中发生一系列化学反应，因此灰分含量只能近似地表示食品中的矿物质含量。灰分含量的计算方法有两种：

①灰分，是食品中灰分重量占食品重量的百分率，以下式计算：

$$灰分（\%）=\frac{食品中灰分重量}{食品重量}\times100\%$$

②干态灰分，是食品中灰分重量占食品干物质重量的百分率，以下式计算：

$$干态灰分（\%）=\frac{食品中灰分重量}{食品重量-食品中水分重量}\times100\%$$

5）维生素

维生素是人和动物为维持生长和代谢而必须从食品中获得供应的微量有机物质，是人体必需的一类营养成分。它虽不能给人体提供热量，在生理上的需要量也很少，但它对体内营养成分的消化吸收，对体内能量的转变和正常的生理活动等都具有十分重要的作用。人体缺乏维生素，则会引起各种维生素缺乏症，严重时也可致命。

维生素的种类很多，化学结构和生理功能也各异，尚无统一的命名法，习惯上采用英文大写字母来命名，按其功能分为维生素 A，B，C，D，E，K……维生素主要存在于植物性食品中，部分动物性食品中也含有维生素。在食品中已经发现的维生素有 30 余种，其中与人体健康、发育有密切关系的将近 20 种。

维生素按其溶解性能不同分为脂溶性与水溶性两大类：

（1）脂溶性维生素：溶于脂肪或有机溶剂，脂肪是它的载体，与脂肪同时被人体吸收。这类维生素主要有维生素 A，D，E，K 等。

①维生素 A

主要生理功能：抗干眼病，保证正常视力，预防表皮细胞角质化，促进生长。主要来源：动物肝脏、鱼肝油、蛋黄、乳品、胡萝卜、黄花菜、柿子、杏等。

②维生素 D

主要生理功能：调节钙、磷的代谢，预防佝偻病和软骨病，促进牙齿和骨骼的正常形成。主要来源：鱼肝油、动物肝脏、蛋黄、奶油等。

③维生素 E

主要生理功能：促进生殖力，预防不育症。主要来源：谷物胚芽、植物油脂。

④维生素 K

主要生理功能：促进血液凝固。主要来源：绿叶蔬菜、动物肝脏。

（2）水溶性维生素：溶于水，主要有维生素 B 族和维生素 C 族。维生素 B 族主要包括维生素 B_1，B_2，B_3，B_5，B_6，B_{11}，B_{12}，H，H_1，胆碱和肌醇。维生素 C 族主要包括维生素 C 和维生素 P。

①维生素 B 族

A.维生素 B_1

主要生理功能：抗神经炎，预防脚气，促进糖类代谢。主要来源：谷物胚及糠壳、酵母、瘦肉、蛋黄、豆类、花生、豌豆等。

B.维生素 B_2

主要生理功能：预防唇炎、舌炎，促进细胞进行氧化，促进生长。主要来源：动物肝脏、乳品、蛋黄、豆类等。

C.维生素 B_3

主要生理功能：促进体内氧化还原作用，参与糖类和脂肪的代谢，促进生长。

主要来源：肝脏、酵母、麦胚等。

D.维生素 B_5

主要生理功能：预防癞皮病，调节神经、肠胃和表皮机能。主要来源：酵母、动物肝脏、瘦肉、鱼、谷类、花生等。

E.维生素 B_6

主要生理功能：促进氨基酸代谢、动物生长及生血。主要来源：谷类、乳品、动物肝脏、酵母等。

F.维生素 B_{11}

主要生理功能：预防恶性贫血，促进生长和生血。主要来源：动物肝脏、叶菜、酵母、蘑菇等。

G.维生素 B_{12}

主要生理功能：促进红细胞的成熟，预防恶性贫血。主要来源：动物肝脏。

H.维生素 H

主要生理功能：预防皮肤病，促进脂类代谢。主要来源：酵母、动物肝脏、蘑菇等。

I.维生素 H_1

主要生理功能：预防灰发。主要来源：动物肝脏、酵母、蘑菇等。

J.胆碱

主要生理功能：预防脂肪肝，促进肝中磷脂的合成。主要来源：胆、蛋黄、谷类、胚芽等。

K.肌醇

主要生理功能：预防动物毛发脱落和肝中脂肪中毒。主要来源：动物肝脏、酵母、谷类、胚芽等。

②维生素 C 族

A.维生素 C

主要生理功能：防治坏血病，促进细胞间质生长，保护微血管，防治动脉粥样硬化和消化系统癌症。主要来源：新鲜蔬菜及水果。

B.维生素 P

主要生理功能：增强毛细血管机能，预防坏血病。主要来源：柑橘、柠檬、芹菜等。

6）水分

水几乎存在于所有的食品中，也是生物体和食品的重要组成成分。

纯净水对人体并无营养价值，但人体如缺少水，食品中的营养成分不仅不能被利用，而且生命也难维持。水的主要生理功能包括：

（1）水是人体吸收食品中营养成分的介质。

（2）水直接参与人体各种生理活动。在人体中，营养成分的代谢、酶的催化、渗透压的调节等都靠水的参与。

（3）水是体内物质运输的载体。消化后的物质靠水运送到体内各部组织，体内的废弃物也靠水排出体外。

（4）水能保持人体正常的体温。血液中的水分，随血液循环使体温保持均衡，通过体表水分的蒸发和排汗可降低体温。

在正常情况下，成年人每天需水 2～2.5 升，其中 60% 来自饮水，40% 由食品中的水分和营养成分消化时产生的代谢水（即氧化水）提供。人体摄取的水分和排出的水分应趋向一致，否则无法适应生理机能的需要。

3.3.3　商品的化学变化

1）腐蚀

金属与周围介质相接触，因发生化学作用或电化学作用而引起的破坏现象称为金属的腐蚀。因为腐蚀通常表现为钢铁生锈，所以又称金属的锈蚀。通常分为化学腐蚀与电化学腐蚀两类。

（1）化学腐蚀

单纯由化学作用而引起的腐蚀称为化学腐蚀。例如，金属与干燥气体（如氧、二氧化硫、硫化氢等）接触，在金属表面生成相应的化合物（如氧化物、硫化物等）。温度对化学腐蚀的影响很大，例如，钢材在常温下并不能被干燥空气所腐蚀，但在高温下就容易被氧化生成一层氧化铁膜（由 FeO，Fe_2O_3，Fe_3O_4 组成），使钢铁表面光泽逊色。这种膜不完整、不致密，与基体金属铁结合不牢固，较易被剥离，对钢材无保护作用，腐蚀将继续进行，直至钢材全部被破坏，这对保持钢材的质量是极为不利的。

值得指出的是，有些金属，如铝表面生成的氧化膜还有保护作用。这是由于氧化铝膜（Al_2O_3）的组织致密、完整并与基体金属铝结合牢固，不易被剥离，且稳定，使铝表面钝化，谓之钝化膜。钝化膜能使金属与外界介质隔离，显著减轻或阻止腐蚀的继续进行，从而具有防腐蚀作用，能提高金属的耐腐蚀性能。

（2）电化学腐蚀

金属与周围介质发生电化学作用而引起的腐蚀称为电化学腐蚀。这种腐蚀是由金属与介质之间形成微小原电池而产生的电流所引起的，所以叫作电化学腐蚀。当金属与水及溶于水中的物质接触时，会发生电化学反应，使金属离子进入溶液，导致金属被腐蚀，如不及时采取措施阻止腐蚀，金属将受到严重破坏。

金属腐蚀绝大多数是由电化学腐蚀引起的，因此必须防止金属电化学腐蚀的出现，主要措施包括：保持环境干燥（空气相对湿度保持在 70% 以下），以防止金属表面形成液膜；防止金属制品遭受雨、雾、露的侵袭。

2）商品的氧化

商品的氧化，是指商品与氧化合生成一种含氧化合物，进而使商品组成成分发生变化的化学反应。商品一旦被氧化，其性质就会发生变化，进而使其质量也随着发生变化。商品的氧化分为以下几类：

（1）金属的化学腐蚀

金属与干燥空气中的氧接触而生成氧化膜致使金属被腐蚀，造成质量降低。

$2Fe+O_2 \longrightarrow 2FeO$　这种氧化膜不完整、不致密，易被剥离。

$4Fe+3O_2 \longrightarrow 2Fe_2O_3$　这种氧化膜不完整、不致密，易被剥离。

$4Al+3O \longrightarrow 2Al_2O_3$　这种氧化膜完整、致密，不易被剥离。

（2）煤的风化与自燃

煤在储存过程中，表面失去光泽，出现赤色或白色水锈、煤块质地松脆或破裂而成末煤的现象称为煤的风化；煤在储存过程中自行燃烧的现象称为煤的自燃。煤风化、自燃现象的实质就是煤的氧化。

$C+O_2 \longrightarrow CO_2$（放热反应）

煤的风化是个缓慢的氧化过程，一旦发生，煤的发热量、燃点、黏结性等都将降低，进而造成煤质量降低。煤的自燃则是在氧化热得不到及时散发情况下，当所产生的氧化热达到煤的燃点时发生的急剧氧化。

（3）化工原料中的亚硝酸钠的氧化

$2NaNO_2+O_2 \longrightarrow 2NaNO_3$

亚硝酸钠一经发生氧化，将完全失去其使用价值。

3）商品的分解

在光、热、水分、酸、碱等外界条件作用下，商品组成成分中的一种物质分解为两种或两种以上新物质的现象称为商品的分解。商品一旦发生化学分解，不仅使其数量减少，而且严重影响其质量，有的还会造成危害，例如：

（1）漂白粉（有效成分为次氯酸钙）分解的次氯酸钙遇潮湿空气就会发生分解反应：

$Ca(OCl)_2+O_2+H_2O \longrightarrow CaCO_3+2HClO$

$HClO \longrightarrow HCl+[O]$（新生氧）

反应结果使漂白粉失去漂白功能，如果这种分解反应受高温作用，则会因其分解速度极快而造成爆炸。

（2）化肥中氮肥的分解。

在日光和高温作用下，氮肥中的碳酸氢铵会发生分解反应，放出氨气而失效：

$NH_4HCO_3 \xrightarrow[28℃以上]{日光} NH_3\uparrow+CO_2\uparrow+H_2O$

如果这种反应受强光高温作用，则会迅速分解，放出的大量分解热因不易散发而引起自燃爆炸。

4）商品的燃烧

商品在氧化过程中，放出大量热量并发出强光的现象称为商品的燃烧。燃烧需同时具有可燃物质、助燃物质和一定的温度这三项条件才能发生。当可燃物质燃烧产生的热量足以把邻近的可燃物质的温度提高到着火点时，火焰就会蔓延，否则燃烧就会停止。燃烧有闪燃、着火燃烧、受热燃烧、本身燃烧和遇水燃烧等形式。

（1）闪燃

易燃液体如酒精、甲苯、松节油等，当其挥发蒸气和空气的混合物与火源接触时会发生短暂而迅速的类似闪电的蓝色火花，但不能继续燃烧，这种现象谓之闪燃。发生闪光火花时的温度称为闪点。闪点愈低，则愈易发生闪燃。我国国家标准《危险货物分类和品名编号》（GB 6944—2012）中规定闭杯闪点低于61℃的液体为易燃液体，属危险货物。

（2）着火燃烧

可燃物质与明火或灼热物体接触发生燃烧，且燃烧放出的热量能使可燃物质继续燃烧直至燃完为止的燃烧称为着火燃烧。发生这种燃烧时的最低温度称为燃点或着火点。

（3）受热燃烧

可燃物质在外热的影响下，由于温度不断升高而发生的燃烧称为受热燃烧。开始燃烧时的温度称为自燃点。

（4）本身自燃

当可燃物质由于其化学反应所产生的热量达到自燃点而发生的燃烧称为本身自燃，如煤的自燃、赛璐珞制品的自燃等均属此类。本身自燃的火灾危险性最大。

（5）遇水燃烧

有些物质遇水或潮湿空气发生剧烈的化学反应，产生可燃气体并放出热量，当热量达到其燃点时就会发生燃烧，此种燃烧称为遇水燃烧。如金属钠、碳化钙、碳化铝等都属于遇水燃烧物。

5）商品的爆炸

某些商品在极短时间内完成氧化—还原反应，同时产生大量热能和气体，并随着气体急剧膨胀而发生巨大响声，使周围压力急剧上升而产生极大冲击力，进而使周围环境受到破坏的现象称为爆炸。

影响爆炸的外界条件主要有：热的作用（高温）、机械作用（撞击、摩擦、剧烈震动等）、明火、日光照射、金属的作用（如铁、锌、铝等）。

爆炸性物品按其性质、用途和储运安全的要求，分为四类：

（1）点火器材

它包括导火索、点火绳、点火棒等，主要用于点火或引爆雷管。

（2）起爆器材

它包括各种雷管、导爆索。当其遇到火焰、火花、摩擦、撞击，甚至轻微震动，均可引起爆炸。

（3）炸药和爆炸性药品

它包括黑火药、无烟火药、硝化甘油、硝铵炸药、TNT、苦味酸等炸药和浓度超过72%的高氯酸、浓度超过40%的过氧化氢等爆炸性药品。

炸药根据其敏感度和威力又可分为烈性炸药与缓性炸药两类：

烈性炸药，其爆炸反应迅速，具有强烈的破坏作用，如硝化甘油、硝铵炸药、

TNT、苦味酸等均属此类。

缓性炸药，其爆炸反应较迟缓，如黑火药、无烟火药等即属此类。

（4）其他爆炸性物品

它包括发令纸、小口径枪弹、信号弹、猎枪子弹、纸壳手榴弹、礼花弹、爆竹等。所有爆炸性物品，在储存、搬运过程中都应避免撞击、震动、碰摔，要隔绝热源、火种和日光曝晒，并应加强库存爆炸性物品的养护。

6）高分子商品的老化

橡胶、塑料、纺织纤维等高分子商品在储存、加工和使用过程中，受光、热、氧、水分、微生物及机械外力等多种因素的综合作用而使其发生变色、发软、发黏、变硬、变脆、龟裂、强度下降等现象称为高分子商品的老化。

老化现象的发生，主要是由于高分子化合物的降解或交联所引起的：

（1）降解。高分子化合物的降解，是指高分子化合物在日光、大气、高温等条件作用下，其大分子主链断裂而分子量降低的现象。一经降解，则其强度降低，并出现发软、发黏、变色等现象而严重影响制品的质量，降低其使用价值。

（2）交联。高分子化合物的交联，是指线型、支链型高分子物受光、热、氧等条件的作用而变成体型高分子化合物的现象。一经交联，则会变硬、发脆、失去弹性与韧性，严重时则会出现龟裂现象，进而使其质量降低。

7）商品的耐酸性与耐碱性

（1）酸碱度。酸碱度是某些商品呈酸碱性的标志，它可反映商品的质量情况及其适用性。酸碱度用溶液氢离子的负对数（即 pH 值）来表示。pH 值的变化范围通常在 0～14 之间。pH>7 时，溶液呈碱性，pH 值愈大，溶液碱性愈强。pH=7 时，溶液呈中性。pH<7 时，溶液呈酸性，pH 值愈小，溶液酸性愈强。

（2）耐酸性和耐碱性。商品抵抗酸或碱的作用而不发生化学反应的性质称为耐酸性或耐碱性。研究商品的耐酸性和耐碱性，具有重要的实际意义。例如，羊毛、蚕丝及其织品都具有较好的耐酸性而不耐碱；棉、麻纤维及其织品都具有较好的耐碱性而不耐酸。因此，在毛织品的生产中，常用酸处理含在羊毛中的草屑，用酸性染料染色；在洗涤毛织品时，应该选用弱酸性或中性洗涤剂。棉、麻织物在染色时，却不能用酸性染料；洗涤时宜用碱性洗涤剂。

只有掌握各种材料和制品的耐酸性和耐碱性，才能正确解决生产、包装、储存及使用中的问题，保护好商品质量。

3.4 商品的微生物学特性和商品的生理生化特性

3.4.1 微生物引起的商品质量变化

1）霉变

霉变是由于霉菌在商品上生长繁殖而使商品中的营养物质转变成各种代谢物，

从而使商品出现霉腐气味，甚至长毛的现象。

霉菌生长所需的营养物质有糖类、蛋白质、水分和无机盐等。含有这种营养成分的商品，如粮食及其加工制品、茶叶、卷烟、水果、蔬菜、皮革制品、纸张、纺织品、鞋帽、服装等都容易发生霉变。

商品霉变实质是霉菌在商品上吸取营养物质与排泄废物的结果。这是因为霉菌吸收营养时必然要分解商品体原有成分，由此使商品内在质量受到不同程度的破坏；而霉菌代谢出来的色素、有机酸和其他有机物，又使商品污染着色，破坏外观，产生难闻的霉腐味以及毒素；同时，商品组织结构由于成分被分解和有机酸等代谢产物的作用，还会出现变糟、发脆和强度降低等变质现象。

引起商品霉变的霉菌，主要有曲霉、青霉、根霉和毛霉等。

2）发酵

发酵是在酵母菌和细菌分泌的氧化还原酶作用下，使食品中的单糖发生不完全氧化的过程。发酵广泛应用于食品酿造业。但在食品储藏中如果发生发酵，则不但破坏食品中有益的营养成分，使食品失去原有的品质，而且会出现不良气味，甚至会产生有害人体健康的物质。食品储藏中常见的发酵有酒精发酵、醋酸发酵、乳酸发酵和酪酸发酵等。

（1）酒精发酵

酒精发酵是食品中的葡萄糖在酵母菌作用下，降解为乙醇的过程。

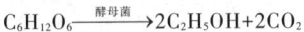

$$C_6H_{12}O_6 \xrightarrow{\text{酵母菌}} 2C_2H_5OH + 2CO_2$$

含糖类食品如水果、蔬菜、果汁、果酱、果蔬罐头等，在储藏过程中发生酒精发酵后，会产生酒味。水果、蔬菜等鲜活食品的缺氧呼吸结果也会产生酒味。

（2）醋酸发酵

醋酸发酵是食品经酒精发酵生成乙醇后，在醋酸杆菌的作用下，进一步氧化为醋酸的过程。

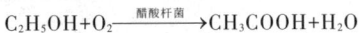

$$C_2H_5OH + O_2 \xrightarrow{\text{醋酸杆菌}} CH_3COOH + H_2O$$

食品在储藏中如果发生醋酸发酵，就会降低食品品质，甚至完全失去食用价值。如低度酒中的果酒、啤酒、黄酒及果汁、果酱、果蔬罐头等，常因醋酸发酵而变质。

（3）乳酸发酵

乳酸发酵是食品中的葡萄糖在乳酸菌作用下产生乳酸的过程。

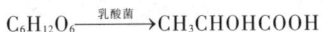

$$C_6H_{12}O_6 \xrightarrow{\text{乳酸菌}} CH_3CHOHCOOH$$

食品在储藏中发生乳酸发酵，不仅使风味劣变，而且还因乳酸能改变食品的pH值，造成蛋白质凝固、沉淀等变化。

（4）酪酸发酵

酪酸发酵是食品中的葡萄糖在酪酸菌作用下，产生酪酸的过程。

$$C_6H_{12}O_6 \xrightarrow{\text{酪酸菌}} CH_3CH_2CH_2COOH$$

酪酸发酵所产生的酪酸会使食品带有令人讨厌的气味，尤其是鲜乳、奶酪、豌豆等食品在变质过程中常出现这种酪酸气味，进而严重降低其质量。

3）腐败

食品腐败是指微生物（主要是腐败细菌）在食品中生长繁殖，利用分泌的蛋白酶，分解食品中的蛋白质、氨基酸等含氮物而使食品产生具有毒性的腐臭物的现象。

畜肉、禽肉、鱼类、贝类、鲜蛋以及它们的加工制品和豆制品等富含蛋白质的食品容易发生腐败。

微生物所引起的商品质量变化，都是微生物污染商品并进一步繁殖的结果。影响微生物繁殖的因素有水分、温度、pH值、氧和光线等，其中水分和温度是微生物繁殖最重要的因素。因此，对含水量较高的鲜活食品等易发生微生物变化的商品，应在低温条件和低氧环境下储藏，而对含水量较低或干燥的食品，除应储藏在低温下，还应控制相对湿度低于65%。

3.4.2　商品的生理生化变化

1）呼吸作用

呼吸作用是粮食、果蔬等生物体商品生理活动的主要标志，是生物体中的能源物质（主要是糖类），在氧化还原酶作用下，逐步降解为简单物质，并放出能量的过程。呼吸作用在有氧和缺氧的条件下均能进行，因此可分为有氧呼吸与缺氧呼吸两类。

有氧呼吸是生物体的一种正常呼吸。它是指在有氧条件下，葡萄糖被氧化降解，生成二氧化碳和水，并放出热量的完全氧化过程，如下式所示：

$$C_6H_{12}O_6+6O_2 \xrightarrow{\text{酶}} 6CO_2+6H_2O$$

缺氧呼吸是指在缺氧条件下，生物体中的葡萄糖利用分子内的氧，在酶的催化作用下，分解为酒精和二氧化碳，并放出少量热量的不完全氧化过程，如下式所示：

$$C_6H_{12}O_6 \xrightarrow{\text{酶}} 2C_2H_5OH+2CO_2$$

就粮谷、果蔬等植物鲜活食品的储藏来讲，无论哪种类型的呼吸作用，都要消耗食品的营养成分，进而降低食品质量。由于水和呼吸热的产生给微生物的繁殖带来有利环境和条件，致使植物鲜活食品遭受微生物的侵害而腐烂变质。尤其是缺氧呼吸所产生的酒精积累过多，则使活组织细胞中毒而出现生理病害，进而大大降低质量，缩短储藏期限。

应当指出，进行正常的有氧呼吸是植物鲜活食品进行正常生理活动的需要，一旦停止，则表明其生命的终止，但是呼吸过于旺盛，则会很快消耗其营养成分。因此，必须采取相应措施防止其缺氧呼吸，保持较弱的有氧呼吸。

影响鲜活食品呼吸强度的因素，主要由温度和空气中的气体组成。一般来讲，环境温度升高时呼吸强度也随之加强。环境温度低于0℃时，因酶的活性受到抑制，呼吸强度急剧下降。鲜活食品进行呼吸作用的最适宜温度为25℃～35℃。降低环境温度是储藏鲜活食品的一项重要措施。空气中的氧气含量降低和二氧化碳含量升高，可明显抑制呼吸作用。气调储藏法，就是利用改变空气组成成分的含量，达到抑制鲜活食品呼吸强度的一种适宜的储藏法。

2）后熟作用

这是指粮谷、果实、瓜类和以果实供食用的蔬菜类等生物有机体商品离开母株后，在自身催化酶的作用下，发生一系列生理生化变化而使其从收获成熟达到生理成熟的过程。在这一过程中发生的生理生化变化主要包括：淀粉水解为单糖而增加甜味；叶绿素分解消失，类胡萝卜素和花青素显露而呈现红、黄、紫等颜色；鞣质聚合而使涩味降低；有机酸的数量相对减少而使酸味降低；产生挥发油和芳香油而增加芳香气味；原果胶质水解而降低硬脆度等。可见，经后熟过程能够改善其食用品质。

但必须注意到，后熟作用本身又是一种生理衰老的过程，当它们完成后熟后，生物体组织变得粗老，食用品质下降，难以继续储藏。因此，作为储藏的果实、瓜类等，应在它们食用成熟前采收，通过控制储藏条件来延缓其后熟与衰老过程，以达到储藏保鲜的目的。

影响后熟作用的主要因素是储藏环境的温度、氧气含量和某些带有刺激性的气体（如酒精、乙烯等）。高温、氧气含量的增加和刺激性气体的存在，均能加速后熟过程。因此，储藏的果实、瓜类要采用适宜的低温和掌握适量通风来延缓后熟过程，以延长其储藏期限；而某些急需供应市场的产品，可进行人工催熟，以缩短其后熟过程。

3）发芽与抽薹

粮谷、果蔬的发芽与抽薹是它们打破休眠状态，由营养生长期向生殖生长期过渡时发生的一种生理变化。

粮谷与果蔬一经发生发芽与抽薹，则会降低其品质，这是因为发芽与抽薹是靠它们本身营养物质在适宜的温度、水分和酶的作用下转变的可溶性营养成分来进行的。

粮谷发芽会降低成品加工率和食用价值，如果是粮种，则会失去播种价值；小麦发芽，会降低面粉的膨胀性能；马铃薯发芽，则会产生带有毒性的龙葵素；白菜、萝卜、大蒜等抽薹，则会使其空瘪粗老，严重时会失去食用价值。

为防止出现果蔬的发芽与抽薹，就必须低温储藏，以延长其休眠期。

4）胚胎发育

这是鲜蛋特有的生理变化现象。受精鲜蛋在适宜的温度下，因胚盘发育形成血环蛋而降低鲜蛋的质量。适宜的低温储藏可防止鲜蛋的胚胎发育。

5）僵直和软化作用

僵直和软化是畜、禽、鱼肉特有的生物化学变化。

（1）僵直作用

僵直作用是指动物在屠宰或捕捞致死之后的一段时间里，肌肉丧失原有的柔软性和弹性而呈现僵硬的现象。

死亡后的动物血液循环停止，肌肉组织细胞供氧中断，有氧呼吸转为缺氧呼吸，肌糖原沿糖酵解途径产生乳酸，肌肉中的磷酸肌酸和三磷酸腺苷分解，降低了肌肉组织的pH值，使原来呈松弛状态的肌肉，因肌纤蛋白质和肌球蛋白质结合，形成无伸展性的肌凝蛋白质，从而使其丧失弹性，变为僵硬状态。

动物死后僵直的早晚及开始的时间，因动物种类、致死原因和温度等不同而有差异。一般鱼类的僵直早于畜、禽类，带血致死的早于放血致死的，温度高的早于温度低的。哺乳动物僵直开始于死后8～12小时，经15～20小时终止；鱼类僵直开始于死后1～7小时，持续时间为5～20小时。

处在僵直期的鱼类，新鲜度最高，食用价值也大；处于僵直期的畜、禽肉，由于弹性差，不易煮烂，缺乏香味，消化率低，未达到最佳的食用品质。但僵直阶段的鲜肉、鲜鱼肌肉的pH值低，有利于控制腐败微生物的生长繁殖，肌肉组织致密，作为主要成分的蛋白质尚未分解，基本上保持了肉类和鱼类原有的营养价值，适于直接冷冻储藏。

（2）软化作用

软化作用是指畜、禽、鱼肉的僵直达到极限（肉的酸度达到最低pH值）后，肉中的蛋白酶（自溶酶）开始活化并分解肌肉中的蛋白质、三磷酸腺苷等，而使肉逐渐变软、恢复弹性、多汁并有肉的芳香气味和滋味的现象，也称成熟作用。

软化作用有利于改善畜、禽肉的食用品质，因此畜、禽肉在食用前，应该使其完成软化过程。但鱼类因属冷血动物，肌肉含水量大，组织脆弱，又带有水中微生物，经软化过程会降低食用价值，甚至招致腐败变质，因此应防止鱼类死后发生软化。

在畜、禽、鱼肉软化过程中，由于蛋白质分解而产生的物质多具碱性，能中和肌肉中的乳酸，使肌肉的pH值回升，趋于碱性，有利于腐败微生物的繁殖，因此软化后的畜、禽、鱼肉不适于作储藏之用。

畜、禽、鱼肉的软化速度，受温度影响较大，高温可加速软化，低温能延缓软化，温度达到0℃时软化可停止。因此，采用冷冻储藏，可以有效地防止畜、禽、鱼肉的软化，延长其储藏期限。

3.5　商品质量技术

3.5.1　商品质量技术术语和表示方法

在国内贸易和国际贸易的商品交换过程中，商品质量有其特有的技术术语和表示方法。表示商品质量特性的质量指标要能准确反映商品的质量状况，其反映商品质量的明确部分要遵从商品质量技术标准，对于商品质量的隐含部分要在合同契约中注明。在贸易中商品种类和品种繁多，比如食品、纺织品、日用工业品、家用电器商品、电子商品、电工商品等。商品的功效和特性各异，用于表示其质量的方法也不同。按商品的共性，主要有以下几种表示方法：

1）普通表示方法

（1）商品质量功能

商品质量功能是指商品满足消费者某种需求的使用价值，是商品有用性的表征，它表明商品的用途、效能和作用。只具有单一功能的商品称为单功能商品，具有多种功能的商品称为多功能商品。

（2）商品质量特性

商品质量特性是商品所特有的性质，是用以区别商品的根本属性。通常商品的功能要由若干项商品的质量特性来表示。在多项质量特性中有主要特性和次要特性之分，主要特性对商品的功效起决定性作用。在商品质量评价和管理过程中，按其重要程度分别赋予不同的权重，加权综合计算，用以表示商品的质量，使商品质量评估工作准确、适用，节省了商品评估工作的费用，并提高了工作效率。

商品质量功能的主要商品质量特性，都在产品说明书中，按主要技术指标的权重分项给出。如表述收音机的质量特性，主要用频率、范围、灵敏度和选择性。每一特性的数据就是质量特性指标，简称质量指标。

（3）商品质量指标

商品质量指标把商品质量特性具体量化，商品质量指标是商品应具备或应符合的品质要求。

商品质量指标在商品标准中又称品质条件、技术要求、技术条件和质量标准。在国际贸易中，商品质量指标体现在进出口贸易合同的品质条款中，有"品质规格""品质""规格"三种名称，以"品质规格"更为确切。

在贸易实践中常用突出某质量特性的属性、范畴来表示是哪一方面的质量指标，如理化指标、感官指标、技术指标、工艺性指标、卫生指标、安全指标、使用寿命指标、结构合理性指标、可维修性指标、零部件互换性指标、经济性指标、生态环境指标、美学性指标等。

（4）商品质量性能

商品质量性能是商品对设计要求的满足程度，是商品所应具有的性质和功能的总称。

2）特殊表示方法

（1）以商品样品表示商品质量

某些难以用品质规格表示商品品质的商品，可采用能代表整批商品品质的样品作为买卖双方交接验收商品品质的依据，或某几项指标难以用数字或文字表述的品质指标，可以样品为依据。

以样品作为商品品质依据的交易，卖方需承担"货""样"一致的责任。

因此，必须在能保证交货品质与样品相符的条件下，才能以样品作为交货的依据。

（2）以商品名称或商标表示商品质量

某些在国内外市场久享盛誉、品质优良的商品，其品名已成为该商品特有品质的标志；某些已在国内外市场打开销路，优良品质已深为消费者喜爱的名牌商品的品牌名或商标，则可在合同品质条款中仅注明商品名称或商标（或品牌名），则商品名称或商标即成为买卖双方交接验收商品的依据。

在以商品名称或商标为交接验收商品依据的交易中，必须满足商品的原技术标准要求，保证商品具有的品质特色，绝不能因合同未规定品质条件而降低品质要求。这是保持商品声誉久盛不衰的基本条件。

（3）以说明书表示商品质量

大型机械、构造和性能复杂的电器或仪器等，一般还采取用说明书作为买卖双方交接验收商品品质的主要依据。如商品质量与说明书不符，可提出索赔、仲裁。

3.5.2 商品质量技术特性

商品质量技术特性是商品质量所具有的特殊技术要求，是商品质量的重要组成部分。随着科学技术的飞速发展，商品质量的技术特性得以不间断的提升，商品所具有的技术品质更优化，质量功能也各不相同。通常，商品质量技术特性需要量化，用各自的商品质量技术特性指标或技术参数来表示。

商品质量技术特性用定量的形式表示，通常称为质量技术参数或适用性参数，包括设计、制造、使用质量和服务质量等方面的各个环节，从保证使用质量出发，提出定量化的要求，以便明确质量责任，确保使用质量以满足用户的需要。

各类商品的质量技术指标差异很大，专业性很强，下面举几个例子加以说明：

1）微机与技术参数

微机的主要技术参数（档次）主要取决于运算速度和内存，运算速度取决于CPU的主频和总线的类型。

2002 年 Intel P4（奔腾 4）单核处理器问世，主频 2.2GHz～3.0GHz，总线频率 800MHz，L2 缓存 2MB。

2006 年 Intel 酷睿 2Quad 四核处理器 Q6600 问世，2.4GHz 核心频率，8MB 二级高速缓存，1 066MHz 前端系统总线。

2007 年 Intel 酷睿 2 Extreme QX6850 四核处理器问世，3.0GHz 核心频率，四核处理器运算速度较同主频 P4 3.0GHz 快 10 倍。主板型号不同，内存的容量也不同，内存的容量主流为 2G 和 4G 或更高。硬盘容量已达 100GB，甚至高达 500GB 以上。微机中总线一般有内部总线、系统总线和外部总线。

2010 年 12 月联想 ThinkPad T410（2518B45）的处理器型为 Intel 酷睿 i7 620M，内存容量 4GB，硬盘容量 500GB，处理器主频 2.66GHz。

2013 年 7 月 Lenovo/联想 Idea Pad Y510-ISE 笔记本电脑系列型号，处理器型为 Intel Core/ 酷睿 i7-4700MQ，独立显卡型号 GeForce GT 755M，内存容量 8GB，硬盘容量 1T（1 000GB），操作系统 Windows 8，可拆换 6 芯锂电池，屏幕比例 16：9，屏幕分辨率 1 024×768。笔记本定位高清游戏。

2）数码相机与技术参数

（1）数码相机类型：卡片相机、长焦相机、单反数码相机。

①卡片相机：卡片相机就是指机身比较袖珍，像卡片一样大小（其实比作香烟盒更形象）的一类 DC（digital camera 数码相机），光学变焦倍数 3×，镜头不可更换，便携性好。

②长焦相机：有较长的焦距和变焦倍数。一般都在 10 倍以上，机身上都标注着 10× 或者 15×，也有 18× 和 24× 的，意思是指光学变焦倍数，有的长焦机则有 50 倍光学变焦，镜头不可拆卸。适合远摄，拍摄海景、足球比赛以及偷拍等。镜头的变焦范围虽大，但也意味着牺牲了画质，尤其是十几倍的光学变焦，基本上两端会出现畸变或者暗角的现象，卡片相机和长焦相机都不能换镜头。

③单反数码相机：单镜头反光数码相机是专业摄影用的特种数码相机。英文缩写为"DSLR"即 digital（数码）、single（单独）、lens（镜头）、reflex（反光的）。单反数码相机是具有反光镜取景、测光、对焦系统的数码相机，可根据摄影需求更换镜头，拍摄出来的画面质量高。

（2）数码相机主要技术参数：CCD 显示屏传感器、光圈、焦距、变焦倍数、像素、存储卡和速度。

①CCD（charge coupled device，电荷耦合装置）显示屏传感器：卡片机的 CCD 标的是分数（如 1/1.8、1/2.5……），数越小越好。

②光圈：越大越好，数值越小，光圈越大。

③焦距：焦距越小，微距越小。看个人需要，一般卡片机的焦距最小都在 3cm，比较好的卡片机能达到 1cm 微距。

④变焦倍数：3×、10×、15×……

⑤像素：随着科技的发展，数码相机的像素越来越高，主流机型都在 1 500 万像素以上。

⑥存储卡：机内常用的存储卡为 4G～8G，机外存储硬盘容量一般为 160G 以上。

⑦速度：速度的影响主要体现在两个方面：一是快门延迟；二是启动速度。当然，其他诸如对焦速度、存储速度对于数码相机的拍摄速度也有一定影响。

3）手机与技术参数

（1）手机类型

①按操作系统划分，可分为智能手机与非智能手机。一般具有 Symbian 6.0、

Android、IOS、Windows Mobile、Palm、Linux 等开放性操作系统的手机统称为智能手机。

②按照网络划分，可分为 3G、4G、5G 手机。

（2）手机的主要技术参数

手机的主要技术参数：CPU、内存、分辨率、输入设备、显示屏及屏幕色彩、数据业务、网络通信技术、定位跟踪 GPS、Wi-Fi、蓝牙信号等。

①CPU

CPU 最重要，主频越高越好，核数越多越好。

②内存

内存大小一般为 64GB、128GB 或 256GB，内存越大越好。

③分辨率

智能手机的像素值逐渐增大，有的甚至超越了单反相机。

④输入设备

信号输入设备分为两种：一是机械式键盘输入；二是屏幕触摸式输入。触控面板是可接收触头等输入信号的感应式液晶显示装置，当接触了屏幕上的图形按钮时，屏幕上的触觉反馈系统可根据预先编制的程式驱动各种连接装置，可取代机械式的按钮面板。

手机触摸屏主要有电阻式触摸屏和电容式触摸屏两种，其中电容式触摸屏更加受消费者的青睐。

⑤数据业务

GPRS 是 General Packet Radio Service 的英文缩写，即通用无线分组业务，是一种基于 GSM 系统的无线分组交换技术，具有"实时在线""按量计费""快捷登录""高速传输""自如切换"等优点。

虽然 GPRS 是 2G 向 3G 移动通信过渡的技术，但是它在许多方面都具有显著的优势。GPRS 能支持用户在进行数据传输的同时进行语音通话等。

⑥网络通信技术

1G（First Generation）表示第一代移动通信技术。代表为现已淘汰的模拟移动网。

2G（Second Generation）表示第二代移动通信技术。代表为 GSM。以数字语音传输技术为核心。

2.5G 是基于 2G 与 3G 之间的过渡类型。比 2G 在速度、带宽上有所提高。可使 GSM 网络轻易地实现与高速数据分组的简便接入。

3G 指第三代移动通信技术。相对于 1G 第一代模拟制式手机和 2G 第二代 GSM、DMAT 等数字手机，3G 第三代手机一般是指将无线通信与国际互联网等多媒体通信结合的新一代移动通信系统。它能够方便、快捷地处理图像、音乐、视频流等多种媒体形式，提供包括网页浏览、电话会议、电子商务等多种信息服务，为手机融入多媒体元素提供强大的支持。

4G 指第四代移动通信技术。2013 年中国移动正式获得 4G 牌照并且开始运行。

5G 网络是第五代移动通信网络，其峰值理论传输速度可达 20Gbps，合 2.5GB 每秒，比 4G 网络的传输速度快 10 倍以上。5G 网络通信技术具有较高的稳定性，高频传输技术是 5G 网络通信技术的核心技术。

5G 网络属于当前一种新型的网络方式，正在进一步研究及发展。5G 网络通信技术应用在当今的社会发展中，能大大提高社会发展的速度。

⑦定位跟踪

2020 年我国北斗三号全球卫星导航系统全面建成。

中国北斗卫星导航系统是中国自行研制的全球卫星导航系统。北斗三号成为继美国 GPS、俄罗斯格洛纳斯、欧洲伽利略之后第四个可应用于全球的卫星导航系统。

⑧Wi-Fi

通过 Wi-Fi 来确定位置，最常见的方法是 RSSI（接收信号强度指示），利用用户手机从附近接入点检测到的信号，并反映到 Wi-Fi 网络数据库。使用信号强度来确定距离，RSSI 通过已知接入点的距离来确定用户距离。

⑨蓝牙信号

使用通过蓝牙发出信号的信标在特定区域（例如在零售商店内）可以实现非常精确的定位。

（3）智能手机的五大特点

①具备无线接入互联网的能力，即能够支持 GSM 网络下的 GPRS 或者 CDMA 网络的 CDMA1X，3G（WCDMA、CDMA-2000、TD-CDMA）网络，4G（HSPA+、FDD-LTE、TDD-LTE）网络、5G 网络。

②具有 PDA（掌上电脑）的功能，包括 PIM（个人信息管理）、日程记事、任务安排、多媒体应用、浏览网页等。

③具有开放性的操作系统，拥有独立的核心处理器（CPU）和内存，可以安装更多的应用程序，使智能手机的功能得到无限扩展。

④人性化：可以根据个人需要扩展机器功能。根据个人需要，实时扩展机器内置功能，以及软件升级，智能识别软件兼容性，实现了与软件市场同步的人性化功能。

⑤功能强大：扩展性能强，第三方软件支持多。随着智能手机和 iPad 等移动终端设备的普及，人们逐渐习惯了使用 APP 客户端上网的方式。社交、购物、旅游、阅读、移动支付、移动办公等均可通过智能手机来完成。

随着移动互联时代的到来，移动智能终端的出现改变了很多人的生活方式及对传统通信工具的需求，人们不再满足于手机的外观和基本功能的使用，而开始追求手机强大的操作系统给人们带来的更多、更强、更具个性的社会化服务。

4）电视机与技术参数

（1）按电视机清晰度与分辨率分类

①标清电视（SDTV）

标准分辨率电视、标准清晰度电视（standard-definition television），又称标准画质电视、标清电视、SDTV。标清是物理分辨率在720p以下的一种视频格式。分辨率在400线左右的VCD、DVD、电视节目等标清视频格式，即标准清晰度。标清电视机的清晰度为480P，720×480，分辨率达到720×576像素的标准。

②高清电视（HDTV）

高清电视（high definition television），又称"HDTV"。物理分辨率达到720p以上称为高清。高清电视是指支持1 080i、720P和1 080P的清晰度的格式标准，视频垂直分辨率超过720p或1 080i，视频宽纵比为16：9。

对于"高清"和"标清"的划分，首先基于所能看到的视频效果。图像质量和信道传输所占的带宽不同，使得数字电视信号分为HDTV（高清晰度电视）、SDTV（标准清晰度电视）和LDTV（普通清晰度电视）。从视觉效果来看，HDTV的规格最高，其图像质量可达到或接近35mm宽银幕电影的水平，它要求视频内容和显示设备水平分辨率达到1 000线以上，分辨率最高可达1 920×1 080。从画质来看，高清的分辨率基本上相当于传统模拟电视的4倍，画面清晰度、色彩还原度都远胜过传统电视。而16：9的宽屏显示也带来更宽广的视觉享受。从音频效果看，高清电视节目支持杜比5.1声道环绕声，而高清影片节目支持杜比5.1 True HD规格，这给我们带来超震撼的听觉享受。

③全高清（FHD）电视

全高清（fullHD），又称FHD，是指电视机物理分辨率高达1 920×1 080（包括1 080i和1 080P）。其中：i（interlace）是指隔行扫描；p（progressive）代表逐行扫描。这两者在画面的精细度上有很大的差别，1 080P的画质要胜过1 080i。很显然，由于在传输的过程中数据信息更加丰富，因此1 080P在分辨率上更有优势，尤其在大屏幕电视方面，1 080P能确保更清晰的画质。

④"4K"超高清电视

"4K"超高清电视，是指电视机物理分辨率为3 840×2 160即4K×2K。4K分辨率（4K Resolution）是一种新兴的数字电影及数字内容的解析度标准，4K的名称来自其横向解析度约为4 000像素（pixel），即横向有4 000个像素点，是目前分辨率最高的数字电影。目前国内大多数的数字电影是2K的，分辨率为2 048×1 080，还有部分数字电影是1.3K（1 280×1 024）的，而农村电影放映队放映的是0.8K（1 024×768）的。真正意义上的4K电影是由4K摄像机拍摄的，用4K放映机放映。

⑤"8K"超高清电视

"8K"超高清电视，分辨率能够达到7 680×4 320，是高清电视的16倍、4K电视的4倍。另外，4K电视水平观看角度分辨率只有55°，而8k电视水平观看角度为100°，这是目前360°全景显示技术尚未推出的最佳显示环境。其采用了四色技术，就是在红、绿、蓝三基色基础上，添加黄色元素，使画面色彩更具张力。

（2）按电视机的功能分类

①3D电视

3D电视是三维立体影像电视的简称。3D显示技术可以分为眼镜式和裸眼式两大类。裸眼3D主要用于公用商务场合，将来还会应用到手机等便携式设备上。而在家用消费领域，无论是显示器、投影机还是电视，大都还是需要配戴3D眼镜才能收看3D影像。3D电视有偏光3D和快闪3D，配什么眼镜就要看你的3D电视是使用什么技术了。

②网络电视

网络电视又称IPTV（interactive personality TV），它将电视机、个人电脑及手持设备作为显示终端，通过机顶盒或计算机接入宽带网络，实现数字电视、时移电视、互动电视等服务。网络电视的出现给人们带来了一种全新的电视观看方法，它改变了以往被动的电视观看模式，实现了电视按需观看、随看随停。

③智能网络电视

智能网络电视是新一代的功能电视，该产品突破了传统电视只能收看电视节目、无法互动的旧模式，用户可以方便地在欣赏电视的过程中同时体验在线网络游戏、网络相册、贺卡传情以及即时通信等互联网络服务。

④云电视

云电视是应用云计算、云存储技术的电视产品，是云设备的一种。通俗地讲，就是用户不需要单独再为自家的电视配备所有互联网功能或内容，将电视连上网络，就可以随时从外界调取自己需要的资源或信息。比如说，可以在云电视里安装使用各种即时通信软件，在看电视的同时，进行社交、办公等。

云电视是对智能电视现有应用的升级，也是智能电视发展到高级阶段的必要配置，它极大提升了智能电视的实用性。

⑤投影电视

投影电视是指用光电系统将电视显示屏幕上的图像投射到更大的特制屏幕上的一种电视系统。投影电视的图像尺寸视需要可放得很大。投影电视机出现于20世纪70年代初期，90年代以后销量增长，20多年来在亮度、分辨率和对比度方面有了明显改善和提高。

亮度ANSI（lm）流明：已达到1 000、2 000、3 000、4 000（可在明亮环境下观看）流明以上，最高可达10 000流明以上。

分辨率：已达到1 920×1 080、4K、8K以上，能看高清细腻画质。

对比度：透射式3LCD比反射式DLP高5～10倍。

（3）电视能效等级标准

平板电视能效等级标准是国家对于平板电视、液晶电视出台的相关能效规定，平板电视能效等级标准划分为三个等级，分别是：

一级，为最高等级，是节能产品的目标值，指标确定在当前市场同类产品的最高水平；

二级，为节能产品评价等级，指标按照当前同类产品能效前 20% 左右设定；

三级，为市场准入等级，主要用于淘汰市场上高耗能产品，指标按照淘汰 15% 左右低效产品设定。

2012 年 1 月 1 日之后生产的平板电视待机功耗不得大于 0.5 瓦，与国际上对电视机待机功耗的要求保持一致。

评定这三个等级主要按照"能效指数=显示面积×亮度÷功耗"的公式来判定。平板电视技术中 LED 是节能高清的首选，应国家"节能减排""建设低碳社会"号召，使用 LED 绿色节能背光技术，应用其领先性能的同时还为环保事业做出了贡献。

3.5.3　商品质量特性参数的试验方法

产品标准为保证产品使用价值规定了一个或一类产品应符合的技术要求。产品标准中规定的每项技术要求，根据可检验性原则都要有相应的试验方法。一般产品试验分为 4 种：

1）型式试验

型式试验指验证产品中的任意一项特性参数都要符合该产品技术规范标准的规定，如质量水平、性能、安全要求、环境条件等。

在早期的产品标准中型式试验又称环境试验，即商品在自然环境中用人工模拟的工作条件进行试验。为缩短试验时间，尽快取得结果，在摸清环境对产品影响规律的基础上，采用强化或加速的人工模拟试验方法。一种产品需进行哪些项目环境试验及其严酷程度，取决于产品的使用条件及可靠性要求，在产品标准的型式试验项目表中都做出了规定。环境试验方法有高低温试验、温度冲击试验、耐潮及防腐试验、防霉试验、防尘试验、密封试验、振动试验、冲击和碰撞试验、运输试验、恒加速试验、寿命（耐久性）试验等。

2）常规试验（又称出厂试验）

常规试验是检查产品材料和加工的质量缺陷，并检测产品固有性能，常包括功能试验和安全试验项目。

3）抽样试验

抽样试验在有关产品标准中有此项要求时进行，试验同样是用来验证产品规定的性能和特性。这些规定可由制造厂提出或由制造厂与用户协商提出。

4）特殊试验

特殊试验可根据有关产品标准及制造厂与用户协议进行，以满足市场对产品的多样化需求。

本章小结

　　商品的自然属性是由商品的组成成分、结构和性质所决定的，是商品的技术特性和质量标准的表征，主要体现在商品的物理性质、化学性质、微生物性质和生理生化性质方面。

关键概念

　　转化糖　淀粉"糊化"　淀粉"老化"　硬化油　油脂氧化酸败　完全蛋白质　不完全蛋白质　食品中的矿物质　商品的宏观结构　商品的微观结构　商品的吸湿性　商品的含水率　商品的吸湿率　弹性　塑性　金属腐蚀　商品的燃烧　商品的爆炸　高分子商品的老化　呼吸作用　有氧呼吸　缺氧呼吸　后熟作用　僵直作用　软化作用　霉变　发酵　腐败

简答题

1.食品中常见的糖类有哪些？

2.糖类的主要营养功能有哪些？

3.脂肪的主要营养功能有哪些？

4.蛋白质的主要营养功能有哪些？

5.矿物质如何分类及有几种重要的矿物质？

6.矿物质的主要营养功能是什么？

7.对维生素如何进行分类？有几种主要维生素？它们的营养功能是什么？

8.简述水的主要生理功能。

9.简述高分子链结构的几何形状。

10.简述决定商品吸湿性大小的主要因素。

11.氧化铁膜与氧化铝膜有何异同？

12.简述商品燃烧的形式。

13.简述爆炸性物品的种类。

14.简述后熟作用与水果食用品质的关系。

实训题

广泛地对照商品说明书，看它们都采用了哪些商品质量技术术语和表示方法。

计算题

脂肪中的游离脂肪酸含量的计算、食品中的矿物质含量的计算、商品吸湿率的计算、公量的计算、弹性与塑性形变值的计算。

试述题

1.试述僵直作用、软化作用及其与畜、禽、鱼肉食用品质的关系。
2.试述霉变、发酵、腐败及其与食品食用品质的关系。

论述题

1.论述呼吸作用与储藏鲜活食品质量的关系。
2.试论高分子商品的老化现象及其产生原因。

第 **4** 章

商品质量的社会属性

学习目标

通过本章的学习，使学生了解随着市场经济的迅猛发展，人们的购物标准、消费水平、鉴赏能力和消费观念产生了很大的变化。如果商品质量的研究只着眼于商品本身的自然属性，而忽视了商品质量的社会属性，必然导致商品质量研究的狭隘性和局限性。在重视商品质量自然属性的同时，也必须重视商品质量的社会属性，使学生熟悉商品质量的社会属性的构成以及商品经济属性、商品文化属性；掌握商品市场质量、市场包装质量；初步掌握商品美学质量。

4.1　商品市场质量及其特性

4.1.1　商品市场质量

商品市场质量是指从市场观念的角度出发，研究商品质量适应市场需求和满足供求关系的商品社会属性质量的总和。

对于内部质量和外观质量完全相同的同一商品，在投放市场时，甚至是同一市场，其社会反应都不尽相同，消费者对其褒贬不一，有的消费者喜欢，有的消费者不喜欢，有的说好，有的说坏，有的无人问津，其根本原因在于商品质量是否适应市场需求而适销对路和是否满足当地市场的供求需要。

商品质量的市场质量观念是以消费者的需求为基础展开的，消费需求是人的一种主观心理状态，它反映消费者对商品在物质上和精神上的要求和欲望。因此，商品市场质量与政治法律、社会经济状况、商品的思想文化、消费心理状态、消费需求的市场区域、消费需求的时机与时限、商品的服务、商品的品牌、商品的外观式样与款式、社会利益的保证、商品的价格等因素相关，它要求商品质量与此相适应。与商品质量自然属性的硬性功能相比，商品市场质量具有软性功能。

4.1.2　商品市场质量特性

1）主观性

商品市场质量的主观性是指评价商品质量的人为感官和心理差异性。

商品市场质量特性的明显特征之一是人的主观性。由于不同的消费者在文化教育水平、民族传统、宗教信仰、生活方式、兴趣爱好、情感意志方面存在着不同程度的差异，消费者的消费需求、需求形式等方面也是纷繁复杂的，从而决定着人们在选择商品上的不一致性。

每个消费者都选择自己喜爱的商品，喜爱是消费者从事购买活动的强有力的动力之一。每个人的主观喜爱恰恰与他的文化教育程度、职业、民族风俗、宗教信仰、社会习俗、生活习惯等密切相关，喜爱对消费者的购买行为有明显的影响力。相反地，不同的民族和地区的消费者，在受到一定的民族风俗、社会习俗、道德观念、宗教信仰等方面的因素影响下，自然地形成了对现实生活中某些事物的避讳与禁忌，直接影响和制约着消费者购买动机和购买决策的形成。消费者的喜爱和禁忌作为人的主观情感因素，对其购买行为的重大影响是商品市场质量的不可抗拒的因素，只能顺其自然，投其所好，避其所忌。

2）相对性

商品市场质量的相对性是指同一商品同时投入不同市场所引起的不同反应。某些市场认可，某些市场不认可，甚至同一市场也有认可和不认可之分。

引起商品市场质量相对性的原因在于市场需求的多样性，导致选择商品的准则产生偏差，对于同一客观存在的商品，产生认识上的不一致性。

3）动态性

商品市场质量的动态性是指同一商品在不同时期或历史阶段，人们对商品质量的不同评价。商品市场质量的动态性具有明显的时间性。它反映出商品市场质量不会停留在某一时期的认识水平上，相反，它处于动态向前变化之中。

引起商品市场质量动态性的根本原因在于社会的发展和进步。随着科学技术水平和人类文明程度的提高，消费者对市场质量的认知也随之发生变化，向着更好的方向，不断地产生新的需求，使商品市场质量向纵深和广度发展。

4）法律法规性

商品市场质量的法律法规性是指市场中的商品受法律法规的约束。进入市场的商品必须是合法的商品，不合法的商品即使质量再好也应强制性地予以取缔，不应得到市场的认同。

市场经济在一定意义上讲就是法治经济，发展社会主义市场经济，要有完备的社会主义法治保证。为此，必须建立健全商品质量法律法规体系，加强商品质量管理，规范商品市场，维护市场经济秩序，维护消费者的合法权益。严禁一些不法分子采用欺骗、造假等手段，从事非法活动，使假冒伪劣商品冲击市场，损害国家和消费者的利益，严重干扰市场经济秩序，影响社会主义市场经济的健康发展。

4.2　商品市场质量的社会属性

4.2.1　商品市场质量的社会属性特征

1）政治法律性

政治法律性是指政府法令、条例，特别是有关经济的立法，对商品市场质量的形成和实现具有调节作用，它能鼓励或限制某些商品的生产和消费。

2）社会经济性

商品市场质量的社会经济性是形成市场消费需求的基本要素，一个国家和地区总人口的多少，可以决定市场容量的大小，但如果国民收入过低，人口虽多，购买力仍属有限；如国民收入甚高，而人口寥寥无几，购买力也很有限。除了考虑一个国家或地区的总人口外，还要研究人口的地理分布、年龄结构、性别、教育程度、社会阶层、家庭成员、消费群体、个人因素等，这些都对市场质量有较大的影响。

3）思想文化性

商品的思想文化性是指商品能满足消费者感性需求的某种思想文化，是消费者在物质需求得到满足之后的一种精神需求。商品的思想文化性赋予商品以文化内涵，它是消费者精神追求或文化崇尚的商品无形附加物。它应与消费者的教育水平、宗教信仰、价值观、审美观、生活方式、消费习惯、消费需求相适应。比如，商品中所反映的历史典故、传统习俗；商品的造型、色彩、装潢；商品的流行式样、时尚风格；商品的现代观念、风尚、价值取向等。

4）消费心理状态性

消费心理状态性是指消费者对商品的综合印象和感受，购买的商品能给消费者以感情、性格、爱好、荣誉等方面的满足，使消费者产生一种心理上的认同。

5）社会利益的保证性

商品社会利益的保证性是指商品保护环境，不对人类自身的安全造成危害，节约能源，合理利用资源的可持续发展性。

随着科学技术的发展和人类社会的进步，人类的发展观已有了全新的转变。人类的发展观已经进入了加入生态观内涵的可持续发展阶段，人们更喜欢无公害的可持续发展性绿色商品。绿色商品是商品的发展方向，是人类进步的象征。发展绿色商品生产，不仅能够满足人们的市场消费需求，为企业带来可观的经济效益，还能产生巨大的社会效益。绿色商品不同于一般的商品，它除满足人们的普通物质需求和精神需求之外，还满足社会效益。绿色商品的质量高，具有较高的科技含量，它得到消费者的认可，印有绿色标记的商品，具有良好的市场质量。

6）消费需求的市场区域性

消费需求的市场区域性是指地形、气候、行政区、民族、自然资源、交通运输、人口密度等因素对消费者的商品需求的影响。处于不同地理位置的消费者，他们的消费需求与消费行为特征有明显差别。例如，南方气候温和、水量多，北方气候寒冷，因此消费者在衣、食、住、行的需求上都有很大差别，如南方喜米、北方喜面等。

7）消费需求的时机与时限性

消费需求的时机是指商品投入市场的日期和时间。时限是指商品投入市场后的滞留期限。商品投入市场的时机与时限与消费需求密切相关，商品投入市场的时机正确，市场需求量就大；反之就小。例如，季节性商品，过时立刻滞销；节假日或需求旺季，往往出现商品供不应求的局面。商品投入市场后的时限还与商品寿命周期和新产品上市有关，在商品寿命周期的末期即衰退期，此时往往伴随新商品的上市，该种商品的市场需求将发生转移，老商品的市场需求量将逐渐下降，而新产品的市场需求量将逐渐增加。

8）商品的外观式样与款式性

商品的外观式样与款式作为商品体的有形附加物，同商品体的核心部分一起展现在消费者面前，它是商品体不可分割的组成部分。商品外观式样与款式，反映着科学技术、文化修养、艺术水平、工艺水平等与商品质量相关的要素。所以，商品外观式样与款式代表着商品外在质量，反映着商品内在质量。商品外观式样与款式的高技术含量、新颖的创意、精密的工艺、知名的品牌，将强烈地吸引消费者，唤起消费者的购买欲望。同时，商品外观式样和款式必须与市场环境相适应，符合市场的消费习惯，符合消费心理，具有时代性、文化内涵性、民族性、区域性等特点，才能取得好的市场质量。商品的外观式样与款式具有展示商品、宣传商品、促进商品销售和美化商品的作用。

9）其他因素

其他因素包括商品的服务性、品牌性和价格性等。

4.2.2 服务质量对商品质量的影响因素

1）服务质量的概念

服务质量是产品生产的服务或服务业满足规定或潜在要求（或需要）的特征和特性的总和。因而服务质量由服务的技术质量、职能质量、形象质量和真实瞬间构成，也由感知质量与预期质量的差距所体现。

2）服务质量的构成要素

（1）技术质量是指服务过程的产出，即顾客从服务过程中所得到的东西。例如，商店为顾客提供的商品，宾馆为旅客休息提供的房间和床位，饭店为顾客提供的菜肴和饮料，航空公司为旅客提供的航班、舱位等。对于技术质量，顾客容易感知，也便于评价。

（2）职能质量是指在服务推广的过程中顾客所感受到的服务人员在履行职责时的行为、态度、穿着、仪表等给顾客带来的利益和享受。职能质量完全取决于顾客的主观感受，难以进行客观的评价。技术质量与职能质量构成了感知服务质量的基本内容。

（3）形象质量是指企业在社会公众心目中形成的总体印象。它包括企业的整体形象和企业所在地区的形象两个层次。企业形象通过视觉识别系统、理念识别系统和行为识别系统多层次地体现。顾客可从企业的资源、组织结构、市场运作、企业行为方式等多个侧面认识企业形象。企业形象质量是顾客感知服务质量的过滤器。如果企业拥有良好的形象质量，少量的失误会获得顾客的谅解；如果失误频繁发生，则必然会破坏企业形象；倘若企业形象不佳，则企业任何细微的失误都会给顾客造成很坏的印象。

（4）真实瞬间则是服务过程中顾客与企业进行服务接触的过程。这个过程是在特定的时间和地点，企业向顾客展示自己服务质量的时机。真实瞬间是服务质量展示的有限时机，一旦时机过去，服务交易结束，企业也就无法改变顾客对服务质量的感知；如果在这一瞬间服务质量出了问题也无法补救。真实瞬间是服务质量构成的特殊因素，这是有形产品质量所不包含的因素。

服务生产和传送过程应计划周密，执行有序，防止棘手的"真实的瞬间"出现。如果出现失控状况并任其发展，出现质量问题的危险性就会大大增加。一旦"真实的瞬间"失控，服务质量就会退回到一种原始状态，服务过程的职能质量更会深受其害，进一步恶化服务质量。

商品的服务性是全面商品质量观的重要组成部分，它来源于对消费者需求认识的深化，消费者总是希望商品能给他们带来整体性的满足，包括优质的商品和满意的服务。不提供商品服务或服务不周全、不完善，消费者就无法实现这种满足，商品也不能被看成是完整的商品，这将导致消费者在选择商品上的转移，他们宁愿去购买能有更好服务保证的商品。商品的服务是一种无声的语言，它最能打动消费者，也最容易博得消费者的信赖。

按商品服务阶段不同，商品服务可分为售前服务、售中服务和售后服务。售前服务是在销售商品前为消费者提供的各种服务，如提供商品信息、提供联系信息、为消费者出主意、当参谋等。售中服务是指从与消费者洽谈生意至签订合同、结算货款、交货完毕为止的全过程服务，如接待、洽谈中的态度诚恳，签订合同时的坦诚认真，商品交货时的完善质量检验，送货的准确、齐全、严格和清楚等。售后服务是商品销售后，根据消费者的要求，继续提供各种服务，如商品安装、调试、退换、维修、零部件的供应等。

3）商品服务与有形商品体比较

商品服务与有形商品体比较，具有以下特点：

（1）商品服务是无形的。商品服务不是物质的东西，而是一种劳务支出。虽然有些服务项目包括一些物质的东西，但这些物质的东西是产品质量保证的组成部分，是消费者应该得到的合法利益。商品服务的中心内容是以劳务的形式向消费者提供有价值的活动。

（2）商品服务标准的差异性。由于商品服务是无形的，具有隐含的性质，服务的内容不像有形商品那样标准化，其内容也因人因事而异，它与服务人员的素质有关，服务的好坏主要取决于服务人员的个人技能、技巧和服务态度。因此，商品服务质量上差异很大，消费者获得真正的利益也会有各种各样的差异。

（3）商品服务不能储存。商品服务的提供和消费是同时进行的，服务不能储存，提供商品服务的过程往往是消费的过程，在很大程度上存在着临时性。因此，商品服务在可以利用的时间内如果不被消费者购买和利用，它就会消失。

4.2.3　商品品牌和企业形象对商品质量的影响因素

1）商品的品牌性

商品的品牌性通常是商标的翻版，但又不同于商标。商标乃是被赋予法律保护的那部分品牌，须经法定注册程序而获得专用权，他人不可使用。商品品牌口碑的好坏与商品的质量挂钩。商品品牌意识是商品质量意识的升华。所谓名牌，就是同行业中的知名品牌。知名的品牌，往往被消费者认可，是消费者首选的对象。知名的品牌意味着可靠的商品质量，代表着先进的科学技术、有效的管理、较高的员工素质和周到的商品服务。一个知名度较高的品牌，是企业的一笔巨大的无形资产。因而，质量竞争升华为品牌竞争是市场质量竞争的必然。品牌竞争是市场竞争的高级阶段，谁拥有知名的品牌，谁就拥有好的市场质量。

2）商品的品牌性在确定商品市场质量上的特点

（1）品牌是商品质量的象征。知名的品牌是以商品质量为核心，商品质量满足明确和隐含的质量要求。知名品牌的商品经过了长时间的实践考验，被人们认为是信得过的商品。它具有健全的质量保障机制和质量保证体系，确保商品在生产、库存、销售全过程的高质量，深深受到消费者的欢迎，从而表现出优异的市场质量。

（2）品牌是商品和企业的象征。商品的品牌能赋予和衬托企业的形象，激起消费者的某种联想和感觉，把对商品品牌的印象转移到商品和企业身上，从而树立和烘托企业形象。品牌是由高性能商品塑造的，所以它间接地反映着商品的质量和企业的实力，加强人们对其的关注程度和记忆，在人们心目中树立起良好的商品和企业形象，从而可以提高商品和企业的竞争能力和竞争地位，使商品保持良好的市场质量。

（3）品牌是价值和效益的象征。在市场经济条件下，竞争越来越激烈，人们已经意识到商品的竞争实质上是品牌的竞争，懂得了品牌所蕴藏的巨大经济价值和社会效益。品牌本身就是价值，就是效益，凡是著名的品牌商标——名牌，都有明确的价值和含金量，而且品牌价值和含金量均随企业及商品的知名度、美誉度的日益提高而不断地增长。如被誉为美国之宝的"可口可乐"在1996年的品牌价值为434.27亿美元，是其在20世纪60年代的7倍多。

4.2.4　商品的价格因素对商品质量的影响因素

1）商品的价格因素

商品的价格是商品价值的货币表现。在一般情况下价值决定价格，商品的价格反映商品的质量水平。商品的价格历来是市场竞争的一种手段，起到市场调节的杠杆作用。消费者要求物美价廉，物美和价廉二者兼备才更有竞争力。因此，在相同质量的前提下，廉价的商品更有竞争力。另外，商品的价格与市场需求状态有关，经济较发达的地区，廉价的因素不再显得突出，人们反而追求高价的商品。因而，价格与市场需求要适应，商品才能表现出好的市场质量。

2）价格的影响因素

从市场质量的角度看价格的影响因素可分为以下四个方面：

（1）政策因素

商品价格有市场调节的一面，但这种自发调节作用的结果，有时会产生某种盲目性，必须加以宏观管理和调控。世界各国对市场商品价格都有相应的规定。这些规定，有监督性的，有保护性的，也有限制性的，在商品定价时都不得违反。

（2）需求因素

市场消费需求是指人们对商品有支付能力的需求。在商品经济中，人们仅仅有消费欲望，并不能创造市场，只有既有消费欲望，又有购买能力，才具有现实意义。因为只有既想买，又买得起，才能产生购买行为。研究商品需求与价格的关系，就是研究需求与价格的适应性，包括消费者对不同价格的反应、市场潜力、价格的需求弹性、消费者可能购买数量、潜在消费者人数等。

（3）心理因素

消费者往往对商品价格有一种客观的估计，当自己不善于分辨商品质量时，常常用价格来判别商品的质量，如果消费者希望获得优质商品而又不计较价格时，昂贵的价格可能是选购商品的条件之一。

在消费水平低的时候，人们容易产生求实、求廉的心理；当消费水平提高后，消费者有追求名牌、高档的倾向，产生求名、求新心理。随着时间的推移和生产的发展，以及消费水平的不断提高和竞争的加剧，心理因素对商品价格的影响将越来越大，掌握消费心理，使价格适应市场需求，是提高商品市场质量的重要问题。

（4）竞争因素

在商品繁荣的开放性市场上，每种商品都或多或少地存在着与之竞争的商品。市场质量表现在价格上，则是商品价格的竞争，竞争越激烈，对价格的影响也越大。谁掌握了价格竞争的主动权，谁就赢得了市场。

4.3　商品包装市场质量特性

4.3.1　商品包装质量

1）商品包装质量的含义

商品包装质量是指包装商品适合一定的用途，能满足商品流通、销售和消费的需要及其满足程度的各种属性的总和，也就是指包装满足规定要求（或需要）的特征和特性的总和。

由于人们对商品包装的需要是由人们对所包装商品的需要而派生出来的，因此在现代商品经济中，包装已成为商品的有机组成部分，对于绝大多数包装来说，它既有一个自身的生产过程，同时还有一个满足自身流通及满足所包装商品的生产、流通、销售、消费乃至最后废物处理的使用过程。商品包装的使用价值就是通过在该使用过程中满足人和社会的需要而体现出来的。因此，商品包装的使用价值区别于一般物质消费品的使用价值，它的显著特点是：不仅要满足商品消费的需要，而且要在社会再生产过程中，更多地满足人和社会的需要。如果我们把商品包装的设计、生产、流通、使用看作它的一生的话，那么商品包装的设计和生产是它使用价值的形成阶段，而商品包装的流通和使用，则是它使用价值的实现阶段。

我们在商品包装使用价值的研究中，经常会遇到两种情况：

一种是商品包装没有"使用"时，即在商品包装与人和社会需要之间未发生价值关系、其使用价值未进入实现阶段时，为了对商品包装的形成进行监督和控制，通常表现为对包装设计质量和生产质量（简称商品包装质量）的分析研究。我们知道，商品包装的设计和生产的最终目的是满足人和社会的需要，设计者和生产者总是不断地获取使用者在使用中的信息，进而调整设计和生产中的指标，使得包装的设计和生产指标与包装使用发生联系。但由于包装质量不是直接反映包装的使用效果，包装的质量指标也往往与包装实际使用中包装属性的反映有所区别，所以包装质量只能是一种对商品包装潜在使用价值的考察，也可以说是对商品包装实际使用价值的一种预测。

另一种是商品包装"使用"时，即在商品包装与人和社会需要之间正发生或已发生价值关系之后，其使用价值进入实现阶段时，这种对商品包装满足人和社会需要的实际能力和结果的研究，是一种对商品包装实际使用价值的考察，也可以说，这是对商品包装未来使用价值的预测。

2）商品包装使用价值的评价

对商品包装使用价值的评价就是对它的认知。根据马克思主义价值论观点，对某种价值的认知就是对它的评价。商品包装使用价值的评价是一种社会评价，它区别于任何个人评价、公众评价、舆论评价，具有以下三个特点：

（1）社会评价是以社会身份来认知商品包装使用价值。这里的社会身份表明评价者，不论是社会代表机构，还是公众，抑或是个人，都必须站在一定社会整体的立场上说话。当然，在某种意义上，社会评价也应是这个社会占统治地位阶层的意识反映。

（2）社会评价依赖于人们共同发展着的社会实践，并接受社会实践的检验，在"形成—传播—执行—反馈"中不断充实、修正和发展。例如，根据包装标准检验包装质量，在一定意义上体现了社会评价标准。

（3）社会评价是普遍的个人评价和社会舆论评价进一步理性化、系统化的高层次的权威的评价。

通过上述对商品包装使用价值的研究我们发现，包装质量既包括包装在设计、生产过程中形成包装使用价值时的质量，也包括包装在流通和使用中满足人们需要方面提供的满足程度的质量，即商品包装质量不仅包含自然质量，还包含社会质量。为了优选、改进和开发包装，将两者结合起来进行整体研究非常必要。

4.3.2　商品包装质量特性

1）法律法规性

国家对社会生产、流通、消费进行宏观控制常采用法律法规这一有效手段。商品包装是应社会再生产的需要而发展起来的特殊产品，国家也必然要通过种种法规对包装的生产、流通、使用等进行宏观控制。由于商品包装所涉及的领域非常广泛，有关商品包装的法规也具有较大的广泛性，这包括食品卫生法、环境保护法、商标法、专利法、广告管理条例、药品管理法、出口商品检验条例、工业产品质量责任条例、危险货物运输规则、铁路货物运输规则、铁路鲜活货物运输规则以及合同法等，其他一些宗教法规和商品买卖合同中有关包装的规定，也具有法律的作用。

对于出口商品，如果不注意各国政府对进口商品所制定的各种规定，将造成难以挽回的损失。比如，在包装材料使用上，很多国家禁用多种天然材料，如新西兰禁用未消毒的干草、稻草，埃及禁用原棉和易生虫的植物材料。有些国家在商品重量上也有特殊规定，如油脂产品净重不得超过10千克，德国规定食用液体的容量为0.21千克、0.33千克、0.50千克、0.70千克和1千克五种，否则不得在市场上出售。

有些国家在装潢的标志上也有专门的规定，如捷克斯洛伐克规定红三角是有毒标志；土耳其规定绿三角是免费样品等。关于食品卫生，各国对于接触食品的涂层用料及软饮料包装材料等也有各自的规定。一些宗教法规也对食品包装做了很多规定，如犹太教禁用猪肉制品，同时也禁用一切动物性的包装加工助剂，如润滑剂、稳定剂等都应从植物中或以合成方法获得。

有关商品包装的法规，一方面总是对某些方面产生某种限制，另一方面对某些方面赋予某种保障。它们是兼顾国家、企业、消费者三方面利益的有效依据。如食品卫生法是保障广大消费者的利益；环境保护法是保障社会整体利益；商标法、专利法是保障企业的合法利益。但这些法规也可以看作对包装生产、经营、使用的某种限制，这种国家的宏观控制是十分必要的。因此，制定和完善有关商品包装的各种法规，具有十分重要的意义，归纳起来有以下几点：

（1）它是指导商品包装健康发展的重要依据，可以加深对商品包装现状的认识，了解哪些包装应发展，哪些包装应限制，从而避免各种盲目性。

（2）它在很大程度上使消费者利益得到法律的保护，免受各种"夸大包装"的损害。

（3）它使企业获得公平竞争的条件，保护了守法企业的权益。

（4）它能有效地防止流通领域中恶性事故的发生。

（5）它是提高出口商品竞争力的重要依据，还能避免各种损失。

2）社会性

商品包装质量的社会性是指商品的包装质量，不仅要符合社会再生产过程的总体需要，保证社会再生产的顺利实现，还要符合社会文化的要求，直到最终变成废物进行处理时，要符合环境保护的要求。社会再生产由各个行业组成，每个行业的发展都离不开和其他行业的密切联系，商品包装涉及社会生产的各个方面，具有广泛的社会性。而文化作为一个历史范畴，涵盖面则非常广泛，每一种文化又可按照某种标识分为若干不同的亚文化群，包装必须能够适应社会各不同亚文化群的需要，进而满足社会整体需要。而对包装物最终进行处理时，必须符合环境保护的要求，提高整体社会利益。

3）感情价值性

商品包装质量除其满足生产和流通中保护商品的自然属性外，包装本身还具有感情价值性。特别是在市场经济条件下，各种商品之间的竞争，不仅体现在产品质量本身的竞争上，还体现在对顾客的竞争上。为此，现代企业都广泛采用市场营销的经营观念，把顾客作为企业的上帝，把顾客的需求作为企业经营的核心。所以，赢得顾客的心是企业工作的核心之核心。而商品包装作为商品的外衣，是最早映入顾客眼帘的，俗话说："佛要金装，人要衣装"，明珠再好也要宝椟相配，良好的包装装潢不仅可以提高商品的外观质量，增强视觉效果，而且还可使人得到美的享受，引起消费者的购买兴趣和欲望。商品包装要能给消费者带来亲切感，使消费者产生重复购买和使用该商品的愿望，进行重复购买，这就是商品包装的感情价值性。

4）审美性

商品包装的审美性是指商品包装要符合人们的审美观，给人们带来美的享受。尽管人们的审美观点不尽相同，且不同的人因不同的职业、性别、教育程度在审美上会有很大的差别，但在长期的社会实践中总会在一定的文化和亚文化群内部形成一个大多数人比较相近的审美观，即大众美学。包装美学是不能脱离普通美学而独立研究的，但与美学的广泛性相比，它体现了更大的集中性。美学的研究对象包括审美的主体、客体、实践三个要素。审美主体即人，包括欣赏和创造美的人，这是审美活动的核心；审美客体即审美对象，就是审美主体的审美认识和审美创造的对象；审美实践包括审美认识和审美创造，即审美主体、客体相互作用所产生的精神联系。而包装美学把美学对象三方面都特定化了。作为审美主体的人是包装生产者、经营者与消费者，审美客体的具体对象是包装，联系主客体的审美实践即包装设计、市场营销和消费购买政策。随着人们生活水平的不断提高，人们购买商品时更讲究挑选了，其中选择的标准之一就是看商品美不美，带给顾客美感的商品才是好的商品，因此，包装美具有重要的现实意义和作用。

5）时尚性

商品包装的时尚性是指商品包装要具有外观魅力，包括材料、装饰、设计、艺术等都应具备强烈的视觉吸引力，以满足消费者求新、求奇、求变的心理，要求包装不断采用新设计、新构思，开发新材料，增加新鲜感。包装设计要反映时代的特点和风格，构思要新颖，不落俗套，要采用新材料、利用先进科技成果，创造出符合时尚要求的商品包装。

4.4　商品包装质量的社会属性

商品包装不仅具有满足商品在生产和流通中所需要的各种自然属性，同时还具有满足社会需求的社会属性。商品包装的社会属性大致体现在如下几个方面：

4.4.1　综合性

包装质量社会属性的综合性，体现在包装是社会多门学科的综合，它广泛涉及社会生产和生活的各个方面。一个好的商品包装是集包装材料、包装技法以及语言、文字、美术、工艺、文化等的综合，通过把商品艺术化和艺术商品化，把美更广泛、更深入地介绍给整个人类。它既涉及艺术造型的运用、绘画技巧及摄影艺术的运用、文字艺术和色彩的运用，也包括先进包装材料、包装工艺、包装技法及其他先进科技成果在包装中的运用。包装质量的综合性要求商品包装必须综合利用和吸收社会各个方面的先进技术和成果，使商品包装能成为社会各项先进科技成果的一个综合体现。

4.4.2　广告性

商品包装质量的社会属性还体现在它的广告性方面，即现代商品包装本身对商品具有宣传和促销作用。商品陈列在柜台、货架或橱窗里，商品包装就成了商品的直接广告，引起人们的注意。特别是在当前的许多超级市场及自选商场，没有服务人员对各种商品进行介绍，商品包装本身就是一个无声的推销员，对商品起积极的推销作用。商品包装对消费者购买活动的吸引力，是一个较复杂的理论和实践问题。它涉及消费经济学的许多理论，诸如消费结构理论、消费服务理论、消费社会理论、消费行为理论和消费心理学等。人们的购买活动无论是出于什么样的需要，都会不同程度地讲究商品包装，商品包装的广告性就是抓住了消费者的心理而形成的。商品包装如能特别引人注目，满足消费者的心理欲求，就可能销售较快，否则，商品的销售就会受到影响。

商品包装的广告宣传作用还具有持续性。在一种商品问世之初，是面向广大潜在的主顾的，一旦这些潜在主顾成为实际主顾，就要设法维持这些实际主顾并发展新的潜在主顾，商品包装就能起到这种持续作用。因为新颖别致的商品包装会给消费者留下极其深刻的印象：有些商品虽然已经消费掉了，但别具一格的商品包装仍然留在消费者的手中；有些商品上的文字说明已使消费者掌握和熟悉了商品的性质和使用方法。这些都是促使消费者继续购买前次购买过的商品的原因，也就是消费行为理论的"重复购买"。

4.4.3　信息沟通性

当今世界是一个信息爆炸的时代，每时每刻提供给人们的信息不计其数，所以当今时代又被称作信息时代。在我们这个以信息为中心的时代，如果没有及时、可靠的信息做前提，做任何事情都不可能获得成功。商品包装的信息沟通性体现为商品包装将商品的相关信息，如商品的特点、功能、用途、使用方法等信息及时、准确地与消费者进行沟通，使消费者对商品的特性有充分的了解，消费者产生对该商品的信任感和购买欲，对商品的销售起到一个促进作用。

此外，商品包装对同类商品的竞争者而言，同样起到一个提供信息的作用。商品的竞争对手可以根据商品包装提供的该商品的相关信息，对本企业生产的同类商品进行分析和比较，从中发现本企业的产品具有的优势和存在的不足，以利于不断提高本企业产品的质量，促进产品的更新换代，以满足消费者不断变化的消费需求。所以，商品包装的信息沟通性有利于促进企业改进产品质量，加强竞争，使商品质量不断提高。

4.4.4　文化传播性

文化作为一个社会历史范畴，涵盖面很广，包括人们的价值观念、信仰、态度、道德规范和民风习俗等。正是这些看不见、摸不着的文化因素，影响人们的欲望和行为。任何人都在一定的社会文化环境中生活，他认识事物的方式、行为准则和价值观念等都会区别于不同社会文化环境中的人们。例如，同一种款式的商品，甲民族认为是美的，乙民族也许认为是丑的；同一种色彩的商品，农村居民十分喜爱，城市居民却可能很少问津；同一种消费行为，在这方土地上是习以为常的，在另一方土地上则可能被认为是不可思议的。商品包装具有文化传播性，这种文化传播性在现今时代具有特别重要的意义。因为在经济全球化的时代，大型跨国公司的迅速发展，使世界各国之间的贸易往来日益频繁，国际贸易量日益上升，使商品在各国间的流动和转移日渐增多，这就不可避免地使商品包装伴随商品将世界上不同国度的文化和风俗带到其他国家。同时，为了开拓国际市场，出口国必须对东道国文化、风俗习惯有足够的了解，否则国际市场将无从开拓。比如向阿拉伯国家出口的商品，包装上禁止使用六角星图案，因为六角星与以色列国旗上的图案相似。向信奉伊斯兰教的国家出口商品，如果在商品包装上用猪或类似猪的图案，如熊、熊猫等，都会遭到这些国家的强烈抗议。由于商品首先呈现于人们面前的是它的包装，因此从某种意义上说，商品包装质量的重要性胜过商品质量本身。商品包装必须考虑世界各国不同国度的文化特色，只有如此，才能更好地开拓国际市场，适应世界经济的发展趋势，最终促进本国经济发展。

总之，商品包装的社会属性涉及面广，影响较大，它不仅受科技、工艺、美学、艺术、文化等的影响，同时反过来又对艺术的传播、文化的传播产生重大影响，它既保证人们获取商品的使用价值，又给我们人类以美的享受。所以，商品包装质量本身就具有社会性质。

4.5　商品美学质量

4.5.1　商品美学质量的含义

商品美学质量是指商品满足社会审美需要中美的属性的总和。它反映了商品质量的社会属性。

商品的审美价值是指商品物质形式的美给人精神上的愉悦感，即商品的精神效用。商品审美价值包括两方面的因素：一方面是商品体物质形式客观存在着的美；另一方面是消费者的精神感受。这种精神感受受一定社会审美观念的制约。也可以说，能满足人们审美需要的商品，反映了一定社会的审美观念。商品正是以其物质形式的美，蕴含着丰厚的社会文化内涵，形象而生动地反映着商品作为物质文化所具有的时代性、民族性、流行性等特性。因此，评价商品有无审美价值以及审美价值的高低，必须以社会的审美需要为根本出发点。审美需要是人所特有的一种社会性的高级需求。

根据文化学的观点，物质文化受观念文化包括审美观念的制约。审美观念隐藏在社会文化的最深处,不易被人们所感知,往往是通过物质形式的折射反映出来。商品审美观念也是通过商品物质形式的美来体现。因此,可以说商品物质形式的美与一定社会审美观念的一致性,是商品审美价值的内涵。

4.5.2　评价商品美学质量的一般原则

评价商品美学质量的客观标准,是以评价商品本身所具有的客观社会性和客观物质性为依据。评价的内在依据是社会的审美需要(包括潜在的审美需要);评价的外在依据是商品的物质形式的美所遵循的形式规律。社会的审美需要是客观的、历史的、具体的,又是发展变化的,很难用某种恒定的标准来度量。因此,评价商品美学质量的客观标准,只能从社会审美需要的一般原则上去把握。评价商品美学质量的一般原则是:

1)实用、经济、审美相结合的原则

实用、经济、审美相结合的原则是评价审美标准的基本原则。审美标准产生于审美实践,并在实践中得到修正和发展。历史证明,评价商品的美学质量,同样是以"货真价实"为基础,以"经济实惠"和"物美价廉"为前提。坚持实用、经济、审美相结合原则的直接依据是实用质量、经济质量与美学质量的关联性,它们是构成商品质量的三要素。

2)审美共性与审美个性相结合的原则

审美共性与审美个性,即审美需要的共同性和差异性。它是人们在社会实践中表现出的认识的普遍性和特殊性,是形成商品美学质量客观评价标准和具体评价标准的依据。

审美共性是指社会性的共同审美倾向,审美个性是指个体主观化了的审美趣味。商品审美共性与审美个性,在商品审美活动中错综复杂地存在着。

商品审美共性,反映了商品审美的客观规律,体现了社会审美意识在商品审美心理中的主体地位,是评价商品美学质量的总体依据。商品审美共性由商品群体在造型、装饰上的总体倾向表现出来。如商品的简洁化倾向,体现了快节奏、高效率、科学技术与艺术高度结合的现代审美理想;商品装饰中的龙凤纹样,体现了汉民族源远流长的审美观念,具有永久的魅力;商品流行色彩的运用,体现了某一时期社会的审美意识流向等。因此,在评价商品美学质量时,必须从总体上把握住商品的时代感、民族风格和流行性等特征。

商品审美个性,即审美趣味的差异性,由个体商品的独特性和商品的丰富性体现出来。个体商品的独特性反映了商品设计制作的独创性。由形态各异和各具特色的商品个体组成了丰富多彩的商品整体。个体商品越具有独特性,整体上就越具有丰富性,也就越能体现审美需求的个性化、差异化特征。因此,在评价商品美学质量时,应立足于个体商品的独特性,以求整体商品的丰富性适应瞬息万变的市场需要。

3）内在功能美与外在形式美相统一的原则

评价商品美学质量，坚持功能美与形式美的统一，是从商品美学质量本身的角度来分析的。

商品的外在形式，作为审美价值或审美功能的存在形式，可以表现出三种不同的审美形态：功能美、形式美、装饰美。事实上，除艺术品外，一般商品都以实用、经济功能为主，其外在形式主要表现为功能美，并兼有形式美及装饰美的因素。形式美、装饰美可以强化商品的功能美。但脱离商品的功能美，片面追求形式美、装饰美，也会削弱功能美，这就是三者的辩证统一关系。

评价商品美学质量，坚持内容与形式的统一，最终体现在功能美与形式美的结合上。因为商品的功能美只能从内在功能的优良与外在形式美的统一中体现。但构成商品外在形式的因素，只要符合形式美的法则或形式规律，就会具有超越时代、民族和个性差异的极大普遍性，成为评价商品美学质量时必须掌握和运用的普遍规律。

4.5.3 商品美学质量的形式要素

构成商品美学质量的形式要素有材质美、色彩美、形体美。这些构成要素不是孤立的，而是相互依存的，并要按一定规律组合、调配、协调。只有这样才能塑造出美的商品形象，呈现出材质美、色彩美、形体美的审美质量形式要素。

1）商品的材质美

商品的材质美，是指构成商品实体的主要材料所呈现出的自然审美特性。例如，木制家具表面的天然纹路；玻璃器皿晶莹剔透的特有质地；竹、藤、麦秆等制品质朴自然的特性等。纺织品中的呢绒毛料服装呈现出的高贵和庄重感，是由于毛纤维本身具有弹性好和身骨重等特性；真丝服装呈现出的飘逸和典雅，与真丝本身的质地柔滑和光泽悦目等自然特性相关。材质美具有二重性，既有稳定性，又有变易性。根据不同的商品对材质的要求，材质美有比较固定的一面，如做内衣一般都选用棉织物。然而，人的审美要求不断提高，对商品的材质也提出不同的要求，促使材质美不断发展。原有材质品质的不断提高及新材料的开发利用，使商品的材质美具有向更高层次发展的变易性。

商品的形式美，是以物质材料为基础的。各种物质材料经过设计、组配，可得到各种形式美的商品。可见，形式美是离不开材质美的，这已为大量的事实所证明。

在评价商品的材质美时，不同的材质，看其特征是否显著，与其他要素（色、形等）的结合是否合乎目的性、规律性；相同的材质，则主要评定其本身的内在质量因素。

2）商品的色彩美

商品的色彩美是指构成商品实体的材料所呈现的自然色彩美特征；也指人们按美的规律，运用色彩装饰商品的效果。色彩可以直观地表现出商品美。从人的视觉讲，商品的花色与品种的关系，应该是色第一、花第二、品种第三，俗语所谓"远看色、近看花"，说明色彩最易被人们所感知。色彩美之所以具有特殊重要性，是因为商品形式美首先是由视觉来接受，而视觉活动只有凭借光的作用才能进行。实际上，色彩就是一些不同波长的光，它是视觉活动的必备条件。

对商品色彩美的评价，主要看色彩及其组合是否合乎美的规律，是否能表达出商品的内在质量特征，是否能引起消费者的注意、理解和加深对商品的记忆，是否能产生一种强烈的愉悦感。

在评价商品色彩时，也要注意到不同的民族、国家和地区对色彩有不同的喜爱和禁忌，即色彩的适用性。

3）商品的形体（图案、造型）美

商品的形体美是指由点、线、面按一定的规律排列组合所呈现出的美的特性。商品的形体美包括表面的装饰图案美及立体造型美两个方面。

商品的形式美，首先表现为色彩的多样和统一。但色是依附于形的，色与形是紧密结合在一起的。色彩效果、色彩情调的产生，除了色彩本身的变化外，与各色块的形体大小、形状、排列次序紧密联系在一起。同一种色彩，通过形的变化，可以加强或减弱其对比和协调的效果。总之，色依附于形，形借助于色；色影响着形，形又影响着色。它们相辅相成，这是形式美的基本要素。

商品的形体千变万化，但归纳起来，总不会超出点、线、面的范围和它们的排列组合。点、线、面各具特征："线"有明确的方向，不同的线给人以不同的感觉。如水平线好比"风平浪静"，给人以平静、单纯的感觉；波纹线好比"风吹浪起"，给人以动感，也较活泼；垂直线使人感到庄重、稳定；雷电式的折线使人感到一种迅猛的力量等。各种线有节奏地组成商品的基本轮廓线，能给人以文静或活跃、柔和或刚劲、优雅或粗犷等不同的感觉。固体商品的造型，由不同方向和比例的面所构成，变化面的方向和比例，可得到多样化的造型效果。

评价商品的形体美，除依据商品美的基本规律外，在具体观察分析时，还必须注意图案、造型与构成商品的材料、质地的相应性，规格、形式等方面的适应性，加工成本费用的经济性等因素。如木制家具的表面装饰图案，掩盖了木纹所给人的自然美感，瓷器表面的花色图案浓艳复杂冲淡了瓷质感，更谈不上美了。在加工条件允许的情况下，通过造型装饰，可以使低档材料加工而成的商品富有高档感。但必须考虑成本和售价，否则商品的实用价值和审美价值都难以实现。

总之，商品的造型、图案美并不是孤立的。它既要符合美的法则（规律），又必须依附于商品的实用性、适用性和实现性。评价商品形体美，要特别注意商业效果，要求便于运输、销售，能够吸引消费，提高人们的审美情趣。

4.6　商品文化

4.6.1　商品文化的概念

1）什么是商品文化

广义商品文化是指人类在商品设计、生产、经营、销售和消费的实践活动中，创造出商品物质内涵的人文特色文化和精神文化的总和。狭义商品文化是指商品在整个运行过程中所涉及的文化现象。商品客体除具有物质的属性之外，还具有文化的属性，这种文化属性附加于商品客体物质之上。商品文化表现为一种审美观念、情感哲学、道德精神，继而物化或人格化于商品和劳务之中，并随着商品的交换而转让给消费者。

2）商品文化的构成要素

（1）拓宽商品的使用价值

商品文化可以拓宽人们对商品使用价值的认识和理解。商品的生产和流通必然处于物质创造与精神创造、经济与文化的综合状态。

（2）优质商品价值观念

消费者的价值观念常常受文化因素的制约和影响，商品文化对商品消费的影响是不容忽视的。优质商品往往超越人生存需要的满足，在满足生存需要的基础上来满足人享受的需要。人在享受需要中往往寄托了精神需要，要求从优质商品的文化因素中得到满足。事实上，针对消费者求新、求美、攀比好胜和重名牌的消费心理，优质商品更多的是靠文化因素来满足消费者需要的。因此，对商品生产和经营来说，更应注重优质商品价值观念中的文化因素，从文化因素的角度开发新的优质商品，不断推出商品文化附加值。

（3）促进商品流通

商品文化促进商品生产和商品流通，指导商品消费，从而弘扬民族优秀文化，传播精神文明。

（4）文化传统与时代精神的融合

商品的设计者和生产者都生活在一定的文化环境中，从属于一定的文化模式，商品文化对商品设计者和生产者有着重要的影响。商品的设计者和生产者不仅应该把握反映当时商品生产的先进技术，还应把握文化传统和时代精神，才能设计和生产出质量优越并合乎时代要求的商品。

（5）形成商品文化的多种因素

①人的因素

商品文化的形成还受许多人的因素的影响，比如民族习惯、宗教信仰、地域环境、伦理道德、社会习俗、教育程度、生活方式、语言文字、社会制度等。总之，人的因素的影响，产生了人的文化差异，而人的文化差异，通过人的需求差异影响着商品使用价值的形成，从而构成了丰富多彩的商品文化。

②地域文化

地域文化作为商品生产和商品消费的文化环境，必然使商品的使用价值中蕴含浓厚的地域文化特点。地域文化的形成往往与当地的历史传统和文化传统有关。作为地域文化重要内容的风土人情，则是经世代流传而形成的。我国各地方都有一批带有浓厚地域文化特色的商品。在世界范围内，商品地域文化的特点也较为突出。

③精神美学文明

商品的实用性和使用特性之外，还包含着商品美学，具有优美的图案、别致的造型、新颖的包装装潢等。对商品美学的研究，可以引导人们去追求那种反映高度精神文明的商品，从而提高生活质量，改善生存环境。

④流行性

商品的流行性是商品文化的一个最典型的现象。商品的流行性是时代潮流的象征，是社会心理的反映。商品流行性因受人们审美变化规律的制约而呈变化性和周期性。商品的流行性是商品文化的一个标识性因素。

⑤有用性

商品文化的出现和介入，在商品的"实用价值"一栏中添上"人文价值"，构成完整的使用价值，从而使商品的"有用性"得到淋漓尽致的表现。

4.6.2　商品文化的发展现状

1）国内商品文化

国内对于"商品文化"的研究始于20世纪80年代末的"商业文化"研究。自1988年至1995年，胡平先后出版了《活力·魅力·动力——再论商业文化》《呼唤新时代的商人：三论商业文化》《胡平商业文化论集》等著作，结合商业经济的改革与发展，从理论与实践相统一的角度阐释了"商业文化"的内涵、外延以及意义、价值，从而奠定其学科地位。胡平认为，商品是载体，文化附加其上，商品因文化而升值，文化因商品流通而得到更为广泛的传播。在他的倡导、推动下，商品文化的研究在20世纪90年代初曾经在国内掀起高潮，许多经济学家、企业家都曾著书立说，从各个角度剖析商品文化的内涵。

2）国外商品文化

国外对于商品文化的研究是从消费的角度切入的。菲斯克认为："商品为其生产者和销售者创造了经济效益，但其文化功能并没有被经济功能充分阐明，不管它多么依赖于此。"他指出："一条牛仔裤或一件家具像一张流行唱片一样都是一种文化。"波德里亚、费瑟斯通、西莉亚·卢瑞、道格拉斯、萨赫利斯、保罗·威利斯、巴伯等著名学者都对此进行了深刻的、富有创见性的研究。

3）国内外商品文化的比较

（1）国内"商品文化"研究者多集中于商业经济领域，而国外则集中在文化人类学、哲学领域。

（2）国内学者的主要趣旨在于研究文化价值作为附加值对于商品经济价值的提升，而国外学者则主要讨论消费社会中，日常生活的审美呈现以及符号商品对于消费者的操作和身份、地位的区隔。

（3）无论是中国学者还是西方学者，都要面对经济活动中的文化需求，用商品文化开拓市场、传播文化的内在机理和积极作用，并与时俱进地推广和延伸。

具有商品文化内涵的商品对传播民族、大众价值和情感有着积极的作用。事实上，商品文化以其具有的特殊的商品价值，不仅成为促进各民族和国家间文化交流的使者，而且由于自身凝结民族大众价值情感而成为传播文化的载体；不仅是日常生活中的审美呈现，而且是民族、大众价值、情感的承载和扩散。

4.6.3 商品文化的特征

商品文化是一种特殊的商品。商品文化是商品与文化内在的、有机的结合。作为一种特殊的人文价值，它与商品的物质性内涵共同构成商品的整体。

1）商品文化蕴含着人文价值

商品文化中的人文价值包含人性关切、艺术满足和道德承诺三种含义。人文价值构成商品文化价值的核心。

（1）人性关切

"人本精神"即对人的尊重与关切。人性化的设计、简洁方便的陈列、温馨的环境、惹人怜爱的物品乃至关怀备至的广告语，都会以深刻的道德、情感魅力显示出"人本"的亲和力。商品、商人、环境以及营销、服务等交易要素正因为具备这份"爱人之心"，才使其在消费者面前变得和善可亲。

（2）艺术满足

艺术审美素质是人的本能需求。商业活动中物品与劳务审美化的发展，是商业进一步切近消费者感性需求的显著标志。根据"美的规律"来设计、安排物品与劳务，以激起消费者在消费过程中的审美快感，无疑是使商品效用最大化的有效途径。因此，物品与劳务的提供必须符合消费者的审美趣味，必须以美的内涵、美的形象、美的氛围来濡染、打动、满足消费者，从而艺术地实现商品的价值。

（3）道德承诺

优秀的商品在展示一个民族生产力发展水平的同时，也展示了其传统气质和思想道德承诺水平。一方面，它富有传统意蕴。在商品的设计和生产过程中，线条、造型、比例、图案、色彩、质料、结构等都成为承载、表达传统元素的文化符号，透过它们，消费者能够解读出特定民族、大众的价值、情感和趣味并展开丰富的文化联想。与文化商品一样，商品文化也是消费者文化需求的满足物，因而也必须以反映民族、大众的价值、情感为基本内涵，具有反映民族共通情怀和展示文化多样性的能力。另一方面，它展示道德思维方式和水平。民族特征不仅通过商品所携带的传统道德文化元素体现，而且也借助商品所反映的民族创新能力而得以完整表达。科学技术本身是无国界之别的，但由此而形成的知识产权和新产品却无疑代表了这个民族的道德心智特征、思维方式和创新水平，因而也必然成为展示民族国家性格、形象的重要载体。

2）商品的人文价值必须以实用价值为载体

（1）表现为"美"的设计

商品的一切外在要素如造型、线条、图案、色彩、款式、包装、比例等表达商品使用功能之外的风格和气质，是体现商品所承载的民族大众价值、情感和人本精神、审美素质的具体手段。这些手段的恰当运用，不仅可以使商品更加美观、方便，而且让它富于气质和魅力，成为诱发联想、满足心理欲求的源泉。因此，设计师要善于运用美学知识，按照美的规律，巧妙地将为民族、大众所熟悉的各种文化元素移植到自己所创造的对象中去。文化具有可移植与可嫁接的性质，将它的某些要素、结构和属性加以分解、重构，使其融合于物质产品和服务产品之中，形成有文化含量的产品。

（2）表现为对产品的科技创新

商品的美首先源自商品满足需求的能力，而正是科技将物质产品转变为人类的服务品，人们因此可以在更加方便、随意、轻松地享受商品实用功能的同时得到更多的心理满足。一个民族如何运用科学技术来创造财富，反映了一个民族的心理结构和价值取向，几乎都是共性的科学技术体系与不同的民族智性、情感相结合而流露于产品的文化特征。比如德国产品的精致、日本产品的轻巧、美国产品的大气、俄罗斯产品的结实、法国产品的雅致……因此，科技创新的意义绝不仅仅在于研发能力和产品实用功能的升级，也必然在于对民族心理、智慧的彰显。一个纯粹的原始并创新的产品，因为更好地满足了现代人的需求，提升了对新产品的幸福感，而成为展示民族形象的载体和象征，产品本身所蕴含的科技含量所代表的民族创新能力、智慧特征、思维方式也深层次地彰显了民族文化的特性。

（3）表现为广告等营销活动对产品文化意义的灌注和阐发

由于商品文化不像文化商品那样直接、完整地以文艺形式表达意义，因此许多意蕴是内在的、隐喻式的，或许商品生产者自身并未在商品的形式中注入明确的意蕴，但是，广告等营销活动通过文化解码和生机灌注，诗意般地赋予那些原本寻常的实用之物以价值、情感和趣味，从而激发起消费者源于文化的种种动机、欲望和幻想。在消费者的想象空间和精神世界里，商品已经不是一件孤立的对象，它与传统、未来以及一切美好的事物和境界产生了千丝万缕的联系。

3）文化需求与商品文化的互动

消费者的文化需求是商品文化产生的根本前提。有什么样的文化需求，便有什么样的商品文化。随着文化需求的增加，商品文化对整体商品价值和使用价值的追加比重也不断加大。文化需求与商品文化的互动实现了市场经济各主体之间的利益均衡。

（1）由于使物品与劳务对消费者更加"有用"（即对使用价值的追加），从而加快了商品的流通速度，大大节约了流通费用。

（2）由于使物品和劳务增值（即对价值的追加），从而使商品价格上扬。商品文化通过对消费者文化心理偏好的极大满足而使商品效用激增，在消费者获得超额享受的同时，企业赚取超额利润。消费者在消费商品文化的同时，也获得了超额享受。

（3）商品文化的供给使物品和劳务极具个性色彩，文化需求与商品文化互动成为满足特定需求的特定商品。

4.6.4　中国商品文化的现状及发展

近年来，中国商品不仅质量、造型、包装和服务较之计划经济时期呈现出跨越式改善，而且其辐射半径也得到前所未有的延伸。可以肯定的是，我国的商品文化已经随着商品的逐渐丰富和升级换代而全面发育并崭露生机，并向更加美好的阶段发展。

本章小结

商品市场质量是指从市场观念的角度出发，研究商品质量适应市场需求和满足供求关系的商品社会属性质量的总和。它与商品质量自然属性的硬性功能相比，具有软性功能，其表现是主观性、相对性、动态性和法律法规性。

商品市场质量的社会属性表现为政治法律性、社会经济性、思想文化性、消费心理状态性、社会利益的保证性、消费需求的市场区域性、消费需求的时机与时限性、商品的外观式样与款式性和其他因素。

商品包装质量是一个综合和整体的概念，指包装商品适合一定的用途，能满足商品流通、销售和消费的需要及其满足程度的各种自然属性和社会属性的总和。其社会属性大致体现在综合性、广告性、信息沟通性、文化传播性等几个方面。

评价商品美学质量的一般原则：实用、经济、审美相结合的原则；审美共性与审美个性相结合的原则；内在功能美与外在形式美相统一的原则。构成商品美学质量的形式要素有材质美、色彩美、形体美。

商品文化是一种特殊的商品。商品文化蕴含的人文价值与商品的物质性内涵共同构成商品的整体。

关键概念

商品市场质量　商品包装质量　商品美学质量　商品文化

简答题

1.商品市场质量具有哪些特性?
2.商品市场质量的社会属性包含哪些内容?
3.商品包装质量的特性是什么?
4.商品包装质量的社会属性有哪些内容?
5.商品美学质量的形式要素有哪些?
6.评价商品美学质量的一般原则有哪些?
7.商品文化的特征有哪些?

实训题

用实例说明商品的品牌性在确定市场质量上具有的特点。

试述题

1.试述从市场的角度出发,价格的影响因素有哪些内容。
2.试述商品包装使用价值具有什么特点。

论述题

试论如何保障商品的市场质量。

第 5 章

商品标准化与商品质量管理

学习目标

通过本章的学习，使学生了解商品标准化的概念，理解商品标准化的形式，掌握商品标准化的经济效果；熟悉标准化的基本原理和标准化管理的宏观原理；了解商品质量法规及其意义，初步掌握商品质量法规的特征、性质和种类；掌握商品质量管理中的基本概念和商品质量的宏观管理与微观管理；明确标准化与质量管理的关系。

5.1　商品标准化

5.1.1　商品标准化的概念

标准化是指在经济、技术、科学及管理等社会实践中，对重复性事物和概念，通过制定、发布和实施标准，达到统一，以获得最佳经济秩序和社会效益的全部活动过程。这一定义说明：标准化不是一个孤立的事物，而是一个活动过程（主要是制定标准、贯彻标准进而修订标准的过程），而且是一个不断循环、螺旋式上升的运动过程；标准化的效果只有当标准在社会实践中实施以后，才能表现出来，绝不是制定一个标准就可以了事的；标准化是个相对的概念，不仅在深度和广度上有差别，而且还包含标准与非标准的互相转化。

商品标准化是指在商品生产和流通的各环节中制定、发布以及推行商品标准的活动。

商品标准化是整个标准化活动中的重要组成部分，其内容包括商品名词术语统一化、商品质量标准化、商品分类编码标准化、商品零部件通用化、商品品种规格系列化、商品质量管理与质量保证标准化、商品检验与评价方法标准化以及商品包装、储运、养护标准化等。

5.1.2　商品标准化的形式

标准化的形式是标准化内容的存在方式，即标准化过程的表现形态。标准化有多种形式，每种形式都表现不同的标准化内容，针对不同的标准化任务，达到不同的目的。

商品标准化的形式主要有简化、统一化、系列化、通用化、组合化和模块化等。简化和统一化是最古老的、初级的一般标准化形式；而系列化、通用化和组合化是标准化发展的高级形式；模块化是在综合了上述形式特点的基础上发展起来的标准化高级形式。

根据标准化的发展和客观需要，还会创立更新的形式，甚至取代旧形式，为标准化工作开辟新路。

1）简化

（1）简化的概念

简化是在一定范围内缩减商品的类型数目，使之在既定时间内足以满足一般需要的商品标准化形式。简化是人类有意识地控制复杂性、防止多样性自由泛滥的一种手段，是人类对社会商品的类型进行有意识的自我控制的一种有效形式。

（2）简化的目的

简化的直接目的是控制商品类型（品种、规格）的盲目膨胀，而不是一般地限制多样性。通过合理的简化，消除不必要的商品类型以及同类商品中多余的、重复的和低功能的商品品种，使商品的功能更多、性能更好、品种构成更合理、更优化和形成系列，从而为新的更必要的商品类型、品种、规格的出现扫清障碍，为商品多样化的发展和满足社会的多样化需求创造条件。因此，简化是商品系统发展的外在动力，是对商品类型、品种有意识控制的一种有效形式。

通常所说的简化指的是品种、规格的合理简化，包括商品品种、规格的简化，原材料品种、规格的简化，工艺装备数量、规格的简化，零部件品种、规格的简化等。

（3）简化的原则

①事后进行的原则。简化一般是事后进行的，也就是商品的多样化已经发展到一定规模以后，才对商品的类型数目加以缩减。

②限定时空的原则。这种缩减是有条件的，它是在一定时间和空间范围内进行的，其结果应能保证在既定时间和空间内满足一般需要。

2）统一化

（1）统一化的概念

统一化是把同类商品两种以上的表现形态归并为一种或限定在一定范围内的商品标准化形式。它是商品标准化活动中内容最广泛、开展最普遍的一种形式。

在商品标准化活动过程中需要统一的对象很多，如概念、符号、代号、术语、标识、质量指标、检验、包装、储运、质量管理等。

（2）统一化的目的

统一化的目的是消除由于不必要的多样化而造成的混乱，为人类的正常活动建立共同遵循的秩序。统一化的实质是使商品的形式、功能（效用）或其他技术特征具有一致性，并把这种一致性通过标准以定量化的方式确定下来。

（3）统一化的原则

①干预时机恰当的原则。统一化是商品发展到一定规模、一定水平时，人为地进行干预的一种标准化形式，干预的时机是否恰当，对商品未来的发展有很大影响。因此，把握好统一的时机，是搞好统一化的关键，也是统一化的一条原则。

②适度的原则。统一要适度，这是统一化的另一条原则。所谓适度，就是要合理地确定统一化的范围和指标水平。

（4）统一化的类型

统一化有两种类型：一种是绝对的统一，它不允许有什么灵活性，如各种编码、代号、标志、名称、单位、运动方向等；另一种是相对的统一，它的出发点或总趋势是统一，但在统一中还有灵活性，可根据情况区别对待，例如商品的质量标准便是对该商品的质量所进行的统一化，但质量指标却允许有一定的灵活性（如分级规定、指标上下限、公差范围等）。

3）系列化

系列化是对同一类商品中的一组商品同时进行标准化的一种形式。它是通过对同一类商品发展规律的分析研究、国内外产需发展趋势的预测，使某一类商品系统的结构优化、功能最佳的标准化形式。

商品系列化一般包括制定商品基本参数系列、编制系列型谱和进行系列设计等内容。

系列设计是有效的统一化，能有效地防止同类商品形式、规格的杂乱；能集中研究和设计的优势，既可保证设计的先进性，又可防止各企业平行设计同一商品，做到最大限度地节约设计力量；系列设计的商品基础件通用性好，易于根据市场动向和消费者、用户的特殊要求机动灵活地发展新品种；便于组织专业化协作生产，便于维修配套。

4）通用化

通用化是指在互相独立的系统中，选择和确定具有功能互换性或尺寸互换性的子系统或功能单元的标准化形式。显然，通用化要以互换性为前提。互换性指的是不同时间、不同地点制造出来的商品或零件，在装配、维修时不必经过修整就能任意替换和使用。它具有两种性质：一种是功能互换性，即要求某些影响商品使用特性的参数按照规定的精确度互换；另一种是尺寸互换性，即要求两个商品的线性尺寸相互接近到能够保证互换。

5）组合化

组合化是建立在系统的分解与组合的理论基础上的。把一个具有某种功能的商品看作是一个系统，这个系统又可以分解为若干功能单元。由于某些功能单元不仅具备特定的功能，而且与其他系统的某些功能单元可以通用、互换，于是这类功能单元便可以分离出来，以标准单元或通用单元的形式独立存在，这就是分解。为了满足一定的要求，把若干个事先准备的标准单元、通用单元和个别的专用单元按照新系统的要求有机地结合起来，组成一个具有新功能的新系统，这就是组合。组合化的过程，既包括分解，也包括组合，是分解与组合的统一。

组合化的原理和方法已广泛应用于机械类商品和仪表类商品的设计和制造，工艺装备的设计、制造和使用，家具的设计和制造，建筑业也广泛采用组合式建筑构件。

6）模块化

模块化是以模块为基础，综合了通用化、系列化、组合化的特点，解决复杂系统类型多样化、功能多变的一种标准化形式。

模块化是20世纪后期，世界各国都在致力于发展经济，以不变应万变，以少变求多变的产品开发等，针对复杂系统而开展的标准化新形式。

5.1.3　商品标准化的经济效果

1）标准化的效果

标准化的主要效果可概括为技术效果、经济效果和社会效果三大方面。

（1）技术效果。它是指能合理简化商品的品种规格，促进商品的更新换代，加快生产技术的更新速度和引进技术的消化吸收速度。

（2）社会效果。它是指能促进消除国际贸易技术壁垒，仲裁国际贸易纠纷，加强世界各国在科学、技术和经济方面的合作与交流；能在安全、卫生、环境保护、提高信息传递效率和维护国家利益等方面取得显著效果。

（3）经济效果。它是指能提高商品的质量和服务质量，保护消费者利益，增强商品的竞争能力；能在生产领域、流通领域、消费领域中节约大量的人力、物力和财力。

标准化效果也可视为实施某项标准化所产生的技术、经济、社会效果的总和。而一切技术效果、社会效果最终将转化为经济效果。

2）标准化经济效果的指标

（1）标准化总经济效果

标准化总经济效果是指在标准有效期内，标准化活动节约总额与标准化投资总额之差。其计算公式如下：

$$X_{\Sigma}=\sum_{i=1}^{t} J_i - K$$

式中：X_{Σ}——标准有效期内的总经济效果（元或万元）；

J_i——第 i 年标准化年节约额（元/年或万元/年）；

K——标准化投资总额（元或万元）；

t——标准有效期（年）；

i——某一时间年限（年）。

从以上公式可以看出，X_{Σ}越大，说明标准化经济效果越好；反之，则相反。

（2）标准化年经济效果

标准化年经济效果是指标准化活动所产生的有用效果的年均值与标准化活动各项支出年均值的差额。其计算公式如下：

$$X_n = J - \alpha \cdot K$$

式中：X_n——标准化年经济效果（元/年或万元/年）；

J——标准化后年均节约额（元/年或万元/年）；

α——标准化投资年均值折算系数，它与标准有效期的相互关系是：$\alpha = 1/t$，即当 t=5 年时，$\alpha=0.2$；

K——标准化投资总额（元或万元）。

$$J = Q_1 \cdot T_{m1} \left(\frac{C_0}{T_{m0}} - \frac{C_1}{T_{m1}} \right)$$

式中：Q_1——标准化后的产量；

C_0——标准化前的成本；

T_{m0}——标准化前的使用寿命；

C_1——标准化后的成本；

T_{m1}——标准化后的使用寿命。

从以上公式可以看出，标准化年经济效果，反映了标准化活动在一个年度内平均产生的经济效果，这个指标数值越大，说明标准化经济效果越大；反之，则相反。

（3）标准化投资收益率

标准化投资收益率是指标准化活动所产生的有用效果的年均值与标准化活动各种费用支出总额的比值，即标准化活动年均节约额与标准化投资总额的比值。其计算公式如下：

$$R_K = \frac{J}{K}$$

式中：R_K——标准化投资收益率。

从以上公式可以看出，标准化投资收益率是一个相对值。它表明单位投资额所带来的年均经营费用的降低额或年均利润增加额。这个值越大，说明经济效益越好；反之，则相反。

（4）标准化经济效果系数

标准化经济效果系数是指在标准有效期内，标准化活动产生的有用效果总和与标准化活动各项费用支出总额的比值。其计算公式如下：

$$E = \frac{\sum_{i=1}^{i} J_i}{K}$$

式中：E——标准化经济效果系数。

从以上公式可以看出，标准化经济效果系数表明在标准的有效期内，单位数量的标准化投资所获得的经营费用降低额或利润的增加额。显然，这一指标数值越大，说明标准化活动的经济效果越好；反之，则相反。

（5）标准化投资回收期

标准化投资回收期是指标准化活动所需要的投资总额，通过标准化活动产生的节约回收所需要的时间。投资回收期可以年、月、日为单位表示。其计算公式如下：

$$T_K = \frac{K}{J} \text{（计量单位为年）}$$

$$T_K = \frac{K}{J} \times 12 \text{（计量单位为月）}$$

$$T_K = \frac{K}{J} \times 360 \text{（计量单位为日）}$$

式中：T_K——标准化投资回收期。

标准化投资回收期是标准化经济效果的逆指标，这一指标数值越小，说明标准化投资的回收速度越快，即标准化经济效果越好；反之，则相反。

（6）标准化追加投资回收期

标准化追加投资回收期是指不同的标准化方案所产生的投资差额与标准化后不同方案的经营费用或节约额差额的比值。其计算公式如下：

$$t_K = \frac{K_2 - K_1}{C_1 - C_2} = \frac{\Delta K}{\Delta C}$$

或　　$$t_K = \frac{K_2 - K_1}{J_2 - J_1} = \frac{\Delta K}{\Delta J}$$

式中：t_k——标准化追加投资回收期（年）；

$\qquad$ K_1，K_2——第一方案、第二方案的标准化投资（元或万元），一般 $K_2>K_1$；

$\qquad$ C_1，C_2——第一方案、第二方案的标准化经营费用（元/年或万元/年），一般 $C_2<C_1$；

$\qquad$ ΔK——标准化追加投资（元或万元）；

$\qquad$ ΔC——不同标准化方案的经营费用降低额（元或万元）；

$\qquad$ J_1，J_2——第一方案、第二方案标准化后的节约额（元/年或万元/年），一般 $J_2>J_1$；

$\qquad$ ΔJ——不同方案的利润增加额（元或万元）。

从以上公式可以看出，标准化追加投资回收期表明不同标准化方案的追加投资，通过标准化后的经营费用的降低额或利润的增加额回收所需要的时间。由此可见，当标准化追加投资回收期大于标准有效期时，说明标准化追加投资，不能在标准有效期内通过不同方案经营费用的降低额回收回来，即表明追加投资不合理，这时，标准化投资小的方案为优；当标准化追加投资回收期小于标准有效期时，说明追加投资合理，这时标准化投资大的方案为优；当标准化追加投资回收期等于标准有效期时，应视其具体情况而定，若资金短缺，则应选择投资小的方案，其他情况下一般均应选择投资大的方案。

（7）标准化动态投资回收期

标准化动态投资回收期是在考虑资金时间价值的情况下计算的标准化投资回收期。其计算公式如下：

$$T_K=\frac{\lg J-\lg(J-K\cdot i)}{\lg(1+i)}$$

式中：T_K——标准化动态投资回收期（年）；

$\qquad$ J——总的有用效果；

$\qquad$ K——投资总额；

$\qquad$ i——年利率（%）。

上述公式表明，标准化动态投资回收期是标准化投资总额及其在投资回收期内产生的利息，通过标准化后的各年节约额及在投资回收期内产生的利息来计算回收所需要的时间（年限）。

标准化动态投资回收期能准确反映时间因素对标准化投入和产出的影响，因此，这一指标的应用具有非常现实的意义。由于标准化动态投资回收期的计算比较复杂，在粗略评价标准化经济效果或标准化投资较少，标准化经济效果延续时间较短，标准化经济效果非常显著时，可以不计算标准化动态投资回收期。

5.2　标准化原理

在自然界和人类社会里有这样一种系统，这种系统的特点是：当该系统赖以存在的环境发生变化时，系统能自动地改变自己的内部结构，调整自己的功能，使之与变化了的环境保持相适应的状态，维持系统的存在和发展，这种系统叫自适应或自组织系统。

对任何一个社会系统来说，要想维持其存在和稳定，都必须具有自组织、自调节的能力，然而标准系统却不具备这样的能力。因此，标准系统建成之后不能一劳永逸，需要通过人对它进行管理和调整，才能使它保持同环境的适应性。离开人的管理，标准系统是不可能存在和发展的，因此必须对标准系统进行管理。

对标准系统进行管理，涉及的原理有许多，例如，简化原理、统一原理、协调原理、最优化原理，是从不同形式的标准化活动中概括出来的，因而带有显著的方法性特点。这些原理也可以说是标准化的方法性原理。

下面只探讨与标准化管理紧密相关的四个重要宏观的理论原理，也可称为标准系统的管理原理。

5.2.1　系统效应原理

1）什么是系统效应原理

标准系统的效应不是直接地从每个标准本身得到的，而是从组成该系统的互相协同的标准集合中得到的，并且这个效应超过了标准个体效应的总和。系统效应就是从要素量的集合达到整体质的飞跃中产生的。这种效应一般要比单个标准效应的简单相加大得多。

从上述的理论中，可以得出如下两点结论：

（1）许多要素的无序集合并不能够成为系统，只有各要素之间互相联系、互相制约，形成一个有机整体时才成为系统。

（2）由许多要素形成系统时，就能产生比各个要素孤立效应总和大得多的系统效应（即1+1>2的效应）。

2）对标准化工作的指导原则

（1）企业的标准化工作要想收到实效，必须建立标准系统。

（2）建立标准系统必须有一定数量的标准，但是不意味着标准越多越好，关键是标准之间要互相关联、互相协调、互相适应。

（3）在制定每一个标准时，都必须从系统对它的要求出发，考虑它在系统中所处的位置、所起的作用以及它与相关标准之间的关系等。这样才能制定出切合实际的标准，最后形成的标准系统才能产生较好的系统效应。

5.2.2 结构优化原理

1）什么是结构优化原理

任何一个标准系统，都是由为数众多的标准（即系统的要素）组成的，这些标准绝不是杂乱无章的堆积，标准系统诸要素之间不仅存在着内在的有机联系，而且在空间上层次分明，在时间上排列有序，这就叫标准系统的结构。

结构优化原理根据标准系统的结构不同，其效应也会不同，只有经过优化的系统结构才能产生好的系统效应。系统结构的优化，应按照结构与功能的关系，调整和处理标准系统的阶层秩序、时间序列、数量比例以及它们的合理组合。

根据结构优化原理，在对标准系统进行控制的过程中，应不断分析功能与结构的关系，一旦发现结构状况已经影响了功能的发挥和目标的实现，就应采取措施改变结构。例如，当发现由于标准系统中保证安全的标准比重太小，并且屡屡发生安全事故时，这就表明现行标准系统保证安全的功能太低，必须调整系统结构，增加必要的安全标准，从而实现结构的优化。

2）对标准化工作的指导原则

（1）在某一系统内，当标准的数量达到一定程度时，标准化工作的重点应转向对系统结构的研究和调整上，要注意防止只追求数量而忽视结构优化的倾向，这种倾向会削弱标准的系统效应，降低标准化效果。

（2）标准系统效应的优化是整体的优化，是标准个体素质的等强度优化，只有每个标准的素质相匹配，才能发挥较好的效应，所以要致力于改进整个系统的结构。

（3）当标准系统过于臃肿，功能降低时，可采用精简结构要素的办法，减少系统中不必要的要素和某些不必要的结构，其结果不仅不会削弱系统功能，还可提高系统功能。这可看成是简化的理论依据。

5.2.3 有序发展原理

1）什么是有序发展原理

标准系统的结构经过优化之后，系统内部各要素之间彼此协调，系统与其外部环境之间也保持适应的状态。我们把这种状态叫作系统的稳定状态。系统只有处于稳定状态，才能正常地发挥其功能，产生系统效应。

有序发展原理表明任何标准系统如果不加控制地任其自然变化都会由有序向无序转变。只有及时淘汰标准系统中落后的、低功能的和无用的要素，或向系统中补充对系统发展有带动作用的新要素，才能使系统由较低有序状态向较高有序状态转化，推动系统的发展。

2）对标准化工作的指导原则

（1）有序发展原理表明，在对标准系统进行管理时，要注意及时制定必要的标准，尤其是能带动整个系统水平提高的先进标准。

（2）在对标准系统进行管理时，也要特别注意及时清除那些功能低、互相矛盾和已经不起作用的标准，随着标准绝对数的增加，这个问题显得越发突出。如果忽视了标准系统的新陈代谢，标准化活动就可能陷入事倍功半的被动局面。

5.2.4　负反馈控制原理

1）什么是负反馈控制原理

标准系统的存在与发展，不仅依赖于其内部要素的相互作用，同时还依赖于它和周围环境的相互作用，恰恰是这两种作用构成了标准系统发展的动力。由于外部环境的干扰和内部的失衡，会导致标准系统的状态由稳定状态向不稳定状态变化，因此，必须加以控制。

信息是控制的基础，一切信息传递都是为了控制，而任何控制又都需要通过反馈来实现。所谓反馈，就是一个闭环系统把从输出端输送出去的信息，又回馈给输入端一部分，并对信息的再输出起到控制作用，控制的结果是使输出信号保持稳定。这里提醒大家注意的是，系统稳定的含义是输出量保持不变；稳定是相对的，当输入端的给定值发生变化时，输出端的信号也发生变化，但由于系统的反馈作用结果，又使系统保持一个新的稳定状态；信息反馈是对标准系统进行管理的前提。

反馈控制类型有两种：其一，若输出信息量变大，反馈控制信号的作用结果，应是使标准系统的输出量减少，又回到原来的标准值；反之，则相反。这种反馈叫作负反馈，这样才能使系统趋于稳定。其二，若输出信息量变大，反馈控制信号的作用结果，是使标准系统的输出量更大；反之，则相反。这种反馈叫作正反馈，其结果将是恶性循环，必然导致系统自激振荡而处于严重的失控状态。这就是为什么采用负反馈控制的原理。

负反馈控制原理：标准系统演化、发展以及保持结构稳定性和环境适应性的内在机制是负反馈控制。其负反馈控制原理图如图5-1所示。

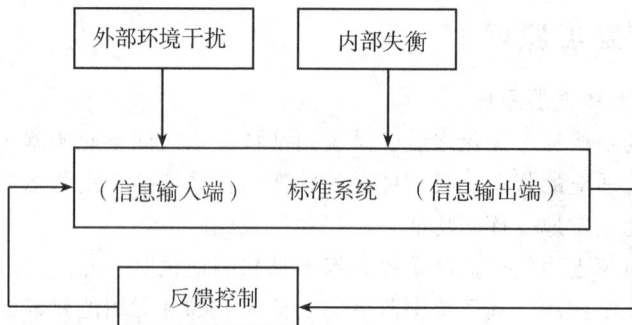

图5-1　负反馈控制原理图

其含义如下：标准系统在建立和发展过程中，只有通过经常的反馈，不间断地调节同外部环境的关系，提高系统的适应性和稳定性，才能有效地发挥出系统效应；标准系统同外部环境的适应性以及内部的协同性不可能自发实现，需要控制系统（管理机构）组成闭环系统，才能实现强有力的负反馈控制，使系统处于稳定状态。

2）对标准化工作的指导原则

（1）标准系统是人造系统，它需要标准化管理者主动地进行调节，才能使系统处于稳定状态，没有人的干预或控制是不可能达到稳定状态的。而干预、控制都要以信息反馈为前提。虽然建立了标准系统，但如果没有信息反馈，系统就将处于失控状态。一个失控的系统，既不能达到预定目标，也不能长期稳定。

（2）建立健全灵敏的信息管理系统。

（3）即时控制。

（4）为使标准系统与环境相适应，除了及时修订已经落后了的标准，制定适合环境要求的高水平标准外，还应尽可能使标准具有一定的弹性，这成为标准化的一个原则——弹性原则。

5.3　商品质量法规

5.3.1　商品质量法规及其意义

商品质量法规是指国家在商品质量管理方面颁布的法律、法令、规定、条例等，用以调整国家和企业在商品质量管理中所发生的有关商品质量标准、责任、检查和监督等关系的法律规定的总称。

商品质量法规调整的主要对象是国家与企业之间因商品质量而发生的管理关系和监督关系。对这种关系实行法律调整是为了维护国家和消费者的利益，这些法规也反映了当代技术、经济的发展及其对企业提出的商品质量要求。

运用商品质量法规有效地管理和保证商品质量，保护消费者的合法权益，是世界各国政府解决商品质量问题的重要途径，也是国际上解决商品质量问题的方法之一。制定和颁布商品质量法规，依法加强对商品质量管理意义重大。

（1）制定和颁布商品质量法规，逐步实行依法经商、依法治商，可以把商品质量管理工作从以行政手段为主纳入运用技术手段、经济手段、法律手段为主，以行政手段为辅的轨道，做到有法可依、有法必依，对任何违反法律规定，对消费者造成伤害的行为，要负有相应的法律责任。

（2）国家颁布的商品质量法规，带有明显的强制性，这有利于更好地贯彻国家有关商品质量的方针、政策，这样就能够制止和减少商品生产和流通中的质量违法活动，维护商品流通秩序，从而提高人们在商品交换中的安全感。

（3）商品质量法规是经济管理工作实行宏观质量控制的依据，是各部门共同的行动准则，它可以提高部门、企业和全体人员的质量意识、法律意识，使监督执行者正确地行使权力，认真履行自己应尽的义务，正确处理质量纠纷。可以说，公民商品质量法律意识的普遍提高，是商品质量保证的最深厚的力量基础和源泉。

5.3.2　商品质量法规的特征和性质

商品质量法规是经济法规的重要组成部分，是国家组织管理、监督和指导商品生产和商品交换，调整经济关系的准绳。

1）商品质量法规的特征

（1）规范性

商品质量法规规定了每个商品生产者、经营者的权利与义务，指明了可以做什么，应该做什么，不应该做什么。

（2）强制性

强制性既有行政的强制，即国家管理机关对经济法律主体行使权利和履行义务的活动进行监督，对其违法活动进行纠正和处理，也有司法的强制，即司法机关对经济纠纷的解决和对经济违法行为的制裁。

（3）责任性

凡违反商品质量法规，不履行经济义务者，必须承担违法责任。违法责任包括三种：

①经济责任，即对违法者实行经济制裁，也是对受害者的一种经济补偿，如赔偿损失等。

②行政责任，是指行政机关对违反商品质量法规的单位或个人按照行政程序予以处分。如对单位可以勒令停止营业、吊销营业执照等；对个人则可采取记过、降职、降级、撤职、留用察看、开除等处分。

③刑事责任，是指对违反商品质量法规，造成严重后果，构成经济犯罪的，给予刑事制裁。

（4）相对稳定性

商品质量法规一经权力机关制定和颁布执行，就具有较大的相对稳定性，不得随意更改，经历的时间也比较长。

2）商品质量法规的性质

由于商品质量法规具有上述四个方面的特征，因此也就决定了它的基本性质：

（1）商品质量法规主要是全国人民代表大会所颁布并贯彻执行的法律、法规，但也有一部分是以政府法令、条例、规定等形式来颁布和执行的，成为经济运行的行为准则。此外，还有一些具有法律效力的规章制度等。这些法律、法规的调整是以指令和服从为基本方式的，它的制定和修改无须征求被管理者的同意。

（2）如果被管理者向经济行政管理机关的上级请求复审，即使对复审的决定不服，向人民法院提起诉讼，也是行政诉讼，其目的在于确定行政管理机关的有关决定是否合乎法律规定。

（3）被管理者违反商品质量法规中应承担的义务，一般应负有行政责任，给以行政处罚，如罚款、吊销营业执照等。若因商品质量责任造成人身伤亡、财产损失，触犯刑律的，则由司法机关依法追究当事人的刑事责任。

5.3.3　商品质量法规的种类

我国的商品质量法规较多，大体上可以分为以下五类：

1）产品质量法

产品质量法是调整在生产、流通和消费过程中因产品质量所发生的经济关系的法律规范的总称，一般包括产品质量责任、产品质量监督管理、产品质量损害赔偿以及处理质量争议等方面的法律规定。

1993年2月22日第七届全国人大常委会第三十次会议通过了我国第一部全面、系统地规定产品质量的《中华人民共和国产品质量法》（以下简称《产品质量法》）。该法自1993年9月1日起施行。2000年7月8日，第九届全国人大常委会对《产品质量法》进行了第一次修正；2009年8月27日，第十一届全国人大常委会对《产品质量法》进行了第二次修正；2018年12月29日，第十三届全国人民代表大会常务委员会第七次会议对《产品质量法》进行了第三次修正。

《产品质量法》中对产品质量监督管理、生产者和销售者的产品质量责任与义务、损失赔偿、经济处罚和法律责任等，都做了明确的规定。这些规定是强制性的，是处理各类商品质量问题和解决商品质量民事纠纷问题的法律依据。根据《产品质量法》，商品有下列情形之一者，其生产者和销售者应当承担商品质量责任：首先，不符合国家法律、法规规定质量要求的；其次，不符合明示采用的产品标准，不符合以产品说明、实物样品等方式表明质量状况的；再次，不具备产品应当具备的使用性能，而未能事先说明的。

售出的商品有上述情形之一的，销售者应当负责修理、更换、退货；给购买商品的用户和消费者造成损失的，销售者应当赔偿损失，因产品存在缺陷造成人身、他人财产损失的，生产者应当承担赔偿责任。因销售者的过错使商品存在缺陷，造成人身、他人财产损失的，销售者应当承担赔偿责任。

在修正过程中，国家鼓励推行科学的质量管理方法，采用先进的科学技术，鼓励企业产品质量达到并且超过行业标准、国家标准和国际标准。对产品质量管理先进和产品质量达到国际先进水平，成绩显著的单位和个人，给予奖励。

《产品质量法》特别强调，各级人民政府应当把提高产品质量纳入国民经济和社会发展规划，加强对产品质量工作的统筹规划和组织领导，引导、督促生产者、销售者加强产品质量管理，提高产品质量，组织各有关部门依法采取措施，制止产品生产、销售中违反《产品质量法》规定的行为，保障本法的施行。

在修正的具体条文中，将"产品质量监督部门或者工商行政管理部门"修改为"市场监督管理部门"，将"由产品质量监督部门或者工商行政管理部门按照国务院规定的职权范围决定"修改为"由市场监督管理部门决定"。

2）产品责任法

产品责任法是经济法体系中的重要组成部分。各国都很重视产品责任立法。开展中外产品责任法的比较研究，有益于中国社会主义市场经济建设，有利于保护广大用户、消费者的合法权益；同时，可以丰富法律责任理论，使中国的产品责任法更加科学化、规范化。

产品责任法的重要性。在国外法规中，产品责任是指产品生产者、销售者因生产销售有缺陷产品致使他人遭受人身伤害、财产损失所应承担的赔偿责任。产品责任法是确定生产者、销售者承担此种民事责任的法律规范的总称。

我国产品责任法主要为1993年施行的《产品质量法》。该法采用了产品质量责任的概念。产品质量是指国家有关法律法规、质量标准以及合同规定的对产品适用、安全和其他特性的要求。产品质量责任是指产品的生产者、销售者违反了上述要求，给用户、消费者造成损害而应依法承担的法律责任，包括民事、行政和刑事责任。其中，承担民事责任分别指承担产品瑕疵担保责任和产品侵权赔偿责任。

产品质量责任与产品责任既有联系，又有区别。联系在于，产品质量责任包含产品责任，即产品侵权赔偿责任。区别在于：①判定依据。前者判定依据包括：默示担保、明示担保、产品缺陷。只要不符合三项依据之一，生产者、销售者就应承担相应的责任。后者判定依据仅指产品存在缺陷，即存在不合理危险。②承担责任的条件。前者只要产品质量不符合默示担保或明示担保之一，无论是否造成实际损害，都应承担相应的责任。后者承担责任的条件是产品存在缺陷，并且实际造成了他人人身伤害、财产损失。③责任的性质。前者包括产品瑕疵担保责任和产品侵权赔偿责任，其中产品瑕疵担保责任属于合同责任。后者仅指侵权责任。

我国的《产品质量法》未对赔偿限额做出规定。在我国的现实生活中，产品责任案件的赔偿数额比较少，因而暂不存在数额惊人以致影响经济发展的问题。

规定赔偿最高限额是因为已对生产者、销售者采取了严格责任原则。如不规定损害赔偿限额，让企业承担过重的赔偿责任，将影响新产品的开发，不利于经济发展。

3）消费者权益保护法

消费者权益是指消费者依法享有的权利及该权利受到保护时给消费者带来的应得利益。其核心是消费者的权利，并且在广义上，消费者的权利也包含了消费者的利益，前者的有效实现是后者从应然状态转化为突然状态的前提和基础。

消费者权利是一种基本人权，是生存权利的重要组成部分，因此，法律必须予以保障，使消费者的基本人权从应该的权利转化为法定的权利。

消费者利益的法律保护有直接和间接两种。直接的法律保护来自各国的国内法律和国际公约，有保护消费者利益的基本法、买卖法，以及食品、医药、卫生、家庭用品、电器商品等消费品的质量、计量、安全等法规；间接的法律保护来自广告法、商标法、物价法、反不正当竞争法、市场监督管理法、商品质量监督管理法、环境保护法等法规。这些法规是以宪法保证公民的基本权利和民法关于保障公民的人身、财产安全为依据的，为保护消费者的利益提供了保证。

目前世界许多国家为保护消费者的合法权益都颁布了有关消费者保护方面的法规。联合国于1985年制定了《保护消费者准则》。该准则对保护消费者的人身安全和健康、促进和保护消费者经济利益、消费品和服务的安全和质量标准、基本消费品的分配和服务设施、消费者获得赔偿的措施、消费者教育和宣传方案，以及食品、药品等具体领域的措施方面，都做了明确的规定，各国政府应参照执行。

1993 年，我国发布并实施了《中华人民共和国消费者权益保护法》（以下简称《消费者权益保护法》）。该法共八章五十五条，对消费者的权利、经营者的义务、国家对消费者合法权益的保护、消费者组织、争议的解决、法律责任等方面做了具体的规定。

2009 年，对《消费者权益保护法》实施第一次修正。2014 年 3 月 15 日开始实施第二次修正后的《消费者权益保护法》，该法共分八章六十三条。此次修正内容涉及面广，对网络购物、公益诉讼、惩罚性赔偿等有关商品经营者的义务和消费者权益保护方面的问题做了更严格明确的规定。

我国《消费者权益保护法》的实施目的，是保护消费者的合法权益，维护社会的经济秩序，促进社会主义市场经济健康发展，确保消费者在为生活消费需要购买、使用商品或者接受服务时，其权益受我国法律保护。

我国《消费者权益保护法》规定，消费者享有以下九项权利：

（1）消费者在购买、使用商品和接受服务时享有人身、财产安全不受损害的权利。

消费者有权要求经营者提供的商品和服务，符合保障人身、财产安全的要求。

（2）消费者享有知悉其购买、使用的商品或者接受的服务的真实情况的权利。

消费者有权根据商品或者服务的不同情况，要求经营者提供商品的价格、产地、生产者、用途、性能、规格、等级、主要成分、生产日期、有效期限、检验合格证明、使用方法说明书、售后服务，或者服务的内容、规格、费用等有关情况。

（3）消费者享有自主选择商品或者服务的权利。

消费者有权自主选择提供商品或者服务的经营者，自主选择商品品种或者服务方式，自主决定购买或者不购买任何一种商品、接受或者不接受任何一项服务。

消费者在自主选择商品或者服务时，有权进行比较、鉴别和挑选。

（4）消费者享有公平交易的权利。

消费者在购买商品或者接受服务时，有权获得质量合格、价格合理、计量正确等公平交易条件，有权拒绝经营者的强制交易行为。

（5）消费者因购买、使用商品或者接受服务受到人身、财产损害的，享有依法获得赔偿的权利。

（6）消费者享有依法成立维护自身合法权益的社会团体的权利。

（7）消费者享有获得有关消费和消费者权益保护方面的知识的权利。

消费者应当努力掌握所需商品或者服务的知识或使用技能，正确使用商品，提高自我保护意识。

（8）消费者在购买、使用商品和接受服务时，享有其人格尊严、民族风俗习惯得到尊重的权利。

（9）消费者享有对商品和服务以及保护消费者权益工作进行监督的权利。

消费者有权检举、控告侵害消费者权益的行为和国家机关及其工作人员在保护消费者权益工作中的违法失职行为，有权对保护消费者权益工作提出批评、建议。

4）有关人身安全、健康的商品质量法规

为确保消费者的人身安全、健康，世界各国还对涉及人身安全、健康的商品制定了强制性质量法规，如食品安全法、药品管理法、化妆品管理法、消费品安全法、产品含毒物质限定法等。中国强制产品安全认证推行"CCCs"标志。欧洲经济共同体规定了《欧共体化妆品条例》《欧洲玩具安全指令》《欧共体水果蔬菜进口检验法》《欧共体关于压力容器法律规定的指令》等，并于1994年起推行"CE"标志，规定了需要贴"CE"标志的15类产品，凡销往欧洲联盟各国的这15类产品，必须强制粘贴"CE"标志，方可合法销售。在欧盟市场"CE"标志属强制性认证标志。

我国于1982年发布并实施了《中华人民共和国食品卫生法》并于2009年6月1日起废止，取而代之的是《中华人民共和国食品安全法》。现在使用的是2018年修正版，对食品生产和加工、食品销售和餐饮服务、食品添加剂、食品的包装材料、容器、洗涤剂、消毒剂、食品的贮存和运输等都做了明确的规定。

此外，我国还于1984年和1989年分别颁布实施了《中华人民共和国药品管理法》和《中华人民共和国化妆品卫生监督条例》，使我国药品和化妆品的生产和经营实现了法制管理。

这些法律法规的发布实施，对加强食品、药品和化妆品等商品的质量监督管理，保护消费者利益和保证人民的健康和安全具有重要意义。

5）商品质量监督管理、检验、认证等方面的法规

为了适应社会主义市场经济和对外贸易发展的需要，依法管理经济，加强对商品质量的监督管理与检查工作，我国自1986年以来相继颁布和实施了《工业产品质量责任条例》《产品质量监督试行办法》《国家监督抽查产品质量的若干规定》《全国产品质量仲裁检验暂行办法》《工业产品生产许可证管理办法》《进口商品质量许可证制度》《中华人民共和国产品质量认证管理条例》《中华人民共和国反不正当竞争法》《全国人民代表大会常务委员会关于惩治生产、销售伪劣产品犯罪的决定》《中华人民共和国进出口商品检验法》等一系列质量法律法规。目前，我国已初步建立了产品质量认证制度、国家产品质量监督检验制度、生产许可证制度，这对于解决产品质量问题和促进与国际市场接轨起到了重要作用。

5.4　商品质量管理

5.4.1　商品质量管理及其发展阶段

1）商品质量管理的概念

商品质量管理是指对商品确定和达到质量要求所必需的职能和管理活动。国际

标准 ISO 9000：2005 对质量管理的定义是 "在质量方面指挥和控制组织的协调活动"，通常包括质量方针、质量目标、质量策划、质量控制、质量保证和质量改进。质量方针是由企业的最高管理者正式发布的该组织总的质量宗旨和质量方向。质量体系是实施质量管理所需的组织结构、程序、过程和资源。质量体系的内容应以满足质量目标的需要为准。

2）商品质量管理的主要发展阶段

（1）检验质量管理阶段

20 世纪初期到 40 年代，是质量管理的初级阶段。这一阶段主要是按既定的质量标准要求对产品进行检验，即依靠检验部门、检验人员把关，把产品中的不合格品挑出来，而把合格品送入流通领域，以满足消费者的需求。因此，这一阶段的质量管理，其管理对象仅限于产品本身，管理的领域局限于生产制造过程。这种管理实际上是一种消极防范型管理，通过事后把关，只能杜绝不合格产品进入流通领域，却无法防止生产过程中次品、废品的产生。因此，这种方法的管理职能是比较弱的。

（2）统计质量管理阶段

从 20 世纪 40 年代到 50 年代末期，对产品的质量管理发展到统计质量管理阶段。这一阶段主要是按照商品标准，运用数理统计原理，在从设计到制造的生产工序间进行质量控制，预防次品、废品的产生，从中找出规律，发现问题，以保证质量。管理的对象包括产品质量和工序质量，管理领域从生产制造过程扩大到设计过程。统计质量管理是一种预防型（事先监控）管理。依靠生产过程中的质量控制，把质量问题消灭在生产过程中，这比事后把关的管理向前迈进了一步。但是，这种方法由于过分强调了质量管理的统计方法，而忽视了组织管理和人的能动作用，使人误解为 "质量管理就是数理统计方法"，在一定程度上限制了这种方法的普及和推广。

（3）全面质量管理（total quality management，TQM）阶段

20 世纪 60 年代，商品质量管理发展到了一个新阶段——全面质量管理阶段。1961 年，美国著名专家费根堡姆提出了全面质量管理理论，将质量控制应用到产品寿命循环的全过程，强调全体员工都参与质量控制。全面质量管理现已成为现代科学管理的重要组成部分，受到了世界各国的普遍关注和重视。

（4）计算机辅助质量管理（computer aidied quality，CAQ）阶段

20 世纪 80 年代，利用计算机进行质量管理，出现了在 CIMS（computer integrated making system）环境下的质量信息系统（quality information system，QIS）。借助于先进的信息技术，质量控制与管理又上了一个新台阶，因为信息技术可以实现以往所无法实现的许多质量控制与管理功能。

（5）零缺陷质量管理阶段

第五个阶段是 21 世纪以后，代表人物为美国的可劳斯比，他主张抓质量，主抓的根本就是人，人的素质提高了，才能真正使质量获得提高。他的目标是第一次

就把事情做对，而且把每次做对作为奋斗方向。

回顾质量管理经营的五个阶段，可以看出我们的企业处于混合阶段。

3）全面质量管理

费根堡姆提出的全面质量管理理论，是在传统的质量管理基础上，随着科学技术的发展和经营管理上的需要发展起来的现代化质量管理理论，现已成为一门系统性很强的科学。

党的十五届四中全会提出，要"搞好全员全过程的质量管理"。

"全员全过程的质量管理"，就是全面质量管理（TQM）。自1978年以来，我国推行TQM（当时称为TQC—total quality control）已有40多年。从效果来看，它有利于提高企业素质，增强国有企业的市场竞争力。企业通过ISO 9000认证比例增速提高。

（1）全面质量管理（TQM）相关概念简述

全面质量管理广义的概念是："企业组织全体职工和有关部门参加，综合运用现代科学和管理技术成果，控制影响产品质量的全过程和各因素，经济地研制生产和提供用户满意的产品的系统管理活动。"关于T、Q、M的解释是：

T（total）全面：组织中的全体成员，顾客、员工、供应商都包括在内。

Q（quality）质量：工作质量、流程质量、企业质量，由此决定产品质量。

M（management）管理：领导职责质量（在全公司范围内）、领导层质量（模范作用），坚持不懈地培养和提高团队的学习与工作能力。

全面质量管理是一种由顾客的需要和期望驱动的管理哲学。全面质量管理理论出现了许多新的概念，TQM是以质量为中心，建立在全员参与基础上的一种管理方法，其目的在于长期获得顾客满意、组织成员和社会的利益。

国际标准ISO 8402对TQM的定义是："一个组织以质量为中心，以全员参与为基础，目的在于通过让顾客满意和本组织所有成员社会受益而达到长期成功的管理途径。"

费根堡姆对TQM的定义是："为了能够在最经济的水平上，并考虑到充分满足顾客要求的条件下进行市场研究、设计、制造和售后服务，把企业内各部门的研制质量、维持质量和提高质量的活动构成一体的一种有效的体系。"

具体来说，TQM蕴涵着如下含义：

①"以顾客为中心"的管理模式。TQM强烈地关注顾客。从现在和未来的角度来看，顾客是企业的衣食父母。全面质量管理注重顾客价值，其主导思想就是"顾客的满意和认同是长期赢得市场、创造价值的关键"。为此，全面质量管理要求必须把以顾客为中心的思想贯穿到企业业务流程的管理中，即从市场调查、产品设计、试制、生产、检验、仓储、销售到售后服务的各个环节都应该牢固树立"顾客第一"的思想，不但要生产物美价廉的产品，而且要为顾客做好服务工作，最终让顾客满意。

②质量坚持不断地改进。TQM是一种永远不能满足的承诺，"非常好"还是不

够，质量总能得到改进。"没有最好，只有更好"。在这种观念的指导下，企业应持续不断地改进产品或服务的质量和可靠性，确保企业获取对手难以模仿的竞争优势。

③改进组织每项工作中的质量。TQM 中的质量，不仅与最终产品有关，还与组织如何交货、如何迅速地响应顾客的投诉、如何为客户提供更好的售后服务等有关。

（2）全面质量管理的特点

①以质量为中心，围绕质量开展全员工作。

②满足顾客需求。用顾客需求扩充单纯符合性标准。最大限度地向下委派权力和职责，确保对顾客需求的变化做出迅速而持续的反应。

③进行全面的综合治理。从过去的就事论事、分散管理，转变为以系统的观点为指导；减少劳动分工，促进跨职能团队合作；优化资源，降低各个环节的生产成本；不断对员工实施培训，营造不断学习、改进与提高的文化氛围；追求质量效益，实施名牌战略，以获取长期竞争优势。

④不断改进过程质量。随着科技成果的不断增多而变中求变，拓宽管理跨度，增进组织纵向交流，不断改进过程质量，从而不断改进产品质量。

⑤从管结果转变为管因素。把过去的以事后检查和把关为主转变为以预防为主，实行防检结合，强调企业活动的可测度性和可审核性。焦点从技术手段转向组织管理，强调职责的重要性。

4）TQM 与 ISO 9000 的对比

（1）TQM 与 ISO 9000 的相同点

①TQM 与 ISO 9000 的管理理论和统计理论基础一致。两者均认为产品质量形成于产品全过程，都要求质量体系贯穿于质量形成的全过程；在实现方法上，两者都使用了 PDCA 质量循环运行模式。

②TQM 与 ISO 9000 都要求对质量实施系统化的管理。两者都强调主层面和各个层面"一把手"对质量的管理。

③TQM 与 ISO 9000 的最终目的一致。两者都是为了提高产品质量，满足顾客的需要，都强调任何一个过程都是可以不断改进，不断完善的。

（2）TQM 与 ISO 9000 的不同点

①TQM 与 ISO 9000 管理活动期间目标不一致。TQM 质量计划管理活动目标是改变现状。其作业只限于一次，目标实现后，管理活动也就结束了，下一次计划管理活动虽然是在上一次计划管理活动结果的基础上进行的，但绝不是重复上次的作业。ISO 9000 质量管理活动的目标是维持标准现状，其目标值为定值。其管理活动是重复方法和作业，使实际工作结果与标准值的偏差尽量小。

②TQM 与 ISO 9000 管理活动工作中心不同。TQM 是以人为中心，ISO 9000 是以标准为中心。

③TQM 与 ISO 9000 执行标准及检查方式不同。TQM 是企业制定的标准，是企业结合其自身特点制定的自我约束的管理体制，其检查方主要是企业内部人员，检

查法是考核和评价（方针、目标讲评，QC 小组成果发布等）。ISO 9000 系列标准是国际公认的质量管理体系标准，它是供世界各国共同遵守的准则。贯彻该标准强调的是由公正的第三方对质量体系进行认证，并接受认证机构的监督和检查。

ISO 9000 系列标准和 TQM 之间不存在截然不同的界限，我们把两者结合起来，才是现代企业质量管理深化发展的方向。

5.4.2　商品质量管理的基本方法

商品质量管理的方法很多，其基本方法如下：

1）PDCA 循环在全面质量管理中的运用

对商品实施全面质量管理，要求在各环节、各项工作中都要按照 PDCA 循环进行。美国质量管理学家戴明在阐述质量管理方法时提出"计划（plan）、执行（do）、检查（check）、处理（action）"四个阶段为一个循环，称为 PDCA 循环或戴明循环，见图 5-2。

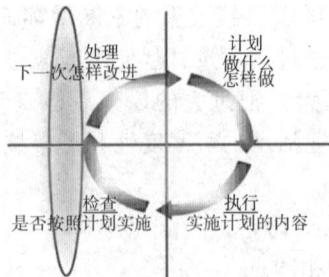

图 5-2　PDCA 循环示意图

PDCA 循环作为质量管理的科学方法，适用于整个企业的质量管理工作，也适用于各部门、各环节的质量管理工作。PDCA 循环四个阶段的基本工作内容如下：

（1）计划阶段（P）。计划阶段的任务就是制订计划。根据存在的问题或用户对产品质量的要求，找出存在问题的原因和影响产品质量的主要因素，以此为依据制订计划，确定质量方针和质量目标，制订出具体的活动计划和措施，并明确管理项目。

（2）执行阶段（D）。执行阶段的任务是执行计划。按照计划阶段的计划和标准规定具体实施。

（3）检查阶段（C）。检查阶段的任务是检查计划的执行情况，调查计划执行的结果。将工作结果与制订的计划进行比较，找出问题，取得经验。

（4）处理阶段（A）。处理阶段的任务是把执行计划的结果进行处理、总结。把上一阶段执行成功的经验加以肯定，纳入标准或规程，形成制度，以便今后执行；总结失败的教训，以供今后借鉴；将遗留的问题转入下一个 PDCA 循环。四个阶段经分解后，循环持续改进，逐步提高，见图 5-3。

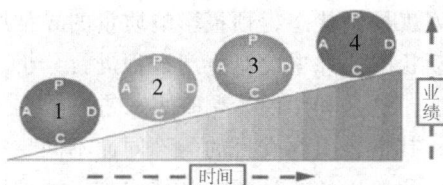

图5-3 PDCA循环持续改进示意图

2）统计质量控制及其常用方法

（1）统计质量控制

统计质量控制就是根据数理统计的原理，对产品质量进行控制。其简要过程如下：运用数理统计方法，把收集到的质量信息、数据和有关材料进行整理和定量分析，发现问题，采取对策，及时处置，从而达到控制质量、预防不合格产品出现、提高质量的目的。

（2）质量管理常用的统计方法

在商品质量管理中，常用的统计方法有：排列图法、分类法、直方图法、散布图法、因果分析图法、控制图法和统计调查分析表法等。

①排列图法，又称巴雷特图法。这是找出影响产品质量主要问题的一种方法。这种方法是以图表的形式把许多问题或构成问题的许多内容、因素等按照各自所占的份额，用相应高低长方形排列出来，同时，还标出各项累计百分比，以指示解决问题的主项目标。

②分类法，又叫分层法。这种方法是通过分类，把性质不同的数据，以及错综复杂的影响质量的因素及其责任划分清楚，找出规律，提出解决的办法。

③直方图法，又称质量分布图法。这是揭示商品质量差异规律的常用工具之一。这种方法是把收集到的商品质量数据整理后，根据其分布情况分成若干组，画出以组距为底边，以频数为高度的许多长方形，再把它们连接起来形成矩形图，通过观察图形，分析商品质量状况和变动趋势，从而提出控制商品质量的方法。

④散布图法，又称相关图法或分散图法。其主要用于研究商品质量问题变量间的相互关系。在对原因的分析中，常常遇到一些变量共处于一个统一体中，它们相互联系、相互制约，在一定条件下又相互转化。有些变量之间存在着确定性的关系，有些变量间却存在着不确定性关系，即这些变量之间既有关系，但又不能由一个变量的数值精确地求出另一个变量值。把这两种有关的数据列出，并用"点"填在坐标上，观察两种因素之间的关系，这种图称为散布图（或分散图、相关图）。在质量管理中，就是利用散布图来观察质量特征的关系，从而改进商品质量。

⑤因果分析图法，又称特性因素图法。它主要用于分析质量问题产生的原因。企业在生产经营活动中，影响质量的因素是多方面的，通过对各种因素的分析，找出主要影响因素，提出解决质量问题的方法和具体措施。

⑥控制图法，又称管理图法。它是画有控制界限的一种图表，用来区分质量波动究竟是出于偶然的原因还是出于系统原因，分析和判断工序是否处于稳定状态，

从而分析商品质量是否处于控制状态，预报影响质量的异常原因。它利用图表形式来反映生产过程中的运动状况，并据此对生产过程进行分析、监督和控制。

　　⑦统计调查分析表法，它是利用统计调查表来进行数据整理和粗略分析的一种最常用、最简单的方法。其格式因调查目的的不同而不同。在质量管理中，最常用的有以下几种：调查缺陷位置用的统计调查分析表、工序内质量特性分布统计调查表、按不合格项分类的统计调查表和其他统计调查表。

5.5　标准化与质量管理的关系

5.5.1　标准化是进行质量管理的依据和基础

　　在企业中用一系列标准来控制和指导设计、生产和使用全过程，这不仅与全面质量管理是一致的，也正是质量管理的基本内容。

　　（1）产品标准在质量方面的指标，就是质量管理目标的具体化和定量化。实施产品标准，使企业内部各部门之间在技术上统一协调起来，对产品质量的稳定、实现质量管理的目标具有决定性影响。

　　（2）企业的管理标准、工作标准则是实现管理目标的保证条件。产品质量取决于企业各方面的工作质量，企业内部的各种管理标准、工作标准和规章制度的执行，都是为了促使每个职工在各自的工作岗位上，提供优良的工作质量，从而有效地保证提高产品质量。

　　（3）企业的检测、检验等各类方法标准是评价产品质量的准则和依据。质量管理在评定产品质量时要求"用数据说话"，就必须有统一的检测、检验方法。如果没有统一的检测和检验标准，就难以正确地评价产品质量。

　　由此可见，开展质量管理离不开标准化，质量管理是以标准化为基础的。标准化与质量管理在企业中形成一个完整的体系，只有认真制定和贯彻管理标准和工作标准，才能有效地保证产品质量标准的执行，从而推动企业质量管理的开展和最终提供优质的产品。

5.5.2　标准化活动贯穿于质量管理的始终

　　质量管理是全过程的管理。人们通常把这个全过程划分为三个阶段，即设计试制阶段、生产阶段和使用阶段。实践证明，这个质的形成过程，也就是标准的制定、实施、验证、修订的过程。如设计试制阶段是产品正式投产前的全部技术准备过程，包括调查研究、制订方案、产品设计、工艺设计、试制、试验等。在这个过程中，既要完成标准起草的准备，又要做好标准的审查，最后完成标准的制定工作。因此，设计试制阶段作为质量管理的起点，也是起草和完成标准制定的过程。在生产阶段的质量管理，建立能够生产合格品和优质品的生产系统，搞好质量控制，就必须保证按标准采购材料，按标准提供设备和工具，按标准操作加工、装配、包装、储运，以及按标准进行质量检验等。这正是实施标准、验证标准的过程。至于使用阶段的质量管理（销售服务质量保证阶段），则是通过各种渠道对出厂产品进行使用效果与使用要求的调查，找出存在的问题及其与国内外同类产品的差距，及时反馈信息，为修订、完善标准，改善设计，提高产品质量提供依据。

5.5.3　标准与质量在循环中互相推动，共同提高

1）标准贯穿于全面质量管理的全过程

全面质量管理始于制定标准，再按标准实施和检查，最后确认、修订或重定标准。全面质量管理中的PDCA循环中的每一个阶段都离不开标准，是以标准作为依据的。因此，也是制定—实施—检查—处理标准的循环。也就是说，标准化工作应该贯穿于全面质量管理的全过程，这是在广泛意义上的企业标准化工作，也更加体现了企业标准化工作的重要性。

2）标准在循环中不断得到改善

全面质量管理是PDCA循环不断转动的过程，经过每一循环，更上一层楼。产品质量和工作质量的不断改善无不伴随着标准的改善，标准的改善也就意味着随着时间的推移，产品质量更加符合用户要求，工作质量更加符合客观需要。因此，标准处于动态是绝对的，只能在一定时期内相对稳定。

3）循环中的每个阶段还有小的标准循环

全面质量管理中PDCA循环有"大圈套小圈"的特点，这也是标准循环的特点。为了保证循环的转动，还要制定相应的标准，并加以实施、检查和修订，这个小的标准循环是为了使大的标准循环得以正常进行。

标准化与质量管理是现代科学技术与现代科学管理的交汇点。标准化与质量管理都具有十分明显的综合性和边缘性。它们不仅需要广泛的科学技术基础，而且与社会学、经济学、环境学等都有相当密切的关系。

本章小结

为获得最佳经济秩序和社会效益必须实行标准化。商品标准化的形式主要有简化、统一化、系列化、通用化、组合化等。标准化效果主要可概括为技术效果、社会效果和经济效果。

与标准化管理紧密相关的有四个重要宏观管理原理：系统效应原理、结构优化原理、有序发展原理、负反馈控制原理。

我国的商品质量法规大体上可以分为五类：产品质量法，产品责任法，消费者权益保护法，有关人身安全、健康的商品质量法规，商品质量监督管理、检验、认证等方面的法规。

商品质量管理大体经历了五个发展阶段：检验质量管理阶段、统计质量管理阶段、全面质量管理阶段、计算机辅助质量管理阶段和零缺陷质量管理阶段。商品质量管理的基本方法有：PDCA循环法和统计质量控制的若干法。

标准化是进行质量管理的依据和基础，标准化活动贯穿于质量管理的始终，标准与质量在循环中互相推动，共同提高。

关键概念

标准化　商品标准化　标准化经济效果　标准化总经济效果　标准化年经济效果　标准化投资收益率　标准化经济效果系数　标准化投资回收期　标准化追加投资回收期

简答题

1. 商品标准化的重要作用。
2. 商品标准化有哪些形式？
3. 标准化的基本原理。
4. 商品质量法规及其意义。
5. 消费者权益保护法中规定消费者有哪九项权利？

实训题

标准化管理的宏观原理的内容及对实践的指导意义。

计算题

计算商品标准化的经济效果。

试述题

1. 试述商品质量法规的种类、特征及性质。
2. 试述商品质量的宏观管理与微观管理原理。

论述题

论标准化与质量管理的关系。

第 6 章

商品质量监督与认证

学习目标

　　通过本章的学习，使学生了解商品质量监督和认证的概念和作用；熟悉商品质量监督的种类、形式和我国的质量认证概况；明确中国质量认证的主要原则和基本做法；初步掌握国家认可制度和认可机构；掌握产品质量认证和管理体系认证；掌握有关 ISO 9000 系列标准、ISO 14000 系列标准、OHSAS 18001 系列标准、HACCP 系列标准的基本知识。

6.1　商品质量监督

6.1.1　商品质量监督的概念和作用

1）商品质量监督的概念

商品质量监督，是指根据国家的商品质量法规和商品质量标准，由国家指定的商品质量监督机构对生产和流通领域的商品质量和质量保证体系进行监督的活动。

商品质量监督的主体通常是用户或第三方。我国各级人民政府都设有商品质量监督机构，各级质量监督机构按照国家有关规定，可单独组织或会同有关部门，对商品的生产、储运和经销等各个环节实行经常性的监督抽查，并定期公布商品质量抽查结果。社会团体、新闻机构和广大消费者也有权对商品质量进行社会监督。商品质量监督的目的是保证商品符合质量要求，维护国家和消费者的利益。

国家对商品质量的监督是技术监督，因此监督检验是商品质量监督的重要手段。监督检验是指由政府规定的商品检验机构，按照国家颁布的质量法规和商品标准，对企业生产的产品和市场销售的商品进行抽样检验和质量评价，对企业的质量保证体系进行检查。

2）商品质量监督的作用

商品质量监督是国家对生产领域和流通领域商品质量进行宏观调控的一种手段。它对于维护正常的社会经济秩序，保护消费者利益，保证和提高商品质量，增强我国商品的竞争能力等都具有重要的作用。

（1）维护社会主义市场经济的正常秩序。在市场经济的条件下，企业和个人对各自利益的追求，不可避免地会出现对产品的粗制滥造、以次充好、短斤少两、弄虚作假来欺骗广大的消费者和用户等牟取暴利的现象。这必然会扰乱市场的正常秩序。通过有关部门加强对生产领域和流通领域商品质量的监督，可以及时发现和纠正商品质量中存在的问题，打击各种损害商品质量的不正之风，从而维护市场的良好秩序。

（2）维护消费者的合法权益，保障人民安全健康。商品质量的好坏，直接关系到广大消费者的切身利益。不符合国家质量要求的商品，特别是一些伪劣商品流入市场，会直接危害消费者的安全和健康。国家有关部门通过对商品质量的监督抽查，可以防止不合格品尤其是假冒伪劣商品进入消费领域，依法查处假冒伪劣商品的责任者，帮助解决商品质量纠纷，从而有效地维护消费者的合法权益，保护消费者的安全和健康。

（3）促进企业增强质量意识，健全质量保证体系。通过质量监督部门对工商企业质量的检查和评价，可以促进企业强化质量意识，帮助企业认识到商品质量对于企业生存、发展的重大意义，促使其健全质量保证体系，使商品质量不断提高。

（4）通过对商品质量的监督，可以推动国家质量法规和技术标准的贯彻执行。

国家颁布的质量法规，需要通过质量监督予以维护和贯彻执行。因此，质量监督是贯彻质量法规的有力措施。同时，国家颁布的强制性标准和推荐性标准，也需要通过商品质量监督部门进行监察和督导，以促进企业贯彻执行。因此，商品质量监督又是实现和推广质量标准的重要途径。

（5）加强商品质量监督有利于国家计划质量目标的实现。国家为保证商品质量的提高，在国民经济计划中制定了质量方针和目标。而质量方针和目标的实现，需要通过具体工作落实到各产业部门和基层企业。强化商品质量监督，可以促使企业采用先进的技术和设备，开发新产品，提高商品质量，从而保证国家计划质量目标的实现。

6.1.2　商品质量监督的种类和形式

1）商品质量监督的种类

我国的商品质量监督有国家质量监督、社会质量监督和用户的质量监督三种。

（1）国家质量监督。国家质量监督是指国家授权指定第三方专门机构对商品质量进行公正的监督检查。国家质量监督主要是针对那些影响国计民生的重要的工业品，有可能危害人体健康和人身、财产安全的商品，对消费者、组织反映有质量问题的商品进行定期或不定期的监督检查，公开公布商品质量检查的结果，并依据有关法律处理商品质量问题。国家质量监督由国家市场监督管理总局规划和具体组织。

（2）社会质量监督。社会质量监督是指社会团体、组织和新闻机构根据消费者和用户对商品质量的反映，对商品质量进行的监督。这种监督的特点是具有及时性、广泛性和实践性。它通过社会对商品质量的监督能够造成强大的社会舆论压力，迫使生产不合格产品的企业尽快地改进质量，停止生产和销售不合格产品，对消费者和用户承担质量责任。同时由于有广大消费者的参与，也增强了消费者自我保护的意识。

（3）用户的质量监督。用户的质量监督是指使用单位为确保所购商品的质量而进行的监督和检查。

2）商品质量监督的形式

商品质量监督的形式多种多样，大致可以分为抽查型质量监督、评价型质量监督和仲裁型质量监督三种类型。

（1）抽查型质量监督。抽查型质量监督是指国家质量监督机构通过从市场或企业抽取样品，按照技术标准进行监督检验，判定其是否合格，从而采取强制措施以达到技术要求的一种监督活动。它具体包括季度质量监督抽查、日常监督检验和市场商品质量监督抽查等。

（2）评价型质量监督。评价型质量监督是指国家质量监督机构通过对企业的产品质量和质量保证体系进行检验和检查，考核合格后，以颁发产品质量证书、标志等方法确认和证明产品已经达到某一质量水平，并向社会提供质量评价信息，实行必要的事后监督的一种质量监督活动。

评价型质量监督是国家对商品质量的干预，是对商品质量进行宏观调控的重要措施。

（3）仲裁型质量监督。仲裁型质量监督是指质量监督检验机构通过对有质量争议的商品进行检验和质量调查，在查明情况的基础上进行公正处理的一种质量监督活动。目前它包括争议方委托的质量仲裁、司法机构和合同管理部门委托的仲裁检验以及群众的质量投诉等。

6.1.3　国家质量监督机构

2001 年 4 月国务院决定将国家质量技术监督局与国家出入境检验检疫局合并，组建中华人民共和国国家质量监督检验检疫总局，简称"国家质检总局"（正部级）。2018 年 3 月，根据全国人民代表大会国务院机构改革方案，将国家质量监督检验检疫总局的职责整合，组建中华人民共和国国家市场监督管理总局，不再保留国家质量监督检验检疫总局。

6.2　质量认证认可制度

6.2.1　质量认证与认可的概念

1）认证

（1）《中华人民共和国认证认可条例》对"认证"的定义是："认证，是指由认证机构证明产品、服务、管理体系符合相关技术规范、相关技术规范的强制性要求或者标准的合格评定活动。"

"认证"一词的英文原意是一种出具证明文件的行动。ISO/IEC 指南 2：1986 中对"认证"的定义是："由可以充分信任的第三方证实某一经鉴定的产品或服务符合特定标准或规范性文件的活动。"

举例来说，对第一方（供方或卖方）生产的产品，第二方（需方或买方）无法判定其质量是否合格，而由第三方来判定。第三方既要对第一方负责，又要对第二方负责，不偏不倚，出具的证明要能获得双方的信任，这样的活动就叫作"认证"。

（2）认证通常分为产品质量认证、管理体系认证和服务认证。

①产品质量认证。如大家较为熟悉的 CCC 认证就是强制性产品认证。

②管理体系认证。它包括以 ISO 9001 标准为依据开展的质量管理体系认证；以 ISO 14001 标准为依据开展的环境管理体系认证；以 GB/T 28001 标准为依据开展的职业健康安全管理体系认证；食品安全管理体系认证等。

③服务认证。如以体育场所服务标志为依据开展的体育服务认证等。

（3）认证及相关机构。

在《中华人民共和国认证认可条例》中，"认证机构"是指经国务院认证认可监督管理部门批准，并依法取得法人资格，有某种资质，可从事批准范围内的认证活动的机构。认证机构是具有可靠的执行认证制度的必要能力，并在认证过程中能够客观、公正、独立地从事认证活动的机构，即认证机构是独立于制造厂、销售商和使用者（消费者）的、具有独立的法人资格的第三方机构，故称认证为第三方认证。国内认证机构有兴原认证、方圆认证、船级社认证、华夏认证、SGS 等。

相关机构包括境外认证机构、常驻代表机构、认证培训机构、认证咨询机构、授权的认证从业人员注册机构和中国认证认可协会。

2）认可

（1）认可的定义

《中华人民共和国认证认可条例》对"认可"的定义是："认可，是指由认可机构对认证机构、检查机构、实验室以及从事评审、审核等认证活动人员的能力和执业资格，予以承认的合格评定活动。"

（2）认可制度的要点

认可是对认证机构、审核机构、检验机构和评定人员（包括质量体系审核员和检验机构评审员）的能力的正式承认。为了确保认证结果的公正性和可信性，使其有利于获得国际承认，原国家技术监督局参照国外成功的经验，建立了适合中国国情的认可制度。

中国认可制度的要点是：依法实行认可制度；关于产品认证机构的认可；关于检验机构的认可；关于评定人员资格的认可。

（3）认可准则符合有关的国际指南和国际标准

为实施对体系认证机构、产品认证机构、检验机构和评定人员（含审核员和评审员）资格的认可，国家制定了相应管理办法，作为认可的准则。体系认证机构和产品认证机构的认可准则须满足有关国际指南和国际标准，如 ISO/IEC 指南 40《验收认证机构的基本要求》的规定；检验机构的认可准则须满足 ISO/IEC 指南 25《校准和检验试验室能力的通用要求》和 ISO/IEC 指南 38《验收检验机构的基本要求》的规定；评定人员资格的认可（通常称为注册）须满足 ISO 10011-2 审核员的要求。

（4）认可机构

中国合格评定国家认可委员会负责产品认证机构、管理体系认证机构以及检查机构和实验室的资质能力认可。认可机构由有关部门的代表和专家组成。

3）认证认可监督管理

国务院认证认可监督管理部门可以采取组织同行评议，向被认证企业征求意见，对认证活动和认证结果进行抽查，要求认证机构以及与认证有关的检查机构、实验室报告业务活动情况的方式，对其遵守《中华人民共和国认证认可条例》的情况进行监督。发现有违反本条例行为的，应当及时查处，涉及国务院有关部门职责的，应当及时通报有关部门。

国务院认证认可监督管理部门应当重点对指定的认证机构、检查机构、实验室进行监督，对其认证、检查、检测活动进行定期或者不定期的检查。指定的认证机构、检查机构、实验室，应当定期向国务院认证认可监督管理部门提交报告，并对报告的真实性负责；报告应当对从事列入目录产品认证、检查、检测活动的情况做出说明。

中国国家认证认可监督管理委员会于2001年8月成立，行政监管职能由中国国务院直接授权，统一监督、管理和综合协调中国认证认可工作。国家和地方都设有认证认可监督管理部门。

4）中国现行的认证认可管理制度

（1）统一的认证认可监督管理制度。

（2）统一的认可制度（2018年CNAS）。

（3）自愿性认证与强制性认证相结合的认证制度。

（4）认证机构、认证培训机构和咨询机构的审批制度。

（5）认证从业人员注册管理制度。

（6）实验室、检查机构的资质认定制度。

（7）行之有效的监督管理制度。

（8）法律约束、行政监管、认可约束、行业自律、社会监督。

（9）符合认证认可行业特点的法律责任制度。

（10）统一规范、积极推动的国际合作制度。

6.2.2 中国的认证认可发展概况

1）发展概况

1981年4月，建立了第一个产品认证机构——中国电子元器件认证委员会。

1983年启动实验室认可制度。

此后，中国各类产品认证、体系认证和服务认证以及中国的认可工作随着中国市场经济发展和中国不断融入国际经济体系之中而不断完善发展。

1989年8月，《中华人民共和国进出口商品检验法》颁布实施，明确在进出口商品领域开展质量认证工作。

1991年5月，国务院发布了《中华人民共和国产品质量认证管理条例》，全面规定了认证的宗旨、性质、组织管理、认证条件和程序、认证机构、罚则等。

1993年2月，《中华人民共和国产品质量法》颁布，明确质量认证制度为国家的基本质量监督制度。

1994年启动认证机构认可制度。

1995年启动认证评审员注册制度。

中国认证认可制度逐步进入法治化轨道。

2001年国家认证认可监督管理委员会成立。

2003年《中华人民共和国认证认可条例》颁布。

自此，中国的认证认可工作进入国家统一管理，全面规范化、法治化阶段。

2）中国的认证认可发展

QSAR 即国际互认制度。一旦某个供方（生产部门方）取得参加 QSAR 的某个质量体系认证/注册机构的质量体系注册，无论有关的认证/注册机构、供方或顾客位于何地，该认证注册都应得到其顾客的承认。QSAR 仅向质量体系认证机构的国家认可机构开放，各国家认可机构通过 QSAR 秘书处组织的国际同行评定及 QSAR 管理委员会评定后，方可加入 QSAR，成为 QSAR 的成员。

国际互认合格评定国家认可制度在国际认可活动中有着重要的地位，其认可活动已经融入国际认可互认体系，并发挥着重要的作用。中国合格评定国家认可委员会是国际认可论坛（IAF）、国际实验室认可合作组织（ILAC）、亚太实验室认可合作组织（APLAC）和太平洋认可合作组织（PAC）的正式成员。认证认可国际合作工作紧密围绕国家外交外贸大局，积极参与重大外交外贸活动，体现了认证认可工作在服务外交外贸方面的作用，提升了认证认可的影响力。

3）中国实施的质量认证认可相关的法律、法规和规章

（1）《中华人民共和国标准化法》自 1989 年 4 月 1 日起施行。《中华人民共和国标准化法》是我国标准化工作的一部基本法律，2017 年 11 月 4 日第十二届全国人大常委会第三十次会议表决通过了新修订的标准化法，于 2018 年 1 月 1 日施行。新法的施行，对于提升产品和服务质量，促进科学技术进步，提高经济社会发展水平意义重大。

（2）《中华人民共和国标准化法实施条例》于 1990 年 4 月 6 日实施。

（3）《中华人民共和国产品质量法》于 1993 年通过，并于 2000 年 7 月 8 日第一次修正。2009 年 8 月 27 日、2018 年 12 月 29 日分别进行了两次修订。

（4）《中华人民共和国认证认可条例》于 2003 年 8 月 20 日通过，自 2003 年 9 月 3 日起施行。2016 年 2 月 6 日国务院进行了第一次修正。

（5）《中华人民共和国农产品质量安全法》自 2006 年 11 月 1 日起施行。为保障农产品质量安全，维护公众健康，促进农业和农村经济发展，制定本法。本法所称农产品，是指来源于农业的初级产品，即在农业活动中获得的植物、动物、微生物及其产品。本法所称农产品质量安全，是指农产品质量符合保障人的健康、安全的要求。

（6）《中华人民共和国食品安全法》于 2009 年 2 月 28 日通过，自 2009 年 6 月 1 日起施行。食品安全法是适应新形势发展的需要，为了从制度上解决现实生活中存在的食品安全问题，更好地保证食品安全而制定的，其中确立了以食品安全风险监测和评估为基础的科学管理制度，明确以食品安全风险评估结果作为制定、修订食品安全标准和对食品安全实施监督管理的科学依据。我国高度重视食品安全，早在1995 年就颁布了《中华人民共和国食品卫生法》，在此基础上，于 2009 年颁布了《中华人民共和国食品安全法》并于 2018 年 12 月 29 日修正。

（7）《中华人民共和国商标法》于 1982 年 8 月 23 日通过，并于 1993 年 2 月 22 日、2001 年 10 月 27 日、2013 年 8 月 30 日、2019 年 4 月 23 日分别进行了修正。

6.2.3　我国质量认证的主要原则

1993 年 5 月原国家技术监督局依据我国法律、法规，参照国际通行做法制订了我国认证制度总体方案。这个总体方案体现并提出了实施我国质量认证工作的主要原则。

（1）统一管理。国家对质量认证工作实行统一管理。质量认证在一个国家内实行统一管理，这是世界各国管理认证工作的趋势。其基本做法是对认证机构、检验机构、审核机构、评定人员等规定认可准则，成立全国性的认可机构。根据认可准则对这些机构、人员进行审查、认可并注册，以确保认证结果的可信性。

（2）对检验机构一视同仁。《产品质量认证检验机构管理办法》第二条规定："国家产品质量监督检验中心，行业（部门）产品质量监督检验中心，地方产品质量监督检验机构，凡经省级以上技术监督行政部门计量认证和审查认可，并具有对有关产品进行评价或者检验工作实践的，均可以向有关认证委员会申请承担认证检验任务。"这一规定体现了对检验机构的一视同仁，只看条件是否具备，不问隶属关系，有利于检验机构之间的竞争，提高检验机构的能力。

（3）按照国际通行准则开展认证活动。按照国际通行准则和我国国情规范我国的质量认证活动，积极参与国际双边和多边互认合作。我国发布的有关质量认证的法律、行政法规和规章是以 ISO 和 IEC 联合发布的有关国际指南为基础制定的，符合《贸易技术壁垒协定》的规定，因而有利于国际承认。例如，我国实行的质量认证制度是 ISO 和 IEC 推荐的典型第三方产品认证制；以 ISO/IEC 指南 25 为依据评定检验机构的质量保证能力；按 ISO/IEC 指南 38、39、40 对检验机构、审核机构和认证机构实行认可制度；按国际通行做法对审核员和评审员实行注册制度。

（4）引入竞争机制。对从事认证工作的机构，引入竞争机制，使认证机构成为具有明确法律地位的第三方实体，并以其公正性、科学性及有效性来提供优质服务，赢得信誉。

（5）自愿与强制相结合。坚持企业自愿申请的原则，同时对国家规定实行安全认证的产品，在进入流通领域时实行强制性管理。

（6）明确目的。认证的目的是：一方面帮助企业取得进入国际市场的通行证；另一方面促进企业加强技术基础工作，建立企业的质量体系，提高产品质量，增强企业在市场中的竞争能力。

6.3　产品质量认证

6.3.1　产品质量认证概述

1）质量认证的概念

质量认证，是由一个公认的权威机构（第三方）对企业的质量体系、产品、过程或服务是否符合质量要求、标准、规范和有关政府法规的鉴别，并提供文件证明的活动。

现代的第三方产品质量认证制度在1903年发源于英国，是由英国工程标准委员会（BSI的前身）首创的。

1971年，ISO成立了"认证委员会"（CERTICO），1985年易名为"合格评定委员会"（CASCO），促进了各国产品质量认证制度的发展。现在，全世界各国的产品质量认证一般都依据国际标准进行。国际标准中的60%是由ISO制定的，20%是由IEC制定的，20%是由其他国际标准化组织制定的。也有很多国家依据各国自己的国家标准和国外先进标准进行产品质量认证工作。自20世纪30年代起国际质量认证制度发展迅速。到了50年代，工业发达国家基本普及了国际标准。

我国自1981年4月才成立了第一个认证机构"中国电子器件质量认证委员会"，虽然起步晚，但起点高、发展快。

1998年10月，中标认证中心（China Standard Certification Center，CSC）成立，这是国家唯一授权开展节能、节水和环保产品认证工作的第三方认证机构，也称中国节能产品认证中心。

2002年4月，我国正式成立中国质量认证中心（CQC）。

2007年3月，为有利于国家经济建设、有利于质检事业发展、有利于形成国际知名品牌，为做大、做强、做优民族认证品牌，更好地参与国际竞争，中国检验认证集团公司与认证中心进行重组，组建了新的中国质量认证中心。

CQC是中国开展质量认证工作最早、最大和最权威的认证机构，十几年来积累了丰富的国际质量认证工作经验，各项业务均成果卓著，认证客户数量居全国认证机构的首位、全球认证机构的前列。

CQC的业务以国家强制性产品认证（3C认证）、自愿性认证（包括自愿性产品认证和管理体系认证）和认证培训为主。CQC现内设16个职能部门、45个分支机构，签约检测机构200多家、CB实验室17家，拥有一支近9 000人的专业认证工作队伍及完善的服务网络，确保为客户提供及时、周到、高质量的认证服务。

CQC是中国加入国际电工委员会电工产品合格测试与认证组织（IECEE）多边互认体系（CB体系）的国家认证机构（NCB）和国际认证联盟（IQNet）、国际有机农业运动联盟（IFOAM）、亚洲认证网络论坛（ANF）以及国际机动车检测委员会（CITA）的正式成员；正式获得日本政府授权成为国内首家PSE强制认证机构；获得德国KBA授权，为企业颁发ISO 9001和RTL一体化认证证书；获商务部授权资质，成为"出口商品技术服务中心"。此外，其还与19个国家和地区的27家认证机构建立了合作关系。广泛的国际互认与技术交流确立了CQC良好的国际形象。

2）质量认证制度的类型

（1）从认证性质来说，可分为自我认证制和第三方认证制。

（2）从法规性质上看，可分为自愿认证和强制认证。

（3）从认证标志来分，可分为产品合格认证标志、产品安全认证标志、优质产品标志等。

（4）从认证范围来分，可分为国际认证、地区认证、国家认证、实验室认证等。

6.3.2　世界各国实行的质量认证制度

世界各国实行的质量认证制度主要有 8 种。

1）型式检验

这是指按规定的检验方法对产品的样品进行检验，以证明样品符合指定标准或技术规范的要求。

2）型式检验加认证后监督——市场抽样检验

这是一种带有监督措施的型式检验。监督的办法是从市场上购买样品或从批发商、零售商的仓库中随机抽样进行检验，以证明认证产品的质量持续符合标准或技术规范的要求。

3）检验加认证后监督——工厂抽样检验

这种质量认证制度和第 2 种相类似，只是监督的方式有所不同，不是从市场上抽样，而是从生产厂发货前的产品中随机抽样进行检验。

4）型式检验加认证后监督——市场和工厂抽样检验

这种认证制度是第 2、第 3 两种认证制度的综合。

5）典型的产品认证制度

型式检验加工厂质量体系评定再加认证后监督，即质量体系复查加工厂和市场抽样检验。此种认证制度是应用比较广泛的认证制度，称为典型的产品认证制度。其显著特点是，在批准认证的条件中增加了对产品生产厂质量体系检查评定，在批准认证后的监督措施中也增加了对生产厂质量体系的复查。

因此，典型的产品认证制度包括四个基本要素：型式检验、质量体系检查评定、监督检验、监督检查。前两个要素是取得认证资格必须具备的基本条件，后两个要素是认证后的监督措施。ISO/IEC 指南 28《典型的第三方产品认证制度通则》中规定了实施这种认证制度应遵循的一般原则。

6）工厂质量体系评定（质量体系认证）

这种认证制度是按所要求的技术规范对生产厂生产产品的质量体系进行检查评定，批准认证后对该体系的保持性进行监督复查，此种认证制度常被称为质量体系认证。

7）批验

这是指根据规定的抽样方案对一批产品进行抽样检验，并据此做出该批产品是否符合标准或技术规范要求的判断。

8）百分之百检验

对每一件产品在出厂前都要依据标准经认可的独立检验机构进行检验。

上述8种类型的质量认证制度所提供的信任程度不同。第5种和第6种是各国普遍采用的，也是ISO向各国推荐的认证制度，ISO和IEC联合发布的所有有关认证工作的国际指南，都以这两种认证制度为基础。

6.3.3 我国产品质量认证标志

我国产品质量认证标志种类繁多，这里主要介绍以下几种：

1）CCC认证标志

CCC（China Compulsory Certification）是中国强制性产品认证标志，如图6-1所示。中国强制性产品认证简称CCC认证或3C认证。

图6-1 中国强制性产品认证标志基本图

长期以来，我国强制性产品认证存在着对内、对外的两套认证管理体制：原国家质量技术监督局负责对境内销售使用的产品实行安全认证（即"长城"认证），原国家出入境检验检疫局负责对进出口商品实行安全质量许可制度（即CCIB认证）。为了解决对国产产品和进口产品认证不一致的问题，按照入世后世贸组织国民待遇原则，国家质量监督检验检疫总局和国家认证认可监督管理委员会于2001年12月公布了国家强制性产品认证制度"四个统一"，即实现统一目录，统一标准、技术法规和合格评定程序，统一标志，统一收费标准的有关法规性文件。同时，"长城""CCIB"等质量标志全部停止使用，如有违反者，将依法受到处罚。

2009年5月国家质量监督检验检疫总局发布了《强制性产品认证管理规定》，以强制性产品认证制度替代原来的进口商品安全质量许可制度和电工产品安全认证制度。中国强制性产品认证是一种法定的强制性安全认证制度，也是国际上广泛采用的保护消费者权益、维护消费者人身财产安全的基本做法。

截至2019年7月31日，列入"强制性产品认证目录"中的产品包括低压电器、机动车辆及安全附件、安全玻璃、电线电缆、儿童用品等共21大类137种。

中国强制性产品认证标志细分有CCC_S、$CCC_{S\&E}$、CCC_{EMC}、CCC_F几种标志。

（1）CCC_S：中国强制产品安全认证标志，英文缩写CCC_S，其中s代表安全认证，CNCA 2001年第1号。

（2）$CCC_{S\&E}$：中国强制产品安全与电磁兼容认证标志，英文缩写$CCC_{S\&E}$，其中S&E代表安全与电磁兼容认证。

（3）CCC_{EMC}：中国强制产品电磁兼容认证标志，英文缩写CCC_{EMC}，其中EMC代表电磁兼容认证。

（4）CCC_F：中国强制产品消防认证标志，英文缩写 CCC_F，其中 F 代表消防认证。

2）CQC 认证标志

CQC（China Quality Certification）是自愿认证标志，如图 6-2 所示。CQC 针对 3C 认证以外的产品类别，开展自愿性产品认证，称为 CQC 标志认证，认证范围涉及 500 多种产品。

a. CQC 认证标志基本图

b. 安全认证标志

c. 性能认证标志

d. 质量环保产品认证标志

e. 农食产品认证标志

图 6-2 CQC 自愿认证标志

自愿认证指由国家认证认可行业管理部门制定相应的认证制度，经批准并具有资质的认证机构按照"统一的认证标准、实施规则和认证程序"开展实施的认证项目。加 CQC 认证标志的产品表明符合有关质量、安全、环保、性能等标准要求，认证范围涉及饲料产品、国家节能环保型汽车产品、有机产品和良好农业规范认证产品，目前共计 500 多种，并且在数量上不断增长。其旨在保护消费者人身和财产安全，维护消费者利益，提高国内企业的产品质量，增强产品在国际市场上的竞争力。

3）QS 认证标志

QS 是质量安全的英文（Quality Safety）缩写，食品质量安全认证标志由 QS 和中文字样组成，如图 6-3a 所示。标志主色调为蓝色，字母 Q 与质量安全四个中文字样为蓝色，字母S为白色。

　　我国食品质量安全市场准入制度于2004年首先在大米、食用植物油、小麦粉、酱油和醋五类食品行业中实施。第二批在肉制品、乳制品、方便食品、速冻食品、膨化食品、调味品、饼干、罐头、饮料9大类食品行业中实施，于2007年完成。目前，我国已经对28大类食品实施食品质量安全市场准入制度。

　　QS是我国最新实施的食品质量安全标志，是我国食品进入国内市场进行销售所必须达到的最基本的要求。实施QS认证具有强制性。QS认证是我国食品进入国内市场的基础，GMP、HACCP（食品安全管理体系）认证是我国食品走向世界的桥梁，其具体要求要较QS严格些，若出口食品通过了GMP、HACCP认证，无疑是企业抢占市场的利剑。

　　从2010年6月1日起新获食品生产许可的企业开始将QS质量安全标志改为QS生产许可标志，如图6-3a所示。

　　2015年10月1日，第十二届全国人民代表大会常务委员会第十四次会议修订的《食品安全法》开始施行。同时，国家食药监总局制定的《食品生产许可管理办法》开始实施。其中明确规定了，QS标志不再使用，取而代之的是有SC标志的编号。2018年10月1日，SC编号全面取代QS标志。

　　从食品QS标志到SC编号，做了以下调整：调整食品生产许可主体，实行一企一证；调整许可证书有效期限，将食品生产许可证书由原来3年的有效期限延长至5年；调整现场核查内容；调整审批权限，除婴幼儿配方乳粉、特殊医学用途食品、保健食品等重点食品原则上由省级食品药品监督管理部门组织生产许可审查外，其余食品的生产许可审批权限可以下放到市、县级食品生产监管部门。

　　每个SC数字编号都与企业一一对应，能实现食品追溯。食品生产许可证编号一经确定便不再改变，以后申请许可延续及变更时，许可证书编号也不再改变。

　　SC是食品生产许可证编号中的"生产"两个汉语拼音字母缩写，后跟14个阿拉伯数字，如图6-3b所示。从左至右依次为：3位食品类别编号、2位省（自治区、直辖市）代码、2位市（地）代码、2位县（区）代码、4位顺序码、1位校验码。

a. QS认证标志

b. 食品生产许可证SC编号

图6-3　QS认证标志及食品生产许可证SC编号

4）无公害食品认证标志

无公害食品是以全程质量控制为核心，主要包括产地环境质量标准、生产技术标准和产品标准三个方面。为建立和完善无公害食品标准体系，农业部2001年制定、发布了73项无公害食品标准，2002年制定了126项、修订了11项无公害食品标准，2004年又制定了112项无公害食品标准。无公害食品标准内容包括产地环境标准、产品质量标准、生产技术规范和检验检测方法等，涉及120多个（类）农产品品种，大多数为蔬菜、水果、茶叶、肉、蛋、奶、鱼等关系城乡居民日常生活的"菜篮子"产品。实现全国范围内食用农产品的无公害生产，是政府保证广大人民群众饮食健康的一道基本安全线。

无公害食品在不同的认证机构有不同的标识。无公害食品的认证机构较多，只有在国家知识产权局商标局正式注册标识商标或颁布了省级法规的前提下，其认证才有法律效应。无公害食品认证标志如图6-4所示。

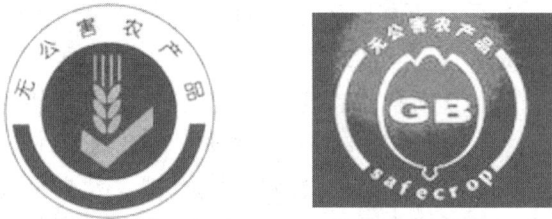

a. 无公害食品认证标志之一　　b. 无公害食品认证标志之二

图6-4　无公害食品认证标志

5）绿色食品认证标志

绿色食品认证标志如图6-5所示。

a.A级绿色食品认证标志基本图　　b.AA级绿色食品认证标志基本图

图6-5　绿色食品认证标志

绿色食品认证标志由三部分构成，即上方的太阳、下方的叶片和中心的蓓蕾。标志为正圆形，意为保护。整个图形描绘了一幅明媚阳光照耀下的和谐生机景象，告诉人们绿色食品正是出自纯净、良好生态环境的安全无污染食品，并提醒人们要保护环境，通过改善人与环境的关系，创造自然界新的和谐。

绿色食品认证分为A级和AA级两类。这两类的主要区别是：A级绿色食品在生产过程中允许限量使用限定的化学合成物质，并积极采用生物学技术和物理方法，保证产品质量符合绿色食品产品标准要求，如图6-5a所示；AA级绿色食品在生产过程中不使用任何有害化学合成的农药、肥料、食品添加剂、饲料添加剂、兽药及有害于环境和人体健康的生产资料物质，而是通过使用有机肥、种植绿肥、作物轮作、生物或物理方法等技术，培肥土壤，控制病虫草害，保护或提高产品品质,从而保证产品质量符合绿色食品产品标准要求,如图6-5b所示。

6) 有机食品认证标志

有机食品(Organic Food)来自有机农业生产体系,是指根据有机农业生产要求和相应的标准生产加工的,并通过合法的有机食品认证机构认证的一切农副产品。有机食品包括粮食、蔬菜、水果、奶制品、禽畜产品、水产品、蜂产品、调料等。联合国粮农组织和世界卫生组织(FAO/WHO)的食品法典委员会(CODEX)将这类称谓各异但内涵实质基本相同的食品统称为"有机食品",在其他语言中也有叫生态食品、生物食品、自然食品的。

有机农业生产是在生产中不使用人工合成的肥料、农药、生长调节剂和畜禽饲料添加剂等物质,不采用基因工程获得的生物及其产物,遵循自然规律和生态学原理,采取一系列可持续发展的农业技术,协调种植业和养殖业的关系,促进生态平衡、物种的多样性和资源的可持续利用。

有机食品与国内其他优质食品最显著的区别是,前者在其生产和加工过程中绝对禁止使用农药、化肥、激素等人工合成物质,后者则允许有限制地使用这些物质。因此,有机食品的生产要比其他食品难得多,需要建立全新的生产体系,采用相应的替代技术。总之,有机食品是一种真正源于自然,高营养、高品质的环保型安全食品。有机食品价格一般高出普通食品价格3~5倍,甚至更高。

有机食品在不同的国家、不同的认证机构其标识不相同。有机食品认证标志如图6-6所示。

a.有机食品认证标志之一　　b.有机食品认证标志之二　　c.有机食品认证标志之三

图6-6　有机食品认证标志

无公害食品、绿色食品和有机食品都属于农产品质量安全范畴,都是农产品质量安全认证体系的组成部分。无公害食品保证人们对食品质量安全最基本的需要,是最基本的市场准入条件;绿色食品达到了发达国家的先进标准,满足人们对食品质量安全更高的需求;有机食品则达到了一个更高的层次。

7) 环保、节能、节水认证标志

(1)中国环境保护认证标志(如图6-7所示)

①中国I型环境标志(十环标志)

中国I型环境标志简称十环标志,如图6-7a所示。

中国I型环境标志由五部分构成,图形中心由太阳、山脉、水面三部分构成了一幅美丽和谐的大自然景象;第四部分由十个环环相扣的圆圈构成,表示自然界生

a. 中国Ⅰ型环境标志　　　　b. 中国Ⅱ型环境标志　　　　c. 中国Ⅲ型环境标志

图6-7　中国环境保护认证标志

物链的相互制约、相互依存的关系，暗示着环境保护的重要性，这个环境系统若有一环打开，链条都将遭到破坏；第五部分是外面的文字——中国环境标志。

中国环境标志产品主要分为四类：一是保护臭氧层，替代ODS物质类，包括家用制冷器具、无氟工商用制冷设备等产品；二是有助于解决区域环境问题类，包括无铅汽油、无汞电池、无磷洗涤剂和低排放燃油汽车等产品；三是有利于改善居室环境和保护人体健康类，包括水性涂料、生态纺织品、低铅陶瓷、无石棉建筑制品、低辐射彩电和人造木质板等产品；四是节能和资源再生利用类，包括节能荧光灯、节能空调、节能电脑和磷石膏建材等产品。

②中国Ⅱ型环境标志

中国Ⅱ型环境标志如图6-7b所示。

目前我国实施Ⅱ型环境标志，是以第三方依据ISO 14021标准，对企业声明认证的方式进行的。这种方式得到了国际同行的普遍认可，他们认为在目前中国国内市场较不规范的情况下，以第三方的形式介入Ⅱ型环境标志的方式，是对整个环境标志体系的补充和具体实践。

Ⅱ型环境标志又称"环境自我声明标志"。ISO 14021标准规定了产品原料和生产过程控制及废弃物处置利用的12条自我环境声明，成为Ⅱ型环境标志的依据。企业可以从国际标准限定的"可堆肥、可降解、可拆解设计、延长寿命产品、使用回收能量、可再循环、再循环含量、节能、节约资源、节水、可重复使用和充装、减少废物量"12个方面中，选择一项或几项做出自我环境声明，并经过第三方验证。该环境标志主要针对资源的有效利用，目前我国有数十家认证机构可授予该标志证书。

③中国Ⅲ型环境标志

中国Ⅲ型环境标志如图6-7c所示。

Ⅲ型环境标志又称"环境信息公告标志"。ISO 14025标准规定了量化环境信息的公告要求，企业可根据公众最感兴趣的内容，公布产品的一项或多项环境信息，并须经第三方验证。比如有的企业称自己产品的甲醛含量低，它必须公布甲醛含量的具体数据，经认证机构验证后，获权使用该标志。该环境标志比Ⅱ型环境标志应用更广，我国数十家认证机构均可授予该标志证书。

Ⅰ型环境标志最权威，验证最全面。Ⅱ型、Ⅲ型较Ⅰ型环境标志适用范围更广，适应性更强，而程序相对简单，可以让那些单项成绩不错但又不具备Ⅰ型标准水平的企业能够通过正规的渠道把自己最得意的、公众最关心的产品环境信息公布出去，获得认证。Ⅱ型、Ⅲ型环境标志认证书上有环保信息的具体内容，消费者可以仔细阅读，确认该产品究竟是哪一方面达到了环保要求。

（2）环保产品认证标志

中国环保产品认证标志由地球、飞鸟（也可以看成植物叶子或√符号）有机组合而成，生动地阐述了生命对地球和环境的依赖关系，强化了人们的环保意识。图案隐含着字母E。三个有序排列的鸟（叶子）寓意再生与重复利用，而三个√则体现了认证的功能，象征认证机构的权威性。环保产品认证标志如图6-8所示。

图6-8　环保产品认证标志

中国环保产品认证首批公示了63项认证产品名录，包括与人们生活息息相关的环保产品及综合利用类产品，如板材、涂料、家具、包装用薄膜、一次性餐饮具等，以及除尘器、消音器、焚烧炉、净水器等污染防治产品。中国环保产品认证与强制性CCC认证接轨，采用国际上通行的"工厂条件检查+产品检验+认证监督检查和检验"的认证模式。从10项强制性标准开始，把保障室内空气质量的居室建材产品作为中国环保产品认证接轨CCC的接合点。

（3）节能、节水产品认证标志

中国节能、节水产品认证标志由energy的第一个字母e构成一个圆形图案，中间包含了一个变形的汉字"节"，寓意为节能。缺口的外圆又构成CHINA的第一字母C，"节"的上半部简化成一段古长城的形状，与下半部构成一个烽火台的图案一起，象征着中国。"节"的下半部又可看作"能"的汉语拼音第一个字母n。整个图案中包含了中英文，以利于与国际接轨。整体图案为蓝色，象征着人类通过节能活动还给天空和海洋以蓝色。节能、节水产品认证标志如图6-9所示。

①节能产品认证标志

节能产品认证标志如图6-9a所示。节能产品是指该种产品符合有关的质量、安全等方面的节能标准要求；在社会使用中与同类产品或完全相同功能的产品相比，它的效率或能耗指标相当于国际先进水平或接近国际先进水平。节能产品认证又有别于一般的产品认证，其特点之一是高端认证，认证对象是有限的，不是市场

a. 节能产品认证标志　　　　b. 节水产品认证标志

图6-9　节能、节水产品认证标志

上的绝大部分产品。按照国际惯例，一般以市场上20%左右的产品能够达到的能效指标作为节能评价值。

②节水产品认证标志

节水产品认证标志如图6-9b所示。节水产品是为了加强节水工作，加大《节水型生活用水器具》（CJ/T 164—2014）标准的实施力度，规范和整顿节水产品市场秩序。经国家认监委批准，在建设部、国家经贸委等有关部门的大力推动下，我国的节水产品认证工作于2002年10月22日正式启动。第一批节水认证产品有水嘴、坐便器、便器冲洗阀、淋浴器四类产品。节水产品认证既为政府的宏观管理与决策提供依据，也可以有效地规范节水产品市场。节水产品认证标志便于广大用户和消费者选择节水型产品。经过认证的节水产品更有优势进入国际市场。

（4）能效标识认证标志

能源效率标识认证标志简称能效标识，是国家强制企业执行的高能效产品标识认证标志。它是附在产品或产品最小包装物上的一种信息标签，用于表示用能产品的能源效率等级、能源消耗量等指标，为各级政府、企业和个人的购买决策提供必要信息，以引导和帮助消费者选择高能效的产品，倡导节能概念。能效标识认证标志如图6-10所示。

a.旧能效标识认证标志　　　　b.新能效标识认证标志

图6-10　能效标识认证标志

为了在各类消费者群体中普及节能增效意识，能效等级展示栏用3种表现形式来直观表达能源效率等级信息：一是文字部分"耗能低、中等、耗能高"；二是数字部分："1、2、3、4、5"；三是根据色彩所代表的情感安排的等级指示色标，其中红色代表禁止，橙色代表警告，绿色代表环保与节能。

8）国家免检产品认证标志

免检标志属于国家免检产品质量认证标志，如图6-11所示。获得免检证书的企业在免检有效期内，可以自愿将免检标志标示在获准免检的产品上，包括标示在产品的铭牌、包装物、使用说明书和质量合格证上。当时由国家质量监督检验检疫总局统一制定的免检标志呈圆形，正中位置为"免"字汉语拼音声母"M"的正、倒连接图形，上实下虚，意指免检产品的外在及内在质量都符合有关质量法律法规的要求。在这一中心图案上方，有"国家免检产品"的字样，显示了国家免检的权威性。

图6-11　国家免检产品质量认证标志

2008年在食品行业发生了三聚氰胺事件。三鹿奶粉曾经是国家免检产品，然而在三聚氰胺事件曝光后，被国家质量监督检验检疫总局撤销了免检产品资格和名牌产品称号，从而引发了免检制度建立目的及其背景的广泛讨论，以产品免检制度的利与弊、存与废为视角，进行了我国产品质量监管制度的反思与重构。2008年9月18日，国务院办公厅发布关于废止食品质量免检制度的通知，国家质量监督验检疫总局公布第109号令，决定自公布之日起，对《产品免于质量监督检查管理办法》（国家质量监督检验检疫总局第9号令）予以废止。停止所有食品类生产企业获得的国家免检产品资格，相关企业要立即停止其国家免检资格的相关宣传活动，其生产的产品和印制在包装上已使用的国家免检标志不再有效。

9）方圆产品认证标志

方圆产品认证标志如图6-12所示，分为产品合格认证标志（见图6-12a）、产品安全认证标志（见图6-12b）、防爆电气产品认证标志（见图6-12c）。在获得合格认证的产品上使用产品合格认证标志，表明产品质量符合认证使用标准的全部要求。在获得安全认证的产品上使用产品安全认证标志，表明产品安全性能符合认证使用标准中的安全要求。在获得防爆电气认证的产品上使用防爆电气产品认证标志，表明产品防爆性能符合认证使用标准中的防爆要求。

10）电子信息产品污染控制标识认证标志

电子信息产品污染控制标识认证标志如图6-13所示，分为绿色e标志（见图6-13a）和橙色警示标志（见图6-13b）。

a.产品合格认证标志　　　　b.产品安全认证标志　　　　c.防爆电气产品认证标志

图6-12　方圆产品认证标志

a.绿色e标志　　　　　　　　b.橙色警示标志

图6-13　电子信息产品污染控制标识认证标志

绿色e标志呈绿色，代表该电子产品是绿色的、环保的，绿色圆内是一个e，代表电子产品；橙色警示标志呈橙色，代表该电子产品含有毒、有害物质，橙色圆内的阿拉伯数字代表该产品的环保使用期限。

我国国家信息产业部在2004年出台了《电子信息产品污染防治管理办法》，内容与ROHS类似，并成立了电子信息产品污染防治标准工作组，研究和建立符合我国国情的电子信息产品污染防治标准体系，开展与电子信息产品污染防治有关的标准研究和修订工作。针对欧盟的WEEE、ROHS、EUP三项环保指令，我国制定了《电子信息产品污染控制管理办法》，并制定了10项相关的国家标准。我国的《电子信息产品污染控制标识要求》从2006年11月6日起正式实施。凡是投放中国市场的电子信息产品必须强制加贴一个醒目的环保标志，即电子信息产品污染控制标识——绿色e标志或者橙色警示标志。

11）中国名牌产品认证标志

中国名牌产品认证标志是产品的荣誉认证标志，如图6-14所示。

图6-14　中国名牌产品认证标志

在中国名牌产品认证标志中，用象征经济发展指标的四个箭头图案，形象、生动地象征着中国名牌评价的品质标准、评价指标、核心理念和"科学、公平、公开、公正"的四项评价原则；标志中的五颗五角星正好与"五星级"的概念相吻合，象征着新时代的"中国名牌"脱颖而出，并带动着中国企业不断创新、争创名牌；四个箭头还是英文最好的（best）和商业（business）字首缩写B，直观地寓示着中国名牌的品格属性和商业特质；整体造型采用具有中国特色的图章样式，形象直观地表达了中国名牌认证的严肃性和权威性；色彩上采取红、蓝两色为主色。

中国名牌产品是由中国名牌战略推进委员会评选出来的。该称号的有效期为三年。凡荣获中国名牌产品称号的产品按国家有关部门的规定免于各地区、各部门各种形式的质量监督检查，对符合出口免检条件的依法予以优先免检，并自动列入"打击假冒，保护名优"活动中重点保护名优产品的范围。

12）中国采用国际标准产品标志

中国采用国际标准产品标志又称采标标志。使用采标标志是国际通行做法。我国采标标志是产品采用国际标准的一种专用说明标志，由国家质量技术监督局统一设计标志图样。外圈表示"中国制造"，用CHINA的第一个字母C表示，里面是地球和ISO、IEC图样，表示国际标准化组织和国际电工委员会制定的国际标准，"采用国际标准产品"字样表示使用采标标志的产品系采用国际标准或国际先进标准，质量达到国际先进水平或国标水平。中国采标标志如图6-15所示。

图6-15　中国采标标志

6.3.4　国际产品质量认证标志

国际产品质量认证标志有许多种，这里只介绍三种。

1）CE认证标志

CE代表欧洲统一（conformite europeenne）。实际上CE也是欧盟许多国家语种中的缩写，如法文communate europeia。中文为欧洲合格认证。

CE标志是产品进入欧盟国家及欧盟自由贸易协会国家市场的通行证。CE认证标志如图6-16所示。近年来，在欧洲经济区（欧洲联盟、欧洲自由贸易协会成员国，瑞士除外）市场上销售的商品中，CE标志的使用越来越多，加贴CE标志的商品表示其符合安全、卫生、环保和消费者保护等一系列欧盟指令所要表达的要求。一个产品带有CE标志也就意味着其制造商宣告该产品符合欧盟的健康、安全等与环境保护之相关法律中所规定的基本要求。

图6-16　CE认证标志

2）CB认证标志

CB Scheme 的正式名称是 "Sheme of the IECEE for Mutual Recogniton of Test Certificetes for Electrical Equipment"，即 IECEE 关于电工产品测试证书的相互认可体系标志。CB认证标志如图6-17所示。

图6-17　CB认证标志

在电子产品的安全测试领域，IECEE CB Scheme 是唯一实现结论共享的系统，是成员国家与机构之间真正实现互认的协议体系。制造商通过一家成员机构获得 CB 报告后，可以利用这份报告获得其他成员国家的安全认证。

国际电工委员会颁布的 IEC 标准是 CB Scheme 的基础。如果成员国家的标准与 IEC标准不完全一致，还应进行差异性测试。

目前 CB 体系开展了 14 大类的电工产品的测试。CB Scheme 已经包括了 EMC 的标准，现在可以申请CB-EMC证书。

中国于 1990 年加入 IECEE-CB 体系，成为其中的一个重要成员。IECEE 是国际电工委员会电工产品合格与认证组织的英文简称。IECEE-CB 体系是关于电工产品测试证书的相互认可体系。该体系是以成员之间相互认可为基础，双向接受测试结果来获得国家级认证。CB体系的执行单位是按 IECEE 规则被接受的各国家认证机构（NCB），这些 NCB 使用的也是按 IECEE 规则被接受的检测实验室，称为 CB 检测实验室。

中国质量认证中心（CQC）是中国唯一加入 IECEE-CB体系的NCB，并拥有 17 个 CB 试验室（含中国香港 1 个试验室）。CQC 在 IECEE-CB 体系内能够颁发 12 大类 209 个标准的 CB 测试证书，截至 2011 年，共颁发了 10 000 余张 CB 测试证书。我国企业利用 CB 体系使出口产品方便、快捷地进入国际市场。

3）ROHS认证标志

ROHS 认证是《电气、电子设备中限制使用某些有害物质指令》（the Restriction of the Use of Certain Hazardous Substances in Electrical and Electronic Equipment）的英文缩写。ROHS认证标志之一如图6-18所示。

自 2003 年起，针对电气、电子设备，欧盟先后制定了《废旧电气、电子设备回收指令》、《关于限制在电子、电气设备中使用某些有害物质的指令》和《生态设计指令》，对电气、电子的产品设计、原材料采购到回收利用整个产品生命周期都

图6-18　ROHS认证标志之一

提出了严格的环保要求。在ROHS中一共列出六种有害物质，包括铅、镉、汞、六价铬、多溴二苯醚、多溴联苯。欧盟自2006年7月1日起实施ROHS，电子、电气产品中含有这六种物质的不允许进入欧盟市场。

6.4　质量管理体系认证

6.4.1　质量管理体系认证的产生与发展

质量管理体系认证的发展一般分为三个阶段：第二次世界大战以前可以看作第一阶段，被称为质量检验阶段；第二阶段是从第二次世界大战开始到20世纪50年代，被称为统计质量控制阶段；第三阶段是从20世纪60年代开始至今的全面质量管理阶段。

质量管理体系认证是由西方的质量保证活动发展起来的。1959年，美国国防部向国防部供应局下属的军工企业提出了质量保证要求，要求承包商"应制定和保持与其经营管理规程相一致的有效的和经济的质量保证体系"，"应在实现合同要求的所有领域和过程（例如设计、研制、制造、加工、装配、检验、试验、维护、装箱、储存和安装）中提供充分的质量保证"，并对质量保证体系规定了两种统一的模式：军标MIL-Q-9858A《质量大纲要求》和军标MIL-I-45208《检验系统要求》。承包商要根据这两个模式编制《质量保证手册》，并有效实施。政府要对照文件逐步检查、评定实施情况。这实际上就是现代的第二方质量体系审核的雏形。这种办法在促使承包商进行全面质量管理方面，取得了极大的成功。

后来，美国军工企业的这个经验很快被其他工业发达国家军工部门所采用，并逐步推广到民用工业，在西方各国蓬勃发展起来。

随着上述质量保证活动的迅速发展，各国的认证机构在进行产品质量认证的时候，逐渐增加了对企业的质量保证体系进行审核的内容，进一步推动了质量保证活动的发展。到了20世纪70年代后期，英国一家认证机构BSI（英国标准协会）首先开展了单独的质量保证体系认证业务，使质量保证活动由第二方审核发展到第三方认证，受到了各方的欢迎，更加推动了质量保证活动的迅速发展。

1)"ISO 9000现象"

1979年BSI向ISO（国际标准化组织）提交了一项建议，认为这种质量保证体系的认证适应面广，灵活性大，有向国际社会推广的价值。于是，ISO 根据 BSI 的建议，当年即决定在 ISO 认证委员会"质量保证工作组"的基础上成立"质量保证委员会"。

1980年，ISO 正式批准成立了"质量保证技术委员会"（BPTC 176）着手这一工作，从而导致了"ISO 9000 族"标准的诞生，健全了单独的质量体系认证的制度，一方面扩大了原有质量认证机构的业务范围，另一方面又导致了一大批新的专门的质量体系认证机构的诞生。"质量"一词表现了企业运作及绩效中所展现的组织能力，导致一些行业标准与国家标准的产生，而由于跨国贸易的逐渐形成，跨行业、跨国度的新标准也呼之欲出。

1987年，ISO 成立 TC176 技术委员会，联系53个国家，致力于 ISO 9000 系列标准的发展，颁布了 ISO 9000 系列质量保证体系标准。

1992年，中国等同采用 ISO 9000 系列标准，形成 GB/T 19000 系列标准。欧共体提出欧共体内部各国企业按照 ISO 9000 系列标准完善质量体系，美国把此作为"进入全球质量运动会的规则"。

1994年，国际标准化组织 ISO 修改发布 ISO 9000：1994 系列标准。世界各大企业如德国西门子公司、日本松下公司、美国杜邦公司等纷纷通过了认证，并要求它们的分供方通过 ISO 9000 认证。

1996年，中国政府部门如电子工业部、能源部、建设部等将通过 ISO 9000 认证作为政府采购的条件之一，从而推动了中国 ISO 9000 认证事业的迅速发展。

2000年，国际标准化组织 ISO 修改发布 ISO 9000：2000 系列标准，更适应新时期各行业质量管理的要求。

自1987年 ISO 9000 系列标准问世以来，为了加强质量管理，适应质量竞争的需要，企业家们纷纷采用 ISO 9000 系列标准在企业内部建立质量管理体系。ISO 9000 标准已被全球150多个国家和地区等同或等效采用，全世界共有45万多家企业、组织获得了质量管理体系认证证书。申请质量体系认证，形成了一个世界性的潮流。

一套国际标准，在短短的时间内被这么多国家和地区采用，影响如此广泛，这是在国际标准化史上从未有过的现象，因此被公认为"ISO 9000 现象"。

2）"ISO 14000 热"

为适应人类社会实施可持续发展战略的世界潮流，ISO 于1993年6月成立了一个庞大的技术委员会——环境管理标准化技术委员会（简称 TC 207），按照 ISO 9000 的理念和方法，开始制定环境管理体系方面的国际标准。它由环境管理体系（EMS）、环境行为评价（EPE）、生命周期评估（LCA）、术语与定义（T&D）、环境审核（EA）、环境标志（EL）、产品标准中的环境因素（EAPS）七个部分组成。

此后，全世界又兴起一股"ISO 14000 热"。

3）OHSAS 18001 职业健康安全管理体系认证

世界经济贸易活动的发展，促使企业的活动、产品或服务中所涉及的职业健康安全问题受到普遍关注，极大地促进了国际职业安全与卫生管理体系标准化的发展。1996年9月，英国率先颁布了BS 8800《职业健康安全管理体系指南》。随后，美国、澳大利亚、日本、挪威等20余个国家也有相应的职业安全与卫生管理体系标准，发展十分迅速。英国标准协会（BSI）、挪威船级社（DNV）等13个组织于1999年共同制定了职业健康安全评价体系（Occupational Health and Safety Assessment Series，OHSAS）标准：OHSAS 18001、OHSAS 18002。

中国国家质量监督检验检疫总局于2001年7月组织了专门起草组，借鉴ISO 9000和ISO 14000国际标准的成功经验和先进的管理思想与理论，充分考虑当时在国际上得到广泛认可的OHSAS 18001标准的技术内容，起草了我国的国家标准GB/T 28001《职业健康安全管理体系 规范》，自2002年1月1日起正式实施。

国际标准化组织（ISO）也多次提议制定相关国际标准。不少国家已将OHSAS 18001标准作为企业实施职业安全与卫生管理体系的标准，成为继实施ISO 9000、ISO 14000国际标准之后的又一个热点。

4）HACCP食品安全管理体系认证

HACCP是"Hazard Analysis Critical Control Point"的英文缩写，即危害分析关键控制点。HACCP确保食品在生产、加工、制造、准备和食用等过程中的安全，是一种在危害识别、评价和控制方面科学、合理和系统的方法。因此，HACCP体系被认为是控制食品安全和风味品质的最好、最有效的管理体系。

（1）HACCP的产生与国外发展概况

HACCP系统是20世纪60年代由美国Pillsbury公司H.Bauman博士等与宇航局和美国陆军Natick研究所共同开发的，主要用于航天食品。1997年，美国颁发了新版法典指南《HACCP体系及其应用准则》。该指南已被广泛地接受并得到了国际上的普遍采纳，HACCP概念已被认可为世界范围内食品安全管理准则。

近年来HACCP体系已在世界各国得到了广泛的应用和发展。联合国粮农组织（FAO）和世界卫生组织（WHO）在20世纪80年代后期就大力推荐。目前HACCP推广应用较好的国家有加拿大、泰国、越南、印度、澳大利亚、新西兰、冰岛、丹麦、巴西等。这些国家大部分是强制性推行HACCP。开展HACCP体系的商品领域包括饮用牛乳、奶油、发酵乳、乳酸菌饮料、奶酪、冰淇淋、生面条类、豆腐、鱼肉火腿、炸肉、蛋制品、沙拉类、脱水菜、调味品、蛋黄酱、盒饭、冻虾、罐头、牛肉食品、糕点类、清凉饮料、腊肠、机械分割肉、盐干肉、冻蔬菜、蜂蜜、高酸食品、肉禽类、水果汁、蔬菜汁、动物饲料等。

（2）我国HACCP的应用发展情况

我国的质量管理体系认证发展也分为三个阶段：

1979—1989年，全面质量管理的引进和推广阶段。这一阶段的主要特点是政府主导由上而下，有计划、有重点地向企业推广。

1989—1999年，全面质量管理及普及和深化阶段。我国的质量体系认证工作自1991年正式提出，国家技术监督局于1992年正式成立质量认证办公室体系认证处，同时筹建第三方实体机构，开展质量体系认证工作。经过1993年的国家试点，1994年进入全面规范化实施阶段。

1999年至今，全面质量发展和创新阶段。2002年5月20日，国家质检总局开始强制推行HACCP体系。要求各地卫生行政部门结合当地实际，积极鼓励并指导食品企业实施HACCP体系。2000年12月，国家技术监督局颁布了GB/G 19000族，等同采用2000版ISO 9000族标准。

由于中国质量体系认证机构国家认可委员会是ISO承认的中国国家认可机构，上述获准国家认可的质量体系认证机构均列入ISO向全世界发布的《质量体系注册机构名录》。

目前在我国共贯彻三种适用于各行各业管理体系的通用性体系认证：贯彻ISO 9000国际标准的质量管理体系认证（QMS）；贯彻ISO 14000国际标准的环境管理体系认证（EMS）；贯彻OHSAS 18000国际标准的职业健康安全管理体系认证（Occupational Health Safety Management Systems Specification，OHSMS）。还有适用于其他专业性商品的行业性体系认证，如HACCP/ISO 22000食品安全管理体系、ISO 13485医疗器械企业管理体系等。

5）世界各国质量体系认证机构的认可情况

目前已实施质量体系认证机构认可制度的国家及其国家认可的机构为：澳大利亚和新西兰（JAS - ANZ）、奥地利（FMEA）、比利时（NAC - QS）、巴西（ISNMETRO）、加拿大（SCC）、中国（CNACR）、捷克（CIA）、丹麦（DANAK）、芬兰（FINAS）、德国（TGA）、冰岛（ICEAC）、印度尼西亚（KAN）、爱尔兰（ICLAB）、意大利（SINCERT）、日本（JAB）、韩国（IAA）、荷兰（RVC）、挪威（NA）、葡萄牙（IPQ）、俄罗斯（GOSTR）、斯洛伐克（UNMS）、西班牙（RELE）、瑞典（SWEDAC）、瑞士（SAS）、英国（NACCB）、美国（ANSI/RAB）、委内瑞拉（SENORCA）等。

6.4.2 我国质量体系认证管理机构

1）国家市场监督管理总局

国家市场监督管理总局是根据党的十九届三中全会审议通过的《中共中央关于深化党和国家机构改革的决定》《深化党和国家机构改革方案》和第十三届全国人民代表大会第一次会议批准的《国务院机构改革方案》而设立的机构。2018年4月10日，国家市场监督管理总局正式挂牌。

国家市场监督管理总局是国务院直属机构，为正部级，对外保留国家认证认可监督管理委员会、国家标准化管理委员会牌子。为了整合市场监管资源，加强食品安全监管、提高市场监管水平，把国家工商总局、国家质检总局、食品药品监管局食品监管部分、国务院食品安全办公室和商务部市场秩序管理、反垄断职能合并组建为国家市场监督管理总局。不再保留的部门有：工商总局、质检总局、国务院食品安全办公室。

国家市场监督管理总局的主要职责是：①负责市场综合监督管理工作。②负责市场主体统一登记注册工作。③负责组织和指导市场监管综合执法工作。④负责反垄断统一执法工作。⑤负责监督管理市场秩序。⑥负责宏观质量管理工作。⑦负责产品质量安全监督管理工作。⑧负责特种设备安全监督管理工作。⑨负责食品安全监督管理综合协调工作。⑩负责食品安全监督管理工作。⑪负责统一管理计量工作。⑫负责统一管理标准化工作。⑬负责统一管理检验检测工作。⑭负责统一管理、监督和综合协调全国认证认可工作。⑮负责市场监督管理科技和信息化建设、新闻宣传、国际交流与合作。⑯管理国家药品监督管理局、国家知识产权局。⑰完成党中央、国务院交办的其他任务。⑱职能转变。⑲有关职责分工。

2）国家认监委

2018年3月，根据第十三届全国人民代表大会第一次会议批准的国务院机构改革方案，将国家认证认可监督管理委员会（国家认监委）职责划入国家市场监督管理总局，对外保留牌子。国家认监委是国际标准化组织（ISO）承认的中国体系认证机构和国家认可机构。

3）注册机构

质量体系认证注册机构。（略）

6.4.3　产品质量认证和质量体系认证的关系与区别

产品质量认证制度和质量体系认证制度都是由第三方机构从事的活动，两者都要对申请企业的质量体系进行检查评审。

质量体系认证进行检查评定的依据是GB/T 19001或GB/T 19002或GB/T 19003，即ISO 9001或ISO 9002或ISO 9003，国内外的质量体系认证机构都是这样实施的，已取得共识。产品质量认证中的质量体系检查评定的依据是GB/T 19002。

质量体系认证和产品质量认证有如下的关系与区别：

从理论上看，产品质量认证之所以要检查评定企业的质量体系，目的是评定工厂是否具有持续生产符合技术规范产品的能力。评定的主要因素是工厂的质量管理体系（见ISO出版的《认证的原则与实践》）。质量体系认证正如GB/T 19000所述："顾客可能关心供方质量体系中的某些要素，这些要素影响供方持续按要求生产产品的能力""质量体系认证或注册常能减少顾客质量体系评定的次数和（或）范围"。这就是说，产品质量认证和质量体系认证都要求企业建立质量体系，具有持续生产符合规定要求的产品的能力，两者是一致的。因此，检查评定的依据从总体上说也应是相同的，都是三个质量保证标准。至于具体使用其中的哪一个标准，产品质量认证由认证机构视认证产品的情况确定，质量体系认证由申请的企业与认证机构协商确定。

从实践的角度看，产品质量认证中的质量体系要求取决于各认证机构的规定。

产品质量认证和质量体系认证的比较见表6-1。

表6-1 <center>**产品质量认证和质量体系认证的比较**</center>

项 目	产品质量认证	质量体系认证
对 象	特定产品	企业的质量体系
获准认证条件	产品质量符合指定标准要求；质量体系符合指定的质量保证标准（一般是GB/T 19002）及特定产品的补充要求	质量体系符合申请的质量保证标准（GB/T 19001或GB/T 19002或GB/T 19003）和必要的补充要求
证明方式	产品认证证书，认证标志	体系认证证书，认证标志
证明的使用	证书不能用于产品，标志可用于获准认证的产品上	证书和标志都不能在产品上使用
性 质	自愿，强制	自愿
两者关系	相互充分利用对方质量体系审核的结果	

6.4.4 企业在选择产品质量认证或质量体系认证时应考虑的原则

1）优先考虑申请产品质量认证

因为产品质量认证已包括对质量体系的检查和评定，它既证明产品的质量符合指定的国家标准或行业标准，又证明企业的质量体系符合GB/T 19000—ISO 9000系列标准的要求，并可在认证的产品上使用认证标志。质量体系认证通过后在产品上不能使用认证标志，消费者购买时无法区分是否经过认证。

2）分两步申请认证

对于一些产品品种多、范围广的企业，如对产品全部认证是非常不经济的，也是不可能的。在这种情况下，企业可以考虑先通过质量体系认证。在此基础上对一些重点产品进行产品质量认证时，可以免除对企业质量体系的审核，只对产品进行检验。

3）不适合产品质量认证的可申请质量体系认证

4）必须申请产品质量认证

我国法律、行政法规或联合规章（国家质检总局（现市场监督管理总局）与有关部门联合发布的）规定实行强制认证的产品，必须申请产品认证。在产品出口时，进口国的法律、法令要求强制认证的安全性产品，例如，电器产品、儿童玩具、汽车安全玻璃、汽车安全带、摩托车驾驶员头盔、某些建筑材料等，必须取得产品认证的资格。

5）可申请体系认证

在产品出口时，如果外商只要求企业提供通过质量体系认证的证明，可申请质量体系认证。顺便指出，任何国家都没有对质量体系实行强制认证的规定，那种认为未取得质量体系认证的资格，产品就不能进入欧洲市场或其他国家市场的说法是没有根据的。

6.5 质量管理和质量保证系列标准

6.5.1 ISO 9000族系列标准

1) ISO 9000质量体系

ISO一词来源于希腊语"ISOS",即"EQUAL"——平等之意,是国际标准化组织(International Organization for Standardization)的英文缩写。ISO是一个全球性的非政府组织、国际科技组织是国际标准化领域中一个十分重要的组织,又称"经济联合国"(现有成员国150多个)。

ISO作为世界上最大的、最具权威性的国际标准制定、修订组织,成立于1947年2月23日。ISO的最高权力机构是每年一次的"全体大会",其日常办事机构是中央秘书处,设在瑞士的日内瓦。

ISO宣称它的宗旨是:"发展国际标准,促进标准在全球的一致性,促进国际贸易与科学技术的合作。"

ISO标准由技术委员会(Technical Committees,TC)制定。ISO共有200多个技术委员会,2 200多个分技术委员会(简称SC)。TC和SC下面还可设立若干工作组(WG)。

TC 176,即ISO中第176个技术委员会,它成立于1980年,全称是"质量保证技术委员会",1987年又更名为"质量管理和质量保证技术委员会"。TC 176专门负责制定质量管理和质量保证技术标准。

ISO 9000族是由ISO TC176制定的所有国际标准,ISO 9000不是指一个标准,而是一族标准的统称。

2) 推行ISO 9000的作用

(1)强化管理和扩大市场占有率

负责ISO 9000质量体系认证的认证机构都是经过国家认可机构认可的权威机构,对企业的质量体系的审核是非常严格的。这样,对于企业内部来说,可按照经过严格审核的国际标准化的质量体系进行质量管理,真正达到法治化、科学化的要求,极大地提高工作效率和产品合格率,迅速提高企业的经济效益。对于企业外部来说,当顾客得知供方按照国际标准实行管理,接受过认证机构的严格审核和定期监督,拿到了ISO 9000质量体系认证证书,就可以确信该企业是能够稳定地生产合格产品乃至优秀产品的信得过的企业,从而放心地与企业订立供销合同,扩大了企业的市场占有率。可以说,在这两方面都收到了立竿见影的功效。

(2)获得认证是消除贸易壁垒的主要途径

许多国家为了保护自身的利益,设置了种种贸易壁垒,包括关税壁垒和非关税壁垒。其中非关税壁垒主要是技术壁垒,在技术壁垒中,又主要是产品质量认证和ISO 9000质量体系认证的壁垒。特别是在世界贸易组织内,各成员国之间相互排除了关税壁垒，只能设置技术壁垒，所以，获得认证就获得了国际贸易通行证，这是消除贸易壁垒的主要途径。在我国入世以后，失去了区分国内贸易和国际贸易的严格界限，所有贸易都有可能遭遇到技术壁垒，这应该引起企业界的高度重视，及早防范。

（3）在产品质量竞争中取胜

国际贸易竞争的手段主要是价格竞争和质量竞争。由于低价销售的方法不仅使利润锐减，如果构成倾销，还会受到贸易制裁，所以，价格竞争的手段越来越不可取。自20世纪70年代以来，质量竞争已成为国际贸易竞争的主要手段，不少国家把提高进口商品的质量要求作为限入奖出的贸易保护主义的重要措施。实行 ISO 9000 国际标准化的质量管理，可以稳定地提高产品质量，使企业在产品质量竞争中立于强者之林。

（4）有利于国际的经济合作和技术交流

按照国际经济合作和技术交流的惯例，合作双方必须在产品（包括服务）方面有共同的语言、统一的认识和共守的规范，方能进行合作与交流。ISO 9000 质量体系认证正好提供了这样的信任，有利于双方迅速达成协议。

3）ISO 9000 族的版本

（1）ISO 9000 为进展型族本

①ISO 9000：1987。1987年版 ISO 9000 产生，有100多个国家采用。

②ISO 9000：1994。1994年作了第一次局部修订。

③ISO 9000：2000。2000年作了第二次全面修订。

④ISO 9000：2005—2009。2005年、2008年、2009年分别做了三次修订。

（2）ISO 9000：2000族系列标准

ISO 9000：2000族标准组成包括：第一为四个核心标准：ISO 9000：2005《质量管理体系 基础和术语》；ISO 9001：2008《质量管理体系 要求》；ISO 9004：2009《质量管理体系业绩 改进指南》；ISO 19011：2011《管理体系审核指南》。第二为一般标准：ISO 19012：2003《测量管理体系 测量过程和测量设备的要求》；中国 GB/T 19022—2003 idt ISO 19012：2003。第三为技术报告：TR。第四为小册子。

ISO 9000：2000族四个核心标准内容为：

①ISO 9000：2005《质量管理体系 基础和术语》

ISO 9000：2005 版本于 2005年9月29日公布。2006年3月取代 ISO 9000：2000。国际标准化组织发布 ISO 9000：2005 版本标准，对质量管理体系定义术语词做了新的描述与编辑，加强了应用关键词解释的统一。

ISO 9000：2005质量管理体系的基本原理如 ISO 9000：2000版标准所述，未做任何改变。只是增加了一些定义（共84条），对解释的条款的内容做了进一步扩充。例如：技术专家、要求、能力、合同、审核员、审核组、审核计划和审核范围等。

ISO 9000：2005 idt GB/T 19000—2008。

②ISO 9001：2008《质量管理体系 要求》

ISO 9001：2008《质量管理体系 要求》是指第三方（认证机构）对企业的质量体系进行审核、评定和注册，其目的在于通过审核、评定和事后监督来证明企业质量体系符合 ISO 9001 标准，对符合标准要求者授予合格证书，并予以注册的全部活动。

ISO 9001：2008《质量管理体系 要求》标准于 2008 年 12 月 15 日正式发布；中国国家标准 GB/T 19001—2008 也发布并自 2009 年 3 月 1 日起实施。ISO 9001：2008 idt GB/T 19001—2008。

ISO 9001：2008 在 ISO 出版 24 个月后，所有依据 ISO 9001：2000 的认证都不再有效。

③ISO 9004：2009《质量管理体系业绩 改进指南》

ISO 9004：2009 标准是追求组织的持续成功——质量管理的方法。此版标准为组织面对复杂多变的环境如何取得持续成功提供了指南，标志着质量管理体系标准跨入了"追求组织的持续成功"的新时代。此标准也成为质量管理万里长征中的一个重要里程碑。

中国 GB/T 19004—2011《追求组织的持续成功 质量管理的方法》与 ISO 9004：2009 等同。此标准从 2012 年 2 月 1 日开始实施（中华人民共和国国家标准公告 2000 年第 23 号）。其为不同类型、规模和环境变化条件下的企业获得持续成功提供了质量管理的指南。

④ISO 19011：2011《管理体系审核指南》

ISO 19011：2011《管理体系审核指南》是 ISO 于 2011 年 11 月 15 日发布的，此标准提供了管理体系审核的指南，包括审核的原则、审核方案的管理和管理体系审核的实施，也对参与管理体系审核人员的个人能力提供了评价指南。这些人员包括审核方案管理人员、审核员和审核组长。

中国 2012 年完成了 GB/T 19011—2011 新指标的制定。ISO 19011—2011 idt GB/T 19011—2011。标准的名称由《质量和环境管理体系审核指南》修改为《管理体系审核指南》，扩大了适用范围。此标准适用于实施管理体系内部审核、外部审核或需要管理审核方案的所有组织。

⑤ISO 19011—2018《管理体系审核指南》

我国 ISO 19011—2018（第三版）标准的颁布时间是 2019 年 10 月 22 日。

此标准是由 ISO/pc302 管理系统审核指南项目委员会编写的。第三版取代了第二版（ISO 19011—2011）。该版本已在技术上进行了修订。第三版与第二版相比主要区别如下：增加以风险为基础的审核原则；扩大审核方案管理的指导，包括审核方案风险；扩大审核实施的指导，特别是审核策划部分；扩大审核人员的一般能力要求；术语的调整以及反应过程而不是对象（"事物"）；删除了附件中包含的审核特定管理体系的专业能力要求（因为单个管理体系标准数量众多，所以包含所有专业能力要求是不现实的）；扩展附件，为审核（新）概念提供指南，如组织环境、领导作用和承诺、虚拟审核、合规和供应链。

6.5.2 ISO 14000环境管理系列标准

1）ISO 14000系列标准的概念

ISO/TC 207是国际标准化组织于1993年6月成立的一个技术委员会。专门负责制定环境管理方面的国际标准即 ISO 14000系列标准。其编号为 TC 207，即 ISO/TC 207环境管理委员会。它是依据国际经济与贸易发展的需要而制定的。它包括了环境管理体系（EMS）、环境管理体系审核（EA）、环境标志（EL）、生命周期评价（LCA）、环境绩效评价（EPE）、术语和定义（T&D）等国际环境管理领域的研究与实践的焦点问题，向各国政府及各类组织提供统一的环境管理体系、产品的国际标准和严格、规范的审核认证办法。

环境管理体系是全面管理体系的组成部分，包括制定、实施、实现、评审、维护环境方针所需的组织结构、策划、活动、职责、操作惯例、程序、过程和资源。

近代工业的发展过程中，由于人类过度追求经济增长速度而忽略环境的重要性，导致水土流失、土地沙漠化、水体污染、空气质量下降、全球气候反常、臭氧层耗竭、生态环境严重破坏等，环境问题已成为制约经济发展和影响人类生存的重要因素。

各国政府非常重视环境问题，纷纷制定环境标准，各项标准日趋严格，出口商品若不符合标准就会蒙受巨大经济损失。环境问题已成为绿色贸易壁垒，成为企业生存和发展必须关注的问题。

在1992年5月6日联合国环境发展大会上，可持续发展已成为各国环境的重要课题。1990年，ISO和国际电工委员会（IEC）出版了《展望未来——高新技术标准化的需求》一书，其中"环境与安全"问题被认为是目前标准化工作最紧迫的四个课题之一。1992年，ISO/IEC成立了"环境问题特别咨询组"，1992年12月该咨询组向ISO技术委员会建议：制定一个与质量管理体系方法相似的环境管理体系方法，帮助企业改善环境，消除贸易壁垒，促进贸易发展。在此基础上于1993年6月正式成立了标准化环境管理技术委员会，开展环境管理工具及体系方面的国际标准化工作，期望通过环境管理工具的标准化工作，规范企业和社会团体等组织的自愿环境管理活动，促进组织环境绩效的改进，支持全球的可持续发展和环境保护工作。委员会成员来自五大洲80个成员国，由16个国际组织组成，中国是成员国之一，主席、秘书国是加拿大。

2）ISO 14000环境管理系列标准的特点

（1）自愿性

ISO 14000系列标准具有自愿性，组织可根据自己的经济、技术条件等自愿采用。

（2）广泛的适用性

ISO 14000系列标准具有广泛的适用性，任何组织，无论其规模、性质、所处行业，都可以建立自己的环境管理体系，并按标准所要求的内容实施，也可向认证机构申请认证。ISO 14000系列标准在许多方面借鉴了 ISO 9000族标准的成功经验。ISO 14001标准适用于任何类型与规模的组织，并适用于各种地理、文化和社会条件，既可用于内部审核或对外的认证、注册，也可用于自我管理。

（3）灵活性

ISO 14000系列标准具有灵活性，将建立环境行为标准的工作留给了组织自己，而仅要求组织在建立环境管理体系时必须遵守国家的法律法规和相关的承诺。ISO 14001标准除了要求组织对遵守环境法规、坚持污染预防和持续改进做出承诺外，再无硬性规定。标准仅提出建立体系，以实现方针、目标的框架要求，没有规定必须达到的环境绩效，而把建立绩效目标和指标的工作留给组织，既调动组织的积极性，又允许组织从实际出发量力而行。标准的灵活性中体现出合理性，使各种类型的组织都有可能通过实施这套标准达到改进环境绩效的目的。

（4）兼容性

在 ISO 14000系列标准中，针对兼容问题有许多说明和规定。如 ISO 14000标准的引言中指出："本标准与 ISO 9000系列质量体系标准遵循共同的体系原则，组织可选取一个与 ISO 9000系列相符的现行管理体系，作为其环境管理体系的基础。"这些表明，对体系的兼容或一体化的考虑是 ISO 14000系列标准的突出特点，是 TC 207的重大决策，也是正确实施这一标准的关键问题。

（5）全过程预防性

ISO 14000系列标准具有预防性，突出强调了以预防污染为主的原则，强调从污染的源头削减，强调全过程控制污染。预防为主是贯穿 ISO 14000系列标准的主导思想。在环境管理体系框架中，最重要的环节便是制定环境方针，要求组织领导必须承诺污染预防，并且将该承诺在环境管理体系中加以具体化和落实。体系中的许多要素都有预防功能。

（6）持续改进性

持续改进是 ISO 14000系列标准的灵魂。ISO 14000系列标准总的目的是支持环境保护和污染预防，协调它们与社会需求和经济发展的关系。这个总目的要通过各个组织实施这套标准才能实现。就每个组织来说，无论是污染预防还是环境绩效的改善，都不可能一经实施这个标准就能得到完满的解决。一个组织建立了自己的环境管理体系，并不能表明其环境绩效如何，只是表明这个组织决心通过实施这套标准，建立起能够不断改进的机制，通过坚持不懈地改进，实现自己的环境方针和承诺，最终达到改善环境绩效的目的。

ISO 14000带给企业的效益是：获取国际贸易的"绿色通行证"；增强企业竞争力；扩大市场份额，树立优秀企业形象；改进产品性能，制造"绿色产品"；改革工艺设备，实现节能降耗；污染预防，环境保护；避免因环境问题而造成的经济损失，提高员工环保素质。

推行 ISO 14000系列标准，有利于提高全民族的环境意识，树立可持续发展的思想；有利于提高人民的遵法、守法意识和环境法规的贯彻实施；有利于调动企业防治环境污染的主动性，促进企业不断改进环境管理工作；有利于推动资源和能源的节约，实现其合理利用；有利于实现各国间环境认证的双边和多边认证，消除技术性贸易壁垒。

3）ISO 14000 族的版本

在 1996 年版本中，ISO 首批颁布了与环境管理体系及其审核有关的 5 个标准，引起了各国政府和产业界的高度重视。到 1997 年年底，标准颁布仅一年时间，全世界就有 1 491 家企业通过 ISO 14001 标准的认证；到 1998 年年底，这一数字达到 5 017 家；到 1999 年年底，通过认证的企业已超过 1 万家。中国政府对环境管理工作十分重视，已经颁布的 5 个标准，均已等同转化为国家标准，它们分别是：

ISO 14001 idt GB/T 24001 《环境管理体系　规范及使用指南》。

ISO 14004 idt GB/T 24004 《环境管理体系　原则、体系和支持技术指南》。

ISO 14010 idt GB/T 24010 《环境审核体系　通用原则》。

ISO 14011 idt GB/T 24011 《环境审核指南　审核程序　环境管理体系审核》。

ISO 14012 idt GB/T 24012—1996 《环境审核体系　环境审核员资格要求》。

版本由 1996 年版本升入 2000 版本、2004 版本、2008 版本、2016 版本等。

其中，ISO 14001 是这一系列标准的核心，它不仅是对环境管理体系建立和对环境管理体系进行审核或评审的依据，也是制定 ISO 14000 系列其他标准的依据。

为了更加明确 ISO 14001 标准的要求，ISO 对该标准进行了修订，并于 2004 年 11 月 15 日颁布了新版标准 ISO 14001—2004 《环境管理体系　要求及使用指南》。本标准代替 GB/T 24001—1996。本标准与 GB/T 24001—1996 的主要差异为：名称中的"环境管理体系规范及使用指南"改为"环境管理体系要求及使用指南"。对术语作了下列修改：增加了对审核员、纠正措施、文件、不符合、预防措施、程序、记录等 7 个术语的定义。术语"环境表现（行为）"改为"环境绩效"。对持续改进、环境影响、环境管理体系、环境目标、环境绩效、环境方针、环境指标、内部审核、组织、污染预防等 10 个术语的定义做了编辑性修改。对要素作了下列修改："目标和指标"和"环境管理方案"合并为"目标、指标和方案"；"组织结构和职责"改为"资源、作用、职责和权限"；"纠正措施"改为"检查"；"监督和测量"分解为"监测和测量"和"合规性评价"；"不符合、纠正和预防措施"改为"不符合、纠正措施和预防措施"；"记录"改为"记录控制"；"环境管理体系审核"改为"内部审核"。

为支持环境保护工作，改善并维持生态环境质量，减少人类各项活动所造成的环境污染，使之与社会经济发展达到平衡，GB/T 24001—2016《环境管理体系　要求及使用指南》于 2016 年 6 月 13 日正式发布，2017 年 5 月 1 日正式实施。

4）ISO 14000 标准与 ISO 9000 标准的异同

（1）ISO 14000 标准与 ISO 9000 标准的相似之处

首先，两套标准的要素有相同或相似之处，都是 ISO 组织制定的针对管理方面的标准，都是国际贸易中消除贸易壁垒的有效手段。其次，ISO 9000体系的一些方面经过部分修改就可与ISO 14000体系共用。企业未建立ISO 9000体系，可以直接建立ISO 14000体系。

（2）ISO 14000标准与ISO 9000标准的不同之处

首先，两套标准最大的区别在于面向的对象不同，ISO 9000标准是对顾客承诺，而ISO 14001标准是面向政府、社会和众多相关方（包括股东、贷款方、保险公司等）。其次，ISO 9000标准缺乏有效的外部监督机制，而实施ISO 14000标准的同时，就要接受政府、执法当局、社会公众和各相关方的监督。最后，两套标准在部分内容和体系的思路上有着本质的不同，包括环境识别、重要环境评价与控制，适用环境法律、法规的识别、获取、遵循状况评价和跟踪最新法规，环境目标指标方案的制订、实施。

6.5.3　"OHSAS"职业健康安全管理体系认证标准

1）OHSAS（Occupational Health and Safety Assessment Series）系列标准

质量管理三大体系是ISO 9000质量管理体系（QMS）、环境管理体系（EMS）和职业健康安全管理体系（OHSAS）。OHSAS管理体系是三大质量管理体系之一。

OHSAS 18000职业健康安全管理体系标准是运用现代管理科学理论，制定管理标准来规范企业的职业健康安全管理行为，促进企业建立预防机制，控制事故的发生，降低事故的危害性，保障人员的健康与安全。它是继ISO 9000质量管理体系标准和ISO 14000环境管理体系标准后国际社会关注的又一管理体系标准。

OHSAS 18000系列对商品质量管理涉及范围广泛，商品的物质结构状态要在ROHS指令的最新允许有害物质项目和限度之内。例如：小型日光灯中的汞含量不得超过5毫克/灯；自行开发的安全卫生管理系统，要符合OHSAS国际性安全及卫生管理系统验证标准，来全面保证商品质量。职业安全卫生涉及的技术领域也是广泛的，物理、化学、生物等领域有可能在一个企业内被全部涵盖，如何将复杂的根源分析变得简单、易掌握，又具有实际意义，是一个值得探讨的问题。

1999年10月，国家经贸委颁布了《职业安全卫生管理体系试行标准》，内容与OHSAS 18000基本相一致。

2001年11月12日，国家质量监督检验检疫总局发布了《职业健康安全管理体系规范》（简称OHSMS）。

2）OHSAS系列标准的特点

（1）用科学化、系统化的管理方式和方法

全面规范和改进企业职业安全卫生管理现状，上层次，上水准，以切实保障企业员工职业安全卫生权利的有效实现，减少企业领导人、决策层的困惑和压力，从而进一步保障企业员工、财产的安全，保证企业综合经济效益的实现。

（2）OHSAS 18000体系标准内容充实，可操作性强

OHSAS 18000体系标准对企业职业安全卫生管理有较强的推动和促进作用。国

际组织在总结质量、环境体系的基础上推出的18000标准，无论从体系的设计，还是体系各要素之间的衔接和贯通，都使企业在建立OHSAS体系过程中，更加得心应手。

（3）全面有效推动企业OHS管理工作

通过对企业生产过程中危害因素的解释，对企业面临的职业安全卫生风险的评价，以及风险控制措施的制定实施，都按照PDCA的循环运作，逐渐降低或消除企业生产过程的风险，员工的健康、安全和企业财产的安全有体系上的保障。

（4）体系的运作实际是为遵守法律、法规提供保障

企业掌握国际条约、国内职业安全卫生法律法规对企业的规范，使企业行为符合法律、法规，就会从根本上改善企业同员工、员工家属、社区、政府的关系，提高企业声誉。

（5）职业安全卫生管理体系是放射型的有机体系

由于体系强调了相关方（供应商、承包商）及协商的概念，OHS体系成为一个放射型的程序化和文件化的有机体系。

3）OHSAS 18000职业健康安全管理体系族版本

OHSAS 18000族是一系列文件的组合，它和中国的GB/T 2800相对应。OHSAS 18000族的主要文件是OHSAS 18001《职业健康安全管理体系》，配套文件是OHSAS 18002《职业健康安全管理体系的操作指南》、OHSAS 18003《职业安全卫生管理体系——审核》等。

OHSAS职业健康和安全系列标准包括OHSAS 18001、OHSAS 18002和OHSAS 18003等。

（1）OHSAS 18001

国际标准版本：OHSAS 18001：2007无变动，这主要是由国外认证公司认证提供的证书。OHSAS 18001：2007是OHSAS 18001：1999的新版本。

国内标准版本：GB/T 28001—2001版改为GB/T 28001—2011。这主要是国内认证公司认证提供的证书。

①GB/T 28001—2001 idt OHSAS 18001：1999《职业健康安全管理体系　规范》，中国已于2001年11月12日转化为国标，同年12月20日国家经贸委也推出了《职业安全健康管理体系审核规范》并在中国开展职业健康安全管理体系认证。《职业健康安全管理体系　规范》GB/T 28001—2001于2002年1月1日起正式实施。安全认证成为强制性认证的内容之一。

②GB/T 28001—2011 idt OHSAS 18001：2007版国家标准《职业健康安全管理体系　要求》已于2011年12月30日更新至新版标准（英文版翻译），并自2012年2月1日起实施。新版本又简称为11版本。

OHSAS 18001标准是认证性标准，它是组织（企业）建立职业健康安全管理体系的基础，也是企业进行内审和认证机构实施认证审核的主要依据。

（2）OHSAS 18002

OHSAS 18002 即《职业安全卫生管理体系——实施指南》。OHSAS 18001 是企业用来认证的标准，它规定了认证应符合的要求，而 OHSAS 18002 是 OHSAS 18001 的要求的阐释及如何实施 OHSAS 18001 的指南。

（3）OHSAS 18003

OHSAS 18003 即《职业安全卫生管理体系——审核》，是 OHSAS 18001 的配套文件。

4）OHSAS 18000 的实施意义

（1）提升企业形象，增强企业凝聚力，产生直接和间接的经济效益。

（2）消除非关税壁垒，促进国际贸易，善尽企业的国际/社会责任，顺应国际贸易的新潮流，突破贸易壁垒。

（3）减少企业经营的职业安全卫生风险，减少工伤事故和职业病，减少职业事故和员工职业病发生的费用，避免职业安全卫生问题所造成的直接/间接损失。

（4）职业安全卫生主要是解决人权的问题，以改善内部管理，使企业永续经营。

6.5.4　食品安全管理体系与标准

1）HACCP 管理体系认证

（1）HACCP 管理体系认证的概念

HACCP 表示危害分析的关键控制点，确保食品在生产、加工、制造、准备和食用等过程中的安全，在危害识别、评价和控制方面是一种科学、合理和系统的方法。它是一套确保食品安全的管理系统。HACCP 认证是一种适用于食品行业的认证，识别食品生产过程中危害可能发生的环节并采取适当的控制措施防止危害的发生。通过对加工过程各环节进行监视和控制，从而降低危害发生的概率。

HACCP（Hazard Analysis and Critical Control Point）是"危害分析和关键控制点"的英文缩写。HACCP 是一种控制危害的预防性体系，是一种用于保护食品，防止生物、化学、物理危害的管理工具。传统的质量控制往往注重最终产品的检验，而这又不能达到消除食源疾患的目的，为此 20 世纪 60 年代由 Pillsbury 公司、美国 Natick 军队实验室和国家航空宇宙管理部门在开发美国宇宙计划食品中首次提出了 HACCP 这一概念。它虽然不是一个零风险体系，却是一个食品安全控制体系。它不是一个独立存在的体系。HACCP 必须建立在食品安全项目的基础上才能运行。通过对食品全过程各个环节进行危害分析，找出关键控制点（CCP），采用有效的预防措施和监控手段，使危害降到最低程度，并采取必要的验证措施，使产品达到预期的要求。例如：良好操作规范（GMP）、标准的操作规范（SOP）、卫生标准操作规范（SSOP）。由于 HACCP 建立在许多操作规范上，于是形成了一个比较完整的质量保证体系。HACCP 作为最有效的食源疾患的控制体系已被许多国家所接受。

中国 HACCP 制度推动情况是：国家质检总局拟订进出口食品危险性等级分类

管理方案和"危害分析和关键控制点"实施方案，并组织实施；食品检验监管处负责对食品生产企业的卫生和质量监督检查工作，组织实施"危害分析和关键控制点"管理方案。

（2）HACCP认证管理系统的组成

HACCP是美国Pillsbury公司于1973年首先发展起来的。它是一套确保食品安全的管理系统，这种管理系统一般由下列各部分组成：

①对原料采购→产品加工→消费各个环节可能出现的危害进行分析和评估。

②根据这些分析和评估来设立某一食品从原料采购直至最终消费这一全过程的关键控制点。

③建立起能有效监测关键控制点的程序。

该系统的优点是将安全保证的重点由传统的对最终产品的检验转移到对工艺过程及原料质量进行管制。这样可以避免因批量生产不合格产品而造成的巨大损失。

（3）HACCP认证的质量管理规范

HACCP认证是食品行业用于控制食品安全危害的一个管理体系标准；是一种控制危害的预防性体系；是一种用于保护食品，防止生物、化学、物理危害的管理工具；是用于对某一特定食品生产过程进行鉴别评价和控制的一种系统方法；是一种科学、理性、系统的方法，用来识别、评审及控制在生产、处理、制造、准备以及食物食用中的危害，以确保食物食用时的安全。它不是一个零风险和一个独立存在的体系，用意是希望公司或生产商能通过此系统来减少甚至防止各类食品污染（包括微生物、化学性和物理性三方面）。它也是一套分析、辨别在食物生产过程中可能涉及的危害，并加以控制来预防危机的体系。

HACCP主要利用有效的风险评估，"关键控制点"的建立，"关键限值"的制定来进行监控。该方法通过预计哪些环节最可能出现问题，或一旦出了问题对人危害较大，来制定防止这些问题出现的有效措施，以保证食品的安全。即通过对食品全过程各个环节进行危害分析，找出关键控制点（CCP），采用有效的预防措施和监控手段，使危害因素降到最低限度，并采取必要的验证措施，使产品达到预期的要求。

国家鼓励食品生产加工企业根据国际通行的质量管理标准和技术规范获取质量体系认证或者危害分析与关键控制点管理体系认证，以提高企业质量管理水平。

（4）HACCP认证原则

①进行危害分析并确定预防措施；

②确定关键控制点；

③确定关键控制限值；

④监控每一个关键控制点；

⑤当关键限值发生偏差时，应采取纠正措施；

⑥建立记录保存体系；

⑦制定审核程序，HACCP是一个预防体系。

一个食品企业如果要建立 HACCP 体系，必须在 GMP（良好操作规范）的基础上，有效实施食品法典（食品卫生通则）、适当的食品法典操作规范和该企业适用的政府制定的食品安全法规。中国卫生法规包括：《中华人民共和国食品卫生法》《中华人民共和国出口食品卫生管理办法（试行）》等。

（5）HACCP 认证范围的关键数据

①关键控制点：食品安全危害能被控制的，能预防、消除或降低到可以接受水平的一点、步骤或过程。

②控制点：能控制生物的、物理的或化学的因素的任何点、步骤或过程。

③CCP 判断树：用一系列问题来确定一个控制点是否是关键控制点（CCP）。

④关键限值：与关键控制点相联系的预防性措施必须符合的标准。

⑤操作限值：比关键限值更严格，操作者适用，用来减少偏离的风险标准。

⑥偏离：不符合关键限值的规定。

⑦纠偏行动：当关键控制点与一个关键限值发生偏离时采取的行动。

⑧HACCP 计划：在 HACCP 原理基础上制定的文件，必须遵守一定的程序来确保某一特定加工或程序危害。

⑨危害：可以引起食物不安全的消费的，生物、化学或物理的因素。

⑩显著危害：可能发生及一旦发生将对消费者导致不可接受的健康危险。

⑪监控：进行有计划的连续的观察或测量来评价 CCP 是否在控制之下，并做准确的记录，为将来验证做准备。

⑫必备程序：包括 GMPS，为 HACCP 体系提供基础的操作条件。

⑬风险：对可能发生的危害进行评估。

⑭确认：验证的要素包括信息的收集和评估，以决定当 HACCP 计划正常实施时，是否能有效地控制显著的食品安全危害。

⑮验证：除监控之外，用来确定 HACCP 体系是否按 HACCP 计划运作或计划是否需要修改及确认生效所使用的方法、程序或检测及审核手段。

⑯GMP：良好的操作规范。

⑰SSOP：卫生标准操作程序。

（6）认证依据标准

HACCP 认证在实际操作中依据标准种类比较多，主要有以下几种：

①CAC/RCP1—1969，Rev，3（1997），2003：HACCP 体系及其应用准则。

②SN/T 1443.1—2004《食品安全管理体系要求》：2004 年 6 月国家质量监督检验检疫总局颁布的《中华人民共和国出入境检验检疫行业标准》。

③HACCP—EC—01《HACCP 体系通用评价准则——食品安全管理体系要求》：2005 年《关于印发食品安全管理体系有关文件的通知》（认办注〔2005〕1 号）中提出的认证机构实施 HACCP 认证依据标准。

④GB/T 27341—2008《危害分析与关键控制点体系——食品生产企业通用要求》。

⑤GB/T 27342—2008《危害分析与关键控制点体系——乳制品生产企业要求》。

对乳制品生产企业进行HACCP认证，必须依据以上④和⑤两项国家标准。值得注意的是，目前只有依据GB/T 22000标准进行认证的才纳入食品安全管理体系进行管理，依据其他标准进行认证均属于HACCP认证行为。

⑥GB/T 22003—2017《合格评定 食品安全管理体系 审核与认证机构要求》。

其由国家标准化管理委员会、国家质量监督检验检疫总局部门颁发。发布日期为2017年12月29日。实施日期为2018年7月1日。本标准代替GB/T 22003—2008《食品安全管理体系 审核与认证机构要求》。本标准规定了对依据GB/T 22000要求建立的食品安全管理体系实施审核和认证的规则，同时向顾客提供关于其供方获得认证方式的必要信息和信任。食品安全管理体系认证是第三方合格评定活动，实施这种活动的机构是第三方合格评定机构。

2）GB/T 22000—2006 idt ISO 22000：2005《食品安全管理体系 食品链中各类组织的要求》标准

（1）ISO 22000：2005食品安全管理体系认证的概况

ISO于2005年9月发布了ISO 22000：2005 Food safety management system—Requirements for any organizations in the food chain，中国以等同采用的方式制定了国家标准GB/T 22000—2006《食品安全管理体系 食品链中各类组织的要求》（简称"GB/T 22000"），GB/T 22000—2006 idt ISO 22000：2005，并于2006年3月发布，2006年7月开始实施。

ISO 22000标准为食品企业提供了一个系统化的食品安全管理体系框架。ISO 22000标准在整合了HACCP（危害分析和关键控制点）原理和国际食品法典委员会（CAC）制定的HACCP实施步骤的基础上，明确提出了建立前提方案（即GMP）的要求。

ISO 22000食品安全管理体系要求是一个自愿采用的国际标准。该标准为全球食品安全管理体系提供了参照，同时，标准的实施可以让生产企业避免因不同国家的不同要求而产生尴尬。

中国内地只开放了6种外加"餐饮行业"的GB/T 22000—2006 idt ISO 22000：2005的认证，即罐头类、水产品类（活品、冰鲜、晾晒、腌制品除外）、肉及肉制品、速冻蔬菜、果蔬汁、含肉或水产品的速冻方便食品。但是，HACCP认证还是适合所有食品生产企业的。

ISO 22000需要运用食品工艺学、微生物学、质量控制和危险性评价等方面的原理和方法，对整个食品链，如农作物的生长、收获、原料和成分、加工、制造、运输、销售、调制和消费过程评价危害和风险，对可能造成的各种危害进行系统和全面的分析，确定能有效预防、减轻或消除危害的"关键控制点"，进而在关键控制点对危害因素进行控制，确保食品安全卫生，以达到消除食品污染的目的。

（2）GB/T 22000—2006 idt ISO 22000：2005标准的特点

①食品安全管理范围延伸至整个食品链

食品安全与消费环节（由消费者摄入）食源性危害的存在状况有关。由于食品链的任何环节均可能发生食品安全危害，因此对整个食品链进行充分控制是必需的。

ISO 22000标准要求组织首先认清在食品链中的角色和地位，认清在食品链中的作用和所处的位置，控制好危害，并通过在食品链内有效地沟通，供给最终消费者安全的食品。

②满足法律法规要求是建立食品安全管理体系的前提

ISO 22000标准把满足法律法规要求作为食品安全管理体系建立的前提，要求组织将所有适用的与食品安全有关的法律法规的要求融入食品安全管理体系中来。标准在多处直接规定了遵守法律法规的管理要求。

③相互沟通是食品安全管理体系的关键原则

在ISO 22000标准中指出，为了确保食品链每个环节所有相关的食品安全危害均得到识别和充分控制，整个食品链中各组织的沟通必不可少；同时明确了内部和外部沟通的范围及各方面的要求，外部沟通范围不仅包括与客户、供方的沟通，还包括在食品链中与其上游和下游组织的沟通，与食品立法和执法部门，或将受到食品安全管理体系有效性或更新影响的其他组织等方面的沟通；还要求组织应确保影响食品安全的人员意识到有效进行内、外部沟通的必要性，确保食品安全小组及时获得变更的信息，将沟通的结果作为食品安全管理体系更新、管理、评审等方面的输入信息。

④风险控制是食品安全管理体系的重要体现

ISO 22000标准对于"应急准备和响应"进行了规定，要求最高管理者应考虑能够影响组织有关食品安全的潜在紧急情况和事故并表明如何管理，要求组织应识别潜在事故和紧急情况，应策划应急准备和响应措施，包括人力资源、基础设施、应对程序等。对于风险控制还体现在对不安全产品撤回的要求方面，确保已被确定为不安全批次的最终产品在交付后能够及时、完全地撤回。这体现了食品安全管理体系不是零风险的体系，但对可能出现的风险应给予充分的重视。

⑤对危害的分类控制是食品安全管理体系的关键

ISO 22000标准指出，由于危害分析有助于建立有效的控制措施组合，控制措施的选择和评估及建立、实施，都是基于危害分析的结果，所以它是建立有效的食品安全管理体系的关键。标准要求对食品链中预期发生的危害，进行识别和评估，通过组合前提方案、操作性前提方案和HACCP计划，选择危害控制的方法。

⑥过程方法、体系管理及持续改进是食品安全管理体系的原则

过程方法、体系管理及持续改进是现代管理领域先进理念的核心内容。在ISO 22000标准中，要求提高组织的有效性和效率，包括改善产品的安全特性、提高过程有效性和效率所开展的所有活动。通过测量分析现状、建立目标、寻找并实施解决办法、测量实施结果、纳入文件等活动，进行不断的PDCA循环。

⑦对危害控制效果的确认、验证是食品安全管理体系的有效保证

对包含在操作性前提方案和HACCP计划中的控制措施及实施效果，进行事前

确认、事后验证，对验证结果进行系统评价，对验证活动结果进行分析，并将分析结果作为管理评审和体系更新的输入信息；看似一个个烦琐的活动，却蕴藏着一步步深入的逻辑关系，这正是食品安全危害被有效控制的保证。

（3）国家食品安全管理体系的目标与构成

国家食品安全管理体系的目标是：①减少食源性疾病，保护公众健康。②防范不卫生的、有害健康的、误导的或假冒的食品，以保护消费者权益。③通过建立一个完全依照规则的国际或国内食品贸易体系，保持消费者对食品管理体系的信心，从而促进经济发展。食品管理体系应覆盖一个国家所有食品的生产、加工和销售过程，也包括进口食品。食品管理体系必须建立在法律基础之上，还必须强制执行。

大多数国家食品安全管理体系由5个单元构成：①食品法规；②食品管理；③食品监管；④实验室检测；⑤信息、教育、交流和培训。

（4）ISO 22000与HACCP的区别

①体系不同

ISO 22000是一个关于食品安全管理体系的国际标准，它可以指导食品链中的各类组织，按照最基本的管理要素要求建立以HACCP为原理的食品安全管理体系。ISO 22000标准可以用于组织自我完善和日常管理规范检查的第一方内审，也可以作为组织对其供应商第二方审核的标准依据，当然也可以用于第三方商业认证。

HACCP是由CAC（食品法典委员会，隶属FAO和WHO）于1997年在更新《食品卫生通则》CAC/RCP1—1996, Rev.的附录时将《危害分析和关键控制点（HACCP）体系及其应用准则》作为建立食品安全管理体系的原则。

②适用范围不同

从范围来说，ISO 22000适用于各个行业，HACCP适用于食品及其相关行业。ISO 22000内容涵盖食品各行业，可以与企业的各种制度、各种保证食品安全的措施管理体系（SSOP、GMP系列、HACCP等）整合；而HACCP主要针对食品生产企业，针对的是生产链全部过程的卫生安全（对消费者的生命安全负责），整合了HACCP和ISO 9001：2000的部分内容，而且它除了能提高企业产品的安全保证以外，还能提高企业的管理能力。

③ISO 22000标准强调了"确认"和"验证"的重要性

ISO 22000标准在多处明示和隐含了"确认"要求或理念。"确认"是获取证据以证实由HACCP计划和操作性前提方案安排的控制措施有效。

ISO 22000标准要求对前提方案、操作性前提方案、HACCP计划及控制措施组合、潜在不安全产品处置、应急准备和响应、撤回等都要进行验证。"验证"是通过提供客观证据对规定要求已得到满足的认定。目的是证实体系和控制措施的有效性。

④ISO 22000标准建立可追溯性系统和对不安全产品实施撤回机制

3）GMP 制药、食品等行业的认证标准

（1）GMP的定义

世界卫生组织将GMP定义为指导食物、药品、医疗产品生产和质量管理的法规。GMP是英文good manufacturing practice 的缩写，中文含义是"产品生产质量管理规范"。GMP的实质是"建立一套系统完善的质量体系，防止差错、污染和混淆，不给任何偶然发生的事件以机会，确保生产出安全、均一、稳定、符合质量标准的产品"。

GMP是一套适用于制药、食品等行业的强制性标准，要求企业从原料、人员、设施设备、生产过程、包装运输、质量控制等方面按国家有关法规达到卫生质量要求，形成一套可操作的作业规范，以帮助企业改善卫生环境，及时发现生产过程中存在的问题，并加以改善。简要地说，GMP要求制药、食品等生产企业应具备良好的生产设备、合理的生产过程、完善的质量管理和严格的检测系统，确保最终产品的质量（包括食品安全卫生）符合法规要求。

GMP在中国称为"药品生产质量管理规范"，虽然国际上药品包括兽药，但只有中国和澳大利亚等少数几个国家是将人用药GMP和兽用药GMP分开的。

（2）GMP质量管理的基本准则概况

GMP即良好的生产规范，最早是美国国会为了规范药品生产而于1963年颁布的，这也是世界上第一部GMP。由于GMP在规范药品的生产，提高药品的质量，保证药品的安全方面效果非常明显，因此FDA即美国食品药品管理局于1980年颁布了食品GMP以规范食品的生产。当前除美国已立法强制实施食品GMP外，其他如日本、加拿大、新加坡、德国、澳大利亚、中国等国家均采取劝导方式，辅导业者自动自发实施。

随着GMP的发展，国与国之间实施了药品GMP认证。GMP提供了药品生产和质量管理的基本准则，药品生产必须符合GMP的要求，药品质量必须符合法定标准。

中国卫生部于1995年7月11日下达卫药发〔1995〕35号《关于开展药品GMP认证工作的通知》。药品GMP认证是国家依法对药品生产企业（车间）和药品品种实施GMP监督检查并取得认可的一种制度，是国际药品贸易和药品监督管理的重要内容，也是确保药品质量稳定性、安全性和有效性的一种科学的先进的管理手段。同年，成立了中国药品认证委员会。

1998年国家药品监督管理局成立后，组建了国家药品监督管理局药品认证管理中心。自1998年7月1日起，未取得药品GMP认证证书的企业，卫生部不予受理生产新药的申请；批准新药的，只发给新药证书，不发给药品批准文号。严格新开办药品生产企业的审批，对未取得药品GMP认证证书的，不得发给《药品生产企业许可证》。取得药品GMP认证证书的企业（车间），在申请生产新药时，药品监督管理部门予以优先受理。截至1998年6月30日未取得药品GMP认证的企业

（车间），药品监督管理部门将不再受理新药生产的申请。取得药品GMP认证证书的药品，在参与国际药品贸易时，可向国务院药品监督管理部门申请办理药品出口销售的证明，并可按国家有关药品价格管理的规定，向物价部门重新申请核定该药品价格。各级药品经营单位和医疗单位要优先采购、使用取得药品GMP认证证书的药品和取得药品GMP认证证书的企业（车间）生产的药品。取得GMP认证的药品，可以在相应的药品广告宣传、药品包装和标签、说明书上使用认证标志。GMP认证标志之一如图6-19所示。

图6-19　GMP认证标志之一

中华人民共和国卫生部第79号令，《药品生产质量管理规范（2010年修订）》（下称新版GMP）自2011年3月1日起施行。中国新版GMP与1998年版相比在管理和技术要求上有相当大的进步，特别是对无菌制剂和原料药的生产方面提出了很高的要求。

新版GMP认证有两个时间节点：药品生产企业血液制品、疫苗、注射剂等无菌药品的生产，应在2013年12月31日前达到新版药品GMP的要求；其他类别药品的生产均应在2015年12月31日前达到新版药品GMP的要求。未达到新版药品GMP要求的企业（车间），在上述规定期限后不得继续生产药品。

2013年5月16日，工业和信息化部特制定印发了《提高乳粉质量水平　提振社会消费信心行动方案》。这份被简称为"双提"的行动方案，第一步行动就是6月到8月针对婴幼儿乳粉企业进行质量安全检查。婴幼儿乳粉企业将从生产环节实施GMP认证，对婴幼儿乳粉质量的管理将参照药品管理。

中国工信部提出，今后对婴幼儿乳粉的管理将参照药品管理，并鼓励乳粉企业兼并重组，力争提升婴幼儿乳粉质量、提振消费者信心。据悉，乳粉国标DB 23790已经实施了近13年，但仍有部分企业没有严格执行这一标准。今后，婴幼儿乳粉企业将从生产环节实施GMP认证，对婴幼儿乳粉质量的管理将参照药品管理。此前，国家已于2010年颁布了粉状婴幼儿配方生产企业的管理规范，但仍有部分企业没有严格执行这一标准。今后，这一规范将逐渐强制实行，婴幼儿奶粉将面临与药品一样严格的管理制度。

其实不管是GMP，还是ISO 9001、HACCP，真正能有效果的，还是"从牧场到奶嘴"可追溯性的品质跟踪系统,以及监管措施的真正落实,这才是让老百姓再度相信国产奶粉的根本。

(3)实施GMP认证的好处

①为食品生产提供一套必须遵循的组合标准。

②为卫生行政部门、食品卫生监督员提供监督检查的依据。

③为建立国际食品标准提供基础,如HACCP、BRC、SQF。

④满足顾客的要求,便于食品的国际贸易。

⑤为食品生产经营人员认识食品生产的特殊性提供重要的教材,激发他们对食品质量高度负责的精神,消除生产上的不良习惯。

⑥使食品生产企业对原料、辅料、包装材料的要求更为严格。

6.5.5   现有认证的种类

1)体系认证

(1)ISO 9000质量管理体系。

(2)ISO 14000环境管理体系。

(3)OHSAS 18000职业健康安全管理体系。

(4)ISO 22000(HACCP)食品安全管理体系。

(5)TS 16949汽车业质量体系。

(6)ISO 13485医疗器械管理体系。

(7)TL 9000通信行业管理体系。

(8)SA 8000社会责任管理体系。

(9)AS 9000航空基础质量体系。

(10)PAS 28000供应链安全管理(反恐认证)。

(11)ISO 27001/BS7799信息安全管理体系。

(12)ISO 20000信息技术服务管理体系。

(13)GJB 9001国际军标认证。

(14)TPM全面生产维护认证。

(15)QHSE石油管理体系整合认证。

(16)IRIS国际铁路工业标准认证。

(17)FSC森林体系认证。

(18)GMP医药生产质量管理。

(19)ICTI国际玩具业协会商业行为守则。

(20)QC08000危险物品进程管理系统要求。

2)产品认证

(1)3C CCC中国强制性产品认证。

(2)CE欧盟强制认证

(3)UL美国产品安全标志认证。

（4）有机认证。

（5）无公害农产品认证。

（6）GS欧盟认证。

（7）VDE德国国家产品认证。

（8）CSA加拿大国家产品认证。

（9）CB国际电工产品认证。

（10）FCC美国联邦通信认证。

（11）PSE日本电器安全认证。

（12）PCT俄罗斯国家认证。

（13）SAA澳大利亚产品安全认证。

（14）SASO沙特阿拉伯标准组织。

3）标识认证

（1）QS食品质量安全标志。

（2）ISO 14020环境标志认证。

（3）企业清洁生产认证。

本章小结

商品质量监督是指根据国家的商品质量法规和商品质量标准，由国家指定的商品质量监督机构对生产和流通领域的商品质量和质量保证体系进行监督的活动。我国的商品质量监督有国家质量监督、社会质量监督和用户质量监督三种。

质量认证工作由国家实行统一管理。认可是指对认证机构、审核机构、检验机构和评定人员的能力的正式承认。

质量认证是由一个公认的权威机构（第三方）对企业的质量体系、产品、过程或服务是否符合质量要求、标准、规范和有关政府法规的鉴别，并提供文件证明的活动。世界各国实行的质量认证制度主要有八种。我国产品质量认证标志主要有：CCC标志、中国绿色食品标志、环保产品认证标志、中国环境标志。

管理体系认证是由西方的质量保证活动发展起来的，主要包括ISO 9000质量管理体系及其系列标准、ISO 14000环境管理体系及其系列标准、"OHSAS"职业安全卫生管理体系及其系列标准、"HACCP"食品安全管理体系及其系列标准。

关键概念

商品质量监督　认证　认可　产品质量认证　管理体系认证

简答题

1.商品质量监督的作用是什么?
2.商品质量监督有哪些种类和形式?
3.我国的质量认可概况如何?
4.国家确定中国质量认证的主要原则和基本做法有哪些?
5.世界各国实行的质量认证制度主要有几种形式?
6.产品质量认证有几种类型?
7.管理体系认证有几种类型?

实训题

调查当地产品质量认证机构的基本概况。

试述题

1.试述管理体系认证的产生与发展概况。
2.试述 ISO 9000 系列标准和 ISO 14000 环境管理体系系列标准的主要内容。
3.试述产品质量认证和质量体系认证的关系与区别。
4.试述中国产品质量认证机构。
5.试述管理体系认证的产生与发展概况。
6.试述食品安全的管理发展概况及其重要性。
7.试述"OHSAS"职业安全卫生管理体系认证标准。

论述题

论商品质量监督与认证和提高商品质量的关系。

第7章

商品检验

学习目标

通过本章的学习，使学生在了解商品检验和商品鉴定概念的基础上，掌握商品鉴定与商品检验的关系；熟悉商品质量检验的分类；了解抽样在商品检验中的实践意义，掌握抽样方法；掌握商品质量检验方法；理解感官检验法和理化检验法的概念及优缺点；掌握品级的概念和商品分级方法；熟悉识别伪劣商品的一般方法。

7.1 商品检验与鉴定

7.1.1 商品检验和商品鉴定的概念

商品检验是商业部门开展质量管理工作的基础，是防止假冒伪劣商品进入流通领域的关键环节。进行商品质量的评比及优质商品的评选、对新产品的质量分析与鉴定、商品标准的制定与修订等，都是以商品检验的结果为依据的。因此，商品检验对指导生产部门不断提高产品质量，争创名优产品，有效地进行产品更新换代，更好地促进商品流通等具有重要意义。通过商品质量检验，实施商品质量监督，可向销售企业和消费者传递准确的商品质量信息，以维护消费者的利益和合法权益，也是发展贸易、提高商品竞争能力、维护国家利益和信誉的重要手段。因此，世界各国都非常重视商品检验工作。在大力发展商品生产的同时，努力为商品检验工作注入新技术、新方法，全面提高商品检验工作的科学性和准确性。

1）商品检验

商品检验是指根据各级商品标准规定的质量指标，来评价和确定商品质量优劣及商品品级的工作。我国国家标准《质量管理体系基础和术语》（GB/T 19000—2008/ISO 9000：2005）中规定，检验是指"通过观察和判断，适时结合测量、试验或估量所进行的符合性评价"。商品检验也称商品质量检验。商品检验是商品的供货方、购货方或者第三方在一定条件下，借助某种检验手段和检验方法，按照合同、标准或国际、国家有关法律、法规、惯例对商品的质量、规格、重量、数量以及包装等方面进行检查，并做出合格与否、通过与否的判定，或为维护买卖双方合法权益，避免或解决各种风险损失和责任划分的争议，便利商品交接结算而出具各种有关证书的业务活动。商品的质量检验是商品检验的中心内容，是评价商品质量优劣的最重要的方法和手段。

2）商品鉴定

商品鉴定是指评价商品质量的全部工作，即对商品满足人们某种需要的程度做出审评和估价。具体说来，商品鉴定包括以下工作内容：根据商品的用途和使用条件，研究商品的成分、结构、性质及其对商品质量的影响；拟定商品的质量指标并确定检验方法；进行商品检验并确定商品质量的优劣；根据实际情况，对商品发展提出可行性意见等。

3）商品鉴定与商品检验的关系

商品鉴定是评价商品质量的全部工作，而商品检验工作仅是评价和确定商品质量优劣及商品品级的工作。因此，商品检验包含在商品鉴定的范围之内，是商品鉴定的一个组成部分，二者是一种从属关系。

7.1.2　商品质量检验的分类

商品检验从不同角度，用不同标准可以分成若干种类：

1）按检验方所处的位置和地位分

（1）第一方检验。第一方检验也叫自检，即生产部门或经销部门在企业内部自行设立检验机构进行自检，目的是及时发现不合格产品。生产企业确保不合格品不流入下道工序，确保出厂产品达到质量标准和其他规定要求；商业部门发现有质量问题的商品及时处理，使不合格商品不能进入消费领域，以保证消费者的利益和企业信誉。对商业企业和生产企业来说，第一方检验，是企业质量管理的职能之一，也是企业质量体系的基本要素之一。这项工作做好了，就可以保证顾客买到质量可靠的商品。

（2）第二方检验。第二方检验也叫验收检验或买方检验，即买方（如工商企业或用户）为维护自身及其顾客利益，保证其所购商品满足合同或质量标准要求所进行的检验活动。这样可及时发现问题，分清质量责任。在实践中，企业还常常派出"驻厂员"对商品形成的全过程进行质量监控，及时发现问题，并要求厂方解决。

（3）第三方检验。第三方检验是指处于买卖利益之外的第三方，以公正、权威的非当事人身份根据有关法律、合同或标准所进行的商品检验。其目的在于维护各方合法权益和国家权益，协调矛盾，促使商品交换活动的正常进行。第三方检验由于具有公正性、权威性，其检验结果被国内外所公认，具有法律效力。

2）按检验的目的分

（1）监督性检验。监督性检验是根据政府法令或规定，由政府技术监督部门代表国家实施产品质量管理职能，对产品（商品）质量进行的检验。监督检验的依据是国家有关质量的法律，政府有关质量的标准、法规、规章、条例等。其目的是检查商品是否符合上述的有关规定，以保证正常的经济秩序。对不符合规定要求的产品及企业，有权进行行政、经济和法律的处罚。其中强制性的监督检验最具有公正性、科学性和权威性。

（2）公正性检验。公正性检验是由检验机构进行的，这些机构是经政府有关部门认可的，具有公正性、权威性，其检验结果具有法律性，检验机构有符合规定的检验设备、技术条件和技术人员，为别人进行第三方检验。公正性检验的特征是对商品提供科学的质量信息，出具检验结果，供他人应用。

（3）仲裁性检验。仲裁性检验是对有质量争议的商品进行的检验，以分清质量责任，做出公正、科学的仲裁结论。

（4）评价性检验。评价性检验，即由质量监督管理部门，对企业的产品或市场上的商品进行检查或验证，做出质量综合评价，以证书、标志和发布信息的方式向社会提供质量评价信息。

（5）委托性检验。委托性检验，即供方或购货方委托国家法定的质量检验机构所进行的验收性检验。

（6）企业生产管理检验。企业生产管理检验，即生产企业（工厂）内部所进行的质量检验。工业企业都设有检验机构、设备和质检人员。

（7）验收检验。验收检验是用户为验收商品而进行的买方检验。比如生产企业对所进的原材料、商业企业对所进的商品、消费者对所购买的商品的检验。

3）按检验对象的流向分

（1）国内商品检验

国内商品检验主要有法定检验、企业自检和用户检验三种。

①法定检验是指质量监督检验机构依据有关的标准和法规对国内营销的商品所进行的检验活动。

②企业自检是生产企业和商业企业依据技术标准进行的自我检验。

③用户检验是用户对自己购买的商品进行的检验。

（2）进出口商品检验

进出口商品检验是由商检机构依照有关法律、法规、合同规定、技术标准、国际贸易惯例和公约等，对进出口商品进行的法定检验、鉴定检验和监督管理检验。

①法定检验是根据国家法律、法规，对指定的重要进出口商品执行强制性检验。非经检验合格的产品不许出口或进口，以维护国家的信誉和利益。其范围是：列入《商检机构实施检验的进出口商品种类表》的商品；应实施卫生检验的食品；有关国际条约规定须经商检机构检验的进出口商品；实施性能鉴定和使用鉴定的出口危险货物包装容器；进行运载检验的装运出口易腐烂变质食品和冷冻品的船舱、集装箱等运载工具；其他法律、法规规定的须经商检机构检验的进出口商品。

②鉴定检验是质量监督检验机构依据合同、标准和国际条约的规定以及国际惯例的要求，按对外贸易部门（进口商、出口商、承运部门、仓储部门、保险公司等）的申请项目办理的检验。提供检验、鉴定结果与结论，提供有关数据，签发检验、鉴定证书或其他有关证明。鉴定检验与法定检验性质不同，不是强制性检验。其工作范围和内容十分广泛，包括运用各种技术方法和手段，检验、鉴定各种进出口商品的品质、数量、重量、包装、积载、残损、载损、海损等实际情况，以及商品的运载工具、装卸等事实状态和其他有关业务是否符合要求等。

③监督管理检验是国家市场监督管理部门对生产企业所使用的各种认证标志、进口安全质量许可、出口质量许可证件、卫生注册登记的证件的验查和对商品质量所实施的检验。

4）按检验方法分

按检验方法可分为感官检验法、理化检验法、微生物检验法。（详见 7.3）

5）按检验时对样品的处理情况分

（1）破坏性检验。破坏性检验即为取得必要的质量信息，需将样品解剖、破坏来进行测定或试验的检验。如纺织品、橡胶制品、塑料制品、皮革制品、纸张制品、食品等的各种力学和微生物学检验。

（2）非破坏性检验。非破坏性检验也称无损检验，即指经测定、试验后的商品仍能使用的检验。

6）按商品受检的概率分

（1）全数检验。全数检验即对被检批量商品逐个（件）地进行检验，也称百分之百检验。它可以提供较多的商品质量信息，适用于批量小、质量指标数量少、比较贵重、非破坏性的商品检验。其缺点是费时、费工，适用性差。除非特殊情况是不采用的。

（2）抽样检验。抽样检验即按照事先已确定的抽样方案，从被检批量商品中随机抽取少量商品成为样品，再对样品逐一测试，并将结果与标准或合同技术要求进行比较，最后由样本质量状况统计推断受检批量商品整体质量合格与否的检验。优点是受检的商品数量较少，节约检验时间和费用，是普遍适用的方法，抽样检验适用于批量较大、质量较稳定的商品检验。缺点是所提供的商品质量信息少，不适用于质量差异程度大的商品。

7.2　商品抽样

7.2.1　抽样

1）抽样的概念

在检验整批商品质量时，用科学的方法从中抽取具有代表性的一定数量的样品，作为评定该批商品的质量依据。这种抽取样品的工作，被称为抽样（或拣样）。企业在验收批量产品时，验收人员必须根据合同规定，从交验批量产品中抽取一定比例的样品进行检验，根据样品的检验结果，决定接收还是拒收。

2）抽样的实践意义

抽样检验的理论基础是概率论和数理统计，随着科学和经济的发展，抽样方法得到了越来越广泛的应用。

（1）对批量商品抽样检验的理论根据

在对批量商品进行检验时，采用什么样的方法使其结果比较准确地代表整批商品的质量，是一个实际问题，也是理论界多年探讨的问题。抽样检验的方法是公认的方法，而全数检验受客观条件的限制和主观因素的影响，可行性受到限制。

①凡属破坏性试验或经检验后可能使商品体受到损害项目的商品，不能全检。例如，检验搪瓷制品的密度性能、各种食品质量、灯泡的使用寿命、电子设备的抗震性能等项目，都是带有破坏性的，对批量商品显然不能全检。

②对不易分成单位体的连续商品，不可能全检，如粒状、流体状商品，连续的电缆、导线等。

③凡属自动化、大批量生产的产品，检验项目即使不带破坏性，也不能全检。其原因有三：其一是由于生产量太大，全检需要大批人力、物力，经济上很不合算；其二是即使是自动化检验，检验设备也不是百分之百可靠的，因而测试结果不

见得全部可靠；其三是即使批量不大，因检验人员长期持续工作和某些人为因素的影响，也会经常造成错检或漏检现象。

美国的塞拉森实验证明，在全检时，第一次只能发现全部不合格品的68%；第二次全检又会发现其中的18%；第三次是8%；第四次是4%。显然，对一批产品经四次全检，仍有2%的不合格品没有检出。所以，即使不带破坏性的试验，在现代化大规模生产的今天，全检也是不切实际的。

抽样检验可以对每个样品进行认真检查，对由抽样可能造成的误差，可用数理统计的方法控制在一定范围内。可见，抽样检验是目前检验产品质量的唯一经济而又切实可行的有效办法。

（2）抽样检验的社会效果

抽样检验的社会效果可概括为以下几个方面：

①保护用户，不致接收不符合标准的产品，使用户风险（错判率）限定在用户愿意承担的范围内。

②保护厂方，使厂方风险（错判率）保持在厂方愿意承担的范围内。目前国际上公认的一般标准为：生产者承担5%的风险，消费者承担10%的风险比较合理。

③督促厂方对产品质量实行严格控制。

④为双方提供产品质量信息，并有利于生产的科学管理。

以少数样品的检验结果，来判断大批产品的质量状况，并决定其是否合格，实属关系着生产者和消费者双方利益的大事。倘若样品的质量不能代表整批质量，则可能出现两种情况：其一是样品的质量低于整批的质量，则合格品被拒收的概率增大，将给生产部门带来损失；其二是样品的质量高于整批质量，则不合格品被接收的概率增大，将给消费者带来损失。

由此可知，正确选择抽样方法，对控制抽样误差、获取较为准确的检验结果至关重要。

7.2.2 随机抽样方法

抽样方法很多，但随机抽样法是公认最为合理，并为世界广泛采用的方法。百分比抽样法一般情况已不被采用。

随机抽样法是指被检批量中的任一单位产品，都有同等机会被抽取的方法，又称为无限制的随机抽样法。该方法的特点是整批商品中的每一个单位产品被选取的机会均等，并不受任何主观意志的限制。抽样者完全是用偶然方法抽取，事先并不考虑或选择应抽取哪一个样品。与此相反，其他抽样方法对获选的样品大多都有所限制。

目前，随机抽样法有以下几种类型，即单纯随机抽样法、分层随机抽样法和规律性抽样法。

1）单纯随机抽样法

单纯随机抽样法又称简单随机抽样法。它是所有随机抽样法中最为简单的一种方法，也是最有代表性的抽样方法。通常是按照随机原则，不做任何分组、划类、排序等先行工作，从总体商品中直接抽取检验样品。采取此法，对验收的全部产品，可以完全做到随机化抽取。

简单随机抽样，一般常采用掷骰子、掷硬币、抽签、查随机数表等方法抽取样品。在实际工作中多采用后两种方法。

（1）抽签。将交验批量中各产品的号码，逐个写在签条或卡片上，投入箱（罐）中摇拌均匀，然后按抽签方法不加任何限制地在全部签条或卡片中随机抽取。

（2）查随机数表。随机数表又称为乱数表，即把0~9的数字，随机排成一张表：

0347437846	3697568190	4967389592
5793217485	4579321478	5793214663
6921569324	5692147963	6953764880
...	...	...

采用查随机数表抽取样品，也是先将受验批中的产品逐一编号；其号码从1编起，多为二位数，也可为三位数或更多位数，编号之次序与方法不受任何限制。然后使用随机数表，从随机数表中任何一列的任何一行开始，依次选取与样品数相等的号码个数，然后按选取的号码对号抽取样品。

2）分层随机抽样法

分层随机抽样法又称分类随机抽样法。它是将一批同类商品划分成若干层次（分层时应注意每个层次内部是均匀的），再从每一层次中按比例随机抽取若干样品，最后将抽取的样品放在一起作为试样。由于生产过程中的质量事故常常是间隔出现的，采取分层随机抽样法能克服简单随机抽样法可能漏掉的规律性缺陷。

例如：有批待检零件5 000个，是某厂甲、乙、丙三条生产线生产加工出来的产品，即甲生产线的产品2 500个；乙生产线的产品1 500个；丙生产线的产品1 000个。现欲取250个样品进行试验，采取分层随机抽样方法如下：

从甲生产线抽取数量=250×2 500÷5 000=125（个）

从乙生产线抽取数量=250×1 500÷5 000=75（个）

从丙生产线抽取数量=250×1 000÷5 000=50（个）

3）规律性抽样法

规律性抽样法又称系统随机抽样法，是指按一定规律，从整批同类商品中抽取样品的方法。一般做法是：对一批同类商品或同批商品先按顺序编号，从中任意选定一个号码作为抽样的基准号码，如选定5是基准号码，则逢5（即5，15，25，35，45，…）就将商品抽出作为试样。这样抽出的试样，在整批商品中的分布是比较均匀的，更具有代表性。此法适用于产品质量缺陷呈规律性变化的商品。

7.2.3　抽样检验方法和相关标准

抽样检验方法在相应的商品标准中均有具体规定。根据商品标准中的规定选取正确的抽样检验方法和相关标准，抽样时必须按抽样方法正确地抽取样品，不得随心所欲。否则，即便花气力进行了精确的分析、测试，其检验结果也会失去实际意义。此外，对整批商品而言，试样总是很少的一部分，应尽量使试样能代表整批商品的质量。还必须注意，试样的包装和保管应按标准规定执行，以保证试样在检验前不发生任何变质现象。抽样检验方法和相关标准有如下三种：

1）计量和计数抽样检验方法

计量抽样检验方法相关标准有 ISO 3051、GB 6378；计数抽样检验方法相关标准有 ISO 2859、GB 2828、GB 2829。

2）调整型和非调整型抽样检验方法

调整型有正常、加宽和加严三种类型；非调整型则不考虑加宽和加严。

3）按抽样次数的抽样检验方法

按抽样的次数分一次、二次、三次甚至更多次抽样的检验方法，GB 2828、GB 2829 为五次抽样检验法的标准，ISO 2859 为七次抽样检验法的标准。

7.3　商品检验的方法

商品质量检验方法，根据检验原理、条件、设备的不同特点，一般可分为三大类，即感官检验法、理化检验法和微生物检验法。

7.3.1　感官检验法

1）感官检验法的概念及优缺点

感官检验法，又称感官分析法、感官检查法和感官评价法，它是用人的感觉器官作为检验器具，对商品的色、香、味、形、手感、音色等感官质量特性，在一定条件下做出判定或评价的检验方法。

感官检验法的优点是：不需要专门的仪器和复杂的设备，方法简便易行；不易破坏商品体；不受抽样数量的限制。缺点是感官检验法受鉴定人的生理条件、工作经验及鉴定时的外界环境干扰等限制，检验结果往往带有主观片面性；感官检验的结果难以用准确数字来表示，对商品质量的表示只能用专业术语或记分法表述。在实际工作中，为提高感官检验结果的准确性，通常是组织审评小组进行检验，以修正检验结果的误差。

2）感官检验法的种类

（1）按感受器官分

按感受器官分有视觉检验法、听觉检验法、味觉检验法、嗅觉检验法、触觉检验法，可以单一使用，多数是混合使用，统称感官检验法。

感官检验法是通过感官来检验商品质量的。这是由于目前一些产品的某些质量特性，还难以用仪器来进行检验，需要靠感官（视觉、听觉、味觉、嗅觉、触觉）来完成检验，如机电商品中的噪声和杂音、外表缺陷、锈蚀、表面粗糙度；纺织品中的水分、色泽、面料的疵点、污染、颜色、色调和手感；食用油的透明度、颜色、气味；医药制品的色与味；针剂注射的疼痛感；粮食的外观、干湿度、夹杂物、新鲜程度；酒类的品尝；烹调制品的色、香、味；罐头食品的外观、味道、保鲜程度等。

（2）按检验目的和组成人员的不同分

按检验目的和组成人员的不同，感官检验法又分为分析型感官检验法与偏爱型感官检验法两大类。

①分析型感官检验法，又称Ⅰ型或A型感官检验法。它是以经过培训的评价员感觉器官作为"仪器"来测定商品的质量特性或鉴别商品质量优劣，以及同种商品之间的差异等。这种检验法要求评价员对商品做出客观评价，尽量避免人的主观意愿对评价结果的影响。为此在进行检验时，必须保证以下三点：统一的标准评价尺度和评价基准物；规范化的试验条件；训练有素的评价员，评价员在经过适当的选择和训练后，应保持一定水平。

②偏爱型感官检验法，又称Ⅱ型或B型感官检验法。它是以未经训练的消费者对商品的感觉来判断消费者对商品的偏爱程度，所以是一种主观评价方法。这种检验不像分析型那样需要统一的评价标准和条件，全凭评价者生理、心理的综合感觉而定，即其感觉程度和主观意识起着决定性作用，因而评价结果往往因人、因时、因地而异，并且允许有相反判断。

3）感官检验法实例

（1）茶叶的色、香、味、形

各种不同类型的茶叶，具有不同的外形、香气、汤色、滋味和叶底，因此有不同的质量要求。茶叶的质量优劣取决于干看外形和湿评内质（包括香气、汤色、滋味和叶底）的结果。

①外形。茶叶的外形优劣，是由茶身形态、整碎、色泽和净度四方面决定的。一般以紧结重实，完整饱满，芽头多有锋苗，长短粗细匀称，筋、梗、片、末少，光泽明亮，油润鲜活为佳。

②香气。以浓厚、芬芳馥郁的嫩香及持久力强者为优，而粗老低淡或带异味者为劣。

③汤色。红茶汤色以红艳鲜浓、澄清明亮为优，而暗淡不明、浑浊不清为劣；绿茶汤色则以鲜翠明亮、清澈为优，而橙黄不清或黄而微红不清为劣。

④滋味。红茶滋味以醇厚甜和、富有收敛性为优；绿茶滋味以醇厚甘浓爽口、微带苦味、富有收敛性为优。

⑤叶底。红茶以细嫩柔软、红艳明亮、色泽调匀者为优，粗老暗褐、硬薄者为劣；绿茶以细嫩匀整、具有鲜明调匀的橄榄色、厚实而柔软者为优，以叶底杂乱、叶肉薄而粗硬者为劣。

（2）白酒的色、香、味

品质良好的白酒，其色泽应为无色透明带有极微的浅黄色，无悬浮物和沉淀；

有明显的溢香，不应有杂气；滋味则应醇厚、甘洌、回甜、回味悠长等。

（3）日用工业品和服装的外形

日用工业品和服装的外形，如式样、花色等是否符合消费者需要，直接关系到其质量。造型美观、式样新颖别致，即说明其质量优良，进而能够很好地满足消费需求；造型粗笨、式样陈旧过时，则难以满足消费需求。

7.3.2 理化检验法

1）理化检验法的概念及优缺点

理化检验法是在实验室的一定环境条件下，利用各种仪器、器具和试剂作手段，运用物理和化学的方法来检验商品质量。它主要用于检验商品的成分、结构、物理性质、化学性质和安全性等。

理化检验的结果可用数据定量表示，较感官检验客观和精确，但对检验设备和检验条件的要求较为严格，同时要求检验人员应具备扎实的基础理论知识和熟练的操作技术。

2）理化检验法的分类

理化检验方法分为物理检验法和化学检验法。

（1）物理检验法

物理检验法是指对商品的物理量及其在力、电、声、光、热的作用下所表现的物理性能和机械性能的检验。这种检验要通过仪器测量进行。物理检验可分为三类：

第一类是几何量检验。商品的几何量，如商品长、宽、高、内外径、角度、形状、表面粗糙度等。

第二类是物理量检验。商品的物理量指标如重量、密度、细度、黏度、熔点、沸点、导热、导电、磁性、吸水率、胀缩性、电阻、功率、电流、电压、频率等。

第三类是机械性能检验。商品的机械性能检验内容很广泛，如抗拉强度、抗压强度、抗剪切强度、抗冲击强度、硬度、弹性、韧性、脆性、塑性、伸长率、应力、应变、最大负荷、耐磨性等。

（2）化学检验法

化学检验法又称化学分析法。商品的某些特性要通过化学反应才能显示出来，商品的这种性质称为化学性质。其方法有化学分析法和仪器分析法。

化学分析法又分为定性分析和定量分析。定量分析又可分为重量分析和容量分析。

仪器分析法通常按使用仪器的类型分。通过检验试样溶液的光学和电化学性质等物理或物理化学性质而求出待测物组分的含量，如比色分析法、比浊分析法、分光光度法、发射光谱分析法、原子吸收光谱分析法、荧光分析法、紫外线分析法、气相色谱法、X光分析法、核磁分析法、差热分析法等。

例如，气相色谱法在名酒鉴别中的应用，操作时使用气相色谱仪将被分析样品（气体或液体汽化后的蒸汽）在流速保持一定的惰性气体带动下进入填充有固定气相的色谱柱，在色谱柱中样品被分离为一个个单一组分，并以一定先后次序从色谱柱中流入检测器，转变为电信号，再经放大后，用记录器记录，在记录纸上得到一组色谱峰，根据色谱峰峰高或峰面积就可定量测定样品中各个组分含量。可参看名酒鉴别中色谱分析图。

7.3.3　微生物检验法

微生物检验是对部分商品（主要是直接入口的商品）被细菌污染的定性或定量检验，通常也称卫生检验，以检查卫生性以及对环境的污染和破坏性等。目前，我国对食品（如肉及肉制品、乳及乳制品、蛋品、水产、清凉饮料、罐头、糕点、调味品、蔬菜、瓜果、豆制品、酒类等）、饮用水、口服及外用药品、化妆品及需灭菌的商品均规定了卫生标准，以严格控制细菌污染，防止各种有害的病原微生物侵入身体而直接危害广大消费者的人身健康。微生物常规检验项目包括细菌总数测定、霉菌总数测定、大肠菌群的检验、肠道致病菌的检验、化脓性细菌的检验、食物中毒菌的检验、破伤风厌氧菌的检验、活螨虫及螨虫卵的检验等。

7.4　商品品级

7.4.1　商品品级与商品分级

1）商品品级与商品分级的概念

商品品级是依商品质量高低所确定的商品等级。根据商品质量标准（包括实物质量标准）和实际质量检验结果，将同种商品区分为若干等级的工作，称为商品分级。

商品品级通常用等或级的顺序来表示，其顺序反映商品质量的高低，如一等（级）、二等（级）、三等（级）或甲等（级）、乙等（级）、丙等（级）、丁等（级）等。我国国家标准GB/T 12707—91《工业产品质量分等导则》，规定了我国境内生产和销售的工业产品质量等级的划分和评定原则。它将工业产品的实物质量，原则上按照国际先进水平、国际一般水平和国内一般水平分为三个档次，相应地划分为优等品、一等品和合格品三个等级。这样有利于从整体上综合反映我国工业产品质量水平，有助于推动技术和管理进步，促进产品更新换代和质量提高。

2）商品质量等级的确定

主要依据商品的标准和实物指标的检测结果，由行业归口部门统一负责。优等品和一等品等级的确认，须有国家级检测中心、行业专职检验机构或受国家、行业委托的检验机构出具的实物质量水平的检验证明。合格品由企业检验判定。

商品种类不同，分等（级）的质量指标内容也不同。例如，粗、精纺呢绒是按实物质量、物理指标、染色牢度和外观疵点四个大项综合确定等级；茶叶按其感官质量指标分级；食糖按其主要成分（蔗糖）含量和杂质含量分级；乳和乳制品则同时按感官指标、理化指标、微生物指标进行分级。对每种商品每一等级的具体要求和分级方法，通常在该商品标准中都已规定。

商品分级工作，既有利于促进生产部门加强管理，提高生产技术水平和产品质量，也有利于限制劣质商品进入流通领域，并且便于消费者选购商品。此外，商品分级还有利于物价管理和监督。

7.4.2 商品分级的方法

商品分级的方法可归纳为百分法和限定法两类。

1）百分法

百分法是对商品各项质量指标规定一定的分数，其中重要的质量指标规定的项目总分占总分比率高，次要的质量指标分数占比低。各项质量指标完全符合标准规定的总分为100分，如果某一项或几项质量指标达不到标准规定的要求，相应扣分，则相应降低等级。这种方法在食品商品评级中被广泛采用。如酒的评分方法，满分为100分。

白酒：色10分、香25分、味50分、风格15分。

啤酒：色10分、香20分、味50分、泡沫20分。

葡萄酒：色20分、香30分、味40分、风格10分。

香槟酒：色15分、香20分、味40分、风格10分、气15分。

其中风格是指香与味的结合。

2）限定法

限定法是对商品的各种质量缺陷规定一定的限量。限定法有限定记分法、限定数量与程度法。

（1）限定记分法。限定记分法是对商品的各种质量缺陷规定一定的分数，由缺陷的分数总和来确定商品的等级。质量缺陷越多，分数的总和越高，则商品的品级越低。该方法主要用于工业品商品分级。

（2）限定数量与程度法。限定数量与程度法即在标准中规定，在商品每个等级中，限定疵点的种类、数量和疵点程度。例如，全胶鞋有13个外观指标，其中鞋面起皱或麻点：一级品稍有，二级品有；鞋面砂眼：一级品不准有，在二级品中，砂眼直径不超过1.5毫米，深不超过鞋面厚度者，低筒鞋限2处，半高筒鞋限4处，但不得集中于下部，弯曲处不许有。此外，还有其他疵点限制要求。在13项指标中，如果一级品超过4项不符合要求者，降为二级品；二级品超过6项不符合要求者，则降为不合格品。

7.5　假冒伪劣商品的识别

7.5.1　假冒伪劣商品

1）假冒伪劣商品的含义

假冒伪劣商品是指那些含有一种或多种可以导致普通大众误认的不真实因素的商品。假冒伪劣商品可以分为假冒商品和劣质商品两种类型。假冒伪劣商品是假冒伪劣的物质产品，不包括精神产品。其特征是具有不真实性因素和社会危害性。

假冒商品：商品在制造时，逼真地模仿其他同类产品的外部特征，或未经授权，对已受知识产权保护的产品进行复制和销售，借以冒充别人的产品。在当前市场上主要表现冒用、伪造他人商标、标志；冒用他人特有的名称、包装、装潢、厂名厂址；冒用优质产品质量认证标志和生产许可证标识的产品。

伪劣商品：生产、经销的商品，违反了我国现行法律、行政法规的规定，其质量、性能指标达不到我国已颁布的国家标准、行业标准及地方标准所规定的要求，甚至是无标生产的产品。

根据国家市场监督管理部门的定义，假冒产品是指使用不真实的厂名、厂址、商标、产品名称、产品标识等从而使客户、消费者误以为该产品就是正版的产品。伪劣产品是指质量低劣或者失去使用性能的产品。

2）国家市场监督管理部门规定了假冒伪劣商品的范围

（1）商品失效和变质；

（2）存在危及人体健康和人身、财产安全的不合理危险的；

（3）商品所标明的指标与实际不符；

（4）伪造或者冒用认证标志、名牌产品标志、免检标志等质量标志和许可证标志的；

（5）假冒他人注册商标的；

（6）伪造或者冒用他人的厂名、厂址的；

（7）伪造或者使用虚假的产地的；

（8）掺杂、掺假、以假充真或以旧充新的商品；

（9）国家有关法律、法规明令禁止生产、销售的商品。

3）经销下列商品，经指出不予改正的，即视为经销伪劣商品

（1）无检验合格证或无有关单位允许销售证明的商品；

（2）不用中文标明商品名称、生产者和产地（重要工业品未标明厂址）的商品；

（3）限时使用而未标明失效时间的商品；

（4）实施生产（制造）许可证管理而未标明许可证编号和有效期的商品；

（5）按有关规定应用中文标明规格、等级等主要技术指标或成分、含量而未标明的商品；

（6）高档耐用消费品无中文使用说明的商品；

（7）属处理品（含次品、等外品）而未在商品或包装的显著部位标明"处理品"字样的商品；

（8）剧毒、易燃、易爆等危险品而未标明有关标识和使用说明的商品。

其中"所标明的指标与实际不符"具有广泛的含义，包括按规定应该标明的规格、等级、成分、含量及主要的技术指标等。"高档耐用消费品"是指使用时间较长、价格较贵的商品。

4）国家关于禁止生产、经销假冒伪劣商品的法律和法规

（1）《工业产品质量责任条例》；

（2）《标准化法》；

（3）《计量法》；

（4）《民法通则》；

（5）《产品质量监督试行办法》；

（6）《食品卫生法》；

（7）《药品管理法》；

（8）《商标法》；

（9）《产品质量法》；

（10）《消费者权益保护法》；

（11）《广告法》及《广告管理条例》；

（12）《锅炉压力容器安全监察暂行条例》；

（13）《种子管理条例》；

（14）《国务院关于化肥、农药、农膜实行专营的决定》；

（15）《建筑工程质量管理条例》；

（16）《工业产品生产许可证管理条例》。

5）国家明令禁止生产和经销的商品

6）国务院规定废除和禁止使用的非法定计量单位的计量器具

（1）度器有：英制尺，公制、英制并刻尺，市制尺；

（2）衡器有：十六两秤、司马秤、管式弹簧秤、市制秤、拉带式架盘天平；

（3）量器有：波美表（比重计）、市制升。

7）"经销伪劣商品"与"视为经销伪劣商品"在性质上不同

"经销伪劣商品"其商品本身可以确认为伪或劣；"视为经销伪劣商品"其商品本身可能既不伪，又不劣，只是不符合或违反经销环节的有关规定，并经指出后仍执意不改或顽固坚持，因而必须按经销伪劣商品追究法律责任。但在查处时，可根据其性质的不同和情节的轻重加以区别。

7.5.2　识别伪劣商品的一般方法

1）看商品外包装的标志和标记

按国家规定，名优商品在外包装上，分别标有：

（1）商标标识。商标标识和"注册商标"或"注册"字样印在商品的包装上，伪劣商品在外包装上多数没有商标标识、"注册商标"或"注册"字样，即使仿造，其图案与真品标识总有不同之处。

（2）商品名称。

（3）条形码或二维码。

（4）认证标志，如国家强制性认证"CCC"标志。

（5）防伪标志。

（6）荣获优质奖的商品有优质奖标记。

（7）执行的技术标准、技术编号。

（8）检验合格证标记。

（9）厂名、厂址。

（10）出厂日期、生产批号。

（11）限时使用的商品，一般还注明有效期限。

（12）规格、型号、成分、重量。

伪劣商品对上述应标明的标记残缺不全或乱用标记，有的无厂名或用假厂名，有的厂名不用中文而用汉语拼音，故弄玄虚、制造假象。

2）看装潢

多数名优商品图案装潢清晰、形象逼真、色彩调和、做工精细、包装用料质量好；伪劣商品多数图案装潢模糊、形象不真、色彩陈旧、包装用料质量差、做工粗糙。

3）看特有标记

有些名优商品，除在商品包装的主要部位有商标标识外，还在商品的某些部位上有特有标记（记号）。

4）看厂名

一些传统名优商品，以地名为商品名称的生产厂家很多，但正宗的传统名优商品只有一家，如正宗名优"孝感麻糖"的生产厂家是湖北省孝感麻糖厂，注册商标是孝感牌；正宗名优"镇江香醋"的生产厂家是江苏省镇江恒顺酱醋厂，注册商标是金山牌。凡商品相同而厂名不同或只一字之差，又无注册商标的，均为非正宗传统名优商品。

5）看商品包装封口

大多数名优商品采用先进机械封口，封口处平整光洁、无折皱或重封黏迹；假冒伪劣商品不论是套购的商品包装还是仿造或回收旧包装，多数为手工操作，封口处不平整，有折皱或有重封黏迹。

6）注意售货企业的可信度

本章小结

商品检验是商品鉴定的一个组成部分。商品质量检验是评价商品质量优劣的最重要的方法和手段。商品检验从不同角度，用不同标准分类，有若干种分类方式。

抽样检验是目前检验产品质量的唯一经济而又切实可行的有效办法。抽样方法很多，但随机抽样法是公认最为合理，并为世界广泛采用的方法。

商品质量检验方法一般可分为三大类：感官检验法、理化检验法和微生物检验法。

商品质量等级的确定主要依据商品的标准和实物指标的检测结果。商品分级的方法有百分法和限定法两类。

假冒伪劣商品的商品体和它的有形或无形附加物存在着与事实不符的情况。

关键概念

商品检验　商品鉴定　抽样　品级　商品分级　假冒伪劣商品

简答题

1.商品质量检验有哪些种类？

2.商品抽样有哪些方法？

3.商品分级有哪些方法？

实训题

1.感官检验茶叶的色、香、味、形。

2.感官检验白酒的色、香、味。

3.根据识别伪劣商品的方法，识别一下你将要购买商品的真伪。

试述题

1.试述商品鉴定与商品检验的关系。

2.试述商品检验方法的类别及特点。

论述题

试论商品检验抽样的实践意义。

第 8 章

商品分类与编码

学习目标

通过本章的学习，使学生了解商品分类的概念和层次，理解商品分类的作用，掌握商品分类的原则与方法；掌握商品分类的标志和进出口商品的归类；了解 GS1 全球统一标识系统；了解国内外商品编码发展历程与现状；了解我国物品编码工作的 4 个发展阶段；熟悉 GS1 编码管理体系；熟悉 GS1 代码和标识系统；掌握几种常用条形码。

8.1　商品分类

8.1.1　商品分类概念

分类是人类社会发展的必然产物，分类是科学研究的重要方法，分类水平反映着科学技术水平。科学的分类使复杂的事物和现象系统化、条理化，从而深化人们的认识能力，更有效地认识和研究事物发生、发展的规律，推动人类社会不断向前发展。

商品分类是指根据一定目的，为满足商品生产、流通、经济管理及人们生活等需要，选择适当的分类标志或特征，将商品集合总体科学地、系统地逐层级划分，直至最小单元的过程。

8.1.2　商品分类的层次

不同国家、不同历史阶段，根据不同的目的，不同的时间、地点与场所，商品所概括的范围并不完全相同。因此，商品分类的对象也不尽相同，商品分类的层次也不一样。目前，我国通常将商品分成大类、中类（品类）、小类（品种）、细目等四级。

例如，在超大型综合超市有3万多种商品，在实际管理中，商品分类一般采用综合分类标准，将所有商品划分成大分类、中分类、小分类和单品四个层次，目的是便于管理，提高管理效率。

1）大分类

大分类是超级市场最粗线条的分类。大分类的主要标准是商品特征，如畜产、水产、果菜、日配加工食品、一般食品、日用杂货、日用百货、家用电器等。为了便于管理，超级市场的大分类一般以不超过10个为宜。

2）中分类（商品品类）

中分类是大分类中细分出来的类别。其分类标准主要有：

按商品功能与用途划分。如日配品这个大分类下，可分出牛奶、豆制品、冰品、冷冻食品等中分类。

按商品制造方法划分。如畜产品这个大分类下，可细分出熟肉制品的中分类，包括咸肉、熏肉、火腿、香肠等。

按商品产地划分。如水果蔬菜这个大分类下，可细分出国产水果与进口水果的中分类。

3）小分类（商品品种）

小分类是中分类中进一步细分出来的类别，主要分类标准有：

按功能用途划分。如畜产大分类中、猪肉中分类下，可进一步细分出排骨、肉糜、里脊肉等小分类。

按规格包装划分。如一般食品大分类中、饮料中分类下，可进一步细分出听装饮料、瓶装饮料、盒装饮料等小分类。

按商品成分分类。如日用百货大分类中、鞋中分类下，可进一步细分出皮鞋、人造革鞋、布鞋、塑料鞋等小分类。

按商品口味划分。如糖果饼干大分类中、饼干中分类下，可进一步细分出甜味饼干、咸味饼干、奶油饼干、果味饼干等小分类。

4）单品

单品是商品分类中不能进一步细分的、完整独立的商品品项。如上海申美饮料有限公司生产的 355 毫升听装可口可乐、1.25 升瓶装可口可乐、2 升瓶装可口可乐、2 升瓶装雪碧，就属于 4 个不同单品。

总之，商品分类并没有统一固定的标准。商品的用途、原材料、生产方法、化学成分、使用状态等是这些商品最本质的属性和特征，是商品分类时最常用的分类依据。

8.1.3 商品科学分类的作用

由于商品品种繁多、特征各异、价值悬殊，因此，其性能、用途和储运要求也各不相同。随着科学技术的进步和商品经济的不断发展，商品品种日趋增多，商品分类的作用也越来越大。

1）为经济管理现代化奠定了科学基础和前提条件

将商品进行科学的分类，统一商品用语，才能使商品生产、收购、调拨、运输、储存、养护、销售各环节中的计划、统计、核算等工作顺利进行，使各类指标、统计数据和商品信息具有可比性和实际意义。

计算机、网络在管理工作中的广泛应用，为商品的科学分类、编码以及快速处理和存储商品信息创造了条件，同时对商品分类又提出了新的更高的要求。实现商品购、销、调、存、结账的无纸贸易，商品信息流管理现代化，都是依靠科学的商品分类和编码系统来完成的。

在进出口贸易中采用国际统一商品分类编码体系，即《商品名称及编码协调制度》（简称 HS），使分类与国际商品市场接轨，加强了国际商品贸易信息交换，方便了国际贸易。

2）有利于商品标准化的实施和商品质量标准的制定

科学的商品分类，可使商品的名称和类别统一化、标准化，从而可以避免同一商品在不同部门由于名称、计量单位、计算方法、口径范围等不统一而造成困难，有利于发展国内外贸易以及提高经济管理水平和扩大经济效益。

3）有利于开展商品研究和教学工作

只有进行科学的商品分类，才能将研究的对象从每个商品的个性特征归结为每类商品的共性特征。掌握这类商品的共性特征，才能深入地分析类别商品的质量特征，为研究商品质量、品种及其变化规律，从而为商品质量的改进和提高，商品预测和新产品开发，商品包装、运输、保管、科学养护、检验、合理使用、质量保证等提供科学的依据。在教学中，按教学需要对商品进行科学分类，可以使讲授的知识系统化、专业化，便于学生理解和掌握，有利于商品学教材、教学大纲的编写和教学的顺利进行。

4）便于消费者和用户选购商品

只有进行科学的商品分类，才能使编制的商品目录有条理、层次分明、眉目清楚，有秩序地安排市场供给和商场的合理布局，从而便于消费者和用户选购。

8.1.4　商品分类的原则与方法

1）商品分类的原则

由于商品品种繁多、特征各异，分类的目的和方法也不完全相同，因此在进行商品分类时，必须遵循以下基本原则：

（1）目的性。能够满足分类的目的和要求。分类是为了方便和实用，也就是从有利于商品生产、销售、经营出发，最大限度地方便消费者的选购和满足消费者的需求。

（2）包容性。能够划分规定范围内的所有商品，同时还留有补充不断出现的新产品的余地。不同国家、不同历史阶段，商品所包括的范围并不完全相同，各行业、各部门所管理的商品范围也不相同，因此商品分类时首先要明确分类的商品所包括的范围，商品分类才有意义。

（3）唯一性。能够从本质上表现出各类商品之间的明显区别，保证分类清楚，保证商品所属类别的专一性、分类标志的统一性，即商品分类后的每个品种只能出现在一个类别里，不准把同一商品在同一目的下按多种标志进行分类。

2）商品分类的方法

由于商品分类的对象不完全一致，分类的目的也各不相同，因此商品分类的方法也是多种多样的。但归纳起来，通常采用的方法有线分类法和面分类法两种。

（1）线分类法

线分类法也称层级分类法，是将确定的商品集合总体按照一定的分类标志，逐次地分成相应的若干个层级类目，并排列成一个有层次的、逐级展开的分类体系。它的一般表现形式是大类、中类、小类、细目等。它的特点是将分类对象一层一层地具体进行划分，而且各层级所选用的分类标志可以不同，各个类目之间构成并列或隶属关系。

线分类法属于传统的分类方法，使用范围最广泛。在国际贸易和我国商品流通领域中，许多商品分类均采用线分类法。例如，纺织纤维可以按线分类法进行分类，如表8-1所示。

表 8-1   线分类法实例

大　类	中　类	小　类	细　　目
纺织纤维	天然纤维	植物纤维	棉花、麻类等
		动物纤维	羊毛、蚕丝等
	化学纤维	人造纤维	黏胶纤维、富强纤维、醋酸纤维
		合成纤维	锦纶、涤纶、腈纶、维纶、丙纶等

线分类法的主要优点是：信息容量大、层次性好、逻辑性强、符合传统的应用习惯，既对手工处理有较好的适应性，又便于计算机处理；最大的缺点是结构柔性差。所以，在采用线分类法编制商品分类目录时，必须预先留有足够的后备容量。

（2）面分类法

面分类法又称平行分类法，是将分类的商品集合总体按不同的分类标志划分成相互之间没有隶属关系的各个分类集合（面），每个分类集合（面）中的一个类目组配在一起，即形成一个新的复合目。例如，服装的分类，就是按面分类法组配的。把服装用的面料、式样和款式分为三个相互之间没有隶属关系的"面"，每个"面"又分成若干个类目，标出了不同范畴的独立类目。在使用时，将有关类目组配起来，便成为一个复合类目，如纯毛男式中山装、中长纤维女式西装等，见表 8-2。

表 8-2   面分类法实例

服装面料	式　样	款　式
纯　毛	男　式	中山装
纯　棉	女　式	衬　衫
中长纤维	儿　童	猎　装

面分类法具有结构柔性好、对计算机处理有良好的适应性等优点，但不能充分利用容量，组配的结构太复杂，不便于手工处理。目前，一般都把面分类法作为线分类法的辅助方法。

3）我国商品分类国家标准

我国在 1987 年发布和实施了商品分类国家标准 GB 7635—87《全国工农业产品（商品、物资）分类与代码》。该国家标准经过 3 次修订后，于 2002 年发布实施新国家标准 GB/T 7635—2002。我国国家标准 GB/T 7635—2002《全国主要产品分类与代码》分为两部分：GB/T 7635.1—2002《全国主要产品分类与代码第 1 部分：可运输产品》；GB/T 7635.2—2002《全国主要产品分类与代码第 2 部分：不可运输产品》。

8.2　商品分类标志

8.2.1　商品分类的概念

商品分类标志按其适用性可分为普遍适用的分类标志和局部适用的分类标志。

1）普遍适用的分类标志

普遍适用的分类标志是以所有商品种类共有的特征、性质、功能等来划分的，如形态、体积、产地、原材料、加工方法、用途等。这些分类标志常用做商品大类、中类、小类、细目等具有高层次类目的分类标志。

2）局部适用的分类标志

局部适用的分类标志是以部分商品共有的特征来划分的，故也称为特殊分类标志，如化学组成，包装形式，动植物的部位、颜色、形状，加工特点，保藏方法，播种、收获季节，电器商品的功率、效率等。局部分类标志概念清楚，特征具体，容易区分，常用于某些商品小类（品种）、细目（规格、花色、型号、等级）等低层次类目的分类标志。

因此，要遵循科学的商品分类原则，选择科学的商品分类标志进行分类，才有利于促进社会生产和商品流通。

8.2.2　常采用的几种分类标志

1）以商品用途作为分类标志

商品的用途取决于商品的使用价值，也是探讨商品质量与品种的重要依据。很多商品以用途作为分类标志，不仅适合对商品的大类划分，也适用于对商品类别、品种的进一步详细分类。例如，根据商品用途不同，可将商品分为生活资料商品和生产资料商品两大类。生活资料商品按用途又可分为食品、衣着用品、日用工业品、日用杂品等类别；日用工业品又可分为器皿类、洗涤用品类、化妆品类、家用电器类、文化用品类等；发用化妆品类又可再细分为洗发剂、染发剂、美发剂、生发剂、护发剂等；洗发剂可进一步划分为干性发用香波、油性发用香波、止痒去头屑香波、洗发护发二合一香波等。

以商品用途作为分类标志，便于分析和比较同一用途商品的质量和性能的差别，从而有利于生产企业改进和提高商品质量，开发商品新品种，扩大品种规格，生产适销对路的商品，也便于经营者和消费者按需要选购。但对多用途的商品，一般不宜采用此分类标志。

2）以商品的原材料作为分类标志

商品的原材料是决定商品质量、性能、特征的重要因素。由于原材料不同，可使商品具有截然不同的特性和特征，因而加工、包装、储运、保管、养护、使用等条件也不同。例如，纺织品按原料不同可分为棉织品、麻织品、丝织品、毛织品、化纤织品和混纺织品等；油脂可分为植物油、动物油、矿物油等；食糖可分为甘蔗糖和甜菜糖两大类；革类可分为牛革、猪革、羊革、马革、合成革、人造革等。

以原材料作为商品分类标志，不仅使分类清楚，而且还能从本质上反映出每类商品的性能、特征，商品使用、保管、包装、养护等方面的要求，特别适用于原料性商品或原料对成品质量影响较大的商品。但对那些由多种原料制成或质量特征与原材料关系不大的商品（如电视机、照相机、小汽车、洗衣机等），则不宜采用。

3）以商品的加工方法作为分类标志

商品的生产加工方法是形成商品质量的关键。许多商品即使是由同样的原材料制成，但是由于制造方法不同，也赋予了产品不同的质量特征和风格。例如，纺织品由于纱线交织时的方法不同可分为平纹布、斜纹布、华达呢布、卡其布、缎纹布、提花布等；茶叶按加工方法不同可分为全发酵茶（红茶）、半发酵茶（乌龙茶）、后发酵茶（黑茶）和不发酵茶（绿茶）；酒按酿造方法不同可分为蒸馏酒、发酵原酒和配制酒等；搪瓷面盆可分为素白、单花、多花等不同品种。这类分类方法能够直接说明商品的质量特征，特别适用于那些可以选用多种生产方法制造的商品。但是，对于那些虽然生产方法有差异，但产品质量特性没有实质性区别的商品，不宜采用。例如，同是热塑性的聚氯乙烯或聚乙烯塑料制品，尽管加工成型的方法不同，无论是用吹制、注射、挤出等成型方法，还是用热挤冷压或压铸成型方法制得，其质量和基本性能并未产生实质性差别，就不宜选用以加工方法为分类标志。

4）以商品的主要成分或特殊成分作为分类标志

商品的化学成分是形成商品质量和性能、影响商品质量变化的最基本因素。商品的化学成分是由许多成分混合组成的，而且这些成分的含量也不是均匀一致的，其作用也不相同。

一般商品都有主要成分和辅助成分。在绝大多数情况下，商品的主要成分是决定其性能、质量、用途或储运条件的重要因素。例如，塑料制品按其主要成分——合成树脂的种类，可分为聚乙烯制品、聚氯乙烯制品、聚丙烯制品、聚苯乙烯制品、有机玻璃制品、酚醛塑料制品、尿醛塑料制品等；如化肥按其主要化学成分的不同，可分为氮肥、磷肥、钾肥等。有些商品的主要化学成分虽然相同，但是由于所含有的特殊成分不同，也可形成质量、性能、特征和用途完全不同的商品。因而对这类商品进行分类时，应以特殊成分作为分类标志。例如，无机玻璃的主要成分是二氧化硅，但根据加入的特殊成分不同，可分为钢化玻璃（含有氧化钠）、钾玻璃（含有氧化钾）、铝玻璃（含有氧化铝）、硼硅玻璃（含有硼酸）等；钢材也可按其所含的特殊成分分为碳钢、硅钢、锰钢等。

按化学成分进行商品分类，能够更深入地分析商品特性，便于科学地储存、使用等。对化学成分已知并且对商品性能影响较大的商品宜采用这种分类标志进行分类。但对于化学成分比较复杂或容易发生变化及对商品性能影响不大的商品，则不适宜采用这种分类标志。

8.3　进出口商品的归类

8.3.1　海关商品归类学的性质

海关商品归类贯穿于海关工作的多个方面，如海关征税、海关统计、海关监管等业务。在海关征税工作中，只有准确的商品归类才能保证依法征收，使国家的税收不受损失，使纳税人的利益得到保障；在海关统计工作中，只有准确的商品归类才能保证国际贸易统计的准确性，为国家的宏观调控和贸易政策的调整提供可靠的依据；在海关监管工作中，只有准确的商品归类才能使国家对进出口商品的各项管理措施得到实施。

海关商品归类学是研究进出口商品的科学分类及在《商品名称及编码协调制度》分类体系中进出口商品归类规律的一门学科。

海关商品归类不是简单的编码，它有两层含义：一是，《商品名称及编码协调制度》及《进出口税则商品及品目注释》（简称《税则注释》）是进出口商品归类的法律依据；二是，具体的进出口商品按归类总规则进行科学归类。

狭义"死"的编码，每4—6年进行一次修订；广义"活"的编码，须掌握商品的性质、组成、原理、结构、加工、用途等。

8.3.2　商品协调制度与商品归类

《协调制度》（Harmonized System），缩写为HS，全称为《商品名称及编码协调制度》（The Harmonized Commodity Description and Coding System），是世界海关组织编制的关于国际贸易商品分类的标准目录，用以统一各国海关对商品分类的界定标准，并使各国海关可依据归类决定对不同商品征收关税及采取相应的管理措施。

按照进出口商品的性质、用途、功能或加工程度等将商品准确地归入《协调制度》中与之对应的类别和编码，即"商品归类"。协调商品名称和编码，即HS Code。国际通用的HS Code为6位编码，各国在前6位码一致的基础上根据自己国家贸易情况增加编码位数以对商品进行更详细的划分。如我国进出口税则中的编码为8位数，其中第7位、第8位是我国根据实际情况加入的"本国子目"。HS Code是进出口贸易中商品的重要标识，也是海关对不同商品征税、实行监管的重要依据。

1）《协调制度》的产生

海关合作理事会于1983年6月通过了《商品名称及编码协调制度的国际公约》及其附件《协调制度》。《协调制度》既满足了海关税则和贸易统计需要，又包容了运输及制造业等要求，因此，该目录自1988年1月1日起正式生效后，即被广泛应用于海关税则、国际贸易统计、原产地规则、国际贸易谈判、贸易管制等多个领域，所以又被称为"国际贸易的语言"。截至2007年，已有200多个国家、地区和国际组织采用《协调制度》分类目录。

随着新产品的不断出现和国际贸易结构的变化,《协调制度》一般每4—6年全面修订一次,有1988年、1992年、1996年、2002年和2007年的修订版本。2017年版《商品名称及编码协调制度》将于2017年在全球各有关国家和地区陆续实施,中国海关已完成对基于《协调制度》制定的《中华人民共和国进出口税则》的相关税号调整等转版工作,于2017年1月1日正式发布并实施新版税则。根据《中华人民共和国进出口关税条例》及相关规定,国务院关税税则委员会印发公告,公布《中华人民共和国进出口税则(2019)》,自2019年1月1日起实施。

2)《协调制度》的基本结构

《协调制度》将国际贸易涉及的各种商品按照生产类别、自然属性和不同功能用途等分为21类97章,每章由若干品目构成,品目项下又细分出若干一级子目和二级子目。为了避免各品目和子目所列商品发生交叉归类,在类、章下加有类注、章注和子目注释。为了使每一项商品的归类具有充分的依据,设立了归类总规则,作为整个《协调制度》商品归类的总原则。

《协调制度》是一部系统的国际贸易商品分类目录,所列商品名称的分类和编排是有一定规律的。从分类来看,它基本上按社会生产的分工分类,如农业在第1、2类,化学工业在第6类,纺织工业在第11类,冶金工业在第15类,机电制造业在第16类等。

3)协调制度商品分类目录

《协调制度》将商品划分为21类。为统计需要,我国在此基础上增加了22类"特殊交易品及未分类商品",见表8-3。

表8-3 《协调制度》商品分类目录

门 类	名 目	大 类
第1类	活动物、动物产品	01活动物 02肉及食用杂碎~05
第2类	植物产品	06~14
第3类	动、植物油脂及其分解产品;精致的食用油脂;动、植物蜡	15
第4类	食品;饮料、酒及醋;烟草及烟草代用品的制品	16~24
第5类	矿产品、矿区	25~27
第6类	化学工业及相关工业的产品	28~38
第7类	塑料及其制品、橡胶及其制品	39~40
第8类	生皮、皮革、毛皮及其制品;鞍具及挽具;旅行用品、手提包及类品;动物肠线(蚕胶丝除外)制品	41~43
第9类	木及木制品;木炭;软木及软木制品;稻草、秸秆、针茅或其他编结材料制品;篮筐及柳条编结品	44~46
第10类	木浆及其他纤维状纤维素浆;回收(废碎)纸或纸板;纸、纸板及其制品	47~49

门　类	名　目	大　类
第11类	纺织原料及纺织制品	50~63
第12类	鞋、帽、伞、杖、鞭及其零件；已加工的羽毛及其制品；人造花；人发制品	64~67
第13类	石料、石膏、水泥、石棉、云母及类似材料的制品；陶瓷产品；玻璃及其制品	68~70
第14类	天然或养殖珍珠、宝石或半宝石、贵金属、包贵金属及其制品；仿首饰；硬币	71
第15类	贱金属及其制品	72~83
第16类	机器、机械器具、电气设备及其零件；录音机及放声机、电视图像、声音的录制和重放设备及其零件、附件	84~85
第17类	车辆、航空器、船舶及有关运输设备	86~89
第18类	光学、照相、电影、计量、检验、医疗或外科用仪器及设备、精密仪器及设备；钟表；乐器；上述物品的零件、附件	90~92
第19类	武器、弹药及其零件、附件	93
第20类	杂项制品	94
第21类	艺术品、收藏品及古物	97
第22类	特殊交易品及未分类商品	98

注：03~98中的内容略。

8.3.3　我国海关进出口商品分类目录与商品归类

1）我国海关进出口商品分类目录与商品归类

我国海关自1992年1月1日起开始采用《协调制度》，进出口商品归类工作成为我国海关最早实现与国际接轨的执法项目之一。

根据海关征税和海关统计工作的需要，我国在《协调制度》的基础上增设"本国子目"（三级和四级子目），形成了我国海关进出口商品分类目录，然后分别编制出《中华人民共和国进出口税则》（简称《进出口税则》）和《中华人民共和国海关统计商品目录》（简称《统计商品目录》）。

为了明确增设的"本国子目"的商品含义和范围，我国又制定了《本国子目注释》，作为归类时确定三级子目和四级子目的依据。根据《协调制度公约》对缔约国权利、义务的规定，我国《进出口税则》和《统计商品目录》与《协调制度》的各个版本同步修订。我国海关进出口商品分类目录的基本结构《进出口税则》中的商品号列称为税号，与HS Code一致。为满足征税需要，每项税号后列出了该商品的税率；《统计商品目录》中的商品号列称为商品编号，为满足统计需要，每项商品编号后列出了该商品的计量单位。

2）我国进出口商品税则中的编码

《协调制度》中的编码只有6位数，而我国进出口税则中的编码为8位数，其中第 7、8 位是我国根据实际情况加入的"本国子目"。在实际的进出口报关中，又增加了第 9、10 位附加编号，使用 10 位编码。

编码的编排是有一定规律的，以 0301.9210"鱼苗"为例，见表 8-4。

表 8-4　　　　　　　　　　　　　　"鱼苗"编码

含义	章号		顺　序　号		一级子目	二级子目	三级子目	四级子目
位数	1	2	3	4	5	6	7	8
编码	0	3	0	1	9	2	1	0

第 5 位编码代表一级子目，第 6 位编码代表二级子目，第 7、8 位以此类推。需要指出的是，若第 5~8 位上出现数字"9"，则通常情况下代表未具体列名的商品，即在"9"的前面一般留有空序号，以便用于修订时增添新商品。

我国在实际的进出口报关中的编码，使用 10 位编码。以 0301.9210.10"花鳗鲡鱼苗"为例，见表 8-5。

表 8-5　　　　　　　进出口报关中"花鳗鲡鱼苗"编码

税则号列	货品名称
03.01	活鱼
⋮	⋮
0301.9210	鱼苗
0301.9210 10	花鳗鲡鱼苗
0301.9210 20	欧洲鳗鲡鱼苗
0301.9210 90	其他鳗鱼苗
⋮	⋮

8.4　商品编码

8.4.1　商品编码的概念

商品编码就是从商品流通的起点，制造商开始给商品一个代码、一个标识，对商品在流通的各个环节中进行扫描、应用，共同受益，使商品流通的各个节点（运输、仓储、配送、零售）协调一致，是标准化作用的真正体现。

1）编码技术

物品编码即给物品赋予代码的过程。代码则是表示特定事物（如某一物品）的一个或一组字符。这些字符可以是阿拉伯数字、拉丁字母或便于人与机器识别及处理的其他符号。

物品编码具有唯一性和稳定性。唯一性是指商品项目与其标识代码一一对应，即一个商品项目只有一个代码；稳定性是指商品项目一个代码只标识同一商品，项目商品标识代码一旦分配，若商品的基本特征没有发生变化，就应保持不变。

商品编码仅仅是一种识别商品的手段。无含义代码是指代码数字本身及其位置，不表示商品的任何特定信息。商品编码具有简单、灵活、可靠、充分利用代码容量、生命力强等优点。这种编码方法尤其适合于较大的商品系统。

现在应用的物品编码有压缩编码、文字编码、语音编码和数据编码等。

2）标识技术

标识即标示和识别。

标示是将代码转换成符号、标记、数据电文的过程。可以将代码转化成条码符号，印制在载体上。还可以将代码转化成二进制数据电文，写进 RFID 标签中的芯片。

识别是对标示信息进行处理和分析，实现对事物进行描述、辨认、分类和解释的过程。通过识别技术对标示信息进行采集、分析与处理，其处理结果是代码。

现在常用的自动识别技术有：条码识别技术、生物识别技术（分为声音识别技术、人脸识别技术、指纹识别技术）图像识别技术、磁卡识别技术、IC 卡识别技术、光学字符识别技术和射频识别技术。

现在全球范围内得到广泛应用的是商品的"全球统一标识系统"，也称 GS1 系统。因此，商品条码成为商品全球流通的"身份证"。

8.4.2　GS1 全球统一标识系统

1）GS1 系统的定义

GS1 系统即"全球统一标识系统"，是以对贸易项目、物流单元、位置、资产、服务关系等进行编码为核心的集条码、射频等自动数据采集、电子数据交换、全球产品分类、全球数据同步、产品电子代码（EPC）等系统为一体的、服务于全球物流供应链的开放的标准体系。

2）GS1 系统的构成

GS1 系统由编码体系、数据载体、EPC 射频识别标签构成。

（1）编码体系，由标识代码和附加属性代码两部分组成，如图 8-1 所示。

①标识代码。

全球贸易项目代码（GTIN）（贸易项目）包括零售商品的编码和非零售商品的编码。

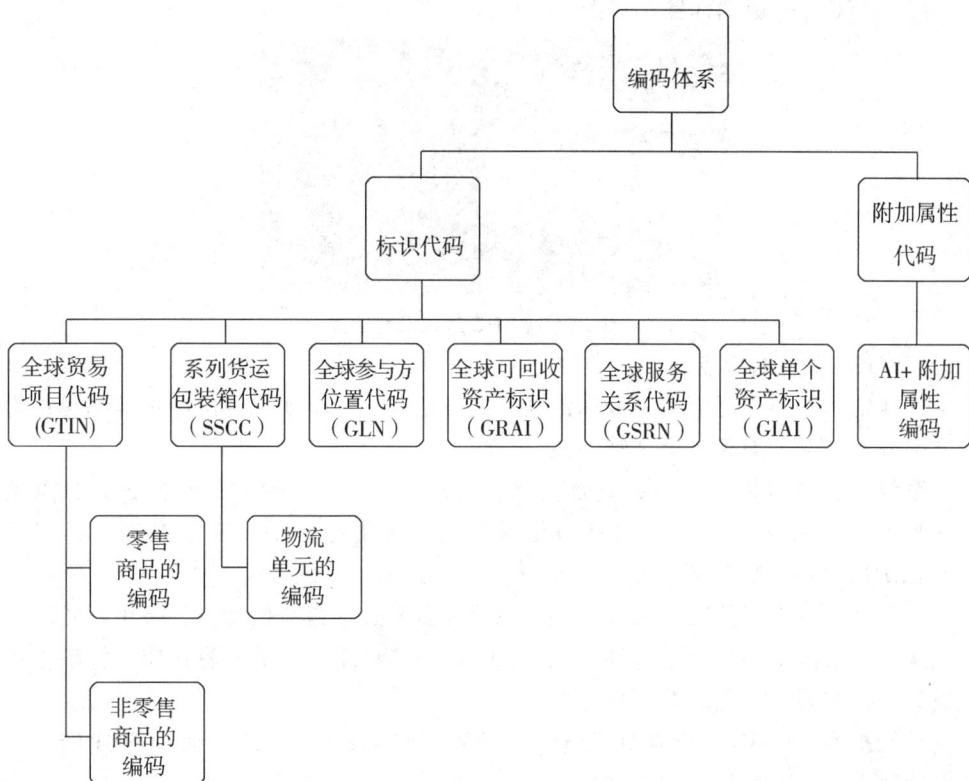

图 8-1　编码体系

系列货运包装箱代码（SSCC）（物流单元）包括物流单元的编码 。

全球参与方位置代码（GLN）（供应链参与方位置）。

全球可回收资产标识（GRAI）（资产）。

全球单个资产标识（GIAI）（资产）。

全球服务关系代码（GSRN）（服务关系）。

全球文件类型、装运货物、托运货物……

②附加属性代码。

AI+附加属性编码（物品的属性，如价格、重量、生产日期等）。

（2）数据载体：GS1 系统条码符号，如图 8-2 所示。

6 901234 567892

图 8-2　GS1 系统条码示例

（3）EPC射频识别标签。如图8-3所示。

图8-3　GS1系统EPC射频识别标签示例

3）GS1系统的特点

全球统一性：广泛应用于全球流通领域，已经成为事实上的国际标准编码结构及分配方式，保证编码的全球唯一性。

系统性：技术体系完整，符合信息化管理的逻辑。有完整的编码体系，以条码、射频标签等为载体，以自动数据采集技术为支撑，采用电子数据交换规范（EANCOM）和eb-XML进行信息交换。

科学性：对不同的编码对象，根据流通和贸易过程自身的特点，采用不同的编码结构。各编码结构具有整合性（如：GTIN-13与GTIN-12的兼容；应用标识符将各编码链接在同一个条码符号里等）。

可维护性：GSMP（全球标准管理程序），于2002年1月起实施。GSMP的参与者有生产企业、自动识别设备制造企业、标准化研究机构等。

可扩展性：系统在不断地发展，编码亦如此（供应链的思想）。

8.4.3　GS1编码管理体系

1）GS1编码三级管理体系

GS1编码三级管理体系，如图8-4所示。

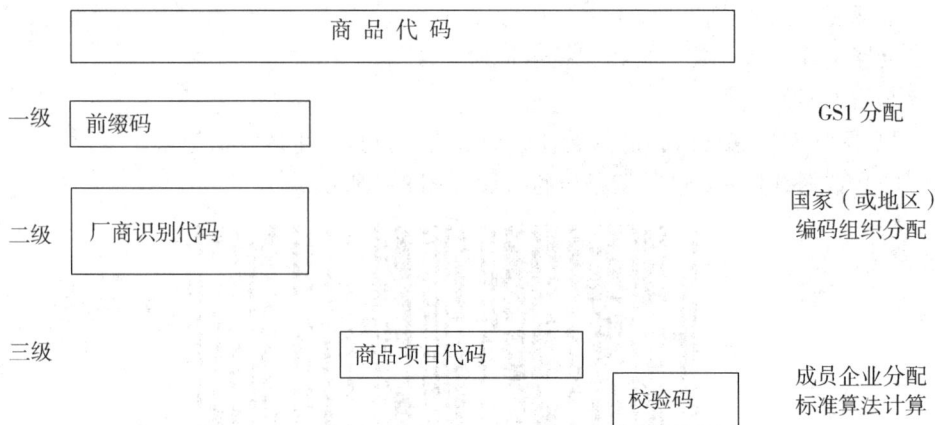

图8-4　GS1编码三级管理体系

GS1编码三级管理体系示例1，如图8-5所示。

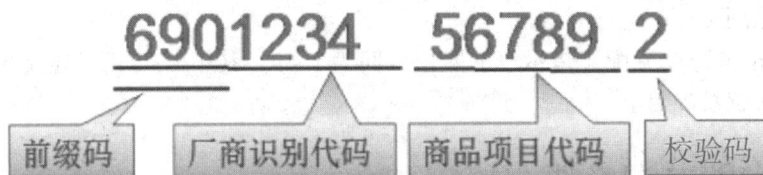

图8-5 GS1编码三级管理体系示例1

GS1编码三级管理体系示例2，如图8-6所示。

图8-6 GS1编码三级管理体系示例2

2）GS1编码管理体系规定

（1）前缀码

前缀码由国际GS1分配。

前缀码是厂商识别代码的一部分，由3位数字组成，是由国际物品编码协会（GS1）分配给各国（地区）成员组织（在中国内地是中国物品编码中心）或特定应用领域（如图书期刊、优惠券）的代码。如以693打头的GTIN，表明它是从中国物品编码中心申请获得的，与产品的原产地无关。

目前，GS1分配给中国物品编码中心的前缀码是690-699。

（2）厂商识别代码

厂商识别代码由国家分配。

厂商识别代码（包括前缀码）由7~9位数字组成。在我国，由中国物品编码中心负责分配厂商识别代码。

（3）商品项目代码

商品项目代码由企业分配。

商品项目代码由1~6位数字组成，是无含义代码（注：GTIN-8商品项目代码由编码中心统一分配）。

（4）校验码

校验码是GTIN最右端的末位数字。它是通过代码中的其他所有数字计算得出的，用来确保正确识读条码或正确组成代码。

（5）指示符

指示符由企业分配。指示符的赋值区间为1～9，其中1～8用于定量贸易项目，9用于变量贸易项目。

8.4.4　GS1代码系统

1）GS1全球贸易项目代码

全球贸易项目代码（global trade item number，GTIN），GTIN是编码体系中应用最广泛的标识代码。贸易项目是指一项产品或服务。

全球贸易项目代码应用最广泛，有4种不同的代码结构：GTIN-13、GTIN-14、GTIN-8和GTIN-12，这4种结构可以对不同包装形态的商品进行唯一编码。

（1）GTIN-14代码结构（见表8-6）

表8-6　　　　　　　　　　　GTIN-14代码结构

GTIN-14		
指示符	包装内含项目的GTIN	校验码
X_{14}	$X_{13}X_{12}X_{11}X_{10}X_9X_8\ X_7\ X_6\ X_5X_4X_3\ X_2$	X_1

（2）GTIN-13代码结构（见表8-7）

表8-7　　　　　　　　　　　GTIN-13代码结构

GTIN-13			
结构种类	厂商识别代码	商品项目代码	校验码
1	$X_{13}X_{12}X_{11}X_{10}X_9X_8X_7$	$X_6X_5X_4X_3X_2$	X_1
2	$X_{13}X_{12}X_{11}X_{10}X_9X_8X_7X_6$	$X_5X_4X_3X_2$	X_1
3	$X_{13}X_{12}X_{11}X_{10}X_9X_8X_7X_6X_5$	$X_4X_3X_2$	X_1
4	$X_{13}X_{12}X_{11}X_{10}X_9X_8X_7X_6X_5X_4$	X_3X_2	X_1

厂商识别代码：由7～10位数字组成，中国物品编码中心负责分配和管理。

商品项目代码：由5～2位数字组成，一般由厂商编制，也可由中国物品编码中心负责编制。

校验码：1位数字，用于检验整个编码的正误。

（3）GTIN-12代码结构（见表8-8）

表8-8　　　　　　　　　　　GTIN-12代码结构

GTIN-12	
厂商识别代码和商品项目代码	校验码
$X_1X_2X_3X_4X_5X_6X_7X_8X_9X_{10}X_{11}$	X_{12}

GTIN-12代码由12位数字组成，正逐步被GTIN-13所取代，只有当产品出口北美地区，客户特别指出时才用。

厂商识别代码：由左起6～10位数字组成，其中，X_1为系统字符。由GS1 US（GS1在美国的成员组织，原名为UCC）负责统一分配。

（4）GTIN-8 代码结构（见表 8-9）

表 8-9 GTIN-8 代码结构

GTIN-8		
前缀码	商品项目代码	校验码
$X_8X_7X_6$	$X_5X_4X_3X_2$	X_1

2）代码的编制原则

（1）唯一性

相同的商品分配相同的商品条码，不同的商品应分配不同的商品条码；基本特征相同的商品视为相同的商品，基本特征不同的商品视为不同的商品（商品的基本特征包括商品名称、商标、种类、规格、数量、包装类型等产品特性）。

（2）无含义性

零售商品代码中的商品项目代码不表示与商品有关的特定信息。

（3）稳定性

零售商品代码一旦分配，若商品的基本特征没有发生变化，就应保持不变。

3）零售商品代码的编制

（1）独立包装的单个零售商品代码的编制

零售商品：GTIN-13、GTIN-8 和 GTIN-12。

独立包装的单个零售商品是指单独的、不可再分的独立包装的零售商品，比如一瓶沐浴液，其商品代码的编制通常采用 13 位代码结构，即 GTIN-13，如 6901234567892。

（2）根据国标 GB 12904—2008 的规定，当商品的包装很小，符合以下三种情况之一时，可申请采用 8 位代码结构（GTIN-8）

13 位代码的条码符号的印刷面积超过商品标签最大面面积的 1/4 或全部可印刷面积的 1/8 时；商品标签的最大面面积小于 $40cm^2$ 或全部可印刷面积小于 $80cm^2$ 时；产品本身是直径小于 3cm 的圆柱体时。

如一小瓶口香糖，当它的商品标签的最大面面积为 $38cm^2$ 时，企业可使用 GTIN-8 为其编码。

4）非零售商品代码的编制

非零售商品：GTIN-14、GTIN-13 和 GTIN-12。

（1）非零售商品（纸箱包装）

GTIN-14 如 16901234000044 或 GTIN-13 如 6901234000054。

（2）非零售商品（托盘包装）

GTIN-14 如 26901234000041 或 GTIN-13 如 6901234000061。

8.4.5 GS1 标识系统

GS1 标识系统即数据载体（条码技术）。

GS1标识系统是集光、机、电和计算机技术为一体的自动识别技术，20世纪中叶得以发展并广泛应用。它解决了计算机应用中数据采集的"瓶颈"，实现了信息的快速、准确获取与传输，是信息管理系统和管理自动化的基础。它有高可靠性、使用成本低廉、技术成熟等特点。

GS1条码技术管理体系规定：根据国标 GB/T12905—2000《条码术语》。

条码：由一组规则排列的条、空及其对应字符组成的标记，用以表示一定的信息。

条码系统：由条码符号设计、制作及扫描识读组成的自动识别系统。

条：条码中反射率较低的部分。

空：条码中反射率较高的部分。

空白区：条码起始符、终止符两端外侧与空的反射率相同的限定区域。

1）一维条码

（1）EAN/UPC 条码

EAN/UPC 条码包括 EAN-13、EAN-8、UPC-A 和 UPC-E 条码，通过零售渠道销售的贸易项目必须使用 EAN/UPC 条码进行标识。根据客户要求，出口到北美地区的商品可使用 UPC-A 和 UPC-E 条码。

①EAN-13条码是比较通用的一般终端产品的条码，主要应用于超市和其他零售行业，这种条码是我们比较常见的，随便拿起身边的一个从超市买来的商品都可以从包装上看得到，既可用于零售商品，也可用于非零售商品。EAN-13 条码载有 GTIN-13代码，如图8-7所示。

图8-7　EAN-13条码示例

②EAN-8 条码。

EAN-8 条码载有 GTIN-8 代码，只用于零售贸易项目，一般用于体积较小的商品包装，如图8-8所示。

图8-8　EAN-8条码示例

（2）ITF-14 条码

ITF-14 条码只用于表示非零售的商品。由于该条码对印刷精度要求不高，因此比较适合直接印刷在表面不够光滑、受力后尺寸易变形的包装材料上（第一位指示符），如图 8-9 所示。

16901234000044

图 8-9　ITF-14 条码示例

（3）UCC/EAN-128 条码及其应用

UCC/EAN-128 条码符号是 ANCC 系统（即 EAN·UCC 系统）中使用的一种条码符号，也是一种商品条码符号。UCC/EAN-128 条码是普通 128 条码（即 Code 128 码）的子集。经原国际物品编码协会（EAN）、美国统一代码委员会（UCC）和国际自动识别制造商协会（AIM）同意，把起始符后面的第一个字符是 Code 128 码中的"功能 1"（FNC1）字符的符号结构给 EAN·UCC 系统专门使用。

UCC/EAN-128 条码是 EAN·UCC 系统中唯一可用于表示附加信息的条码，可广泛用于非零售贸易项目、物流单元、资产、位置的标识。

2016 年，UCC/EAN-128 条码已被更名为 GS1-128 条码。

GS1-128 条码不用于 POS 零售结算，条码符号的长度依字符的数量、类型和放大系统的不同而变化，并且能将若干信息编码在一个条码符号中。

GS1-128 条码符号可编码的最大数据字符数为 48 个，包括空白区在内的物理长度不能超过 165mm，如图 8-10 所示。

(01)06929000100012(21)123456(420)100029

图 8-10　GS1-128 条码示例

应用标识符（AI）是一个 2～4 位的代码，用于定义其后续数据的含义和格式，如所含零售商品的数量、重量、长度等。

2）二维条码

一维条码所携带的信息量有限，如商品上的条码仅能容纳 13 位（EAN-13 码）阿拉伯数字，更多的信息只能依赖商品数据库的支持，离开了预先建立的数据库，这种条码就没有意义了，因此在一定程度上也限制了条码的应用范围。出于这个原因，在 20 世纪 90 年代发明了二维条码。二维条码除了具有一维条码的优点外，同时还有信息量大、可靠性高、保密、防伪性强等优点。

PDF417 码、QR 码、汉信码、颜色条码是我国应用较为普遍的二维码。

二维码通常为横向和纵向二维空间存储信息的方形结构条码。二维码不单由横向和纵向的条码组成，而且码区内还会有多边形的图案。同样，二维码的纹理也是黑白相间，粗细不同。二维码是点阵形式，如图8-11所示。

图8-11　二维条码示例

二维条码作为一种新的信息存储和传递技术，现已应用在国防、公共安全、交通运输、医疗保健、工业、商业、金融、海关及政府管理等多个领域。二维条码有错误修正技术及防伪功能，增强了数据的安全性；二维条码可把照片、指纹编制于其中，可有效地解决证件的可机读和防伪问题。因此，二维条码可广泛应用于护照、身份证、行车证、军人证、健康证、保险卡等。我国香港特区护照上已经采用了二维条码技术。

中国物品编码中心负责编制的国家标准《417条码》（GB/T 17172—1997）于1997年12月正式颁布。这是我国第一个自动识别技术领域中二维条码的国家标准。2007年8月23日，国家标准化委员会发布了《GB/T 21049—2007汉信码》国家标准，2008年2月1日起实施。本标准规定了一种矩阵式二维条码——汉信码——的码制以及制译方法。这是我国第一个具有自主知识产权的二维条码码制标准。

8.4.6　GS1系统中的代码与条码

1）GS1系统中的代码与条码

（1）EAN/UPC条码用于对零售贸易项目的标识，主要有4种形式，对应代码有3种形式。

GS1系统中EAN/UPC条码与GTIN代码的关联，如图8-12所示。

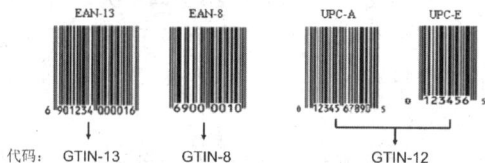

图8-12　GS1系统中EAN/UPC条码与GTIN代码的关联示例

（2）UPC条码与GTIN-12代码。在中国，通常情况下，不选用UPC商品条码。当产品出口到北美地区并且客户指定时，才申请使用UPC商品条码。中国厂商如需申请UPC商品条码，须经中国物品编码中心统一办理，由GS1 US统一分配GTIN-12代码。

2）零售贸易项目的代码与条码

（1）定量

代码：GTIN（GTIN-13、GTIN-8、GTIN-12）

条码：EAN-13、EAN-8、UPC-A、UPC-E

（2）变量

代码：店内条码编码

条码：店内条码

3）非零售贸易项目的代码与条码

（1）定量

代码：GTIN（GTIN-13、GTIN-14、GTIN-12）

条码：EAN-13、ITF-14、UCC/EAN-128

（2）变量

代码：GTIN+AI+附加信息（重量、日期等）

条码：GS1-128

4）物流单元（条码与代码）

代码：SSCC

条码：GS1-128

5）特殊应用

（1）图书编码

按照 GS1 的规范规定，图书代码可以用两种不同的代码结构来表示：一种是把图书视为一般商品，然后按 GS1 系统商品编码方法进行编码。另一种是利用图书本身的 ISBN 编号，按照 GS1 和 ISBN 协议规定，将 978·作为图书商品的前缀进行编码。

（2）期刊代码

按照 GS1 的规定，期刊可以有两种不同的编码方式：一种方式是将期刊作为普通商品进行编码，编码方法按照标准的 GTIN-13 代码的编码方式进行。这种方法可以起到商品标识的作用，但体现不出期刊的特点。另一种方法是按照国际标准期刊号 ISSN（international standard serial number）体系进行编码，前缀码用 979。

（3）音像制品和电子出版物编码

音像制品和电子出版物可被视为一般商品，也有的国家视其为特殊商品，因此条码标识上有两种编码方法：一种是像其他贸易项目一样使用 GTIN-13 或 GTIN-12。另一种是直接使用 ISBN 或 ISSN。

（4）厂商内部编码（店内条码）

编码方法：以 20-24 为前缀的 13 位代码或以 2 打头的 8 位代码。

适用范围：适用于商店自行加工店内销售的商品和变量零售商品的编码与条码标识。不能用于外部的数据交换，不能用于 EDI。

商店使用店内条码请遵循 GB/T 18283—2008《商品条码 店内条码》的国家

标准。

（5）优惠券的编码

优惠券的编码采用前缀为 99 的 GTIN-13 代码。如果优惠券流通于通用一种货币的两个以上国家（地区），则使用前缀 981 或 982。

目前，优惠券的标识由各国自行管理，尚不能全球通用。我国优惠券的编码结构由中国物品编码中心决定。

8.5　国内外商品编码发展历程与现状

8.5.1　GS1国际组织与技术体系的发展

1）GS1编码机构遍布全球

（1）国际标准化组织

GS1（Globe Standard 1）是 1973 年由美国统一代码委员会建立的组织。它同时包含五个含义：

①一个全球系统；

②一个全球标准；

③一种全球解决方案；

④世界一流的标准化组织（供应链管理/商务领域）；

⑤在全球开放标准/系统下的统一商务行为。

GS1 拥有一套全球跨行业的产品、运输单元、资产、位置和服务的标识标准体系和信息交换标准体系，使产品在全世界都能够被扫描和识读；GS1 的全球数据同步网络（GD-SN）确保全球贸易伙伴都使用正确的产品信息；GS1 通过电子产品代码（EPC）、射频识别（RFID）技术标准提供更高的供应链运营效率；GS1 可追溯解决方案，帮助企业遵守国际的有关食品安全法规，实现食品消费安全的目标。

（2）GS1里程碑事件

1973 年美国行业选定一种标准条码用于产品标识，并使用至今，后称为"GS1 条码"。

1974 年，在一家美国超市首次实现扫描 GS1 条码进行自动结算。

1977 年，欧洲物品编码协会（EAN，后更名为 GS1）成立于布鲁塞尔，公布了 GS1 系统，旨在提高供应链效率。

1981 年，欧洲物品编码协会更名为国际物品编码协会。

1983 年，GS1 条码开始用于批发行业的外包装标识。

1989 年，发布第一部电子数据交换（EDI）国际标准，标志着 GS1 超越了条码技术。

1990 年，美国与相关 GS1 条码组织携手合作，代表了 45 个国家和地区。

1995年，发布医疗卫生领域标准，标志GS1正式涉足医疗领域。

1999年，发布GS1 DataBar条码，这是一种在很小面积上表示更多信息的新型条码。

2000年，GS1拥有90个国家和地区编码组织。

2002年，全球标准论坛正式举办。这是一个划时代的里程碑，它结束30多年的分治与竞争。EAN·UCC系统的发展，实现无缝的、有效的全球标准的共同目标。

2005年，编码体系为标识代码、附加属性代码；数据结构为14位全球贸易项目代码；数据载体为一维条码、二维条码和射频识别；成员状况与主要业务领域：130个会员组织，遍及六大洲。

2007年，致力于开发供消费者获取产品关键信息，标志GS1涉足B2C领域。

2013年，庆祝"GS1全球商务语言"诞生40周年。

2）国际企业加入GS1

国际企业加入GS1，如图8-13所示。

图8-13　加入GS1系统中的国际企业示例

3）APEC第22次领导人非正式会议宣言

推动全球价值链发展和供应链连接。GS1认识到使用标准化编码将使各方更好理解和分享货物贸易信息。因此，GS1鼓励亚太经合组织经济体与私营部门合作，通过推进试点项目，加强全球数据标准领域的合作，并推动其更广泛应用。北京纲领：构建融合、创新、互联的亚太。

8.5.2　我国物品编码工作的开展状况

1）关于中国物品编码中心

1988年成立，是负责统一组织、协调、管理我国商品条码、物品编码与自动识别技术的专门机构，隶属于国家市场监督管理总局。

1991年4月代表我国加入国际物品编码组织（GS1），负责推广国际通用的、开放的、跨行业的全球统一编码标识系统和供应链管理标准，向社会提供公共服务平台和标准化解决方案。

中国物品编码中心在全国设有47个分支机构，形成了覆盖全国的集编码管理、技术研发、标准制定、应用推广以及技术服务为一体的工作体系。物品编码与自动识别技术已广泛应用于零售、制造、物流、电子商务、移动商务、电子政务、医疗卫生、产品质量追溯、图书音像等国民经济和社会发展的诸多领域。全球统一标识系统是全球应用最为广泛的商务语言，商品条码是其基础和核心。截至2019年底，编码中心累计向70多万家企业提供了商品条码服务，全国上亿种商品上印有商品条码。

2）我国物品编码工作的五个发展阶段（1988—2020）

（1）艰难创业，解决我国产品的出口和国内商业流通的急需（1988—1995）。

（2）抓住机遇，变革商品流通模式，提高超市零售结算信息化水平，促进国内商品流通，实现物品编码的跨越式发展（1996—2002）。

（3）解决各行业和领域的应用问题（2003—2008）。

（4）全面服务于网络经济和政府监管，服务产品诚信体系建设、食品安全追溯和产品质量监管（2009—2015）。

（5）全面拓展，开启向编码强国迈进的新征程（2016—2020）。

我国的物品编码工作全面开花，累计为我国80多万家生产企业提供全球唯一的物品编码服务，使用商品条码的产品总数达数亿种，在零售行业达到了商品条码覆盖率98%。我国的商品条码系统成员数量、商品数据量双双实现全球第一。

3）我国商品条码的重点应用领域及作用

（1）GS1标准服务于消费者

重点应用领域有零售、制造、物流，同时广泛应用于产品质量追溯、物联网、移动商务、电子商务、化工建材、医疗保健、图书音像、服装等行业。

（2）GS1载体适用于各种应用环境

GS1载体适用于各种应用环境。RFID（射频识别）用于医疗器械标识，可读写数据；RFID用于高端白酒防伪；RFID技术用于物流管理；条码技术用于物流管理。

例一：中法跨国食品追溯。2009年，编码中心负责承担了GS1国际总部"中法食品跨国追溯项目"，采用EDI技术和条码物流追溯标签，实现从中国出口食品生产企业至法国零售商的跨国追溯，帮助中国食品出口企业满足了欧盟进口国的食品法规要求。

例二：医院植入性医疗器械可追溯管理。在全球率先实现医院植入性医疗器械的单品跟踪追溯，获得国际医疗卫生领域专家的高度认可。

（3）推动电商发展

我国的电子商务规模从最初的每年不足200亿元，发展到目前电子商务年总交易额接近40万亿元，其中商品网络零售额突破10万亿元，发展速度堪称奇迹。我国电子商务快速发展的原因：一是人口红利，就是我国网民数量的快速增长；二是我国对电子商务等新兴业态的包容和接受；三是以物品编码为基础的商品管理方式迅速与新的商品流通方式完成了匹配，实现了信息流和实物流快速、准确地无缝链接。

（4）夯实产业互联网数据基础

2020年4月，国家发展改革委明确提出"构建多层联动的产业互联网平台"的工作思路，推进企业级数字基础设施开放，产业互联网迎来发展春风。国家要把产业互联网放在新一轮科技革命和产业变革的历史大潮中来谋划，从国家战略的高度重点推进，不断壮大数字经济。特别是，产业互联网要把数据资源调动起来，发挥数据的基础资源作用。

产业互联网最典型特征是智能制造和电商之间的融合，是用互联网和数字技术把产、供、销整条产业链打通。与商品零售中使用商品条码一样，产业互联网对工业原材料、产品、流动商品等各个元素和环节都需要统一标准的数据采集，而已经大规模应用的商品条码正是这些数据采集的基础。从这点来看，统一标准的物品编码必将随着产业互联网及数字经济的发展而迎来新一波快速发展。反过来说，正是物品编码的统一标准和健康发展成就了此前的电商，也为产业互联网提供坚实的数据基础支撑。

（5）中国编码APP2.0版本正式上线

为进一步优化营商环境，缩短企业办证时间，提升办证效率，中国编码APP2.0版本已于2020年4月20日正式上线。中国商品条码系统成员可以通过手机轻松办理条码业务，快速完成产品通报，随时解决成员的条码问题，以方便、快捷地参与各类条码活动；同时，也为广大消费者提供各种专业的扫码查询和条码生成工具，能够识读和生成符合GS1标准的各类码制，是目前市面上最专业的扫码工具。

4）我国物品编码工作面临的机遇与挑战

为打造最全、最准、最新的产品质量信用信息平台，发挥产品基础数据库的独特作用，我国制定GS1十年发展规划（2010—2020），全面实现全球化→市场化→网络化→数字化。到2020年实现提供标准服务和解决方案；提供标识标准，确保供应链可视化；面向多行业多领域；形成相互依存的国际联盟组织。从服务产品出口、商品流通到服务信息化建设和数字经济，物品编码已成为我国经济社会各领域信息化发展和国家治理能力现代化的推动者。

未来，中国物品编码中心将继续加大在物品编码领域的技术研究和标准制定，加大物品编码的推广应用，为我国经济社会发展尤其是新兴数字经济发展作出更大的贡献。

8.5.3　GS1全球重点工作任务

采用国际通用的物品编码标识标准是企业国际化发展的必由之路。

（1）使命和愿景：共同的使命和愿景；共同的全球品牌体系。

（2）质量提升：标准实施；数据质量。

（3）重点应用领域：核心、新兴领域的标准应用；全球行业分类、业务流程。

（4）数字化：数字化战略，全渠道推广 GS1 战略。例如，进一步开展市场化产品推广与服务。利用手机等移动设备识读条码，服务政府、服务企业、服务消费者。包括微信条码查询、百度、我查查条码查询、条码追溯手机客户端、政府购买服务、条码微站。

（5）创新：全球商业技术创新；本土企业推广。

（6）机构：共同 KPI（关键绩效指标）；总部设专岗进行分类指导；共同商标协议；审议顾问委员会；GS1组织机构文化建设。

本章小结

商品分类是将商品集合总体科学地、系统地逐层级划分，直至最小单元的过程。我国通常将商品分成大类、中类（品类）、小类（品种）和细目四级。

商品分类标志按其适用性可分为普遍适用的分类标志和局部适用的分类标志。常采用的几种分类标志：以商品用途作为分类标志；以商品的原材料作为分类标志；以商品的加工方法作为分类标志；以商品的主要成分或特殊成分作为分类标志。

商品协调制度与商品归类。

GS1系统即"全球统一标识系统"，是以对贸易项目、物流单元、位置、资产、服务关系等进行编码为核心的集条码、射频等自动数据采集、电子数据交换、全球产品分类、全球数据同步、产品电子代码（EPC）等系统为一体的、服务于全球物流供应链的开放的标准体系。

商品条码是商品全球流通的"身份证"。全球贸易项目代码（GTIN）应用最广泛，有4种不同的代码结构：GTIN-13、GTIN-14、GTIN-8和GTIN-12，这4种结构可以对不同包装形态的商品进行唯一编码。对应代码有3种形式。

条码可分为一维条码和二维条码两大类。一般较流行的一维条码有 EAN 码、UPC 码以及专门用于书刊管理的国际标准书号 ISBN 码、国际标准期刊号 ISSN 码等。

关键概念

商品分类　商品目录　GS1　商品编码

简答题

1.我国商品四级分类的含义是什么?

2.商品分类体系应遵守哪些基本原则?

3.商品分类通常有哪几种分类标志?

4.GS1全球统一标识系统的定义及构成是什么?

5.GS1编码管理体系及规定都包括哪些内容?

6.GS1全球贸易项目代码（GTIN）的定义及结构种类是什么?

7.GS1标识系统的定义及结构种类是什么?

8.GS1的规定的特殊应用包括哪些?

9.举例说明我国进出口商品税则中的编码。

实训题

结合实际说明GS1系统中商品代码与条码的关联。

试述题

1.试述商品分类的作用和意义。

2.试述商品条码是商品全球流通的"身份证"。

论述题

论国际通用的物品编码标识标准是企业国际化发展的必由之路。

第 9 章

商品包装

学习目标

通过本章的学习，使学生明确商品包装质量的双重属性特点；了解商品包装的分类，初步掌握商品包装的技术要求；掌握商品运输包装的功能和包装技法；熟练掌握商品销售包装的技术方法、包装标志和商标。

9.1　商品包装质量的双重属性特点

9.1.1　商品包装质量的双重属性特点

商品包装学是适应商品流通发展的需要而兴起的一门科学。现阶段商品包装发展的特点是以社会整体发展综合需要作为动力，以技术科学、管理科学和艺术科学等多种科学的相互渗透、发展、结合为条件。

为了分析、研究商品包装使用价值的特点，有必要对商品包装质量进行全面的认识。当我们采用系统论的观点，把商品包装或商品包装群看成一个系统时，它们的质量功能确切地说明了商品包装满足人和社会需要的关系。研究商品包装使用价值的最终目标是寻求商品包装质量的合理化。而商品包装质量的合理化，则体现出双重属性的特点，既有社会属性的一面，又有自然属性的一面。

1）商品包装质量的社会属性

商品包装质量的社会属性方面集中反映的是商品的市场特性。俗语说："佛要金装，人要衣装。"同样，商品也需要包装，商品再好，也可能因其包装不合适而卖不出去。据统计，产品竞争力的30%来自包装。随着人们生活水平的提高，精神享受的要求也越来越高，在商品竞争中，包装对商品销售的影响越来越明显。包装是商品的"无声推销员"，除了保护商品之外，还必须致力于美化、宣传、诱发消费者的购买欲望，增强商品在市场上的销售竞争力。包装会直接影响顾客的消费心理导向，使商品包装设计迎合消费者的购买心理，将大大利于商品的销售。

现代社会商品极大丰富，在商品琳琅满目、应接不暇的商场里，消费者第一眼看到的是商品的包装，但顾客们又并不是在所有的商品面前都驻足浏览，只有对感兴趣的需要的商品，才会凑过去仔细观看和询问。因此，商品包装要突出新、奇、特，在同类商品中，表现独特，格外醒目，使消费者一走进商场，有特色有创意的包装就能引起他们注意，从而产生消费行动。

在消费者购买的整个心理活动过程中，商品的包装在引导消费者从产生需要至最终购买的决策心理活动中起着不可忽视的微妙作用。现代企业、商品的竞争，是全方位的竞争，商品包装的效果与商品的销售直接相关。在众多的可供挑选的商品中，消费者往往是因为有魅力的商品包装的刺激而产生购买愿望和购买行为的。企业在市场争夺战中，要对包装高度重视，应根据顾客购买心理的活动规律来设计商品包装，使其具有可观赏性、可欣赏性，使包装与市场合拍。相反，包装落后，给人的感觉是商品粗劣，商品将会受到消费者的冷落。

企业在实施包装策略时，商家须首先研究、揣摩消费者的购买心理活动特点，然后才能为产品定做一套合适靓丽的"嫁衣"，用富有魅力的包装艺术手法来表现商品，诱发消费者的购买欲望。只有这样，包装才能为商品锦上添花，才能发挥包装对商品销售的诱发、刺激作用，为产品开拓更加广阔的销售市场。一种商品能否进入市场、占领市场、守住市场，除了要有较好的产品内在品质外，很大程度上取决于产品包装质量的社会属性。

2）商品包装质量的自然属性

商品包装质量的自然属性方面集中反映的是商品包装质量的技术要求，即商品包装的保护功能、储运功能、销售功能和技术操作等。这是本章研究的中心问题。

9.1.2　包装误区

1）仅讲究包装，忽视产品质量

目前，有些企业不适当地运用包装策略，片面追求商品社会属性的"包装效果"，以此误导消费者，而忽视产品本身的问题，使一些伪劣商品得以在精美的包装外衣下大行其道，极大地侵害了消费者的利益。商品包装与商品体之间，包装只是辅助手段，是矛盾的次要方面。在市场竞争中，商品体仍是第一位的，不断提高商品质量，紧密联系市场的需求开发新产品，才是企业关注的头等大事。我们强调包装的作用，但不能本末倒置，从一个极端走向另一个极端。优质商品加上成功的包装，才是市场竞争中的强者。如果商品质量欠佳，而包装精美，消费者购买上当后，就不会再第二次购买，而且商品在消费者中的口碑就会变坏，从而最终失去市场。所以，商家在实施包装策略时，一定要摆正包装与商品的关系，切忌"金玉其外，败絮其中"的欺骗性包装。

2）包装过度

这种情况是指商品包装超过了所需的程度，形成了不必要的包装保护，其表现形式是耗用材料过多、分量过重、内部容积过大、体积过大、用料过档、装潢过华、成本过高等，大大超出了保护、美化商品的要求，使消费者产生一种名不副实的感觉。不少精明的商家已经发现包装是关系企业产品有无竞争力的大事，因而过分注重包装。许多商品本身较小，而包装左一层，右一层，消费者层层剥开，才识"庐山真面目"，这种过度包装不仅没有起到应有的美化、促销作用，相反却给消费者以累赘的感觉，产生逆反心理，而且过度包装会增加一些不必要的费用，抬高包装成本。充分利用包装的魅力来促销，是正当、合法、无可厚非的，但包装只有在适度的前提下，才能起到促销增值的作用。一些经营者企图通过过度包装获取更大的经济效益，然而在许多情况下却适得其反，给自己带来经济损失，这种发挥"包装功能"过头的做法是要不得的。

由于市场竞争的激烈，企业都在不断发掘新的竞争形式、竞争手段，包装已成为销售的积极因素，逐步成为产品销售策略中的一大支柱。它衍生了产品的附加值，是促使产品商品化的动力。

9.2　商品包装的分类和技术要求

9.2.1　商品包装的概念

1）商品包装的概念与性能

在国家标准GB/T 4122.1—2008《包装术语　第1部分：基础》中，将包装定义为："为在流通过程中保护产品，方便储运，促进销售，按一定技术方法而采用的容器、材料及辅助物等的总体名称，也指为了达到上述目的而采用容器、材料和辅助物的过程中施加一定方法等的操作活动。"

现代商品包装的概念反映了商品包装的商品性、手段性和生产活动性。商品包装是一种特殊商品，本身具有价值和使用价值；同时又是实现内装商品价值和使用价值的重要手段。商品包装的价值包含在商品的价值中，不但在出售商品时给予补偿，而且会因市场供求关系等原因得到超额补偿，优质包装能带来巨大的经济效益。商品包装是商品生产的重要组成部分，绝大多数商品只有经过包装，才算完成它的生产过程，才能进入流通和消费领域。

2）商品包装的四大要素

商品包装是依据一定商品的属性、数量、形态以及储运条件和销售的需要，采用特定包装材料和技术方法，按设计要求创造出来的造型和装饰相结合的实体，具有技术和艺术双重特性，具有形态性、层次性、整体性等多方面特点。从实体构成来看，任何一个商品包装都是采用一定的包装材料，通过一定的技术方法制造的，都具有各自独特的结构、造型和外观装潢。因此，包装材料、包装技术、包装结构造型和表面装潢是构成包装实体的四大要素。包装材料是包装的物质基础，是包装功能的物质承担者。包装技术是实现包装保护功能、保证内装商品质量的关键。包装结构造型是包装材料和包装技术的具体形式。表面装潢是通过画面和文字美化、宣传和介绍商品的主要手段。这四大要素的完美结合，构成了包装实体的物质内容。

9.2.2　商品包装的功能

商品包装在从商品生产领域转入流通和消费领域的整个过程中起着非常重要的作用。其主要功能有：保护功能、容纳功能、便利功能和促销功能。

1）保护功能

保护商品使用价值是包装的最重要功能，避免商品在运输、储存和销售过程中受到各种因素的影响，以及可能发生物理、机械、化学、生物等方面的变化，从而造成商品损失、损耗。

2）容纳功能

包装的第二个功能是容纳。特别是许多商品本身没有一定的集合形态，如液体、气体和粉状商品，依靠包装器材的容纳才具有特定的商品形态，没有包装就无法运输和销售。

3）便利功能

商品包装的便利功能是指包装为商品从生产领域向流通领域和消费领域转移提供的一切方便。其内容主要包括：方便运输、方便装卸、方便储存、方便分发、方便销售、方便识别、方便携带、方便启闭、方便使用、方便回收、方便处理等。

4）促销功能

包装特别是销售包装，是无声的推销员，在商品和消费者之间起媒介作用，通过美化商品和宣传商品，使商品具有吸引消费者的魅力，引起消费者对商品的购买欲，从而促进销售。

9.2.3　商品包装的分类

由于包装种类繁多，选用分类标志不同，分类方法也多种多样。根据选用的分类标志，常见商品包装分类方法有以下几种：

1）按包装在流通中的作用分类

以包装在商品流通中的作用为分类标志，可分为运输包装和销售包装。

（1）运输包装。运输包装是指用于安全运输、保护商品的较大单元的包装形式，又称为外包装或大包装。例如，纸箱、木箱、桶、集合包装、托盘包装等。运输包装一般体积较大，外形尺寸标准化程度高，坚固耐用，广泛采用集合包装，表面印有明显的识别标志，主要功能是保护商品，方便运输、装卸和储存。

（2）销售包装。销售包装是指以一个商品作为一个销售单元的包装形式或若干个单体商品组成一个小的整体销售包装，亦称为个包装或小包装。销售包装的特点一般是包装件小，对包装的技术要求美观、安全、卫生、新颖，易于携带，印刷装潢要求较高。销售包装一般随商品销售给顾客，起着直接保护商品、宣传和促进商品销售的作用，同时，也起着保护优质名牌商品以防假冒的作用。

2）按包装的保护技术分类

（1）包装袋

包装袋一般分成下述三种类型：

①集装袋。这是一种大容积的运输包装袋，盛装重量在 1 吨以上（详见 9.3.2）。

②普通运输包装袋。这类包装袋的盛装重量是 0.5～100 千克，大部分是由植物纤维或合成树脂纤维纺织而成的织物袋，或者由几层挠性材料构成的多层材料包装袋，如麻袋、草袋、水泥袋等。主要包装粉状、粒状和个体小的货物。普通运输包装袋适于外包装及运输包装。

③小型包装袋（或称普通包装袋）。这类包装袋盛装重量较少，通常用单层材料或双层材料制成。对某些具有特殊要求的包装袋也有用多层不同材料复合制成的。包装范围较广，液状、粉状、块状和异型物等可采用这种包装。小型包装袋适于内装、个装及商业包装。

（2）包装盒

包装盒是介于刚性和柔性包装两者之间的包装技术。包装材料有一定挠性，不易变形，有较高的抗压强度，刚性高于袋装材料。包装结构是规则几何形状的立方体，也可裁制成其他形状，如圆盒状、尖角状，一般容量较小，有开闭装置。

（3）包装箱

包装箱是刚性包装技术中的重要一类。包装材料为刚性或半刚性材料，有较高强度且不易变形。包装结构和包装盒相同，只是容积、外形都大于包装盒，两者通常以10升为分界。包装操作主要为码放，然后将开闭装置闭合或将一端固定封死。包装箱整体强度较高，抗变形能力强，包装量也较大，适合做运输包装、外包装，包装范围较广，主要用于固体杂货包装。包装箱主要有以下几种：

①瓦楞纸箱。瓦楞纸箱是用瓦楞纸板制成的箱形容器。瓦楞纸箱的外形结构分类有折叠式瓦楞纸箱、固定式瓦楞纸箱和异形瓦楞纸箱三种。

②木箱。木箱是流通领域中常用的一种包装容器，其用量仅次于瓦楞纸箱。木箱主要有木板箱、框板箱、框架箱三种。

A.木板箱。木板箱一般用作小型运输包装容器，能装载多种性质不同的物品。

B.框板箱。框板箱是先由条木与人造板材制成箱框板，再经钉合装配而成。

C.框架箱。框架箱是由一定截面的条木构成箱体的骨架，根据需要也可在骨架外面加木板覆盖。

③塑料箱。一般用作小型运输包装容器。其优点是自重轻，耐蚀性好，可装载多种商品，整体性强，强度和耐用性能满足反复使用的要求，可制成多种色彩以对装载物分类，手握搬运方便，没有木刺，不易伤手。

④集装箱。由钢材或铝材制成的大容积物流装运设备，从包装角度看，也属于一种大型包装箱，可归属于运输包装的类别之中，也是大型反复使用的周转型包装（详见9.3.2）。

（4）包装瓶

包装瓶是瓶颈尺寸有较大差别的小型容器，是刚性包装中的一种，包装材料有较高的抗变形能力，对刚性、韧性要求一般也较高，个别包装瓶材料介于刚性与柔性材料之间，瓶的形状在受外力时虽可发生一定程度变形，外力一旦去除，仍可恢复原来瓶形。

（5）包装罐（筒）

包装罐是罐身各处横截面形状大致相同，罐颈短，罐颈内径比罐身内径稍小或无罐颈的一种包装容器，是刚性包装的一种。包装罐（筒）主要有三种：

①小型包装罐。这是典型的罐体，可用金属材料或非金属材料制造，容量不大，一般是做销售包装、内包装，对罐体可采用各种方式装饰美化。

②中型包装罐。外形也是典型罐体，容量较大，一般作化工原材料、土特产的外包装，起运输包装作用。

③集装罐。这是一种大型罐体，外形有圆柱形、圆球形、椭球形等，卧式、立

式都有。

3）按商品包装的防护技术方法分类

以商品包装的防护技术方法作为分类标志，可分为防水包装、防潮包装、防锈包装、防震包装、防雷包装、防虫包装、无菌包装、真空包装、充气包装、保鲜包装、防尘包装、防爆包装、防冻包装、防热包装等。

4）按包装的内容物分类

以包装的内容物作为分类标志，可分为食品包装、土特产品包装、纺织品包装、医药品包装、化工商品包装、化学危险品包装、机电商品包装等。

9.2.4 商品包装的技术要求

商品包装技术是指包装操作时所采用的技术和方法。从多个角度来考察，合理商品包装应满足多方面的要求，具体包括以下几方面：

1）包装应妥善保护内装的商品

包装要执行相应的适宜标准，使包装物的强度恰到好处地保护商品免受损伤，使其商品质量不受损伤。除了要在运输装卸时经得住冲击、震动之外，还要具有防潮、防燥、防水、防霉、防锈等功能。

2）包装材料和包装容器应当安全无害

包装材料要避免有聚氯、联苯之类的有害物质。包装容器的造型要避免对人产生伤害。包装的容量要适当，要便于零售单位销售商品。

3）对包装容器的内容物要有贴切的标志或说明

商品包装物上关于商品质量规格的标志或说明，一定要便于顾客识别和选择，要能贴切地表示内装物的性状，不得言过其实、欺骗顾客、妨碍企业间的正当竞争。

4）包装的容量适当

包装的容量一方面要适应商品的消费，使得商品在消费过程中不致造成不必要的损失；另一方面同一类商品的包装容量不应千差万别，以致顾客难以判断商品的贵贱。

5）包装内装商品外围空闲容积不应过大

为了保护内装商品，不可避免会使内装商品的外围产生某种程度的空闲容积，但合理包装应要求空闲容积减少到最低限度，使人产生包装商品容量很大的错觉的"过大包装"是不允许的。由于商品的形状、性状以及包装功能的不同，关于包装物内部的空闲容积率，很难提出一个统一的要求，但可考虑一个适宜的限度，对于不同类的商品分别规定相应的空闲容积率。从消费者的立场来说，空闲容积率最好降低到20%以下，这是一个大致的标准，混装的、形状特殊的和易损坏的商品可能会超过这一标准，只要合理也是允许的。另外，对于有些商品，即使空闲容积率低于20%，要是不合乎合理包装的要求，也是不允许的。

6）包装费用与内装商品相适应

包装费用应包括包装本身的费用和包装作业的费用。包装费用必须与内装商品相适应，但不同商品对包装要求不同。对为满足人们心理要求的馈赠商品和满足日常需要的日用商品，就要采用不同的包装方式。所以，包装费的比率是不同的，很难提出一个统一的具体要求。一般来说，普通商品包装费大体应低于售价的15%，这是一个平均指标，不是说高了就一定不合理，低了就一定合理。例如，有些包装如金属罐，起作用大，实际已成为商品的一部分，包装费比率超过15%也应是合理的；又如手纸的包装，起作用小，包装费比率不超过15%，仍然有不合理的可能。

7）包装要便于废弃物的治理

包装应设法减少其废弃物数量，在制造和销售商品时，就应注意包装容器成为废弃物后要便于进行处理。近年来广泛采用一次性使用的包装和轻型塑料包装材料，消费者用过之后就随手扔掉，从方便生活和节约人力的角度来看，是现代包装的发展方向，但又产生大量难以降解处理的垃圾，带来严重的环境污染和城市卫生等问题，采用可降解包装材料势在必行。

9.3 商品的运输包装

9.3.1 商品运输包装的功能

1）经济合理功能

运输包装具有经济合理功能，以减少包装本身的费用。这包括降低包装成本，节省维修保养费用，有利于废旧物处理等。

2）保护功能

运输包装具有保护功能，以减少货物损失。由于包装件在物流过程中主要受机械环境和气候环境的作用，因此运输包装的保护功能包括防冲击、防震、防压、防水、防尘、防照射、防潮、防高温、防低温、防霉、防低气压等。如果从所包装的货物的角度来看，那就包括防破碎、防漏、防腐败、防虫蛀、防锈蚀、防异味、防自燃、防爆炸等功能。

3）方便功能

运输包装具有方便功能，以提高物流的各种作业的效率。其功能包括方便运输、方便装卸、方便储存，甚至还应包括方便包装操作、方便开箱操作以及方便空箱储存等。

4）传达功能

运输包装具有传达功能，以实现物流的有效管理。它是指传达物流管理中一切必要的信息。

9.3.2 商品运输包装的技术方法

商品运输包装技法是指在包装作业时所采用的技术和方法。任何运输包装件在包装操作时都有技术问题和方法问题，通过包装技法，才能将运输包装体和产品（包括小包装）形成一个有机的整体。商品运输包装主要有如下技术方法：

1）一般防破损保护技法

（1）捆扎及裹紧技法。捆扎及裹紧技术的作用，是使杂货、散货形成一个牢固整体，以增加整体性，便于处理及防止散堆来减少破损。一般合理捆扎可使容器的强度增加20%～40%。捆扎有多种方法，一般根据包装形态、运输方式、容器强度、内装物重量等不同情况，分别采用井字、十字、双十字和平行捆等不同方法。

对内装物的合理置放、固定和加固也可称为技巧。例如，对于外形规则的产品，要注意套装；对于薄弱的部件，要注意加固；包装内重量要注意均衡；产品之间要注意隔离和固定等。

（2）集装技法。利用集装，减少与货体的接触，从而防止破损。在外包装形状尺寸的选择中，要避免过高、过扁、过大、过重等。过高的包装（如针棉织品包装）会重心不稳，不易堆垛；过扁则给标志刷字和标志的辨认带来困难；过大则包装量太多，不易销售，而且体积大也给流通带来困难；过重则容易破损。

（3）选择高强保护材料保护技法。通过外包装材料的高强度来防止内装物受外力作用破损。

（4）对松泡产品采用压缩体积技法。对于羽绒服、枕芯、絮被、毛线等松泡产品，包装时占用容器的容积太大，会导致运输储存费用的增大，所以对松泡产品需要压缩体积。例如，真空包装技法，可大大缩小松泡产品的体积，缩小率可达85%，即使对一些服装、毯子，也可达50%左右。经济效益也显著，一般可节省费用15%～30%。

2）缓冲包装技法

缓冲包装技法又称防震包装技法，是解决所包装物品免受外界的冲击力、振动力等作用，从而防止物品损伤的十分有效的包装技术和方法。

（1）全面缓冲填满加固包装法。用丝状、薄片状或粒状缓冲材料把产品和内包装填满加固，这样能把所吸收的冲击振动能量引导到内装物强度最高的部分。

（2）部分防震包装（部分缓冲）方法。对于整体性好的产品和有内装容器的产品，仅在产品或内包装的拐角或局部地方使用防震材料进行衬垫即可。所用包装材料主要有泡沫塑料防震垫、充气型塑料薄膜防震垫和橡胶弹簧等。

（3）悬浮式防震包装（悬浮式缓冲）方法。对于某些贵重易损的物品，为了有效地保证在流通过程中不被损坏，外包装容器比较坚固，然后用绳、带、弹簧等将被装物悬吊在包装容器内。

（4）模盒包装法。通常用聚苯乙烯泡沫塑料预制成与产品形状一样的模盒，将产品固定在其中。这种方法适用于小型轻质产品。

（5）就地发泡包装法。这种方法所采用的设备是盛有异氰酸酯和盛有多元醇的容器及喷枪。在使用时，先把两种材料的容器内的温度和压力按规定调好，然后将两种材料混合，用单管道通向喷枪，由喷枪喷出。喷出的化合物在10秒后即开始发泡膨胀，不到40秒钟时间即可发泡膨胀到原来体积的100～140倍，形成聚氨醋泡沫体，经过1分钟变成硬性或半硬性的泡沫体。这种泡沫体可现场喷入外包装内，能将任何形状的物品包裹住，起到缓冲衬垫作用。

3）防潮包装技法

在流通和使用过程中，商品不可避免地要受大气中潮气及其变化的影响。防潮包装技法采取的基本措施是以包装来隔绝外部空气。在具体进行防潮包装时，应注意以下技法：

（1）产品在包装前必须是清洁、干燥的，不清洁处应擦净，不干燥处应进行干燥处理。

（2）防潮阻隔性材料应具有平滑均一性，无针孔、眼、气泡及破裂等现象。

（3）当产品在进行防潮包装的同时尚有其他防护要求时，则应同时采用按其他防护标准规定的相应措施来加以解决。

（4）产品有尖突部，并可能损伤防潮阻隔层时，应预先采取包扎等保护措施。

（5）为防止在运输途中因震动和冲击有可能使内装物发生移动、摩擦等而损伤防潮阻隔层材料，应使用缓冲衬垫材料卡紧、支撑和固定，并应尽量将其放在防潮阻隔层的外部。所用缓冲衬垫材料应采用不吸湿或吸湿性小的，不干燥时应进行干燥处理。对内装物不得有腐蚀及其他损害作用。

（6）应尽量缩小内装物的体积和防潮包装的总表面积，尽可能使包装表面积对体积的比率达到最小。

（7）防潮包装应尽量做到连续操作，对于一次完成包装，若要中间停顿作业时，则应采取有效的临时防潮保护措施。

（8）包装场所应清洁干燥，温度应不高于35℃，相对湿度不大于75%，温度不应有剧烈变化以避免发生凝露现象。

（9）防潮包装的封口，不论是黏合还是热封合，均须良好地密封。塑料薄膜包装的防潮阻隔层的热焊或黏合封口强度应通过封口性试验。

4）防锈包装技法

（1）防锈油防锈蚀包装技术。大气锈蚀是空气中的氧、水蒸气及其他有害气体等作用于金属表面引起化学作用的结果。如果使金属表面与引起大气锈蚀的各种因素隔绝（即将金属表面保护起来），就可以达到防止金属大气锈蚀的目的。防锈油包装技术就是根据这一原理将金属涂封防止锈蚀的。用防锈油封装金属制品，要求油层要有一定厚度，油层的连续性好，涂层完整。对不同类型的防锈油要采用不同的方法进行涂抹。

（2）气相防锈包装技术。气相防锈包装技术就是用气相缓蚀剂（挥发性缓蚀剂），在密封包装容器中对金属制品进行防锈处理的技术。

气相缓蚀剂是一种能减慢或完全停止金属在侵蚀性介质中受到破坏的挥发性物质，它在常温下就具有挥发性，它在密封包装容器中，在很短的时间内挥发或升华出的缓蚀气体就能充满包装容器内的每个角落和缝隙，同时吸附在金属制品的表面上，起到抑制大气对金属锈蚀的作用。

5）防霉包装技法

产品的发霉变质直接是由霉菌引起的。霉菌是一种真菌，在一定条件下很容易在各种有机物上繁殖生长。防霉包装技法是为防止因霉菌侵袭内装物（产品）长霉影响质量所采取的一种防护措施的包装技法。为了使产品和包装不利于霉菌的生长，常采用如下技法：

（1）选用抗菌性强的材料。如采用金属材料，改性材料。改性材料是改进材料的配方和工艺，提高其抗霉性，如在塑料中减少有利于霉菌生长的增塑剂、稳定剂等有机物质的重量。

（2）使用防霉剂。加工时在涂布过程中加入防霉剂，杀死或抑制霉菌的生长。

6）集合包装技法

集合包装是将一定数量的商品或包装件装入具有一定规格、强度和长期周转使用的更大包装容器内，形成一个更大的搬运单元的包装形式。它包括集装箱、集装托盘、集装袋和滑片集装、框架集装与无托盘集装等。下面只介绍常用的集装箱、集装托盘和集装袋。

（1）集装箱。

集装箱是集合包装最主要的形式，是指具有固定规格和足够强度，能装若干件货物或散装货的专用于周转的大型容器。根据国际标准化组织的建议，集装箱应具有如下特点和技术要求：

①材质坚固耐久，具有足够强度且能反复使用。

②适用于各种运输形式，便于货物运送，在通过一种或多种运输方式进行运输时，中途转运可不动箱内货物直接换装。

③备有便于装卸和搬运的专门装置，能进行快速装卸与搬运，可以从一种运输工具直接方便地换装到另一种运输工具上。

④形状整齐划一，便于货物装卸和堆码，能充分利用车、船、货场等的容积，同时便于货物的装满和卸空。

⑤具有1立方米以上的容积。

集装箱的出现和发展，是包装方法和运输方式的一场革命。它的出现对运输的意义是：集装箱结构牢固结实，密封性好，整体性强，能够保证集装商品的运输安全；能节省集装商品的包装费用，简化理货手续，减少营运费用，降低运输成本；能够组织公路、铁路、水路的联运；能够实现快速装卸，加快了运输工具的周转，减少商品在运输环节的滞留；能够实现装卸运输的机械化、自动化，提高了劳动生产率，为实现运输管理现代化提供了条件。

集装箱有多种类型，按照集装箱的不同用途可分为通用集装箱与专用集装箱两大类；按照集装箱的结构形式可分为保温式集装箱、通风集装箱、冷藏集装箱、敞顶式集装箱、平板式（平台式）集装箱、罐式集装箱、散装货集装箱、牲畜集装箱、折叠式集装箱、柱式集装箱、挂式集装箱、多层合成集装箱和航空集装箱等；

按集装箱的制造材料可分为钢质集装箱、铝合金集装箱、玻璃钢质集装箱和薄壳式集装箱。各种类型的集装箱分别适用于不同的商品，促进了整个集装箱运输的发展。

（2）集装托盘。

集装托盘又叫集装盘，简称托盘，是为了便于运输、装卸和储存，在一件或一组货物下面附加一块垫板，板下有脚，形成插口，方便铲车的铲叉插入，进行搬运、装卸、堆码作业。

集装托盘兼备包装容器和运输工具双重作用，它是使静态货物转变为动态货物的媒介物。它的最大特点是使装卸作业化繁为简，完全实现机械化；同时可简化单体包装，节省包装费用，保护商品安全，减少损失和污染；还能够进行高层堆垛，合理利用存储空间。

集装托盘按其结构形式分为平板式托盘、箱式托盘、立柱式托盘、塑料垫块托盘、三合箱式托盘、滑片托盘等。国际标准化组织对集装托盘的规格标准有明确的规定：规定 400mm×600mm 为国际包装的基本单元尺寸（ISDTC 122），规定 800mm×1 200mm 和 1 000mm×1 200mm 为国际托盘尺寸系列（ISOTC 51）。对于托盘组合包装的体积，一般要求不低于 1m³，重量不低于 500kg，不大于 2 000kg。我国联运托盘尺寸系列为 800mm×1 000mm、800mm×1 200mm 和 1 000mm×1 200mm 三种。其中 800mm×1 200mm 和 1 000mm×1 200mm 两种与国际通用，而 800mm×1 000mm 这一尺寸，虽与 400mm×600mm 不成模数关系，但考虑到它是我国目前拥有量较大，应用也较广的一种，所以暂予保留。

（3）集装袋。

集装袋的顶部一般装有金属吊架或吊环等，便于铲车或起重机的吊装、搬运。在卸货时可打开袋底的卸货孔，即行卸货，非常方便，适于装运颗粒状、粉状的货物。集装袋一般多用聚丙烯、聚乙烯、聚酯纤维纺织而成。由于集装袋装卸、搬运货物都很方便，装卸效率明显提高，近年来发展很快。集装袋适于运输包装。

7）危险品包装技法

危险品有上千种，按其危险性质，交通运输及公安消防部门规定分为十大类，即爆炸性物品、氧化剂、压缩气体和液化气体、自燃物品、遇水燃烧物品、易燃液体、易燃固体、毒害品、腐蚀性物品、放射性物品等，有些物品同时具有两种以上危险性能。其包装防护措施各不相同，技法差异很大。

（1）防毒技法。防毒的主要措施是包装严密不漏、不透气。对有毒商品的包装要明显地标明有毒的标志。

（2）防腐蚀技法。对有腐蚀性的商品，要注意商品和包装容器的材质发生化学变化。

（3）防燃技法。防燃通常采用阻燃桶并且严密封闭。

（4）防爆技法。防爆炸的有效方法是采用塑料桶包装，然后将塑料桶装入铁桶或木箱中，每件净重不超过 50 千克，并应有自动放气的安全阀，当桶内达到一定压力时，能自动放气。

9.4 商品的销售包装

9.4.1 商品销售包装及其结构要素

商品销售包装主要是以满足商品销售为目的的包装，也称为商业包装。销售包装结构通常认为由包装材料、造型、技法、装潢四大要素组成。

1）包装材料要素

销售包装材料是构成销售包装的物质基础，销售包装的材料通常使用玻璃、金属、纸张、塑料及其复合材料等。

2）包装造型（形体设计）要素

销售包装是一种容器，它是包装材料经过造型后形成的。销售包装的基本造型通常有瓶、盒、罐、管、袋，而由此发展起来的不同形态和结构就难以计数了。

3）包装技法要素

销售包装技法是指包装操作时所采用的技术和方法。

4）包装装潢（表面设计）要素

销售包装装潢是指销售包装的表面设计。它是销售包装上所采用的以商品为命题的实用装饰技术。销售包装装潢本身的构成要素又包括图形（案）、色彩、文字和肌理，通过这四者的相互配合来保证装潢所要起的作用。

9.4.2 商品销售包装的技术方法

销售包装技法是指包装操作时所采用的技术和方法。目前，商品销售包装的技法有以下多种：泡罩包装技法、收缩包装技法、拉伸包装技法、贴体黏合包装技法、真空包装技法、充气包装技法、脱氧包装技法、无菌包装技法等。现分述如下：

1）泡罩包装技法

泡罩包装技法所形成的包装结构主要由两个构件组成：一是刚性或半刚性的塑料透明罩壳（不与商品贴体）；二是可用塑料、铝箔或纸板作为原材料的盖板。罩壳和盖板两者可采取粘接、热合或钉装等方式组合。

这种技法广泛地用于药品、食品、玩具、文具、小五金、小商品等的销售包装。按照泡罩形式不同，可区分为泡眼式、罩壳式和浅盘式三类。泡眼是一种尺寸很小的泡罩，常见的如药片泡罩包装；罩壳是一种用于玩具、文具、小工具、小商品的泡罩，类似于贴体包装的形式；浅盘是杯、盘、盒的统称，主要用于食品，如熟肉、果脯、蛋糕，此时底板已成为盖子。

2）收缩包装技法

收缩包装技法是将经过预拉伸的塑料薄膜、薄膜套或袋，在考虑其收缩率的前提下，裹包在被包装商品的外表面，以适当的温度加热，薄膜即在其长度和宽度方向产生急剧收缩，紧紧地包裹住商品。

收缩包装技法的特点是：它所采用的塑料薄膜通常是透明的，经过收缩后紧贴于商品，能充分显示商品的色泽、造型，大大增强了陈列效果；它能包装用一般方法难以包装的异形商品，如蔬菜、玩具、工具、鱼肉类等；它所采用的薄膜材料有一定韧性，且收缩得比较均匀，在棱角处不易撕裂；对商品具有防潮防污染的作用，对食品能起到一定的保鲜作用，有利于零售，延长货架寿命。

3) 拉伸包装技法

拉伸包装技法是用具有弹性（可拉伸）的塑料薄膜，在常温和张力下，裹包单件或多件商品，在各个方向牵伸薄膜，使商品紧裹并密封。

它与收缩包装技法的效果基本一样，特点是：采用此种包装不用加热，很适合于那些怕加热的产品，如鲜肉、冷冻食品、蔬菜等；可以准确地控制裹包力，防止产品被挤碎；由于不需加热收缩设备，可节省设备投资和设备维修费用，并可节省能源。

4) 贴体黏合包装技法

贴体黏合包装技法是将单件商品或多件商品置于带有微孔的纸板上，由经过加热的软质透明塑料薄膜覆盖，在纸板下面抽气使薄膜与商品外表紧贴，同时以热熔或胶粘的方法使塑料薄膜与敷黏结剂的纸板黏合，使商品紧紧固定在其中。

贴体黏合包装技法广泛地用于商品销售包装，它的特点是：透明包装增强了商品的陈列效果；能牢固地固定住商品，有效地防止商品受各种物理机械作用而损伤；也能在销售中起到防止顾客触摸以及盗窃、防尘、防潮等保护作用。

5) 真空包装技法

真空包装技法是将产品装入气密性的包装容器，密封前在真空度为 10 ~ 30 毫米汞高的情况下，排除包装内的气体，从而使密封后的容器内达到一定真空度。此法也称减压包装技法。

6) 充气包装技法

充气包装技法是将产品装入气密性的包装容器内，在密封前充入不同气体（如 CO_2，N_2），置换内部的空气，从而使密封后容器内仅含少量氧气（1% ~ 2%），故亦称为气体置换包装技法。

充气包装技法在食品包装上得到了应用，如干酪类食品，若用真空包装技法会使干枯表面渗出油来，而采用充气包装技法，问题就得到了解决。其他如豆制品、年糕、面包、花生仁、杏仁、食用油、烤鱼干、紫菜、奶粉、火腿、香肠、烧鸡、蛋糕、点心、炸土豆片、咖啡、粉末、果汁等都可采用充气包装技法，但是在选择气体时，通常要根据商品的不同性质，或用 CO_2，或用 N_2，或两者兼用。充气包装技法还用于日用工业品的防锈和防霉。

充气包装技法的特点是：用于食品包装，能防止氧化，抑制微生物繁殖和昆虫的发育，能防止香气散失、变色等，从而能较大幅度地延长保存期；对于粉状、液状以及质软或有硬尖棱角的商品都能包装；用于软包装，外观不起折皱且美观。

7）脱氧包装技法

脱氧包装是在密封的包装容器内，使用能与氧气起化学作用的吸氧剂，从而除去包装内的氧气，使内装物在无氧条件下保存。通常，先将吸氧剂充填到有透气性的小袋中，然后再放进包装内。

目前主要用于食品保鲜，像礼品点心、蛋糕、茶叶等，还用于毛皮、书画、古董、镜片、精密机械零件及电子器材等的包装。脱氧包装技法的特点是：可完全杜绝氧气的影响，可以防止氧化、变色、生锈、发霉、虫蛀等；方法简便，不需大型设备。

8）无菌包装技法

无菌包装是在无菌的包装环境下进行的包装。如无菌车间，在无菌的条件下，与上述包装技法组合运用，常用于药品的包装。

9.5 商品包装标志与商标

9.5.1 包装标志

包装标志是用简单的文字或图形在包装上印制的特定记号和说明事项。它是商品储存、运输、装卸过程中不可缺少的一项辅助措施。包装标志按表现形式，可分为图形标志和文字标志两种；按内容和作用，又可分为四种：运输包装收发货标志、包装储运图示标志、危险货物包装标志、国际海运标志。

1）运输包装收发货标志

（1）图形标志（代号FL）

按GB 6388—86规定，运输包装收发货标志共有12个，具体内容如下：

001百货类、002文化用品类、003五金类、004交电类、005化工类、006针纺类、007医药类、008食品类、009农副产品类、010农药类、011化肥类、012机械类。其图形为文字方块图形，上面明显标有物品名称：百货、文化、五金、交电、化工、针纺、医药、食品、农副产品、农药、化肥、机械。例如，运输包装收发货食品标志见图9-1，其他图形标志与此相似，这里从略。

图9-1 运输包装收发货食品标志

（2）文字说明标志（根据需要合理选用）

文字说明标志包括供货号（GH）、货号（HH）、品名规格（PG）、数量（SL）、生产日期（CQ）、生产工厂（CC）、体积（TJ）、有效期限（XQ）、收货地点和单位（SH）、发货单位（FH）、运输号码（YH）、发运件数（JS）。

2）包装储运图示标志

按 GB/T 191—2008 规定，包装储运图示标志共有 17 个，见图 9-2。

001 易碎物品 运输包装件内装易碎品，因此搬运时应小心轻放		002 禁用手钩 搬运运输包装时禁用手钩	
003 向上 表明运输包装件的正确位置是竖直向上		004 怕晒 表明运输包装件不能直接照射	
005 防辐射 包装物品一旦受辐射便会完全变质或损坏		006 怕雨 包装件怕雨淋	
007 重心 表明一个单元货物的重心		008 禁止翻滚 不能翻滚运输包装	
009 此面禁用手推车 搬运货物时此面禁用手推车		010 禁用叉车 不能用升降叉车搬运的包装件	
011 由此夹起 表明装运货物时夹钳放置的位置		012 此处不能卡夹 表明装卸货物时此处不能用夹钳夹持	
013 堆码重量极限 表明该运输包装件所能承受的最大重量极限		014 堆码层数极限 相同包装的最大堆码层数，n 表示层数极限	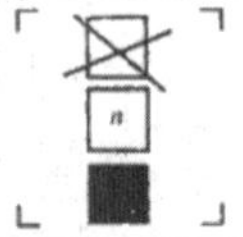
015 禁止堆码 该包装件不能堆码并且其上也不能放置其他负载		016 由此吊起 起吊货物时挂链条的位置	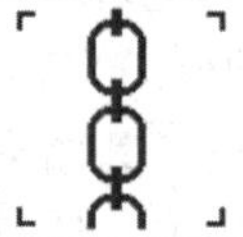
017 湿度极限 表明运输包装件应该保持的湿度极限			

图 9-2　包装储运图示标志

其具体内容如下：001 易碎物品、002 禁用手钩、003 向上、004 怕晒、005 防辐射、006 怕雨、007 重心、008 禁止翻滚、009 此面禁用手推车、010 禁用叉车、011 由此夹起、012 此处不能卡夹、013 堆码重量极限、014 堆码层数极限、015 禁止堆码、016 由此吊起、017 湿度极限。

包装储运图示标志是根据不同商品对物流环境的适应能力，用醒目简洁的图形和文字标明在装卸运输及储存过程中应注意的事项，如易碎物品、禁用手钩等上述

17项内容。

3) 危险货物包装标志

按 GB 190—1990 规定，危险货物包装标志共有 21 个（原老标准为 18 个标志，已经废止），见图 9-3。

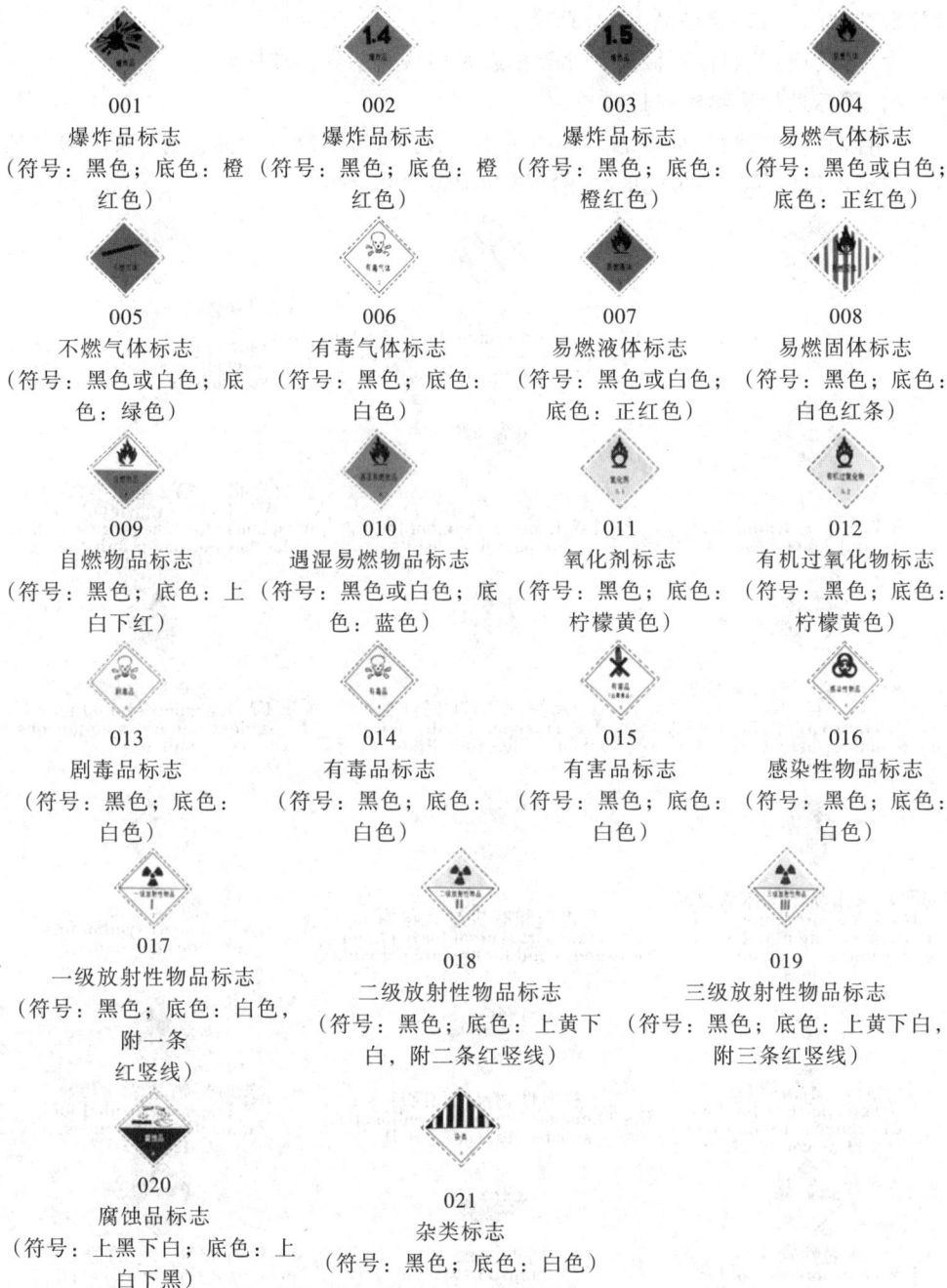

001
爆炸品标志
（符号：黑色；底色：橙
红色）

002
爆炸品标志
（符号：黑色；底色：橙
红色）

003
爆炸品标志
（符号：黑色；底色：
橙红色）

004
易燃气体标志
（符号：黑色或白色；
底色：正红色）

005
不燃气体标志
（符号：黑色或白色；底
色：绿色）

006
有毒气体标志
（符号：黑色；底色：
白色）

007
易燃液体标志
（符号：黑色或白色；
底色：正红色）

008
易燃固体标志
（符号：黑色；底色：
白色红条）

009
自燃物品标志
（符号：黑色；底色：上
白下红）

010
遇湿易燃物品标志
（符号：黑色或白色；底
色：蓝色）

011
氧化剂标志
（符号：黑色；底色：
柠檬黄色）

012
有机过氧化物标志
（符号：黑色；底色：
柠檬黄色）

013
剧毒品标志
（符号：黑色；底色：
白色）

014
有毒品标志
（符号：黑色；底色：
白色）

015
有害品标志
（符号：黑色；底色：
白色）

016
感染性物品标志
（符号：黑色；底色：
白色）

017
一级放射性物品标志
（符号：黑色；底色：白色，
附一条
红竖线）

018
二级放射性物品标志
（符号：黑色；底色：上黄下
白，附二条红竖线）

019
三级放射性物品标志
（符号：黑色；底色：上黄下白，
附三条红竖线）

020
腐蚀品标志
（符号：上黑下白；底色：上
白下黑）

021
杂类标志
（符号：黑色；底色：白色）

图 9-3 危险货物包装标志

其具体内容如下：001 爆炸品、002 爆炸品、003 爆炸品、004 易燃气体、005 不燃气体、006 有毒气体、007 易燃液体、008 易燃固体、009 自燃物品、010 遇湿易燃物品、011 氧化剂、012 有机过氧化物、013 剧毒品、014 有毒品、015 有害品（远离食品）、016 感染性物品、017 一级放射性物品、018 二级放射性物品、019 三级放射性物品、020 腐蚀品、021 杂类。

为了能引起人们特别警惕，此类标志采用特殊的彩色或图示。

4）国际危险货物运输标志

联合国危险货物运输标志，如图 9-4 所示。欧盟危险化学品标志，如图 9-5 所示。我国出口商品包装可同时使用国际和国内两套标志。

爆炸品
UN Transport symbol for explosives

不产生重大危害的爆炸品
UN Transport symbol for Class 1.4 explosive substances which present no significant hazard

具有大规模爆炸性，但极不敏感的物品
UN Transport symbol for Class 1.5 very insensitive substances which have a mass explosion hazard

不燃气体
UN Transport symbol for non-inflammable gases

易燃气体
UN Transport symbol for inflammable gases

有毒物品(第 2 类和第 6.1 类)
UN Transport symbol for poisonous substances (gases Class 2, other poisonous substances Class 6.1)

易燃气体(第 2 类)或者易燃液体(第 3 类)
UN Transport symbol for inflammable gases (Class 2) or liquids (Class 3)

易燃固体(第 4 类)
UN Transport symbol for inflammable solids (Class 4)

易自燃物品
UN Transport symbol for substances liable to spontaneous combustion

遇水释放出易燃气体的物品
UN Transport symbol for substances which, in contact with water, emit inflammable gases

氧化剂和有机过氧化物
UN Transport symbol for oxidizing substances and for organic peroxides

感染性物品
UN Transport symbol for infectious substances

放射性物品(第 I 级)
UN Transport symbol for radioactive substances, Category I

放射性物品(第 II 级)
UN Transport symbol for radioactive substances, Category II

放射性物品(第 III 级)
UN Transport symbol for radioactive substances, Category III

放射性物品
UN Transport symbol for radioactive substances

腐蚀性物品
UN Transport symbol for corrosive substances

危险性类别编号的位置：
Location of serial number：

图 9-4　联合国危险货物运输标志

有毒物质（T符号）和极高
毒性物质（T+符号）
EU symbol for toxic （T）
substances

易燃物质（F符号）和极易燃物
质（F+符号）
EU symbol for flammable （F）
substances

刺激性物质（Xi符号）和有害
物质（Xn符号）
EU symbol for irritating （Xi）
or harmful （Xn） substances

爆炸性物质（E符号）
EU symbol for explosive （E）
substances

氧化性物质（O符号）
EU symbol for oxidizing （O）
substances

腐蚀性物质（C符号）
EU symbol for corrosive （C）
substances

环境危险物质（N符号）
EU symbol for environmentally
dangerous substances

图9-5　欧盟危险化学品标志

9.5.2　商标

1）商标的作用

商标是商品的标记，在商品经济发展中起到识别商品的不同生产者或经营者的作用；有利于平等的市场竞争和开拓市场；有利于保证商品质量及质量监督管理；起到美化和宣传商品的作用。

2）使用的原则

商标的设计和选用，必须遵照《中华人民共和国商标法》的要求，同时注意充分发挥商标的作用。

3）必须具有显著的特征

（1）注册商标应有标记

注册商标应在商标边标明"注册商标"和"®"字样。商标应具有与众不同的醒目特征，切忌与他人注册的商标相同或近似。

（2）商标不得使用禁用标志

我国《商标法》把如下标志列为禁用标志，不得用于商标：①与中华人民共和国和外国的国家名称、国旗、国徽、军旗相同或近似的标志；②与政府间国际组织的旗帜、徽记、名称相同或近似的标志；③本商品的通用名称和图形；④直接表示商品的质量、主要原料、功能、用途、重量、数量及其他特点的文字和图形；⑤带有民族歧视性的标志；⑥夸大宣传并带有欺骗性的标志；⑦有损社会道德风尚的标志。

（3）商标要具有审美性

商标名称的选择和图案设计要符合消费者审美心理的要求，达到形象性、艺术性、新颖性、时代性、民族性、象征性高度统一。

4）名牌商标

名牌是在市场竞争的环境中具有杰出的表现、得到相关顾客公认的、能产生巨大效应的企业产品品牌、商标和商号。商号就是指企业的名称。

9.5.3　商标的分类

商标按有无防伪功能可分为传统商标和防伪商标。传统商标由于防伪功能差，应用者越来越少。现在多使用防伪商标。

1）传统商标

传统商标按其结构可分为文字商标、图形商标、记号商标、人物头像商标和组合商标等；按其用途可分为营业商标、商品商标、等级商标、保证商标和服务商标。

2）防伪商标

防伪商标在当今众多防伪技术中应用最广泛。它采用激光、电码等国际领先水平的高新技术，利用计算机、信息编码和高科技印刷，使得防伪商标具有综合防伪、美化包装和增加产品附加值等多种功效。防伪商标已向着具有全国统一管理系统的方向发展。

防伪商标具有以下优点：图像制作精美；易于识别；防伪效果好；价廉物美。

9.5.4　防伪商标的分类

通常按防伪技术划分为一般防伪商标和电码防伪商标两种。

1）一般防伪商标

通常按使用的防伪技术又划分为多种类型，主要商标有：激光全息防伪商标、荧光防伪商标、温变防伪商标、隐形防伪商标、磁性油墨防伪商标等。

（1）激光全息防伪商标。全息图像具有立体感，在光的作用下，在不同的侧面将摄影和雕塑融于一体，产生神奇的视觉效果。可采用不干胶粘贴与烫印两种方式实施。激光商标广泛应用于各行各业的产品包装上（如药品、食品、酒类等），能够起到防伪、装饰效果，使企业产品在形象、质量和信誉方面更有保障。能充分提高商品的身价和知名度，备受消费者欢迎。

（2）荧光防伪商标。传统的荧光油墨在产品的特定部位，用专用油墨印上特定的图形符号，然后用专门的手段去检测。

（3）温变防伪商标。采用变色荧光（温变）油墨技术制成的商标。

（4）隐形防伪商标。采用隐形密码技术。

（5）磁性油墨防伪商标。采用磁性油墨技术。

此外，还有微缩技术、旋转光圈防伪技术等，这里不再列举。这些技术在使用初期都曾发挥过一定的作用，但由于自身容易被仿冒，因而收效甚微。究其原因，这些防伪技术普遍存在着以下不足：技术含量低，结构组合易被破译。

2）电码防伪商标

电码防伪技术是利用计算机、网络通信、信息编码和高科技印刷等高新技术，具有国际领先水平的综合防伪技术。电码防伪商标主要有下面几种形式：

（1）GG商标（全息综合防伪激光揭开型商标）。此标识是在模压全息技术的基础上，结合多涂层复合印刷技术开发的一种全息图像加印刷喷码的双信息载体商标。该商标由面层、次层和离型纸三层组成。面层（揭去层）上载有模压全息图像，具有全息防伪标识的一切特征；次层（遗留层）是一种极薄的膜，其上印有防伪数码；三层为离型纸。此标识技术稳定，具有综合防伪功能，适用面广，可以制作各种规格的标识。这种标识采用专门技术和专门材料制成。

（2）KK商标（纸面揭开型商标）。此标识由面层、次层、黏膜和离型纸四层合成，其面层由铜版亚光喷膜色纸、荧光有色纸、荧光明暗变色纸等多种防伪材料制作，可印上有关文字图案；次层是一种极薄的透明脆膜，印有防伪电码；黏膜由特种透明胶构成，根据被贴物表面材料不同而采用不同黏膜；四层为离型纸。此标识有圆、正方、长方及椭圆四种形状和多种规格，并分别有红、粉红、黄、鹅黄、蓝、浅蓝、紫、浅绿八种标准颜色供用户选择，使用方法同激光商标。

（3）GK商标（覆盖膜刮开型商标）。它又称"刮刮乐"。这种标识由三层合成，面层为覆盖层（涂层），是一种金属粉末或油墨薄膜，薄膜上可印制文字图案；次层是有色铜版纸或特种防伪纸，纸面上印有电码，纸底涂胶；三层为离型纸。此标识可与商品的标签或外包装物连在一起，标识的标准形状、规格、颜色与"彩印揭开式标识"相同。

（4）电码防伪拉线商标。电码防伪拉线商标主要有激光电码防伪拉线型、金色电码防伪拉线型、银色电码防伪拉线型、电化铝电码防伪拉线型、普通PET电码防伪拉线型等几种类别。背胶可采用普通型、不干胶型和热封型三种方式。主要用于卷烟、音像制品、医药制品、食品等盒装产品的防伪拆封拉线。现有的激光拉线、金色拉线、银色拉线、普通拉线的背面印刷21位电码防伪数码，并在其下面印刷入网企业名称及电码防伪查询提示，具有综合防伪功能。拉线放卷流畅、包装方便、外形美观、图案文字清晰，是目前国内外先进的新型防伪拉线商标。

9.5.5　一般防伪商标与电码防伪商标的区别

1）防伪原理

一般防伪商标：一元防伪和单一印刷防伪。

电码防伪商标：综合防伪和综合印刷防伪。综合印刷防伪是高精印刷防伪加密码防伪加电脑语音防伪相结合的方法。

2）识别方法

一般防伪商标：复杂难辨，需有专业人员使用专门的仪器或工具才能进行鉴别。一般消费者难以识别，造假者容易假冒，可大量伪造。

电码防伪商标：简单易行，不需专业人员和专门仪器，只需拨打电话或上网即可鉴别，生产厂家、经销商、执法部门、一般消费者都可辨别。造假者无法窃取密码，不能批量伪造，需专利技术。由于编码的特殊性、唯一性和使用的一次性，造假者根本不可能掌握密码的试制方法，更无法将密码存入中国防伪中心数据库。

3）管理服务

一般防伪商标：仅有生产和销售标识，对企业无后续的全方位服务、无全国统一的管理系统。

电码防伪商标：不仅有生产和销售标识，还通过全国唯一的中国防伪中心数据库和统一的终端查询网络为企业提供后续的查询鉴别、咨询答疑、监控管理服务，有全国统一的管理系统。

4）其他功能

一般防伪商标：无其他功能。

电码防伪商标：除防伪功能外，还具有追踪假货、统计分析等多项功能。

本章小结

商品包装质量具有双重属性特点。

包装材料、包装技法、包装结构造型和表面装潢是构成包装实体的四大要素。商品包装的主要功能有：保护功能、容纳功能、便利功能和促销功能。以包装在商品流通中的作用为分类标志，商品包装可分为运输包装和销售包装。

商品运输包装的主要技术方法：一般防破损保护技法、缓冲包装技法、防潮包装技法、防锈包装技法、防霉包装技法、集合包装技法和危险品包装技法等。

销售包装结构由包装材料、造型、技法、装潢四大要素组成。商品销售包装的技法有泡罩包装技法、收缩包装技法、拉伸包装技法、贴体黏合包装技法、真空包装技法、充气包装技法、脱氧包装技法、无菌包装技法等。

包装标志按表现形式可分为图形标志和文字说明标志两种；按内容和作用可分为运输包装收发货标志、储运图示标志、危险货物包装标志和国际危险货物运输标志等四种。商标按有无防伪功能可分为传统商标和防伪商标。

关键概念

商品包装 商标

简答题

1. 商品包装具有哪些功能?
2. 商品包装的种类有哪些?
3. 对商品包装的技术要求是什么?
4. 商品运输包装具有哪些功能?
5. 运输包装的技法有哪些?
6. 销售包装的技法有哪些?
7. 商标的作用是什么?
8. 商标的种类包括哪些内容?
9. 对防伪商标是如何进行分类的?

实训题

1. 一般防伪商标与电码防伪商标的区别有哪些?
2. 电码防伪的编码与商品上的条形码有何异同?

试述题

试述如何创建名牌商标。

论述题

试论商品包装质量的双重属性。

第 10 章

商品的储运与养护

通过本章的学习，使学生了解商品储运与养护的重要性；通过对储运商品的损耗与质量劣变的理解，掌握商品储运方法和商品养护方法；熟练掌握储运商品的质量管理。

10.1 商品储运与养护的重要性

10.1.1 商品储运在商品流通中的作用

商品储运是商品流通过程中的一个重要环节，是保证商品流通的必要条件。只有商品储运，才能使商品生产不断进行；只有储运，才能使商品市场供应得到保证。

商品从生产到消费，在时间和空间上都存在较大的间隔和距离。例如，农副产品多数为季节生产，常年销售；有些商品是常年均匀生产，但消费相对集中在某个季节；有些商品集中生产，分散消费；有些商品只在某一地区生产，却在全国各地消费。因此，多数商品都需要经过或长或短的时间和空间上的储存和运输，才能保证商品流通不致中断和社会再生产的持续进行。另外，为了应付不可预见的自然灾害和战争，也需要储存一定量的某些必备商品。

10.1.2 商品养护是储运商品质量的可靠保证

维护商品在流通过程中的质量，以保证商品流通的顺利进行，就必须认真研究和解决商品在储存运输过程中的质量变化规律及科学养护。

商品在储运过程中，由于自身的物理、化学、生理、生化和微生物等性质的变化以及受各种外界因素的影响，就会产生这样或那样的变质和损耗，使商品在质量和数量上受到损失。这就需要在储运过程中对商品进行养护，以维护其质量，保证商品流通的顺利进行。研究各类商品在不同储运环境条件下的质量变化规律，采取有效的技术措施和科学管理方法，控制不利因素，创造良好的储运环境条件，从而保护商品质量，减少商品损耗，是商品养护工作的基本任务。

商品养护是对储运商品实施的保养和维护的技术管理工作，是商品储运期间各种管理的中心环节，具有很强的科学性。研究储运商品质量变化规律和养护措施及方法，及时地采取先进的科学技术和现代化管理手段，保护储运商品质量不受损失，可以直接降低商品流通费用，使商品使用价值得到充分实现，促进国民经济的健康发展。

10.2 储运商品的损耗与质量劣变

10.2.1 商品储运中的损耗

储运商品的损耗是指商品在储运过程中，由于外界自然环境因素与商品本身特性的正常作用和非正常的人为原因（如装运不当、保养不妥、管理制度不完善等）而造成的数量损失和消耗。

储运商品损耗的物理变化和机械变化形式主要有：挥发，溶化，熔化，脆裂、干缩，渗漏、粘连，破碎、散落等。

1）挥发

挥发是某些液体商品（如松节油、香水、花露水、白酒等）或经液化的气体商品（如液氮、液态二氧化碳等）在空气中能迅速蒸发的现象。它们的挥发速度取决于气温高低、空气流速、商品中易挥发成分的沸点以及与它们接触的空气表面积。气温高，空气流通快，易挥发成分沸点低，与空气接触的表面积大，挥发速度就快。挥发不仅使商品数量减少，质量下降，而且有的挥发蒸气（如乙醚、丙酮等）影响人体健康，甚至引发爆炸和火灾事故。对这类商品应采用密闭性好的包装容器，并置于温度较低的环境中。

2）溶化

溶化是某些具有较强吸湿性的水溶性晶体、粉末或膏状商品（如化工商品中的明矾、氯化钙，化肥中的氮肥等），吸收潮湿空气中水分至一定程度后溶解的现象。影响溶化的因素主要是商品吸湿性和水溶性、与空气接触表面积、空气的温度和相对湿度等。气温和相对湿度越高，这类商品越容易溶化。这类商品在储运中应避免其防潮包装受损以及与含水量大的商品混放，保持干燥凉爽的环境，同时堆码不宜过高以防止压力过大而加速溶化流失。

3）熔化

熔化是某些固体商品在温度较高时，发软变形甚至熔化为液体的现象。熔化不仅会造成商品流失，而且还与包装粘连或玷污其他商品。商品成分熔点较低或含某些杂质是导致熔化的内在因素，而日光直射、气温较高则是导致熔化的外界因素。易熔化的商品有化妆品、蜡烛、食糖、食盐，化工商品中的松香、石蜡、硝酸锌，医药商品中的油膏类等。对这类商品在储运中应控制较低的温度，注意密封、隔热，防止日晒。

4）脆裂、干缩

在干燥空气中，某些吸湿性商品如纸张、皮革及其制品、木制品、糕点、水果、蔬菜等，若严重失水，就会发生脆裂、干缩现象。对这类商品，在储运过程中应注意防止日晒风吹，并控制环境的相对湿度，使其含水量保持在合理范围内。

5）渗漏、粘连

渗漏是液体商品因包装容器不严，或包装质量不合格，或包装内液体受热，或结冰膨胀等原因，而使包装破裂所发生的外漏现象。它会造成液体商品的流失。因此，液体商品在储运过程中，除了应加强交接验收、定期检查工作外，还应加强环境温湿度的控制和管理。

粘连是黏稠状流体商品（如桶装黄油、水玻璃、软沥青等）黏着于包装容器表面上很难或不能取出的现象，因此，会造成商品减量。商品发生的这种损耗，尚难避免。

6）破碎、散落

破碎和散落是商品在储运中由于外力作用而发生的损耗现象。如玻璃、陶瓷制品等在搬运、运输过程中受到碰撞、挤压或抛掷而破碎，粉状商品因包装物强度低或包装不严而造成的脱落散开。上述商品在储运过程中应避免撞击、重压，并保持包装完整。

10.2.2　商品储运中的质量劣变

质量劣变是指商品在储运过程中，由于外界因素的作用发生的化学变化、生理生化变化、微生物变化而造成的商品质量变劣，甚至完全丧失使用价值的现象。

常见的化学变化形式有氧化、分解、腐蚀、燃烧、爆炸、老化等。生理生化变化形式主要有呼吸、后熟、发芽、抽薹、胚胎发育、僵直、软化等。微生物变化主要有霉变、发酵、腐败等。

10.3　商品储运方法

10.3.1　商品储存方法

商品储存是指商品在流通中的暂时停留过程。物流中所谓"保管"，是保存和管理物品的一系列活动的总称。为使储存中的商品得到安全保证并减少费用开支，对储存商品仓库的布局、库房的设计、库房内部布置、仓库和库房的管理，以及商品的保养维护，必须进行商品储存科学化标准管理。

为实现商品储存科学化，我国已在多种商品标准中规定有储存的技术内容，也制定和实施了一些储存技术标准和储存管理标准，如GB/T 8559—2008《苹果冷藏技术》、GB/T 8867—2001《蒜薹简易气调贮藏技术》、GB/T 9829—2008《水果和蔬菜　冷库中物理条件　定义和测量》、GB/T 9830—1988《水果和蔬菜　冷藏后的催熟》、NY/T 1189—2006《柑橘储藏》、GB/T 30134—2013《冷库管理规范》以及《商品储藏养护技术规范》等。

对商品储存标准，单独制定的较少，多包含在较完整的商品标准中。其内容主要是规定了商品储存时的一些特殊要求，如储存场所、储存条件、储存放置方法和储存期限等。

1）储存场所

储存场所是对商品储存地点的要求。按仓库的保管条件不同分为普通仓库、专用仓库和特种仓库。

（1）普通仓库。普通仓库也称通用仓库，主要用于储存性能比较稳定、互不干扰的商品，如百货、纺织品、针织品、服装、五金、机械、电器和土产等。这类仓库的技术设备比较简单。

（2）专用仓库。专用仓库是指用于专门储存某一类商品的仓库，对于某些不宜与其他商品共同储存的商品加以储存，如烟、酒、食糖、食盐和粮食等。

（3）特种仓库。特种仓库是指用于储存具有特殊性能、要求，特别保管条件的商品。这类仓库必须配备特殊设备才能满足商品储存的要求，其中包括冷藏仓库、恒温恒湿仓库、化工危险品仓库、石油库等。冷藏仓库，有制冷设备，提供了低温保管条件，用以储存鱼、肉、蛋等冷藏食品以及生物制品；恒温恒湿仓库，有空调设备，提供特定温度、湿度的保管条件，用以储存药品、胶片、精密仪器、高级食品等；化工危险品仓库，用以储存易燃、易爆或有毒的化工原料和产品；石油库，既要求有特殊的储藏设施，又要求有特殊的传输装置等。这类仓库具备能满足特殊要求的储存条件和严格的安全措施。

2）储存条件

储存条件通常是对商品储存环境的温度和湿度条件的要求。温度是指储存商品仓库库房内的温度，一般以摄氏温度表示；湿度是指储存商品仓库库房内的湿度，一般以相对湿度表示。

3）储存放置方法

储存放置方法主要是对储存商品放置方法的要求，如堆码、苫垫等。

（1）堆码

堆码是指商品存放的具体形式，常见的主要有散堆法、垛堆法、架堆法和托盘堆码法。

散堆法，主要用于散装货物，如粮食、煤炭、建筑材料等。这种方法简单，但不利于通风、散热。

垛堆法，适用于有一定形状或经过包装的商品，如各种包装箱、包装袋等。这种方法较灵活，可将商品堆码成各种形式。

架堆法，是指利用货架存放商品，主要用于存放零星或怕压的商品。货架有普通货架和移动货架两种。

托盘堆码法，是利用托盘直接进行商品存放的方法。托盘又有平托盘、箱式托盘和立柱托盘多种。

（2）苫垫

苫垫是指对货垛的铺垫和苫盖。

铺垫可达到隔潮目的，防止或减少地面潮气对商品的影响。对底层库房和货棚，一般都要进行铺垫。铺垫的材料主要有水泥条、预制板、枕木和垫板等。

苫盖可防止或减少阳光、风雨等对商品的影响。对露天货场储存的商品，一般都要进行苫盖。设施主要是苫布、芦席或活动式货棚等。

4）储存期限

储存期限是指商品储存期间的长短，有保存期和保质期两种表示方法。

10.3.2　商品运输方法

商品在实际的运输过程中，往往有多条运输路线和多种运输方式，商品运输的合理程度，直接关系到商品流通速度和流通费用。这就要求合理地组织商品运输，以提高经济效益。

1）合理运输

概括地说，合理运输就是指在有利于购销业务开展的情况下，充分利用各种运输方式，选择合理的运输路线和运输工具，以最短的路程、最少的环节、最快的速度和最小的劳动消耗，安全优质地完成商品运输任务。

组织商品合理运输的措施有很多，如按经济区域组织商品流通，发挥中心城市的作用；分区产销平衡合理运输；选择最短的运输路线，减少不必要的中间环节；选择合理的运输方式；在法定范围内提高车、船的载重量等。当然，在这些措施中可以应用数学方法进行推导、计算和优选。

为了做好商品运输工作，保证商品质量，减少或避免商品损失，节约运输费用，在商品运输上要执行商品运输标准。

2）商品运输标准

商品运输标准主要规定对该商品运输时的特殊要求，即商品的运输工具、运输条件以及运输中的注意事项等。商品运输标准一般都包含在比较完整的商品标准中，单独制定的运输标准，特别是具体商品的运输标准很少。

（1）运输工具

运输工具是指该商品运输时使用的运输工具。如按 GB/T 337.1—2002《工业硝酸　浓硝酸》标准规定，浓硝酸除可装于陶瓷坛内运输外，散装者必须装在铝制槽车内进行运输。

商品运输工具的种类很多，包括火车、轮船、汽车、飞机和管道等。其中火车中的货车就有棚车、通风车、敞车、罐车、冷藏车、砂石车、长大货物车、特种车和其他各种货车之分。

对运输工具的选择，必须充分考虑商品的性质。如怕湿、易燃和较贵重的商品，适用棚车装运；需要通风和易腐性商品，适用通风车装运；冷冻商品，适用冷藏车装运；不怕潮湿商品，可用敞车装运；液体商品，适用于管道运输、罐车装运。

（2）运输条件

运输条件主要规定运输工具的清洁状况、能否与某些物质接触、温度、湿度等。如按 GB/T 12517.2—1990《糖果验收规则、标志、包装、运输、贮存》标准规定，运输工具必须干燥、清洁、平整、无异味。商品运输条件的确定取决于商品的性质。

鲜鱼、肉、活家禽、家畜、水果和蔬菜等鲜活易腐商品，火柴、赛璐珞制品、猎枪子弹、鞭炮、烧碱、硫酸等易燃、易爆、易腐蚀和有毒害的危险品，食糖、糖果、茶叶、香皂等易溶化、易串味的商品，在运输时都不能与一般商品混装。

食糖、糖果等易溶商品，纤纺织品、鞋帽、服装、纸张等多孔性商品，在运输中应防止受潮。

火柴、鞭炮等易燃、易爆商品，在运输中应防止日晒或与热源接触。

（3）运输中的注意事项

运输中的注意事项是指运输过程中值得注意的问题，如不得随意抛扔，不得倒置等。如按 GB/T 5606—2005《卷烟》系列国家标准的规定，卷烟在运输中应防晒、防潮、防挤压、防剧烈震动。

10.4　商品养护

商品在储运过程中可能发生的损耗和质量劣变现象是多种多样的，采用的相应的养护措施也是多种多样的。这里仅介绍其中一些主要的、常采用的养护措施。

10.4.1　防霉腐方法

1）药剂防霉腐

药剂防霉腐是利用化学药剂使霉腐微生物的细胞和新陈代谢活动受到破坏或抑制，进而达到杀菌或抑菌目的，防止商品霉腐的一种方法。对防霉腐药剂的选用应考虑低毒、高效、无副作用、价廉等原则，而且在使用时还必须考虑对人体健康有无影响及对环境有无污染等。常用的防霉腐药剂有水杨酰苯胺、五氯酚钠、氟化钠、多菌灵和洁而灭等。

2）气调防霉腐

气调防霉腐是依据嗜氧性微生物需氧代谢的特性，通过调节密封环境中气体的成分，降低氧气浓度来抑制霉腐微生物的生理活动、降低酶的活性和鲜活食品呼吸强度，以达到防霉腐和保鲜目的的一种方法。

气调防霉腐有自发气调和机械气调两种方法。自发气调是利用鲜活食品本身的呼吸作用来降低密封包装中氧的含量，增加二氧化碳浓度而起到气调作用；而机械气调则是采用机械设备将密封包装中的空气抽至一定真空度，再填充二氧化碳或氮气的气调方法。气调若结合低温环境，则能达到较长时间保鲜的目的。

3）气相防霉腐

气相防霉腐是使用具有挥发性的防霉腐剂，通过其挥发气直接与霉腐微生物接触而杀死或抑制霉腐微生物生长繁殖，以达到防霉腐目的的一种方法。这种方法常用于工业品的防霉腐。工业品常用的气相防霉腐剂有多聚甲醛、环氧乙烷等。气相防霉腐剂应与密封仓库、大型塑料膜罩或其他密封包装配合使用，才能获得理想效果。在使用中还应注意安全，严防具有毒性的挥发性气体对人体的伤害。

4）低温防霉腐

低温防霉腐是利用低温（一般指15℃以下）条件，抑制食品中微生物的繁殖和酶的活性，有效地防止微生物引起的食品质量变化，减弱鲜活食品的生理活动和生鲜食品的生物化学变化，降低水分蒸发速度和延缓食品化学成分的变化的一种食品储藏法。它不仅能达到防霉腐的目的，而且也有利于减少食品干耗，保持食品的色、香、味，从而较好地保持食品原有的新鲜度、风味品质和营养价值。

食品低温储藏的温度范围，一般在-30℃～15℃之间。由于食品的种类、特性和储藏期限不同，采用的储藏温度也不一样。按储藏温度不同，可分为冷却储藏和冷冻储藏两种。

（1）冷却储藏

冷却储藏（又称冷藏）：储藏温度一般在食品冰点以上。由于引起食品变质的嗜温性微生物处于10℃以下的低温就难以繁殖，因此，储藏温度应为0℃～10℃。冷却储藏的食品一般不发生结冰，能较好地保持食品的风味品质。但是，食品中酶的活性及鲜活食品的生理活动并未停止，嗜冷性微生物仍能繁殖，所以食品储藏时间不应过长。

原产于热带、亚热带的水果和蔬菜，由于其生理特性适应较高的温度环境，在10℃以下储藏，会因正常生理活动受到干扰，招致"冷害"。如香蕉适宜储藏的温度为12℃～18℃，番茄为10℃～12℃。因此，对这些食品的冷藏，要根据它们对低温的耐受程度，控制适宜的较低温度，避免库温下降过低，以防止"冷害"的发生。

对于含水量大的食品，还可能因水分蒸发出现干耗，使食品重量减轻，影响食品的外观品质。为此，应保持库内有较高的相对湿度，并降低空气流速，以减少食品干耗。

采取冷却储藏的食品主要有水果、蔬菜、鲜蛋、鲜肉、鲜鱼、鲜奶、奶制品、啤酒等。

（2）冷冻储藏

冷冻储藏（又称冻藏），是先将食品在低于冰冻点以下冻结，然后在高于冻结温度的低温条件下储藏的方法。食品冷冻温度和冷冻速度，与冷冻食品的质量关系极大。通常有缓冻和速冻两种方法。

①缓冻法。缓冻法是指在自然环境下缓慢冻结的方法。冻结温度愈低，食品中被冻结的水分也愈多。一般来说，温度降至-5℃时，食品中的水分有60%～80%冻结，降至-18℃时，则有90%的水分冻结。食品中大量水分冻结后，游离水含量降低，水分活性显著下降。这样，不仅使嗜高温、中温和低温的微生物停止繁殖，长时间的冷冻还能造成部分微生物死亡，而且也抑制了食品中酶的活性。冻藏食品的储藏温度愈低，品质保持愈佳，储藏期限也愈长。

②速冻法。快速冷冻，简称速冻，是比较理想的冷冻方法，可以获得较好的储藏效果。快速冷冻法采用-18℃或-23℃甚至-40℃的低温速冻，在-15℃或更低的温度下储藏。

这种方法的原理是：冻结温度低、速度快，使冰晶生成速度大于细胞内水分向外扩散的速度。细胞内外水分几乎同时结冰，生成的冰晶细小，分布均匀，食品中的90%的水分被冻结在原来的位置。这样，速冻食品就不会像缓冻食品那样，因细胞内间隙的冰晶过大造成细胞的机械损伤和破裂。解冻时也可减少汁液流失，容易恢复原状，更好地保持食品的原有品质。

采用冷冻储藏的食品，除肉类、禽类、鱼类、水果、蔬菜等易腐性食品以及冰棒、食用冰等冷饮食品外，还有速冻食品，如豌豆、四季豆、胡萝卜、马铃薯、荔枝、龙眼、杨梅、李子等，以及速冻元宵、水饺等食品。

5）干燥防霉腐

干燥防霉腐是利用干燥或脱水措施降低商品的含水量，使其水分含量在安全储运水分之下，抑制霉腐微生物的生理活动，以达到防霉腐目的的一种储藏方法，常用于粮食及各种食品的储藏。食品经干燥后，由于水分减少，酶的活性受到抑制，细胞原来所含的糖分、盐类、蛋白质等稀溶液浓度升高，渗透压增大，导致微生物细胞脱水，繁殖受阻，甚至死亡。这样，就可以延长食品的储藏期。食品经干燥脱水后，由于体积与重量减小，还有利于运输。

食品干燥方法有自然干燥法和人工干燥法：

（1）自然干燥法，是利用日晒、风吹、阴凉等自然条件，使食品脱水干燥的一种方法。这种方法比较经济方便，主要用于粮食、干果、干菜、水产海味品干燥。自然干燥法受气候和地区等自然条件的限制，存在一定缺陷：干燥过程中温度上升慢，水分蒸发速度慢，干燥时间长；日光的照射和空气中氧的影响，使商品颜色变暗，损失营养成分；有些食品在干燥过程中，就伴有一定程度的腐败变质现象发生；食品容易被灰尘、杂质、昆虫、微生物等污染。因此，为了保证干燥食品的质量，应选择清洁卫生的晒场及用具。

（2）人工干燥法，是利用热风、远红外线、微波等手段，对食品进行脱水干燥的一种方法。人工干燥法与自然干燥法相比，不受气候条件的限制，可缩短干燥时间，减少因缓慢升温而造成的质量变化，避免灰尘、杂质及昆虫、微生物的污染，能保持食品质量和减少损耗。但由于需要一定的设备和技术，能耗较大，费用较高，应用受到一定的限制。

6）加热灭菌防霉腐

食品经加热处理，杀灭引起食品变质的微生物，破坏食品中酶的活性，从而达到防霉腐的目的。此法也常用于一些食品的储藏。加热灭菌的食品，需有密封的包装，使内容物与外界隔绝，防止微生物的第二次污染和氧气的侵入，以利于食品的长期储藏。

用于食品的加热灭菌方法，主要有高温灭菌法和巴氏杀菌法两种。

（1）高温灭菌法

高温灭菌法的灭菌温度一般在100℃～120℃之间，加热时间为30分钟至几小时（随食品原料不同而不同）。此法多用于罐头和蒸煮袋装食品。

（2）巴氏杀菌法

巴氏杀菌法按杀菌温度和时间的不同，有下列三种方法：

①低温长时间杀菌法。杀菌温度为62℃～65℃，加热时间为30分钟。在这一杀菌条件下，既可杀灭食品中的致病菌，又不损害食品的风味，较好地保证了食品

的营养价值。

②高温短时间杀菌法。杀菌温度提高到 72℃ ~ 75℃，加热时间缩短到 15 ~ 16 秒；或在 80℃ ~ 85℃ 条件下，加热 10 ~ 15 秒。虽然加热时间很短，但杀菌温度较高，仍可收到预期的杀菌效果。它是目前采用较多的一种热杀菌方法。

③超高温瞬间杀菌法。杀菌温度提高到 135℃ ~ 150℃，加热时间极短（如牛乳超高温瞬间杀菌时间只需 2 ~ 8 秒）。由于微生物热致死的温度系数很大，超高温瞬间杀菌具有明显的效果。加热时间极短，能更有效地保持食品的营养成分。实践证明，用此法处理的食品，储藏效果也较好。例如，用此法处理的牛奶，经包装后可冷藏 20 天；如果采用无菌包装，可在常温下储藏 3 ~ 6 个月。

7）腌渍防霉腐

此法是利用食盐或食糖溶液产生高渗透压和低水分活度，或通过微生物的正常发酵降低环境的 pH 值，抑制有害微生物生长繁殖，进而达到防霉腐的目的。为了获得食品更好的感官品质，保证食品卫生及营养价值，还常添加适当的调味品、香料、发色剂和抗氧化剂等物质。腌渍法主要有盐腌储藏法、糖渍储藏法和酸渍储藏法。

（1）盐腌储藏法

食盐不仅是调味剂，还具有很好的防腐作用。盐腌储藏法就是利用食盐的防腐作用来储藏食品的一种方法。食盐溶液具有很高的渗透压，可使微生物细胞发生强烈的脱水作用，导致质壁分离，生理代谢活动受到抑制，乃至生长停止或死亡。食盐溶液还具有较低的水分活度，不利于微生物生长。当食盐溶液浓度达到 26.5%（饱和）时，细菌、酵母菌和霉菌都不能生长。另外，氧在食盐溶液中的溶解度大大下降，可造成缺氧环境，使一些嗜氧微生物的生长发育受到抑制。当食品中食盐的加入量达到 10% ~ 15% 时，才具有较好的防腐效果。不同的微生物对食盐的耐受力不同。多数杆菌在 10% 的盐溶液中就不能生长，而乳酸杆菌在 12% ~ 13% 的盐溶液中仍可生存，耐盐性很强的葡萄球菌须在盐溶液浓度达到 20% 时才能被杀死，酵母菌在 10% 的盐溶液中仍能生长，霉菌必须在盐溶液浓度高达 20% ~ 25% 时生长发育才被抑制。所以，盐腌制品易受酵母菌和霉菌的污染而发生变质。盐腌食品主要有腊肉、咸蛋、咸鱼、咸菜等。

（2）糖渍储藏法

食糖既可作为食品的甜味剂，又可作为糖渍食品（如果脯、蜜饯等）的保藏剂。食糖具有很强的吸水性，在水中溶解度很大，可使其溶液的水分活度降至 0.85 以下，并能达到很高的渗透压。高渗透压可导致微生物质壁分离，有效地抑制微生物的生长繁殖。糖渍食品的加糖量一般须在 65% 以上，才能获得比较好的储藏效果。高浓度的食糖溶液，还能降低氧在溶液中的溶解度，起着隔氧作用，因而可以防止维生素 C 的氧化，并且抑制了嗜氧微生物的活动。

（3）酸渍储藏法

此法主要是通过食品发酵自行产生有机酸或人为加入有机酸，降低环境 pH 值，抑制微生物生长繁殖的一种储藏方法。微生物的生长繁殖都需要适宜的pH值。细菌适宜生存在中性偏碱的环境中，酵母菌和霉菌则适宜生存在微酸性的环境中。因此，降低食品pH值，使食品呈较强酸性，便可以抑制微生物生长繁殖，延长食品的储藏期。在一般情况下，酸渍食品的pH值低于4.5时，许多有害微生物便难以生长。

食品酸渍可分为人工酸渍和微生物发酵酸渍两种。人工酸渍是人为地加入醋酸，降低食品的pH值，主要用于蔬菜中酸黄瓜、酸蒜等食品的酸渍保藏。微生物发酵酸渍是利用乳酸正常发酵所产生的乳酸来保藏食品，常用于酸渍白菜、泡菜、酸奶等。

8）辐射防霉腐

此法主要用于食品储藏。它是利用穿透力极强的射线照射商品，杀灭食品中的微生物，破坏酶的活性，抑制鲜活食品的生理活动，从而达到防霉腐目的的一种食品储藏方法。其最大优点是穿透力强，可在不打开包装的情况下进行消毒。此外，它还能延长食品和农产品的保存时间，如辐照后的粮食3年内不会生虫、霉变，辐照后的土豆和洋葱能延长保存期6~12个月。

辐射储藏所用的射线源，主要是放射元素钴-60，能放出穿透力很强的γ射线。γ射线是一种波长极短的电磁波，能穿透数英尺厚的固体物，具有很强的杀菌力。食品经照射后所吸收的能量，称为吸收剂量，其单位为戈瑞（Gy）。

根据食品品种和储藏目的的不同，辐射防霉腐使用的射线剂量有所区别，一般分为小剂量照射、中剂量照射和大剂量照射三种不同的照射剂量：

小剂量照射，平均照射剂量一般在1千戈瑞以下，主要用于抑制马铃薯、洋葱的发芽，杀死昆虫和肉类的病原寄生虫，延缓鲜活食品的后熟等。

中剂量照射，平均照射剂量范围约在1~10千戈瑞，主要用于肉类、鱼类、粮食、水果、蔬菜等食品的杀菌。

大剂量照射，平均照射剂量范围在10~50千戈瑞，主要用于冷冻肉类、鱼类、贝类的长期储藏。

辐射处理食品的卫生安全问题是人们普遍关注的问题。据2011年的统计，全球已有70个国家和地区批准了548种食品和调味品可用辐照处理，其中1986年以后辐照食品被批准的总数达到392种。1983年，FAO/WHO的食品法典委员会（CAC）正式颁发了《辐照食品通用法规》，从法律上消除了辐照食品国际贸易中的障碍。

1980年12月，国际辐射食品卫生专家联合委员会做出结论，任何商品食物辐照总平均剂量在10千戈瑞以下，不具有毒理学上的危害性，即无毒、无害、安全，不需要进行毒理试验。每种食品都有不同的辐照剂量标准，只要执行合理的剂量标准，辐照食品中的营养物质几乎不会受到破坏。

我国辐照食品的数量自20世纪90年代以来迅速增加。目前，辐照技术大多应用在脱水蔬菜、香辛料、宠物食品、花粉、熟畜禽肉、速溶茶等食品中。2002年，我国经过辐照处理的食品已过 10 万吨，位居世界第一。用放射性元素（铯 137，钴 60 等）的辐射作用进行杀菌消毒的"辐照食品"，我国多部法规要求在外包装上必须明示。

10.4.2　防腐蚀方法

金属材料及其制品的电化学腐蚀，除金属本身的电位高低、成分结构的不均匀性外，主要取决于金属表面电解液膜的存在。因此，防止金属商品腐蚀的方法，都是围绕如何避免这层电解液膜的形成来进行的。在生产部门，常采用的方法是在金属商品表面涂覆保护层，如电镀、喷漆、搪涂等，把金属与促使金属腐蚀的外界环境因素隔离开来，从而达到防腐蚀的目的。在储存过程中采用的方法，大体有涂油防锈、气相防锈和可剥性塑料封存等几种：

1）涂油防锈

涂油防锈是在金属表面涂覆一层油脂薄膜，使商品在一定程度上与空气中的氧、水分以及其他有害物质隔离开来，以达到防止或减缓金属腐蚀的目的的一种防锈方法。

常用的防锈油脂有凡士林、黄蜡油、机油和防锈油等，其中防锈油的效果较为理想。

2）气相防锈

气相防锈是利用气相缓蚀剂所挥发的缓蚀气体充满包装内的每个角落和缝隙，以隔阻空气中氧、水分等有害因素的腐蚀作用，进而达到防锈目的的一种防锈方法。它是一种使用方便、不污染商品及其包装、防锈期长以及适用于结构复杂或带有孔缝的金属商品以及仪表仪器的一种防锈方法。

气相缓蚀剂的种类很多，如亚硝酸二环己胺、碳酸环己胺、铬酸二环己胺、乙二酸二丁酯等均为具有良好性能的缓蚀剂。

3）可剥性塑料封存

可剥性塑料是用高分子合成树脂为基础原料，加入矿物油、增塑剂、防锈剂、稳定剂以及防霉剂等制成的。它有热熔型和溶剂型两种。前者加热熔化后，浸涂于金属商品表面，冷却后能形成一层膜层；后者用溶剂溶解后，浸涂于金属商品表面，待溶剂蒸发后能形成一层膜层。使用这种方法可延长防锈期。

10.4.3　防老化方法

高分子商品的老化有其内因和外因，所以防老化应从这两方面着手：一方面采用特殊方法，提高高分子材料的耐老化性能或加入防老剂、采用物理防护等措施，提高其耐老化性能；另一方面采取切实措施，防止外界各种不利因素对高分子商品的直接作用，以减缓其老化，延长商品的储存期限与使用寿命。

1）生产过程中的防老化

通过引进几种有机物与高分子材料共聚，可以显著提高材料的耐老化性能。通过改进聚合工艺，减少不稳定因素或除去各种杂质，可以提高高分子材料的耐老化性能。防老剂可以改善高分子材料的加工性能，抑制光、热、氧、臭氧、重金属等外界因素的破坏作用，提高材料的耐老化性能。在高分子材料的表面覆盖保护层，避免直接受到外界因素的作用，以减缓材料的老化。

2）储存过程中的防老化

根据高分子材料的质量变化规律，在储存过程中主要是控制环境因素，尽量消除或减少影响高分子材料老化的不利因素，推迟高分子材料的老化时间与减缓老化速度，保证高分子商品在储存期间的质量安全。通常采用的措施主要包括：加强仓库温湿度管理；根据不同类型高分子商品的特性，合理堆码；保持商品包装的清洁、完整，以减少外界因素的作用；加强商品入库验收，发现不合理的包装或有问题的商品，应及时采取相应的防治措施；库房应清洁、干燥、凉爽，门窗玻璃应刷上白色，以避免阳光直射，不与油类、腐蚀性商品、含水量大的商品同库存放等。

10.4.4　防治害虫方法

商品储存过程中的害虫防治工作必须遵循"以防为主、防治结合"的基本方针。

1）预防

仓库一经发生害虫，往往迅速蔓延，造成很大损失。因此，必须采取预防措施，杜绝害虫的来源，抑制或消除适宜害虫生长繁殖的条件，防止仓库害虫的滋生。预防措施主要有：杜绝仓库害虫的来源；在仓库内要搞好清洁卫生与消毒工作；加强商品检查与隔离存放。在商品储存期间，要定期对易染虫害的商品进行虫情检查，做好虫害的预测预报工作。

2）物理技术杀虫法

（1）高频介质电热杀虫法。它是一种新的物理技术。其杀虫原理是：如果将绝缘物质放在容器的金属片间，此种物质的分子受两个金属片间交流电场变化而摩擦产生介质电热。电压越高，电场越强，摩擦频率就越高，产生的热能就越多，在温度达到50℃时只需50分钟，60℃时只需10分钟就可以将害虫全部杀死。此法杀虫效率较高。

（2）气调杀虫法。通过充氮降氧的气调法，使容器内氧的浓度降到0.4%，则可杀死所有的害虫。另外也可充 CO_2 气体，同样可以达到杀虫效果。

（3）远红外线辐射杀虫法。利用远红外线辐射，不仅能使储存的商品干燥，而且还能有效地杀死其中的微生物、虫卵，达到杀虫的目的。

（4）微波干燥杀虫法。微波不仅能干燥存储的商品，还能杀菌杀虫。

（5）γ射线照射杀虫法。利用γ射线能有效地杀死商品中的害虫，而且商品中的有效成分基本没有变化，如药材牡丹皮、延胡索的贮藏。

（6）黑光灯诱杀虫法。利用鳞翅目仓储害虫成虫（蛾类）的趋光习性，在库内或临近的地方于5—9月装置黑灯光，夜间开灯引诱害虫，使其扑灯坠水而淹死或集中处决。该法简单，成本低廉。

3）化学防治

化学防治是采用化学药剂直接或间接毒杀害虫的方法。在实施时，应考虑害虫、药剂、环境和商品四者间的关系。

（1）毒饵诱杀虫法。选择害虫喜爱的麦麸、米糠、油饼等作诱料，加入适量的杀虫药剂制成毒饵，用以诱杀害虫。将诱料加热炒香，或加入少量的香葱共炒，再加入浓度为0.1%的除虫菊酯或0.5%～1%的敌百虫水溶液，使诱料吸附后晾干即成。将毒饵用纸摊开，放在药材堆空隙之间，过几天清除虫体一次。此法持续时间长，杀虫效果较好。

（2）化学药品熏蒸杀虫法。利用化学药品储存商品，如药材、食品，必须首先考虑到药剂对害虫有效而不影响药材或食品质量且对人体安全。常用的杀虫剂主要有以下几种：

①氯化苦。其化学名为三氯硝基甲烷，是一种无色或略带黄色的液体，有强烈的气味，几乎不溶于水。当室温在20℃以上时能逐渐挥发，其气体比空气重，渗透力强，无爆炸燃烧的危险，是有效的杀虫剂。通常采用喷雾法或蒸发法密闭熏蒸2～3昼夜。

②磷化铝。其纯品为黄色结晶，工业品为浅黄色或灰绿色固体，在干燥条件下很稳定，但易吸潮分解，产生有毒气体PH_3。利用此性质，可进行仓库密闭熏蒸杀虫。

③溴甲烷。其在常温下为无色气体，常用做仓库杀虫剂，同时密闭熏蒸，熏蒸时间为16～24小时。本品对人有毒，注意保护。

④二氧化硫（SO_2）。其由燃烧硫黄而得，是黄褐色有毒气体。本品渗透力较氯化苦为小，对成虫的毒杀能力较强，密闭熏蒸的时间要长，且残留硫黄气体，故现在少用。

4）生物防治

它是利用害虫的天敌和人工合成的昆虫激素类似物来控制成虫的交配繁殖和消灭害虫的方法。这种方法可避免化学杀虫的抗药性和环境污染问题，是一种有发展前途的杀虫方法。目前人工合成的昆虫激素类似物主要有性信息素合成物、保幼激素合成物等。前者用于诱杀雄虫或使雌虫得不到雄虫的交配而产下不能孵化为害虫的未受精卵，后者已被视为第三代农药，它可通过表皮或吞食进入虫体，破坏害虫的正常生长和发育，最终造成害虫的不育或死亡。

10.5　储运商品的质量管理

商品在储运过程中，由于其物理机械性质、化学性质、生理生化性质和微生物性质等在各种外界因素的作用下发生变化，进而导致各种形式的商品损耗和质量劣变现象的出现。商品在储运过程中，发生损耗和质量劣变现象的根本原因在于商品本身的成分及其性质。但必须明确，这种现象只有通过一定的外界因素的作用才会发生。因此，在储运商品质量管理工作中，必须事先采取各种切实的措施，将能够影响商品质量的各种外界因素尽可能加以排除或控制在最低损害水平。

10.5.1　储存商品的质量管理

储存商品的养护管理，必须做到防患于未然，认真贯彻"以防为主、防治结合"的养护工作方针，一定要抓好养护工作中的几个重要环节的管理及其养护措施。

1）严格商品的入库验收工作

入库验收不仅要弄清商品的品种、规格、数量及包装是否与货单相符，更重要的是要检查商品的质量和包装是否发生变化，如包装有无玷污、破损，有无水湿受潮，商品有无霉变、腐蚀、虫蛀、鼠咬和其他物理、化学、生理生化及微生物等质量变化，以便及时采取相应的防治措施。例如，对入库检查发现含水量超过安全水分标准的商品，应采取拆包通风晾晒或吸潮等措施；对虫蛀的商品，应立即用化学药剂杀虫；对霉变的商品，应采取化学药剂除霉或晾晒除霉等措施；对锈蚀的金属制品，应先进行除锈处理，然后再涂防锈油进行防锈处理；对发生老化或储存寿命已到期的商品，则不再入库，应及时处理和销售等。

2）储存场所和堆码的管理

各种商品性质不同，对储存场所和堆码的要求也不同，因此应根据储存商品的特性来选择合理的储存场所、堆码方式和高度。例如，怕热易熔化、挥发、变质或易燃的商品，应存放在温度较低的阴凉处；既怕热，又怕冻，且需要湿度大的商品，应存放在冬暖夏凉的楼下库房中；怕潮易霉和易生锈的商品，应存放在比较干燥的库房里，同时做好下垫隔潮和选择通风空心堆垛方式；性能互相抵触或易串味的商品不能混存；对化学危险品更要严格按有关部门的规定确定储存场所，并应分区分类储存。堆码要根据商品性能特点和包装状况，可采用与此相适应的堆码方式及高度，如采用行列式、T字形、井字形、围垛式等，垛高要适当，有些商品的堆码应执行商品包装标志上所示的堆码极限的要求。

3）认真做好商品的在库检查和仓库温湿度管理

（1）在库检查

根据商品的特性以及质量变化规律，结合季节气候条件、储存环境和储存时间的长短，对在库商品要进行定期或不定期的质量检查，发现问题应及时予以解决。

（2）温湿度控制管理

在商品储存环境因素中，仓库的温度与湿度最为重要。商品在储存期间所发生的各种质量变化都与温湿度密切相关。因此，加强仓库温湿度控制管理，创造适宜商品安全储存的温湿度条件，就成为在库商品养护管理中的一项重要措施。

①温度

目前世界上常采用两种温标来表示气温高低程度：一种是摄氏温度"t"，计量

单位符号为"℃";另一种是华氏温度"t_F",计量单位符号为"℉"。它们之间的换算公式如下:

$t_F = 1.8t + 32$ 　即　$t = \dfrac{t_F - 32}{1.8}$

②湿度

空气中含有水蒸气量高低的程度,称为空气湿度。常用绝对湿度、饱和湿度、相对湿度、水蒸气压和露点等来表示空气湿度。在仓储商品养护工作中,常以相对湿度表示仓库湿度。

A.绝对湿度

绝对湿度是指在某一温度下,单位体积空气中水蒸气的实际含量,以克/立方米表示,也可用毫米汞柱或帕斯卡表示。

B.饱和湿度

饱和湿度是指在某一温度下,单位体积空气中所能容纳的最大限度的水蒸气含量(其单位同绝对湿度)。

C.相对湿度

相对湿度是指在某一温度下,空气的绝对湿度与该温度下空气的饱和湿度之百分比,即:

$$相对湿度(\%) = \dfrac{绝对湿度}{饱和湿度} \times 100\%$$

显然,相对湿度可以表示空气中实际水蒸气量距离饱和状态的程度。相对湿度愈大,就表示空气中实际水蒸气量距离饱和状态愈近,空气就愈显潮湿;反之,相对湿度愈小,则表示空气中实际水蒸气量距离饱和状态愈远,空气就愈显干燥。当温度不变时,相对湿度随绝对湿度的增大而增大,随绝对湿度的降低而降低;但当温度发生变化时,相对湿度随温度的降低而增大,随温度的升高而降低。

(3)温湿度管理措施

在商品储存过程中,必须根据商品的特性、质量变化规律以及本地区气候情况与库内温湿度的关系,加强库内温湿度的管理,采取各种措施,控制和调节库内温湿度,以创造商品储存适宜的温湿度条件。实践证明,采用密封、通风和吸湿或加湿相结合的方法,是温湿度管理的有效措施。

①密封。密封是利用一些导热性差、隔潮性好的密封材料,将商品或库房严密封闭,从而消除外界环境不良因素的影响,保证商品安全储存的方法。密封的方式有多种多样,可采取整库、整垛、整架、整箱、整件等密封方式。密封不仅能够达到防潮、防热、防干裂、防冻、防溶化等目的,而且可以收到防霉、防虫蛀、防老化、防腐蚀等多方面的效果。密封是仓库温湿度管理中的基础措施,没有密封措施,就无法运用通风、吸湿(或加湿)等方法调节温湿度。

②通风。通风是利用空气自然流动规律或借助机械形成的空气定向流动,有目的地使仓库内外空气部分或全部地交流,从而调节库内温湿度的方法。仓库自然通

风必须根据储存商品的性质以及它们对空气温湿度的不同要求，认真对比分析库内外温湿度的实际情况和变化趋势，并参考风力、风向等，然后选择适宜的时机进行通风。通风还应与密封、吸湿（或加湿）等方法结合使用。

③吸湿或加湿。当库内外湿度都很高，而无法采用自然通风的方法来降湿时，可在密封库内用吸湿剂吸湿、空气除湿机吸湿或加热等方法，降低库内相对湿度。当库内外湿度都较低时，可以采用喷水蒸气或直接喷水使其自然蒸发等加湿措施，使库内相对湿度增加。

4）环境卫生管理

商品储存环境卫生的好坏，也影响商品在储存期间的质量。储存环境不清洁，不仅会使商品被灰尘、油污、垃圾玷污，影响商品外观，而且往往引起微生物、害虫和鼠类的滋生繁殖而危害商品。因此，应经常清扫，保持仓库内外环境清洁，必要时使用药剂消毒杀菌、杀虫、灭鼠，以确保商品安全。

5）出库管理

商品出库时要检查商品品名、规格、数量与出库凭证是否相符；包装不牢或破损以及标签脱落或不清楚的，应修复后交付货主。为避免商品因储存期过长而引起质量变化，同种商品出库时，要贯彻"先进先出"的原则；易燃易爆等危险品出库时，应按公安部门的有关规定办理手续。

10.5.2　运输商品的质量管理

运输商品的质量管理与储存商品的质量管理一样，也要尽可能防止或降低商品损耗和质量劣变。运输商品的质量管理必须遵循"及时、准确、安全、经济"的基本原则。

1）及时的原则

及时是指运输商品应力求用最少的时间，及时发运，按时到达指定地点，以确保商品质量。其主要措施如下：

（1）缩短在途时间，减少周转环节。商品运输中常常存在着迂回、重复和对流等不合理的运输现象，结果使商品在途时间过长，经过环节过多，装卸次数增加，进而增加了商品损耗和质量劣变的机会。因此，减少商品流通的周转环节，采用直达、直线运输方式，有利于把商品从产地直接运往销地，走最短的路程，尽量缩短商品在途时间，减少环境对商品造成的不利影响，从而保证商品质量和降低运输费用。

（2）加快商品运输各环节的速度。通过有效的管理措施，在商品运输过程中，加快商品集结和送达速度，解决装卸作业的机械化问题，提高装卸效率，简化验收交付手续，对于保证运输商品的质量是非常重要的。

（3）采用集装箱等先进运输工具。集装箱是一种现代化的运输工具。采用集装箱运输，有利于装卸机械化，简化运输手续，缩短商品在途时间，保证运输安全，隔绝外界不良因素或创造适合于商品保持其质量的环境。

2）准确的原则

商品在运输过程中，要切实防止各种差错，如同类商品不同品种、规格、等级的互串，系列、组合商品配件的丢失，商品发错地点等，建立健全各种岗位责任制，保证商品发货信息准确。

3）安全的原则

在商品运输过程中，除了发生各种不可抗的灾害以外，其质量和数量必须保持完整无损。为此，应从管理上采取以下措施：

（1）正确选择商品的运输包装

要根据运输商品的特性要求，合理确定运输包装，避免商品运输过程中受到各种环境因素的不利作用而出现商品散落、毁坏、溢出、破损或变质现象。例如，易碎怕震商品，运输包装应选择缓冲包装。怕潮、易霉变、易生锈的商品，应选用防潮包装等。

（2）做好运输包装中的商品防护工作

做好运输包装中的商品防护工作，可以避免或减少外界不良因素对商品质量的影响，保证商品在运输过程中的安全。防护措施很多，其中以防破损、防潮、防虫蛀、防污染、防渗漏、防死亡等较为重要。

防破损：对于怕摔、怕震的商品，如玻璃及其制品、瓷器、仪器、仪表、鲜蛋等，在包装时应衬以富有弹性的缓冲材料，如刨花、纸屑、泡沫塑料等；还应适当调整包装件的体积和重量，以利装卸。

防潮：大多数商品都要采取防潮措施，避免商品因受潮而引起霉腐或锈蚀等。一般防护方法是在包装内壁衬垫防潮材料，在包装内装入吸潮剂，在包装外涂上防潮油漆，封口处用胶纸封严；还可以直接在商品表面加一层可剥的塑料薄膜或罩上塑料套等。

防虫蛀：对容易受害虫蛀蚀的商品如皮毛制品、毛织品、粮谷、油料等，必须采取防虫蛀措施。其中，皮毛制品、毛织品等可采用驱虫剂防虫，而粮谷、油料等则应注意干燥。

防污染：商品包装在运输中发生破损，易造成污染，应加固商品包装，防止包装破损。

防渗漏：运输流体商品，应注意防止渗漏，包装容器应加固结实。

防死亡：运输家畜、活鱼、活鸟等都应采取防死亡措施。包装容器要适合，头（只）数不能过多，要有较好的通风、通气条件。在运输活鱼时，容器中要有足够的水，并定时输送氧气，注意调节水温，运输路途远，时间长，还要定时喂食。

（3）选择合理的运输路线、工具和方式

选择合理的运输路线，可以缩短商品的在途时间，减少在途中各种意外因素对商品质量的不良影响。选择合理的运输工具，可以大大提高商品的安全性，减少商品的损失。选择合理的运输方式，可以避免各种不同性质的商品在运输中相互污染等。

（4）反对野蛮装卸，提倡文明运输

商品装卸是运输过程中不可缺少的环节。反对野蛮装卸，提倡文明运输，是确保运输商品质量的一项重要内容。

4）经济的原则

商品运输要采取最经济、最合理的运输路线和工具，有效地利用一切运输设备，节约人力、物力和财力，努力降低运输费用。

本章小结

商品养护是对储运商品实施保养和维护的技术管理工作，是商品储运期间各种管理的中心环节，具有很强的科学性。

储运商品损耗的形式主要有：挥发，溶化，熔化，脆裂、干缩，渗漏、粘连，破碎、散落等。

在较完整的商品标准中对商品在储存场所、储存条件、储存放置方法和储存期限等方面有明确规定。商品在具体的运输过程中，往往有多条运输路线和多种运输方式，商品运输的合理程度，直接关系到商品流通速度和流通费用。

常采用的养护措施有防霉腐方法、防腐蚀方法、防老化方法、防治害虫方法。

在对储存商品的质量进行管理时，要认真贯彻"以防为主、防治结合"的养护工作方针，一定要抓好养护工作中的商品入库验收工作、储存场所和堆码的管理、商品的在库检查和仓库温湿度管理、环境卫生管理、商品出库管理几个重要环节的管理及其养护措施。运输商品的质量管理必须遵循"及时、准确、安全、经济"的基本原则，尽可能防止或降低商品损耗和质量劣变。

关键概念

商品养护 挥发 溶化 熔化 绝对湿度 饱和湿度 相对湿度 气调防霉腐 气相防霉腐 腌渍防霉腐 辐射防霉腐 气相防锈

简答题

1.简述商品储运与养护的重要意义。

2.简述商品储运方法。

实训题

说明你要购买的熟食采用哪种灭菌法（高温灭菌法、巴氏杀菌法）。

计算题

温标换算与相对湿度计算。

试述题

1.试述商品养护中采用的主要措施。
2.试述运输商品的质量管理。

论述题

试论储存商品的质量管理。

第11章

商品的可持续发展

学习目标

通过本章的学习，使学生在了解商品经济活动的三个发展阶段之后，要明确可持续发展性商品的概念是一种全新的商品发展观，是在原来发展商品文化观的基础上加入了生态观内涵的"可持续发展"模式；掌握生产可持续发展商品是企业发展的战略选择；掌握商品与资源和环境相互关联、相互制约的关系。

11.1　商品经济活动的发展阶段

"可持续发展"，是人类发展观自20世纪80年代以来的一次根本性调整与转变。它起源于消费生态意识的觉醒。面对传统工业革命引发的诸如全球变暖、臭氧层耗减、酸雨、海洋污染、资源匮乏等问题，以及人口膨胀，可持续发展观被提出来。它涉及生产、生活的各个方面，其宗旨是寻求生态、生产与生活的协调发展，三者之间既相互依存，又相互制约。

商品浓缩了可持续发展方方面面的问题。资源—商品—环境之间的循环，以商品为核心展开，商品与资源、商品与环境、环境与资源相互关联、相互制约，诸如资源的利用与保护、消费需求和生态需要、经济增长与环境保护等。商品学是把商品作为研究客体的学科，商品学中的许多问题都直接或间接地与可持续发展有关。诸如，商品质量的新概念、商品质量管理、商品标准、商品质量监督与检验、商品包装、储运与养护、新产品开发等问题都与生态平衡、环境保护、能源等问题密切相关，都应围绕商品可持续发展思想进行，都是可持续发展在商品学中的具体化。可持续发展性商品是人类21世纪的发展目标，是现代商品学研究的重要问题之一。

可持续发展性商品是我国商品生产、销售和消费领域所面临的新问题，在这里就可持续发展的概念、商品可持续发展和可持续发展性商品的有关问题及相互关系加以论述。

11.1.1　可持续发展的概念

1992年6月，联合国在里约热内卢召开的"环境与发展大会"，通过了以可持续发展为核心的《里约环境与发展宣言》《21世纪议程》等文件。为解决环境与发展的突出矛盾，提出了全球可持续发展的战略框架。可持续发展是指"社会发展既要满足当代人的需求，又要考虑后代人的需求"。这次大会是人类转变传统发展模式和生活方式，走向可持续发展的一个重大里程碑，标志着人类社会发展模式的一次重大变革。随后，中国政府编制了《中国21世纪人口、资源、环境与发展白皮书》，首次把可持续发展战略纳入国家经济和社会发展的长远规划。1997年的中国共产党第十五次全国代表大会把可持续发展战略确定为中国"现代化建设中必须实施"的战略。

可持续发展有多种定义：

1）可持续发展的综合性定义

1978年由世界环境及发展委员会发表的布特兰报告书所载的定义："既满足当代人的需求，又不对后代人满足其需求的能力构成危害的发展称为可持续发展。"可持续发展是一个密不可分的系统，既要达到发展经济的目的，又要保护好人类赖以生存的大气、淡水、海洋、土地和森林等自然资源和环境，使子孙后代能够永续发展和安居乐业。可持续发展与环境保护既有联系，又不等同，环境保护是可持续发展的重要方面。可持续发展的核心是发展，但要求在严格控制人口、提高人口素质和保护环境、资源永续利用的前提下进行经济和社会的发展。

2）可持续发展的科学定义

可持续发展涉及自然、环境、社会、经济、科技、政治等诸多方面，研究者所站的角度不同，对可持续发展所作定义的侧重点也不同。

（1）可持续发展侧重于自然方面的定义

"持续性"一词首先是由生态学家提出来的，即所谓"生态持续性"，意在说明自然资源及其开发利用程度间的平衡。1991年11月，国际生态学联合会和国际生物科学联合会联合举行了关于可持续发展问题的专题研讨会。该研讨会发展并深化了可持续发展概念的自然属性，将可持续发展定义为：保护和加强环境系统的生产和更新能力。其含义为可持续发展是不超越环境和系统更新能力的发展。

（2）可持续发展侧重于社会方面的定义

1991年，由世界自然保护同盟、联合国环境规划署和世界野生生物基金会共同发表《保护地球——可持续生存战略》，将可持续发展定义为，在生存于不超出维持生态系统涵容能力的情况下，改善人类的生活品质，并提出了人类可持续生存的9条基本原则。

（3）可持续发展侧重于经济方面的定义

爱德华·B.巴比尔在其著作《经济、自然资源：不足和发展》中，把可持续发展定义为："在保持自然资源的质量及其所提供服务的前提下，使经济发展的净利益增加到最大限度。"皮尔斯认为："可持续发展是今天的使用不应减少未来的实际收入，当发展能够保持当代人的福利增加时，也不会使后代的福利减少。"

（4）可持续发展侧重于科技方面的定义

斯帕思认为："可持续发展就是转向更清洁、更有效的技术——尽可能接近'零排放'或'密封式'，工艺方法——尽可能减少能源和其他自然资源的消耗。"

（5）可持续发展的扩展性定义

1989年"联合国环境发展会议"专门为"可持续发展"的定义和战略发表了《关于可持续发展的声明》，认为可持续发展的定义和战略主要包括4个方面的含义：

①走向国家和国际平等；

②要有一种支援性的国际经济环境；

③维护、合理使用并提高自然资源基础；

④在发展计划和政策中纳入对环境的关注和考虑。

总之，可持续发展就是"建立在社会、经济、人口、资源、环境相互协调和共同发展的基础上的一种发展"，其宗旨是"既能相对满足当代人的需求，又不能对后代人的发展构成危害"。

《中国21世纪议程》把可持续发展战略列为国家发展战略。党的十四届五中全会也明确指出，1996—2010年是中国经济快速增长时期，重视保护环境和改善环境，走持续发展之路。这说明中国同世界各国一样进入可持续发展阶段。

11.1.2　商品经济活动的发展阶段

在市场经济的众多内涵之中，商品经济活动是人类生存与发展活动的一个至关重要的组成部分。一切商品的经济活动，包括商品生产、商品流通、商品消费活动，都与人类社会的发展与进步紧密地联系在一起，一切商品经济活动都与自然界发生着直接或间接的关系，这将影响自然界支持人类生存的能力，因而商品的经济活动必须遵循可持续发展的原则。

世界经济经历了由农业经济到工业经济，又到知识经济的三个发展阶段，与之相适应，人类在商品经济活动过程中，也经历三个发展阶段。第一阶段是"自然平衡发展"阶段，第二阶段是"掠夺失衡发展"阶段，第三阶段是"可持续发展"阶段。

1）第一阶段，人类的商品经济活动处于"自然平衡发展"的阶段

18世纪之前，由于社会生产力的发展水平处于低级阶段，科学技术水平也基本处于小作坊和手工操作的初级水平，人类对大自然的索取和破坏还不足以造成生态的失衡，这一阶段人类的商品经济活动处于自然平衡的状态。

2）第二阶段，人类以自我为中心的"掠夺失衡发展"阶段

这一阶段人类以"自我发展"为中心，对大自然的索取达到了疯狂掠夺的程度，严重地破坏了生态平衡，以致大自然不断地对人类发出警告，这势必影响当代人和后代人的生存空间。

人类的商品经济活动面临的残酷现实问题是自然资源愈来愈短缺，资源浪费严重和对环境造成的恶性破坏。在过去的一二百年里，世界各国所走的以环境污染、生态破坏为代价的富强之路，造成严重的后果：

（1）以环境污染、生态破坏为代价

以环境污染、生态破坏为代价，最终导致了人类自身生存环境的全面恶化。西方经济就是伴随环境生态被破坏而发展起来的。它们建立了一条以自我为中心的"先污染，后治理；先破坏，后保护"的路子。这条路子使不少的国家付出了沉重的代价。

例如，英国的伦敦，曾经被世人称为"雾都"。伦敦之所以得了这么一个别称，就是在长期的商品生产及消费过程中无视对于环境的保护，以至于在第二次世界大战以后，英国政府用了数十年的时间，制定了数项制度法规，耗费巨资，才将这座著名城市变为当今的模样。被世人称为"世界之肺"的亚马孙河流域的森林，曾被不少大公司或工程队大肆砍伐。这虽然拓宽了他们企业的生存空间，却使当地许多栖息森林的动物无家可归、濒临死亡或灭绝，水土流失，森林大面积减少，直至世界绿色和平组织及有关人士多方呼吁，方有收敛。

我国的淮河、太湖、滇池大面积严重污染就已给我们敲响了生态平衡被破坏的警钟。淮河南岸的安徽省蚌埠地区在 1996 年夏竟然吃不上水，当地居民只能到很远的地方长途运水。蚌埠地区的淮河两岸大面积污染，完全跟周围的造纸厂及其他工厂只顾生产无视废物净化处理，只顾眼前的经济利益，无视他人和未来的社会利益有直接关系。为此中央电视台曾于 1996 年夏在《焦点访谈》栏目中做了专门的披露，并强烈呼吁有关部门、企业及社会对此予以足够的关注。

（2）自然资源严重耗竭、浪费严重

据资料统计，由于人类对大自然的持续掠夺性开发，特别是近 40 年来，自然资源已近于枯竭，可利用自然资源迅速减少，有 3/4 的煤都是近 40 年来开采的。我国钢铁生产过程中能源消耗的平均水平是日本的 6～10 倍。我国废纸的回收率为 20%、塑料回收率为 30%，而十几年来，商品包装物的回收已为美国创造了 40 亿美元的财富，日本的废纸回收率为 78%。据估计，我国由于不合理开采造成土地荒漠化占荒漠土地的 31.8%。商品生产的大量废气、废水、废渣含有大量有毒物质，严重地污染了山川大河和空气。某些商品的废弃物，由于不能很快分解，也对环境造成了污染。例如，我国 1994 年使用了 35 亿只泡沫塑料餐具，造成了各城市和铁路沿线的"白色污染"。

对此，西方国家开始把对环境生态影响大、污染大的商品生产厂家或消费市场转移到发展中国家，同时，不得不重新进行产业结构的调整与商品结构的更新换代。

3）第三阶段，人类进入了可持续发展的新阶段

20 世纪 80 年代以来，全球生态破坏的残酷事实和沉痛的教训，使人类不得不重新认识自己所追求的发展目标和消费模式。人类在总结了以自我为中心发展道路的经验与教训的基础上，提出了可持续发展的理论。

1989 年 5 月，联合国环境署第 15 届理事会期间，各国达成共识，发表了《联合国环境署第 15 届理事会关于"可持续发展"的声明》。

1989 年联合国大会期间通过的联大 44/228 号决议，重申了上述国际共识。决议明确指出：全球环境不断恶化的主要原因，是不可持续的生产方式和消费方式，特别是发达国家的这种生产、消费方式。同时指出，发达国家应对全球性环境恶化负主要责任；强调环境与发展不可分割；做出了授权于 1992 年召开最高级别的联合国环境与发展大会，以促进全球可持续发展的决定，并规定了大会实质性筹备委员的任务。

经过所有成员国的努力，1992 年召开的联合国环境与发展大会以"可持续发展"为指导方针，最后制定并通过了《21 世纪议程》和《里约环境与发展宣言》等重要文件。大会号召各成员国制定本国的可持续发展战略与政策，并加强合作，以推动《21 世纪议程》的落实。为此联合国大会于 1992 年底通过决议，建立了联合国可持续发展委员会，负责评审环境与发展大会的后续行动等。

目前，以生态为导向的商品可持续发展战略，正在迅速实施之中。可持续发展性商品的开发，正在各国蓬勃展开。

（1）传统氟利昂电冰箱压缩机的淘汰就是一则典型的例子。该类产品被淘汰，直接的原因就是氟利昂对大气臭氧层的严重破坏，引起臭氧层的空洞现象，从而导致地球的温室效应，使整个世界环境生态失衡。1989年1月开始生效的《蒙特利尔议定书》已明令禁止使用氟利昂，禁止生产和进口含有氯氟烃的产品。

（2）自20世纪70年代以来，塑料包装风靡全球，塑料包装以其方便洁净、质地晶莹、原料廉价的特点一直为消费者和企业普遍看好，但是它所造成的不可降解处理的困难也一直伴随着人们，而成为一个迫切需要解决的矛盾。直至进入20世纪90年代以后，国际市场开始普遍改用易降解性材料进行包装，如纸箱、纸袋、可降解性塑料等，从而缓解了这个矛盾。

（3）自20世纪80年代起，美国就开始着手研究可食性报纸的用料，20世纪90年代初该种报纸的上市，引起食品业、报业及相关行业的巨大变革。

（4）汽油虽然成为20世纪最佳能源之一，但同时也严重地污染着空气。为此，在美国政府的支持下，美国老牌的石油企业阿莫科公司已于1996年6月开发出了一种新型的清洁能源——压缩天然气来代替汽油。该产品的出现，促动了美国三大汽车公司宣布将共同开发天然气动力汽车。

（5）世界各大汽车公司，如通用、福特、克莱斯勒、奔驰、雪铁龙、宝马、丰田、本田等，都在争相研制各种新型无污染的环保汽车，力图使自己生产的汽车达到或接近"零污染"标准。雅典、巴塞罗那、佛罗伦萨、里斯本、斯德哥尔摩和牛津等6城市市长提出的"绿色汽车区"的构想，就是要开发绿色汽车。他们曾在英国举行的欧盟交通及环境会议上宣布，从2001年开始，其所在城市市中心将只对低废气排放的汽车敞开绿灯，严重污染空气的汽车将禁止通行。世界各国对"绿色汽车"的研究主要是对蓄电池电动汽车、燃料电池汽车、太阳能电动汽车的研究，代用燃料汽车开发的基本设想是使用汽油和柴油以外的燃料，如天然气、醇类、氢等。所以，汽车的安全、舒适、环保、节能是近半个世纪以来汽车工业发展所面临的重要课题，也是21世纪汽车工业发展的基点和追求的目标。

（6）2012年，中国城市化率已达52.6%，在287个地级以上城市中约280个城市将发展"低碳""生态"城市作为自己的发展目标，国内几乎所有新开发区或工业区都制定了低碳生态发展规划，而绿色生态能源专项规划则是低碳生态发展规划的重要组成部分。

11.1.3　商品可持续发展的含义

商品可持续发展是可持续发展战略的重要组成部分。商品可持续发展的含义是：遵循生态经济学原理，运用现代科学管理方法，按照高质量、省资源、省能耗、低消耗的技术原则，生产出低能耗、低污染、商品废弃物易回收、可再生的商品，以实现生产与生态的良性循环，达到商品生产的高产优质与社会经济的持续、协调发展。商品的可持续发展具有以下四层含义：

（1）商品可持续发展的核心是持续开发、推广满足当代人和后代人消费需求的高质量商品，保证资源的永续利用及提供良好的生态环境。

（2）商品的可持续发展是一个对商品设计、生产、制造、包装、使用、消费和废弃过程进行全过程管理和严格控制的系统工程。它包括设计过程中的省资源、节约化，生产制造过程中的省能耗、清洁化，包装过程中的合理无害化，使用消费过程中的低能耗、低污染化和废弃处理无害化等。

（3）实现商品可持续发展的关键在于提高管理者的素质，以全方位的效益观代替单一的经济效益观，讲究经济效益、社会效益和生态效益的统一。

（4）实现商品可持续发展的根本途径，是改变传统的以自我为中心的发展模式与消费模式，即放弃高消耗、高增长、高污染的粗放型生产方式和高消费、高浪费的生活方式。

11.2　可持续发展性商品

可持续发展性商品（产品）的概念是一种全新的商品发展观，是在原来发展商品的文化观的基础上加入了生态观内涵的可持续发展模式，与传统的商品发展观相比，强调了商品发展的可持续性和协调性。可持续发展性商品，俗称绿色商品、生态商品，是商品的一种新概念。中国和一些国家称之为绿色商品，国外多称其为生态商品。

11.2.1　可持续发展性商品的概念

1）概念

可持续发展性商品，即绿色商品或生态商品，是指在产品的研制开发、生产、包装、运输、销售、使用及废弃的全过程中，符合特定的环保要求，对生态环境无害或损害极小，并有利于资源的保护和再回收的商品。

生态商品的特点在于节约能源、无公害、可再生，主要包括清新的空气、清洁的水源和宜人的气候等。生态商品涉及材料学、物理学、化学、环境学、生理学等多门学科领域。一般而言，生态商品是指维系生态安全、保障生态调节功能、提供良好人居环境的自然要素。

为了统一对生态商品的认识，对如何建立生态标签提供指导，国际标准化组织（ISO）曾对生态产品的概念进行归类：

第一类型：考察产品的整个生命周期（从原材料的提取到产品的运输、生产、使用和废弃处理），自愿加入，多产品种类，第三方标签体系。

第二类型：自我声明的标签。或是考察产品的整个生命周期，或是考察产品某方面的生态性能。

第三类型：环境行为的声明和报告。

由各发达国家政府制定的各生态标签基本上属于第一类型，它们代表了当今生态标签发展的主流。这些生态标签计划强调的是从整个生命周期内考察产品的生态性能，包括产品原材料的生产和制备，产品的生产、使用和废弃处理。这些生态标签适用于多产品品种领域甚至服务领域，对每一类别的产品使用 LCA 的原则制定生态产品的标准。其评审原则为由第三方实验室检验和现场审核，由申请厂商自愿加入执行。其中较有代表性的、较著名的生态标签有：德国的"蓝色天使"，北欧地区的"白天鹅"，欧盟的"花型标签"，加拿大的 ECP，日本的 Eco-Mark 等。这些生态标签由于受到政府的重视，在生态产品领域都进行了比较深入的研究，在对生态产品的发展，形成一致的、科学的评审标准方面做出了很大的贡献，往往被各国政府作为制定环保生态法规和法令的依据。

第二类型的生态标签，主要是由一些民间组织机构、行业协会建立的生态标签。这些生态标签往往是考察产品的某一方面的生态性能（如产品的使用性能、产品的废弃处理等），对产品使用的原材料、产品中的有害物质或是产品的再循环使用提出了评审的标准。其评审原则并不强调由第三方实验室或现场审核，有的还允许申请厂商自我声明。这些生态标签由于满足了一定的需求，因此，在市场上也获得了一定的支持，如"Oeko-Tex""Eco-Tex""Bioland""Demeter"等。

第三类型的生态标签，是由一些买家制定的，用于对自己的供应商所提供商品的生态性能进行标识。供应商无需申请，只要产品经过指定实验室的检验满足了供应商制定的生态产品标准即可。这些生态标准的制定，往往同产品售卖地的生态环保法规、法令一致，有时要严格一些。

除了上述三类标签外，还有一部分标签没有被归入其中。由于 ISO 标准只能作为制定生态标签方法的参考，而并没有给出各个产品领域内如何使用生命周期分析，如何对原材料、生产过程、废弃处理对生态产生的危害进行评定，也没有给出各类生态产品的具体标准，因此，目前各种生态标签体系对各类产品的评估标准依然有很大的差异。

2）可持续发展性商品与普通商品相比的三点明显区别

（1）绿色的商品标志

应该在包装上标明权威机构认证的绿色商品标志，便于消费者在购买时加以区别。

为了鼓励、保护和监督绿色产品的生产和消费，不少国家制定了"绿色标志"制度。中国农业部于 1990 年率先推出了无公害"绿色食品"。1995 年，"绿色食品"数量增至 389 种。截止到 2012 年 12 月 10 日，获得绿色食品标志的企业总数已达6 862 个；获得绿色食品标志的产品总数已达 17 125 个。在工业领域，中国从 1994年开始全面开展"绿色标志"工作，至今已有低氟家用制冷器、低噪声洗衣机、低甲醛复合木地板、节能电脑、节能灯、无汞电池、无铅汽油、无磷洗衣粉、卫生杀虫气雾剂等类 500 个产品获得了"绿色标志"。但是，绿色产品的价格是普通同类产品的好几倍。

（2）优良的质量品质

这种品质主要体现在实现商品使用价值时，除了具有一般商品所应具有的优良性能外，还应具有低残毒、副作用小、符合人体对自然环境的适应性要求和自然生态良性循环的要求。

（3）不危害人体和环境

可持续发展性商品在生产中避开造成污染环境的工艺环节，采用天然方法或新工艺，保持生产过程中的"清洁"，不给商品本身和工厂周围带来污染危害。可持续发展性商品不仅仅指商品品质这一内涵，在更大程度上是指一种新的观念：技术和质量合格，产品满足各种技术及质量标准；符合消费者的主要有用性需求。绿色产品与传统产品相比，还多一个最重要的基本标准，即符合环境保护要求。绿色产品与传统产品的根本区别在于其改善环境和社会生活品质的功能。

可持续发展性商品这一新观念的核心是"在保护环境的前提下，发展生产，提高人民生活水平"。

首先，人类发展生产，提高生活水平，要受自然资源的制约，人与自然应建立一种和谐、协调的关系。其次，可持续发展的内容具有多重性，包括经济发展的长期性、资源利用的永续性、生态系统的持续性和分配的合理性等。最后，可持续发展还是一种发展战略，主张产品、资源、环境及效益并重，经济增长与资源保护相结合，眼前利益和长远利益相兼顾。所以，可持续发展理念避免了传统发展观的重增长、轻发展，重生产消费、轻生态保护等弊端，为人类的永续健康发展提供了新的思维方式和发展道路。

开发可持续发展性商品是可持续发展战略的重要选择，可持续发展性商品将成为 21 世纪的宠儿。可持续发展性商品包括绿色食品、绿色纺织品、绿色家用电器以及绿色包装等。

3）绿色商品的生命周期

商品的生命周期是指商品从原材料采掘与生产，商品制造、使用直到最后废弃处置的全过程。它与"全面污染预防、全程控制"的目标相一致，是在产品层次实现可持续发展的重要管理工具。绿色商品管理有以下四个环节：

第一个环节是设计。绿色产品要求产品质量优、环境行为优。

第二个环节是生产过程。要求实现无废少废、综合利用和采用清洁生产工艺。

第三个环节是产品本身的品质。比一般产品更体现以人为本的思想，提高舒适度和健康保护及环境保护程度。

第四个环节是废弃物便于处置。

绿色产品就是在其生命周期全程中，符合环境保护要求，对生态环境无害或危害极少，资源利用率高、能源消耗低的产品。

4）绿色商品的清洁生产

联合国环境规划署工业与环境规划活动中心对清洁生产的定义是："将综合预

防的环境战略持续地应用于生产过程和产品中，以减少对人类和环境的风险性。"
绿色产品要求在生产过程中清洁生产，选用清洁原料、采用清洁工艺；使用产品时
不产生或很少产生环境污染；产品在回收处理过程中很少产生废弃物；应尽量减少
材料使用量，材料能最大限度地再利用；产品生产过程中最大限度地节约能源，在
产品生命周期的各个环节所消耗的能源应达到最少。

5）绿色商品分类

可以从不同的角度对绿色商品进行分类：按与原产品区分的程度分为改良型、
改进型；按对环保作用的大小来划分；按"绿色"的深浅来划分。

"绿色"是一个相对的概念，其标准可以由社会习惯形成，也可以由社会团体
制定或法律规定。如德国的绿色产品共分为7个基本类型，这7个基本类型中的一
些重点产品类别为：可回收利用型、低毒低害的物质型、低排放型、低噪声型、节
水型、节能型和可生物降解型。

6）全球绿色商品的发展概况

全球绿色商品的发展是十分迅速的，比如：

（1）1985年全球开发出的绿色产品仅占新产品总数的0.5%，到1990年上半期
已上升到9.2%，增长了18倍。

（2）德国：1991年有3 600多种绿色标志的产品，到1993年9月绿色产品类
别增至75个，产品约有4 000种，1995年则达到近6 000种，超过全国商品种类
的30%。

（3）日本：1990年11月底仅有31类850种绿色产品，1993年8月则增至55类
2 500种产品。

（4）加拿大：1990年年底只向18种产品颁发了58张许可证，到1993年8月已
有57个大类800多种产品获得绿色标志。

（5）美国：在1990年有26%的家用产品都是在"绿色旗帜"下推出的。

从全球来看，各国绿色商品发展的情况差异甚大，进入20世纪90年代之后，
绿色商品在发达国家迅速发展，而且发展势头不减。发达国家的绿色商品主要集中
在食品、电器、汽车等领域，例如，世界上对"绿色汽车"的积极研制，照相机的
回收处理等。

11.2.2　绿色标志

1）绿色标志

绿色标志是指印在产品或包装上用以表明该产品在生产、使用和处置过程中符
合特定的环境保护标准的一种图形标记。国外多称其为生态标志或环境标志。一些
国家和地区的一些生态标志或环境标志如图11-1所示。目前，世界上应用较成功
的生态标志有德国的"蓝色天使"和日本的"生态标志"等。

2）环境标志产品标准

各个国家和地区的绿色产品是指获得环境标志的产品，该类产品都经过严格的

西班牙环境选择标志　　　　中国台湾环境标志　　　　津巴布韦环境标志　　　　德国蓝色天使标志

加拿大环境选择标志　　　　　　韩国环境标志　　　　　　日本环境厅生态标志

以色列环境标志　　　　　巴西环境选择标志　　　　泰国环境选择标志

图11-1　一些国家和地区的一些生态标志或环境标志

认证程序，并完全符合国家和地区的环境标志产品技术要求。

环境标志产品具有两个标准：第一，产品在生产过程中，企业对周围环境排放的污染物必须达到国家或地方有关污染物的排放标准；第二，产品的质量和安全性能必须符合国家质量和安全标准。

3）环境标志产品技术要求

各个国家和地区根据不同产品的特点还制定了一些具体要求。这些要求包括四个方面：第一，对全球环境的保护（主要是对大气臭氧层的保护），如氟化碳替代产品，主要产品有冰箱和发胶等；第二，对区域环境的保护，如无磷洗涤和可降解餐盒；第三，对人体健康的保护，如水性涂料、节能低排放燃气灶具、低辐射彩电、木色植物纤维纺织品；第四，节能、低噪声，如低噪声洗衣机和节能、低噪声房间空调器等。

4）环境标志或生态标志的作用

（1）提供信息

生态标志是向消费者提供生态保护信息，即贴有生态标志的产品符合有关环保标准，对环境无害，对消费者也无害，属于"绿色产品"。

（2）引导消费

生态标志已为更多的消费者所了解，引导着消费者的消费需求。如日本1993年进行的民意调查表明，53%的消费者知道生态标志；1994年3月在新加坡进行的一项调查表明，一半以上的人口能认出绿色标记（green label）；在加拿大，知道环境选择标志（environmental choice program）的人，从1990年的19%增加到1993年的51%；在挪威，认识"白天鹅"（Nordic Swan）标志的人，从1992年的

12%增加到1994年的66%。绿色商品越来越被消费者理解和接受，愿意购买者越来越多。

（3）促进销售

生态标志制度使企业获得好的经济效益。获得标志就是产品的最好广告，它有助于改变产品乃至整个企业的形象，消费者对标志产品的偏好促进了产品的销售，大大增强其竞争力，企业可取得可观的经济效益。

（4）指导生产

生态标志是市场导向的环境管理手段。现代社会中对生态环境破坏最大的莫过于企业，而企业行为始终受利益驱动，总是以追求最大经济效益为目的而消极地对待环保商品。对此，必须将适当的政府干预和市场杠杆功能结合起来，使企业自愿生产环保商品，消费者自愿选购环保商品，促进企业主动采取环保措施，生产绿色环保商品。

11.2.3 绿色消费

随着我国人民生活水平的逐渐提高，人们的自我保护意识以及环保观念在不断加强，消费水平和消费质量在不断提高。消费者对商品的无害性有了新的追求，喝洁净的水，吃无污染、少添加剂的食品，使用无害和无公害的生活用品，已成为广大消费者的强烈要求和愿望。国内外的消费品市场正在形成一种趋势，绿色消费要求绿色商品和绿色服务具有安全化、天然化、清洁化和高档化。

1）安全化

安全化就是要求商品安全可靠，对人体没有直接或间接的危害，残留毒素小，无毒副作用。

2）天然化

天然化就是要求商品的成分多采用自然界的天然原料，尽量少采用或者不采用人工合成的原料。

3）清洁化

清洁化就是要求商品不仅本身无毒无害，洁净无瑕，而且在从生产到消费以至废弃的全过程中保持对人体和环境的清洁状态，不留任何隐患。

4）高档化

高档化就是要求商品在达到上述三种基本要求外，还要采取先进的技术工艺保证商品的优良品质和原有风格不被破坏，满足人们不断变化的消费需求，使商品尽量达到尽善尽美的地步。

绿色服务是指符合可持续发展思想和环境保护的服务业，目前有绿色饭店、绿色旅游、绿色音乐、绿色商店、绿色信息、绿色公厕等，但现阶段绿色服务在全社会还远未普及，仅在欧美发达国家和我国几个大型现代化都市兴起，推广绿色服务必须依仗全体公民环保、道德等素质的提高以及法律制度的健全和配套设施的改进。

绿色象征着自然，象征着生机，象征着安全、舒适与健康，象征着前进与发展。发达国家中相当多的消费者更喜欢买带环境标志的"绿色商品"，而不是"传统产品"。67%的荷兰人、80%的德国人和77%的美国人表示在选购商品时会考虑环境问题。在日本也有20%的居民表示愿意购买价格更高的"生态商品"。可以说，开发绿色商品代表了世界商品发展的新潮流，也是我国商品生产厂家正在追求的目标。比如，纯天然饮品、中草药、无氟冰箱等越来越受到人们青睐。在国内外市场上，绿色商品越来越受到欢迎。

11.3 绿色商品

绿色商品是20世纪80年代末期世界各国为适应全球环保战略，进行产业结构调整的产物。公认的绿色标准包括以下三条：

（1）商品在生产过程中少用资源和能源，并且不污染环境。

（2）商品在使用过程中能耗低，不会对使用者造成危害，也不会产生环境污染物。

（3）商品使用后可以而且易于拆卸、回收、翻新或能够安全废置并长期无虑。

绿色商品按用途可分为绿色食品、绿色纺织品、绿色家用电器、绿色包装和绿色日用工业品等。

11.3.1 绿色食品

1）绿色食品概述

绿色食品是无污染的安全、优质、营养类食品的统称。绿色食品上必须有绿色食品标志。

中国绿色食品发展中心是组织和指导全国绿色食品开发和管理工作的权威机构，1990年开始筹备并积极开展工作，1992年11月正式成立，隶属于中华人民共和国农业部。其基本宗旨是：组织和促进无污染的、安全的和优质的营养类食品的开发，保护和建设农业生态环境，提高农产品及其加工食品质量，推动国民经济和社会可持续发展。《绿色食品标志管理办法》规定，绿色食品标志使用证书有效期为三年。

2）绿色食品标准

绿色食品标准由农业部发布，属于强制性国家行业标准，是绿色食品生产中必须遵循，绿色食品质量认证时必须依据的技术文件。绿色食品标准是应用科学技术原理，在结合绿色食品生产实践的基础上，借鉴国内外相关先进标准制定的。

目前，绿色食品标准分为两个技术等级，即AA级绿色食品标准和A级绿色食品标准。

（1）AA级绿色食品标准

AA级绿色食品标准要求：生产地的环境质量符合《绿色食品产地环境质量标准》，生产过程中不使用化学合成的农药、肥料、食品添加剂、饲料添加剂、兽药及有害于环境和人体健康的生产资料，而是通过使用有机肥、种植绿肥，以及作物轮作、生物或物理方法等技术，培肥土壤，控制病虫草害，保护或提高产品品质，从而保证产品质量符合绿色食品产品标准要求。

（2）A级绿色食品标准

A级绿色食品标准要求：生产地的环境质量符合《绿色食品产地环境质量标准》，生产过程中严格按绿色食品生产资料使用准则和生产操作规程要求，限量使用限定的化学合成生产资料，并积极采用生物学技术和物理方法，保证产品质量符合绿色食品产品标准要求。

绿色食品除指无污染的可食用的绿色植物外，还包括取得国家有关食品监测机构按国家食品卫生标准检验合格的食品。绿色食品的生产是可以使用化肥和农药的，只是限量使用化学合成物质，它从本质上讲不能被称为天然食品。

3）绿色食品的质量构成

绿色食品的质量是由食品原料产地的生态环境质量、原料及深加工产品主要工艺质量、原料及产品本身质量三部分构成的。

（1）食品原料产地的生态环境质量

绿色食品或食品原料产地必须符合绿色食品生态环境质量标准，即农业初级产品或食品的主要原料，其生长区域内没有工业企业的直接污染及水域上游、上风口没有污染源对该区域构成污染威胁。该区域内的大气、土壤质量及灌溉用水、养殖用水质量均符合绿色食品大气标准、绿色食品土壤标准、绿色食品水质标准，并有一套保证措施，确保该区域在今后的生产过程中环境质量不下降。产品环境质量状况是影响绿色食品质量的最基本因素，通过对绿色食品原料产地环境质量现状进行评价，可以进一步掌握外部污染对产地环境的影响，如主要工业污染源，农药、化肥使用情况等，从而制定出有效的保障和改善其生态环境及原料（产品）质量的控制措施。

（2）原料及深加工产品主要工艺质量

绿色食品原料的农作物种植、畜禽饲养、水产养殖及食品加工必须符合绿色食品生产操作规程。如农药的使用在种类、使用浓度、时间、残留量方面都必须符合《生产绿色食品的农药使用准则》；肥料的使用必须符合《生产绿色食品的肥料使用准则》；化学合成的肥料和化学合成的生长调节剂的使用，必须限制在不对环境和作物质量产生不良后果，不使作物产品有毒物质残留积累影响人体健康的限度内；畜牧业的饲料原料主要来源于无公害区域内的草场和种植基地，饲料添加剂的使用必须符合《生产绿色食品的饲料添加剂使用准则》；不可对畜禽使用各类化学合成激素、化学合成生长素、有机磷和有机药物，兽药的使用必须符合《生产绿色食品的兽药使用准则》；水产养殖用水必须达到绿色食品要求的水质标准，鱼、虾等水生物的饵料，其固体成分应主要来源于无公害生产区域；食品加工过程中食品添加剂的使用必须符合《生产绿色食品的食品添加剂使用准则》，不能使用国家明令禁用的色素、防腐剂、品质改良剂等添加剂，允许使用的要严格控制用量，禁用糖精及人工合成添加剂等。绿色食品生产过程控制是质量控制的关键环节，同时也将促进生产企业主动防治污染，保护环境和耕地，运用的先进科学技术与传统的农艺精华相结合，在农业生产中，用农家肥或工厂化生产的有机肥料代替化肥，生物防治病虫害代替喷洒农药，采用植物性除草剂或人工除草等，以带动生态条件优化、耕作技术的改进，使环境保护与生产发展紧密结合起来，从而推动环保工作的开展。

（3）原料及产品本身质量

绿色食品的最终产品必须符合农业农村部制定的绿色食品质量和卫生标准。绿色食品质量标准的核心是技术要求，包括原料、感官、理化、生物学等要求，它必须体现出绿色食品是无污染的安全、优质、营养类食品。如绿色食品的主要原料必须出自绿色食品基地，经环保监测证明符合绿色食品产地的环境要求；理化指标中不仅包括应有的成分指标，还要包括一些不应有的污染物指标。绿色食品卫生标准，通常要高于或等同有关的国家、部门、行业现行标准。它一般分为农药残留、有害重金属和细菌等三部分。农药残留通过检测杀螟硫磷、倍硫磷、敌敌畏、乐果、马拉硫磷、666、DDT、二氧化硫等物质的含量来衡量；有害金属通过检测砷、铅、汞、铜、锡、锰等来衡量；细菌通过检测大肠杆菌和致病菌等来衡量。另外，有些产品的卫生标准还包括黄曲霉毒素和溶剂残留量等。绿色食品最终产品质量与绿色食品原料产地的生态环境和绿色食品生产操作规程有密切的关系，因为生态环境的不断恶化，农药、化肥不适当的大量施用，就会严重损害初级食品的质量，也影响到深加工食品的最终质量，为保证绿色食品最终产品质量，必须采取一些行政的、经济的、技术的、法律的手段和措施来改善和保护绿色食品基地良好的生态环境。

4）绿色食品的品种

（1）一般绿色食品：生鲜蔬果，绿色粮油，冲调品，母婴休闲食品，干货，早餐食品，生态粮油，方便食品，饼干蛋糕，厨房调味品，果汁饮料；

（2）生态无公害食品：生态种植食品，生态养殖食品；

（3）绿色进口食品：进口饮料，进口酒水，进口奶粉，进口巧克力，进口咖啡，进口粮油；

（4）绿色地方特产食品：手工食品，特色食品，农产品，扶持农产品，农家食品，野生产品；

（5）绿色有机食品：粮油，调料，水果，蔬菜，酒水，有机饮料，母婴食品，坚果，肉禽水产，茶叶等。

11.3.2　绿色纺织品

1）绿色纺织品

绿色纺织品，即生态纺织品，其特定的含义是指经过毒理学测试并且有相应标志的主要由绿色纤维所构成的纺织品，是符合环保和生态指标要求的对人体无任何形式的损害、使用安全、穿着舒适、优质的纺织品的统称。

2）绿色纤维品的关键原料

（1）绿色纤维

绿色纤维是以天然彩色棉为代表的绿色商品，将风行于21世纪，成为时代的宠儿。彩色棉制品有利于人体健康；彩色棉是一种新型的棉花，从种植到加工成产品，无需人工漂染，不形成污染源；减少了环境污染；打破了国际"绿色贸易壁垒"。天然彩色棉色彩自然、古朴典雅、质地柔软、富有弹性、穿着舒适，不仅色度丰满，而且不会褪色。用它织成的布，不仅具有天然的性质，而且手感好、弹性好、柔软性好，真正实现了从纤维生长到纺织成衣全过程的"零污染"。

Lyocell纤维也是21世纪的"绿色纤维"，它用NMMO溶剂法生产，是一种不经化学反应的新工艺。NMMO在溶解纤维素纤维时，不发生纤维素的分解。聚乳酸（PLA）纤维属于合成高分子一类的材料。甲壳素是一种动物纤维素，甲壳素纤维可以采用湿法纺丝工艺法制成。

（2）植物染料

植物染料直接取自大自然，它本身结构的形成完全是自然生长的结果，其间不会涉及任何化学原料，对人体没有化学损害，而且植物染料所采用的植物原料，是经过严格筛选的，不仅无毒无害，而且有的还具有医疗和保健作用。

随着合成染料中的部分品种被禁用，人们对天然染料的兴趣又重新增浓。主要因为大多数天然染料与环境生态相容性好，生物可降解，而且毒性较低，加上石油资源的消耗已显示合成染料原料不足，也促进开发天然染料来补充合成染料。

（3）酶制剂

酶制剂被誉为"工业问题的自然界解决方案"，用于有机物的退浆也有很长的历史。作为一种生物制剂，它无毒性，污水排放少，有利于生态环保。生物酶解决Tencel纤维的原纤化问题。它可去除原纤茸毛，经干态下转鼓处理，产生次级原纤化，在末端形成微原纤维。微原纤维比较短，而且均匀，不会发生相互缠结，具有桃皮绒的效果。

如今人们在挑选纺织服装时，更加关注安全性，或者选用自然纤维，如彩色羊毛、彩色棉毛、彩色蚕丝、聚乳酸织纤维PAL、甲壳素织纤维等新型更具生物相容性、环保型织制品。

3）纺织品的生态质量

绿色纺织品是指要求纺织品的生产过程对生态环境的影响应遵守现行的生态环境管理法规，产品上残留的有害物应在产品生态质量标准极限值以下，废弃物应具有再生循环的可能。按产品的生命周期，纺织品的生态质量由下述三部分构成：

（1）纺织品生产加工过程中的生态质量

纺织品生产加工过程中的生态质量属于纺织品生产生态学范畴。它是有关纺织品生产加工各环节（主要是印染加工）对生态环境影响的评价。它要求纺织品生产过程中尽可能采用省水、消耗能源低，对环境污染、破坏小的加工方法，以利于生态环境的平衡以及不损害生产者的健康。

（2）纺织品的使用生态质量

使用生态质量涉及人类生态学，是有关纺织品是否含有毒物或加工过程残留的有害人类健康的物质的评价。不含有毒物质、加工中残留的有害物含量符合生态质量标准的纺织品，使用生态质量较高。

（3）废弃纺织品的生态质量

废弃纺织品生态质量是指纺织品废弃物能否再生和利用及其难易程度的评价。纺织品废弃物对生态环境无害或易回收利用，则生态质量较好。

11.3.3　绿色家用电器

1）绿色家用电器概况

绿色家用电器泛指无公害的家用电器。它是目前全球性推行绿色工程的一个组成部分。绿色工程对现代家用电器的要求是：节约能源（如高效电源）；降低污染（如电磁辐射和噪声等）；推行无氟氯碳化物（如电冰箱中的制冷液氟利昂就是有氟氯碳化物）的制造工艺等。目前绿色家用电器的代表产品有绿色电视机、绿色电脑、绿色电冰箱、绿色洗衣机、太阳能热水器、绿色照明电器等。

中国生产绿色环保冰箱的新飞公司曾跻身世界最大的家用电冰箱专业生产厂家的行列，正式通过 ISO 14001 环境管理体系认证，被中国环境标志产品认证委员会授予"国内生产环境标志冰箱最多、总数量居全国第一的企业"。中国青岛海尔集团电冰箱，在使用电冰箱发泡材料时，把对臭氧层起破坏作用的氟利昂含量减少了50%，因此获得了法国的"环境标志"。

2）绿色家用电器标识

（1）绿色环境标志

我国各类型家用电器的绿色产品标志，均由中国环境标志产品认证委员会颁布并发放，其标志为《中国环境保护认证标志》（其标志图如图6-7所示）。其他国家的环境标志均可使用。

对有绿色标志的家用电器，国家认证委员会均有相应的严格措施及标准，如74cm以上彩电的X射线辐射量，每小时不能超过0.07毫伦；波轮式洗衣机的噪声要小于50db；滚筒式洗衣机的噪声也应小于60db。对于已认证的电冰箱、电冰柜要求制冷系统必须处于无氟状态等。

（2）能效标识标志

从2005年3月1日起，国家对电冰箱、空调等家电高能耗产品，按其电器耗能的实际大小，实施能源效率标识制度。其标志为《能效标识认证标志》（其标志图如图6-10所示）。

空调类电器产品的能耗比分为1~5级制。标志标识中的1级，表示电器属于节能型产品，而标识中的5级，则表示能效最低。能效低于5级的产品，均为不合格产品。冰箱按能耗大小分为A、B、C、D、E五个等级，A级表示最高节能型产品，B级表示一般节能型水平，C表示普通水平。D、E级产品属于国家将要强制性淘汰的产品。

家电节能型产品节能的各项指标，必须符合节能认证标准，由国家节能产品认证中心经论证检测审核后颁发家电节能标志。目前，各类家电的节能标准均以国家二级能效标准为基本依据。目前，国内一些知名品牌的彩电，均通过了彩电待机能耗指标和节能认证标准的认证，在产品上均贴有节能标志。

（3）CCC安全标志

家电CCC安全标志安全性能也是各类家用电器的重要质量标准。其标志为《中国强制性产品认证标志》（其标志图如图6-1所示）。

CCC安全标志是国家对家电及其他类产品实行强制性产品认证使用的统一标志。凡在产品中标注有CCC认证标志的产品，均属于国家已认证通过的安全型产品。

（4）家电抗菌标志

家电抗菌标志简标为CIAA，凡获得使用抗菌标志的产品，则说明产品在健康卫生方面已达到行业协会《家用电器除菌抑菌标准》要求，均可在产品中标注使用抗菌标志，并属于健康型产品。

抗菌产品包括空调、冰箱、洗衣机、电饭锅等，凡达到此标准并取得健康认证的产品，才属于真正的健康型家用电器。

11.3.4　绿色包装

1）绿色包装概念

绿色包装是指对生态环境和人类健康无害，能重复使用和再生，符合可持续发展的包装。它要求商品包装的设计、生产、流通、消费、废弃都必须符合环境保护标准。在产品的生产、储存、消费过程中，包装不可对人体和环境造成污染。

据欧盟对城市垃圾成分的分析统计，厨房废弃物约占总数的30%，纸占25%，纺织品占10%，煤渣占10%，金属占8%，塑料占7%，其中包装废弃物占总数30%~50%。目前，中国的固体废弃物年产量为6亿吨，历年积累已达60多亿吨。在这些废弃物中，只有40%得到利用，其余均难以处理，其中包装废弃物约占总量的1/3。这些废弃物对中国生态环境造成严重污染。研究绿色包装、开发绿色包装产品，是未来社会的必然趋势，也是包装业的发展方向。

绿色包装应具备以下内容：在具有包装功能的条件下，用料应该最省，包装废弃物最少；包装制品无害于人类健康，废弃物不污染环境；包装材料可重复使用，或是可再生循环，或是可在自然条件下降解净化。

2）绿色包装发展的三个阶段

（1）20 世纪 70 年代到 80 年代中期，是"包装废弃物回收处理"阶段，回收处理，减少包装废弃物对环境的污染是主要的方向。这个时期，最早颁布的法令是美国 1973 年的《军用包装废弃物处理标准》。丹麦 1984 年立法规定的重点在于饮料包装的包装材料回收利用。中国在 1996 年也颁布了《包装废弃物的处理与利用》。

（2）20 世纪 80 年代中期至 90 年代初期，是"3R，1D"阶段，美国环保部门就包装废弃物提出了三点意见：①尽可能对包装进行减量化，不用或少用包装；②尽量回收利用商品包装容器；③不能回收利用的材料和容器，应采用生物降解的材料。同时，欧洲的许多国家也提出本国的包装法律规范，强调包装的制造者和使用者必须重视包装与环境的协调性。

（3）20 世纪 90 年代中后期，是"LCA"阶段。LCA（life cycle analysis），即"生命周期分析"方法。它被称为"从摇篮到坟墓"的分析技术。它是把包装产品从原材料提取到最终废弃物的处理的整个过程作为研究对象，进行量化的分析和比较，以评价包装产品的环境性能。这种方法的全面、系统、科学性已经得到人们的重视和承认，并作为 ISO 14000 中的一个重要的子系统存在。

3）绿色包装的 3R 和 1D 原则

（1）Reduce 减量化包装原则。绿色包装在满足保护、方便、销售等功能的条件下，设计适量适度，应是用量最少的包装。欧美等国将包装减量化作为发展无害包装的首选措施。

（2）Reuse 重复使用原则。包装应易于重复利用，多次重复使用。

（3）Recycle 循环再生原则。通过回收废弃物，生产再生制品，达到再利用的目的，既不污染环境，又可充分利用资源。

（4）Degradable 可降解原则。包装废弃物可以降解腐化，不形成永久的垃圾，进而达到改善土壤的目的。世界各工业国家均重视发展利用生物或光降解的包装材料。

4）绿色包装分级

绿色包装分为 A 级和 AA 级。

A 级绿色包装是指废弃物能够循环复用、再生利用或降解腐化，含有毒物质在规定限量范围内的适度包装。

AA 级绿色包装是指废弃物能够循环复用、再生利用或降解腐化，且在产品整个生命周期中对人体及环境不造成公害，含有毒物质在规定限量范围内的适度包装。

5）绿色包装类别

（1）改进型发泡塑料包装制品，即在发泡塑料中添加一种诸如淀粉基等改良性混合物，并使其均匀分布在包装制品中。一旦这种包装制品被废弃后，分散在制品内部的淀粉颗粒能被土壤和空气中的微生物所侵蚀分解，从而克服了发泡塑料包装制品不会降解污染环境的缺陷。

（2）纸浆模塑包装制品，即利用纸浆为主要原料制成的纸质包装产品。这种包装品废弃后，不仅能在土壤和空气中自然分解腐烂风化，而且还可以百分之百地回收，重新加工利用，即使将它燃烧处理，也不会产生有毒气体、污染环境。技术专家认为，纸浆模塑包装制品具有易于加工制作、包装性能优良和节省资源等特点，是今后绿色包装发展的主流。

中国"九五"期间纸浆包装制品有突破性的进展，特别是食品、医药、日化、家电、工业产品包装及其生产设备成为纸浆模塑包装的重点发展领域。这些纸浆模塑包装添加其他材料的制品给人们带来意想不到的惊喜，如掺有加强纤维材料的鸡蛋箱可以像装卸钢材一样不受损坏，混有各种天然色素食品令人胃口大开，含有荧光剂的产品即使是在黑暗中也能轻易地辨别它的品种、规格和数量，掺和保鲜剂的食品可以延长保存时间。"绿色包装"纸浆模塑制品给人们带来洁净、亮丽的新天地。

11.4　商品与资源

人类的生产和生活离不开资源，合理开发、利用或使用资源是现代文明的重要标志。人类在利用资源进行商品生产的同时，必须认真研究资源，根据资源的特点，合理开发，保护人类赖以生存的有限资源，使之可持续发展。

11.4.1　资源的概念

资源，狭义上是指自然资源，也称天然资源。自然资源是指自然界中天然存在的自然物，不包括人类加工制造的原材料，如土地、矿藏、动物、海洋、山脉、森林、植物、空气、日光、风、火、气候等。自然资源是商品生产的原料来源和布局场所，是人类赖以生存、社会得以发展所必不可少的客观物质基础。随着社会生产力的不断提高和科学技术的发展，人类开发和利用自然资源的广度和深度也不断拓宽和加深。人类开发和利用自然资源已进入可持续发展的新阶段。

广义的资源是指能为人类所用，创造价值和使用价值的各种资源的总和。广义的资源包含自然资源和社会生产力资源两个方面。社会生产力资源包括人力（劳动力）资源、生产工具（设备、量具、器具、仪器、仪表等）资源、科学技术资源等。自然资源和社会生产力资源都是人类创造财富必不可少的因素。自然资源决定着商品的自然属性，构成了商品的物质基础，社会生产力资源控制着形成商品的全部属性。

11.4.2　自然资源的分类

自然资源习惯上按基本属性、综合性属性和可利用属性等进行分类。

1）按基本属性分类

自然资源按基本属性一般可分为土地资源、矿物资源、生物资源、气候资源和水利资源五类。

（1）土地资源，又称土壤资源。

（2）矿物资源，是指地质作用中各种化学成分所形成的自然单质（如金刚石、自然金等）和化合物（如方解石、石英等）资源。除少数是气态（如火山喷出的气体物质）和液态（如自然汞）外，绝大多数矿物均是固态，具有确定的内部结构。矿物是组成岩石和矿石的基本单元。

（3）生物资源，是指自然中具有生命的物体资源，包括动物资源、植物资源和微生物资源。

（4）气候资源，是指人类可利用来为经济活动服务的天气资源，如自然界的热量、寒冷、光照、水分、干、湿、风、云、雨等。

（5）水利资源，是发展国民经济不可缺少的水资源总称，包括水力资源、水源资源、水质资源、水运资源等。

①水力资源，通常指河川水流或潮汐波浪、海流所蕴藏的天然水能资源。

②水源资源，指江河、湖泊、地下水、高山积雪、冰川融解、可供给水和灌溉的水源。

③水质资源，指淡水、咸水、碱性水等资源。

④水运资源，指江河、湖泊、港湾等可供发展水运的航道资源。

2）按综合性属性分类

自然资源按综合性属性一般可分为能源资源、森林资源、海洋资源等。

（1）能源资源又称能量资源，是指可以从中获得能量，以转换为人们所需的光、热、动力、电力等能源的自然资源的总称。其主要包括：

①矿物燃料资源，如煤炭、石油、天然气等资源。

②可再生能源，这类能源一面供利用，一面不断再生，如水力、风力、潮汐、波浪、柴草等。

③核能源，即原子能。

④太阳辐射能源，即太阳供给人类的能源，如利用太阳能发电等。

⑤地热能源，指蕴藏于地球内部的热能。

⑥生物质能源，指利用动植物的生物质有机废料，经过细菌或化学作用而产生的沼气和醇类等燃料。

能源又分一次能源、二次能源。如由燃料、水力、核能等经过两次能量转换而成的电能，即属于二次能源。

（2）森林资源，是指森林和林业生产地域内的各种土地、山脉、生物、景观等资源的总称。

（3）海洋资源，是指海洋的主体海水，生活于海洋中的海洋生物，围绕海洋周缘的海岸、海底和邻近海面上空的大气等统一体资源的总称。

此外，还有旅游资源、物产资源、水产资源等。

3）按可利用性分类

自然资源按照可利用性，可分为两大类，即可再生资源和不可再生资源。

（1）可再生资源是指经过天然作用或人工作用，可以恢复或重新生成的资源。可再生资源能为人类反复利用。如土地资源、水资源、生物资源、气候资源、海洋资源、动植物资源，这些资源按其自然生态规律，彼此相互联系、相互制约。其中一个受到破坏，将导致整个自然生态的变化。

（2）不可再生资源是指人类开发利用后不可能再生的自然资源。如经过漫长的地质年代形成的矿物资源，如铜、铁、煤、铀、石油、天然气等，一旦开采使用之后是不能再生的。

11.4.3　自然资源开发利用的特点

1）整体性

地球上各种自然资源，都是直接或间接联系在一起的，形成不同的组合结构和生态系统。如果其中某种资源条件改变，就会引起其他资源条件相应变化，甚至使生态系统遭受破坏。例如，植物被破坏将造成土壤流失甚至沙漠化，进而动物和微生物就会大量减少。所以，我们要综合规划、开发、利用资源，反对只顾局部不顾全局的做法，强调经济效益、社会效益和生态效益的统一。

2）地域差异性

自然资源分布的地理位置和自然组合决定资源种类、特性、数量、质量及其分布差异。因此，在资源开发利用中必须考虑区域自然环境和社会经济的不同特点。

3）资源有限性

有限性是相对于特定的地球空间和时间而言的。由于自然资源所能提供的数量受到限制，或再生的能力有限度，或是在重复利用过程中必然耗损能量和损耗物质，因而不可能取之不尽，用之不竭。所以，人类必须珍惜一切自然资源，绝不能只顾眼前利益而盲目开发和破坏资源。

4）综合利用性

自然资源通常都是由多种成分组成的，这就决定了资源在开发利用时，在选择主要成分、用途和利用方式上应实行综合性开发利用，做到经济、合理、有效地开发利用资源，从而避免部分资源被废弃造成浪费，甚至给自然界和人类社会造成污染和危害。

11.4.4　商品与资源

资源与商品的根本区别在于，资源只有经过劳动加工才能成为商品，尚未开发的资源仅仅具有潜在的价值和使用价值，通过人类的劳动才能把它转化为市场需要的商品。人类发展商品经济离不开资源，人类的生产、生活依靠资源。

自然资源为商品提供所需物质和能源，是发展生产力、提高人们生活水平、发展商品经济的物质基础。随着社会对自然资源的消费量迅猛增长，再加上不合理地开发和利用所造成的资源浪费与破坏，资源短缺甚至部分枯竭，有限的资源总量与猛增的社会需求量的缺口逐渐拉大，矛盾越来越尖锐。人类若无超前意识，及早解决，势必影响人类自身的生存。

1) 全球性的资源危机

（1）水资源。目前，全球淡水不足的陆地面积约占60%，约有20亿人口饮用水紧缺，10亿以上的人口饮用被污染的水。联合国环境署、开发署，世界银行和美国世界资源研究所于1996年"地球日"前夕联合发表《1996—1997年度世界资源报告》，告诫人们：淡水的消耗在过去半个世纪里增长了2倍，到1994年，已有2亿多城市人口缺水。预计到2050年缺水的城市人口将会增长到24亿。

（2）森林资源。据有关专家估计，为了保证人类正常生产和生活的需要，以及其他动物生存的需要，世界森林面积一般不应少于40亿公顷。1950—1975年期间，世界森林面积已从50亿公顷缩减到26亿公顷，平均每年有1 100多万公顷的森林遭到破坏。现有森林面积仍在不断减少，并且已经造成水土流失、沙漠扩大、气候变异和物种灭绝等一系列严重后果。

（3）土地资源。森林的破坏使土地沙漠化和土壤侵蚀日趋严重。目前全世界土地沙漠化面积已达40多亿公顷，100多个国家受其影响。据联合国估计，非洲有40%、亚洲有32%、拉丁美洲有19%的非沙化土地正受到沙漠化的威胁。因沙漠化扩展，全世界每年损失土地达600多万公顷。全世界耕地面积逐渐减少，以我国为例，20世纪90年代我国的耕地面积是19.51亿亩，人均耕地面积为1.59亩，而目前全国耕地面积已经下降到18亿亩，人均耕地面积仅为1.39亩。另据联合国粮农组织估计，全世界30%～80%的灌溉土地也不同程度地受到盐碱化和水涝灾害的危害，结果造成由于侵蚀而流失的土壤每年高达240亿吨。

（4）能源资源。全球煤炭能源现状：1860年世界能源消耗为5.5亿吨标准煤，到1980年增加到90亿吨标准煤，增长了15.4倍，平均每年为7 042万吨。2000年，欧洲和北美的需求占全球煤炭总需求的一半左右，亚洲占了不到一半。到2015年，亚洲占到了3/4，而欧洲和北美的需求占比大幅降至1/4以下，这一转变仍将继续。当前，多数发达国家已经大幅降低了煤炭的使用量。由于开采成本较低且分布广泛，世界仍然对煤炭有着高度的依赖性。

全球石油能源现状：石油的蕴藏量不是无限的，容易开采和利用的储量已经不多，剩余储量的开发难度越来越大，到一定限度就会失去继续开采的价值。

总之，全球能源需求巨大，但资源并非取之不尽、用之不竭，这就迫使我们走节约能源的道路，大幅度提高能源利用效率，加快建设节约型社会，否则，人类在不久的未来将会面临能源短缺的严重问题。

（5）物种资源。据联合国的报告，在地球上约800万动植物物种中，有约100万种动植物物种正面临灭绝的危险。

2) 我国资源现状

（1）自然资源比较丰富，品种比较齐全

我国陆地面积占全球陆地面积的6.5%。我国管辖的海域约300万平方公里。我国森林面积为13 400万公顷，占全国土地面积的13.92%。我国已发现的矿产有145种，占世界已发现矿产种类的90%多。我国稀有金属在世界上占有重要地位，其中钨、锡、钼、锑、锂、铌、钽、铍等储藏量均居世界前列。

（2）人均资源占有量较低

我国土地面积为960万平方公里，占全球陆地面积的6.5%，人口却占世界人口的20%。这一极不平衡的矛盾，使我国的人均资源占有率较低，而成为人均资源贫乏的国家。日本拥有66.66%的森林覆盖率，是我国森林覆盖面积的4.89倍。我国人均森林面积不足世界人均面积的1/2；人均土地面积仅为世界人均面积的1/3；人均可耕地面积仅为世界人均可耕地面积的4/11；人均矿产资源不足世界人均占有量的1/2；人均水资源占有量仅为世界人均占有量的1/4；人均草原面积不足世界人均面积的1/2。

（3）资源利用率低，浪费严重

在我国国民经济周转中，据统计，用于生产最终消费品的原材料仅占原材料总量的20%～30%，而其余的70%～80%却变成废料。目前我国每年约有废钢铁300多万吨，废有色金属20多万吨，废塑料80万吨，废玻璃100万吨，因未回收或未充分利用，每年造成经济损失达250亿～300亿元。

近年来世界年钢产量的45%、铜产量的35%、铝产量的22%、铁产量的30%、纸张产量的35%是通过回收再生资源加工制成的。发达国家废铁回收率在60%～70%，而我国现在废钢铁回收率仍处于45%的世界平均水平，废钢回收率为30%，也低于世界平均水平。废纸的回收率仅为15%，远低于世界平均水平。

有些废料还造成了环境污染，破坏了生态环境。

（4）资源破坏严重

盲目地或不能科学地综合性开发自然资源，造成了资源和环境的破坏。如大量地开采矿藏，造成了资源和生态的破坏；大量地砍伐木材，造成了土地资源荒漠化、水土流失等。又如，我国堪称世界山羊绒出口量之最，这是以我国原本不多的草场破坏为代价换取的。山羊是一种自然放生的对四邻草种植被破坏性极高的动物，专以草及草根为食。凡是山羊出没的地区，草及草根皆被一扫而空。然而，羊绒被世人看好，市场需求量颇高，经济价值极好。尽管如此，世界上几乎所有发达国家，包括山羊毛率很高的澳大利亚、新西兰等国，为了维护草原资源，都无一情愿大量生产山羊绒，只有我国无视草原和生态环境，还在成批繁养山羊和生产羊绒。再如，我国能源资源的利用效率仅为30%左右，而美国为51%左右，日本为57%左右。

此外，我国还存在自然资源布局不均，结构性短缺等不足。

11.4.5 资源的可持续发展

资源的可持续发展是一种全新的资源发展观，是在原来资源利用文化观的基础上加入生态观内涵的"可持续发展"模式，强调资源利用的协调性和可持续性。人类社会的发展受自然资源的制约，所以人与自然之间应建立一种和谐、协调的关系，保证资源利用的永续性。在资源保护、资源开发和资源利用上遵循可持续发展的新思维方式，为人类的永续、健康发展提供新的发展方向。

1) 资源保护

在经济发展的初级阶段，生产力还不发达，人们只注意经济发展的速度，而忽视对资源的保护，其结果是自然资源日趋匮乏，环境日益恶化，人类的基本生产资料和生活资料被污染，形成一个恶性循环，威胁着人类自身的生存，严重制约着经济的进一步发展。人类在发展经济的同时，保护赖以生存的自然资源，趋利避害，使自然资源可持续发展，才是解决这一问题的正确出路。

2) 资源开发

一方面，人类要保护自然资源；另一方面，人类为了发展商品经济，而不得不开发自然资源，以取得人类生产和生活的必要物质和能源。为此，人类在资源开发上，要按照可持续发展的战略思想，经济、合理、有效地开发有限的自然资源。对于开发后不可能再生的资源，要尽量寻求可替代性资源，使之少开发或暂不开发，尽可能地保护资源，不破坏资源。对于不得不开发的资源，要严格地遵循自然规律、科学技术规律和经济规律，利用现代科学技术手段，经济合理地开发。资源开发既要考虑资源的可利用性，又要考虑到环境保护的要求，避免造成资源浪费和破坏生态环境的恶果。

3) 资源利用

对于已开发的资源必须科学地综合利用，提高资源的综合利用率，避免资源浪费。资源的综合利用包括充分利用某些资源的多种有效成分、多种使用价值、跨地区之间的资源互补性综合利用和资源的再生利用等。在利用资源的同时，要避免和尽量降低环境污染，改善生态环境，化害为利，变废为宝。这些都是可持续发展战略的重要组成部分。

11.5 商品与环境

11.5.1 环境的概念

环境广义上是指研究对象周围的情况和条件。如果研究的对象是人，那么环境是指人周围的情况和条件；如果研究的对象是商品，那么环境是指商品周围的情况和条件。其周围的情况和条件，分为自然的和社会的两个方面。因此，广义的环境包括自然环境和社会环境。人、商品和环境处在同一个系统之中，彼此之间相互关联、相互作用、相互影响，其结果是形成一个系统效应。人类生产商品，其过程和产物直接或间接地改变着环境。反过来，环境又直接或间接地影响着人类的生存和商品的再生产。这些同研究对象发生关系的各种直接和间接因素都是构成环境的要素。我们重点研究的是这一系统变化对人类的影响。我国环境管理系列标准目前有：GB/T 24020—2000、GB/T 24021—2001、GB/T 24024—2001、GB/T 24025—2009。环境标志有 Ⅰ、Ⅱ、Ⅲ 型。

11.5.2　环境的分类

环境通常按研究的属性，分为自然环境和社会环境。人们通常所说的环境，大多数情况下是指自然环境。

自然环境一般是指人类周围的自然情况和条件，即地球上人类以外的其他生命物质和非生命物质的总称。它虽然受人类活动的影响，但总的来说，仍按自然规律发展着。自然环境按其主要的组成要素可分为大气环境、水环境（包括海洋环境、江河环境、湖泊环境等）、土壤环境、生态环境（如森林环境、草原环境等）和地质环境等。

自然环境的组成要素之间彼此关联、相互制约、相互作用，构成一个自然环境系统。该系统遵从系统效应原理。自然环境的系统效应，不是直接地从每个系统要素本身，而是从组成自然环境系统的互相协同的组成要素集合中得到的，并且这个整体效应超过了系统要素个体效应的总和。

自然环境的系统效应表明，自然环境系统是一个不可分割的整体，对其效应一定要从完整的系统来看，而不是从孤立要素的简单叠加来看。作为有机整体的自然环境系统，其效应既与组成该系统的各要素及它们的结构有关，又不是各个要素个体效应的简单总和。同时，每个要素的个体效应，又同它所从属的系统有关，受系统的影响和制约。自然环境的系统效应，是相关要素之间相互作用产生的相干效应，如果在一个系统要素上遭到破坏，将产生连锁反应，产生恶性循环，使自然环境系统失去动态平衡。

自然环境同自然资源一样都是人类赖以生存和发展的基础。自然环境和自然资源没有本质上的区别，自然资源如果不被人类开发，它就是人类生存的自然环境，被人类开发利用的自然环境实质上就是自然资源。因此，自然环境和自然资源实质上是同一自然物质状态存在形式的不同表述。自然环境和自然资源出于同一物质存在形式，自然环境包含世界上所有的物质状态，而人类可利用的自然资源只是其中的一部分。因此，可以说自然资源寓于自然环境之中，是宏观自然环境的组成部分。

11.5.3　商品与环境

在人类、商品、环境、资源的复杂系统之中，人类为了生存而进行以商品经济为中心的一系列活动。在这个过程中，以商品为中心，商品与人类、商品与资源、商品与环境存在着相互制约的不可分割的密切关系，使人类周围的生态环境处在不断变化的动态之中。

在人类"以自我为中心"发展商品经济的时期，人类的商品经济结构造成了环境污染、环境破坏等一系列恶果，使生态环境系统的动态平衡遭到破坏，使人类认识到不得不走可持续发展的道路。

当今世界所公认的环境问题，主要围绕商品生产和消费所造成的环境破坏和环境污染问题。一是自然环境破坏问题，即人类不合理地开发和利用自然资源与所造成的环境恶化和生态失衡问题。例如，过度地砍伐森林、开垦荒地，过量采水、滥垦草原等所引起的气候恶化、水土流失、土壤沙化和盐碱化、资源枯竭、能源消耗、物种濒危或灭绝、地面沉降等现象。世界上许多国家出现了严重的水资源危机，预计到2025年，将会有30亿人面临缺水，40个国家和地区淡水严重不足。据统计，近20年，世界能源消耗量增长了50%以上。尽管人类在不断地开拓核能、太阳能等新能源，但能源紧缺仍是制约社会经济的瓶颈。二是环境污染问题，即人类在商品生产、消费活动中释放的各种过量的排放物、废弃物得不到吸收和净化，从而毒化和污染了自然环境，引起环境质量的恶化，例如，大气污染、水质污染、土壤污染、放射性污染、噪声污染等。

国家环保总局和国家统计局联合发布的《中国绿色国民经济核算研究报告2004》指出：全国环境污染造成的经济损失达5 118亿元，2004年全国环境污染损失占当年GDP的3.05%。其中：水污染的环境成本2 862.8亿元（55.9%）；大气污染的环境成本2 198.0亿元（42.9%）；固体废物和污染事件造成的经济损失57.4亿元（1.2%）。

1）全球性环境问题

环境问题成为严重的社会问题，是从产业革命开始的，产业革命给人类带来了飞速发展的物质文明，同时也给人类带来了前所未有的生态破坏和环境污染。

（1）在20世纪30—60年代，这种公害达到第一次高潮。例如，这一时期发生了世界闻名的八大污染事件：

①马斯河谷烟雾事件（1930年，比利时）；

②洛杉矶光化学烟雾事件（1940年，美国）；

③多诺拉烟雾事件（1948年，美国）；

④伦敦烟雾事件（1952年，英国）；

⑤水俣病事件（1953—1956年，日本）；

⑥富山骨痛病事件（1955—1968年，日本）；

⑦四日市哮喘病事件（1961年，日本）；

⑧米糠油事件（1968年，日本）。

（2）20世纪70年代以来发生了多起重大污染事故，其危害和影响比20世纪30—60年代的八大污染事件更为严重。

①塞维索化学污染事故（1976年，意大利）。

1976年6月在意大利发生了化工厂爆炸引起农药有毒物外泄，污染大气的事故。距米兰市20千米，美达和塞维索化工厂一个化学反应器发生放热反应，高压气体冲开安全阀，发生爆炸，致使三氯苯酚大量扩散，引起附近农药厂除草剂（2，4，5-T）的3 500桶废物泄漏。据检测，废物中含二噁英浓度达40毫克/千克（TCDD），三氯苯酚亦是产生二噁英类有毒物的来源；严重污染面积达1.08平方千米，涉及居民670人；轻度污染区为2.7平方千米，涉及居民4 855人。事故发生后5天，出现鸟、兔、鱼等死亡，发现儿童和该厂工人患氯痤疮等炎症，当地污水处理厂的沉积物和花园土壤中均检测有较高含量的毒物。事发后，当地居民的畸形儿出生率大为增加。

②三里岛核电站泄漏事故（1979年，美国）。

1979年3月28日凌晨4时，美国宾夕法尼亚州的三里岛核电站第2组反应堆的操作室里，红灯闪亮，汽笛报警，涡轮机停转，堆心压力和温度骤然升高，2小时后，大量放射性物质溢出。6天以后，堆心温度才开始下降，蒸气泡消失——引起氢爆炸的威胁解除了。100吨铀燃料虽然没有熔化，但有60%的铀棒受到损坏，反应堆最终陷于瘫痪。事故发生后，全美震惊，核电站附近的居民惊恐不安，约20万人撤出这一地区。美国各大城市的群众和正在修建核电站的地区的居民纷纷举行集会，要求停建或关闭核电站。美国和西欧一些国家政府不得不重新审查发展核动力计划。

③墨西哥液化气爆炸事故（1984年，墨西哥）。

1984年11月9日，墨西哥城近郊的一家石油公司发生爆炸，造成54座储气罐爆炸起火，死亡1 000多人，伤4 000多人，摧毁房屋1 400余幢，导致3万多人无家可归。这次液化气大爆炸，使墨西哥城蒙受了巨大的损失。

④北美死湖事件（20世纪70年代，美国）。

美国东北部和加拿大东南部是西半球工业最发达的地区，20世纪70年代开始，这些地区出现了大面积酸雨区，酸雨比番茄汁还要酸，多个湖泊池塘漂浮死鱼，湖滨树木枯萎。

⑤"卡迪兹号"油轮事件（1978年，美国）。

1978年3月16日，美国22万吨的超级油轮"卡迪兹号"，满载伊朗原油向荷兰鹿特丹驶去，航行至法国布列塔尼海岸触礁沉没，漏出原油22.4万吨，污染了350公里长的海岸。仅牡蛎就死掉9 000多吨，海鸟死亡2万多吨。海事本身损失1亿多美元，污染的损失及治理费用高达5亿多美元，给被污染区域的海洋生态环境造成的损失更是难以估量。

⑥墨西哥湾井喷事件（1979年，墨西哥）。

1979年6月3日，墨西哥石油公司在墨西哥湾南坎佩切湾尤卡坦半岛附近海域的伊斯托克1号平台钻机打入水下3 625米深的海底油层时，突然发生严重井喷原油泄漏，使这一带的海洋环境受到严重污染。

⑦库巴唐"死亡谷"事件（20世纪80年代，巴西）。

巴西圣保罗以南60千米的库巴唐市，20世纪80年代以"死亡之谷"闻名于世。该市位于山谷之中，60年代引进炼油、石化、炼铁等外资企业300多家，人口剧增至15万，成为圣保罗的工业卫星城。企业主只顾赚钱，随意排放废气废水，谷地浓烟弥漫、臭水横流，有20%的人得了呼吸道过敏症，医院挤满了接受吸氧治疗的儿童和老人，使2万多贫民窟居民严重受害。

⑧联邦德国森林枯死病事件（1983年，联邦德国）。

联邦德国共有森林740万公顷，到1983年为止有34%的树木染上枯死病，每年枯死的蓄积量占同年森林生长量的21%以上，先后有80多万公顷森林被毁。这种枯死病来自酸雨之害。在巴伐利亚国家公园，由于酸雨的影响，几乎每棵树都得了病，景色全非。黑森州海拔500米以上的枞树相继枯死，全州57%的松树病入膏肓。巴登-符腾堡州的"黑森林"，是因枞、松绿得发黑而得名，是欧洲著名的度假胜地，也有一半树染上枯死病，树叶黄褐脱落，其中46万亩完全死亡。汉堡也有3/4的树木面临死亡。当时鲁尔工业区的森林里，到处可见秃树、死鸟、死蜂，该区儿童每年有数万人感染特殊的喉炎症。

⑨印度博帕尔公害事件（1984年，印度）。

1984年12月3日凌晨，震惊世界的印度博帕尔公害事件发生了。午夜，坐落在博帕尔市郊的"联合碳化杀虫剂厂"一座存贮45吨异氰酸甲酯贮槽的保安阀出现毒气泄漏事故。1小时后有毒烟雾袭向这个城市，形成了一个方圆25英里的毒雾笼罩区。毒雾导致2 500人死于这场污染事故，另有1 000多人危在旦夕，3 000多人病入膏肓。在这一污染事故中，有15万人因受污染危害而进入医院就诊。事故发生4天后，受害的病人还以每分钟一人的速度增加。这次事故还使20多万人双目失明。博帕尔的这次公害事件是有史以来最严重的因事故性污染而造成的惨案。

⑩切尔诺贝利核漏事件（1986年，苏联）。

1986年4月27日早晨，苏联切尔诺贝利核电站一组反应堆突然发生核漏事故，引起一系列严重后果。带有放射性物质的云团随风飘到丹麦、挪威、瑞典和芬兰等国，瑞典东部沿海地区的辐射剂量超过正常情况时的100倍。核事故使乌克兰地区10%的小麦受到影响，此外由于水源污染，苏联和欧洲国家的畜牧业大受其害。

⑪莱茵河污染事件（1986年，瑞士）。

1986年11月1日，瑞士巴富尔市桑多斯化学公司仓库起火，装有1 250吨剧毒农药的钢罐爆炸，硫、磷、汞等毒物随着百余吨灭火剂进入下水道，排入莱茵河。警报传向下游瑞士、德国、法国、荷兰四国835千米沿岸城市。剧毒物质构成70千米长的微红色污染带，以每小时4千米的速度向下游流去，流经地区鱼类死亡，沿河自来水厂全部关闭，与莱茵河相通的河闸全部关闭。这次污染使莱茵河的生态受到了严重破坏。

⑫雅典"紧急状态事件"（1989年，希腊）。

1989年11月2日上午9时，希腊首都雅典市中心大气质量监测站显示，空气中二氧化碳浓度为318毫克/立方米，超过国家标准（200毫克/立方米）59%，发出了红色危险讯号。11时浓度升至604毫克/立方米，超过500毫克/立方米紧急危险线。中央政府当即宣布雅典进入"紧急状态"，禁止所有私人汽车在市中心行驶，限制出租汽车和摩托车行驶，并令熄灭所有燃料锅炉，主要工厂削减燃料消耗量50%，学校一律停课。中午，二氧化碳浓度增至631毫克/立方米，超过历史最高纪录。一氧化碳浓度也突破危险线。许多市民出现头疼、乏力、呕吐、呼吸困难等中毒症状。

这些污染事故仅仅为局部性污染，然而，酸雨、温室效应、臭氧层的破坏、雾霾、土地荒漠化、水资源危机、森林植被破坏、生物多样性锐减、海洋资源破坏和污染、持久性有机污染物的污染、有毒有害化学物质污染与越境转移等环境问题则是威胁全人类生存和发展的全球性环境问题。

2）全球性环境污染

（1）酸雨

酸雨是指矿物燃烧和冶炼过程中产生的硫和氮的氧化物，排入大气后与大气中水汽作用生成硫酸和硝酸等随雨而降落到地面的降水。酸雨的pH值一般低于5.6，它对森林、土壤、水源等均形成严重损害，已造成严重的生态破坏。欧洲是世界上一大酸雨区，酸性沉降物破坏了森林和湖泊，例如，约6 500万公顷的森林遭到酸雨污染的危害，其中，中欧有100万公顷的森林枯萎死亡；挪威南部的5 000个湖泊已有1 750个变成无鱼湖；瑞典的35 000个大中湖泊中竟有14 000个生态遭到破坏。在北欧，由于土壤自然酸度高，水体和土壤酸化都特别严重，有些湖泊的酸化导致鱼类灭绝。美国国家地表水调查数据显示，酸雨造成了75%的湖泊和大约一半的河流酸化。加拿大政府估计，加拿大43%的土地（主要在东部）对酸雨高度敏感，有14 000个湖泊是酸性的。水体酸化会改变水生生态，而土壤酸化会使土壤贫瘠化，导致陆地生态系统的退化。在北美，酸雨也导致湖水变酸，生物死亡，据估计美国和加拿大每年因酸雨造成的农业损失达160亿美元。亚洲的酸雨主要集中在东亚，其中中国南方是酸雨最严重的地区，成为世界上又一大酸雨区。中国长江以南、青藏高原以东及四川盆地等地区也出现过酸雨污染。

（2）温室效应

温室效应是指大气中的一些痕量（化学上是指极小的量）气体（如 CO_2，CH_4，N_2O，O_3 以及氟氯烃类等），在地球大气系统的辐射收支和能量平衡中起着类似温室玻璃的作用，即放进阳光，吸收热能。由于它们只吸收而不反射产生热能的红外辐射，因此地球不断变暖，即所谓的温室效应。根据美国环境保护局和联合国环境规划署的资料，有关痕量气体对全球暖化的作用百分率：CO_2 为49%，CH_4 为18%，N_2O 为6%，氟氯烃类为14%，其他气体为13%。有关不同的产业部门对全球暖化的作用百分率：能源为57%（其中57%的分配比是：工业所耗能源为22%，运输所耗能源为20%，商业与居住所耗能源为15%），林业为9%，农业为14%，氟氯烃类工业为17%，其他工业为3%。

现已查明，在过去100年间，地球平均气温已上升了0.3℃～0.7℃，其中CO_2含量增长了25%。经科学家们测算，如以这样速度迅速增长，到2030年时，全球的平均气温将比现在升高1.5℃～4.5℃。由于温室效应，全球气候将会在降雨、风、云层、洋流以及南北极冰帽大小等方面出现严重混乱与反常；各大洲陆地将会变得干燥；沿海地带将变得更加潮湿；寒冷季节将会缩短，温暖季节将会延长；因蒸发增强，大片地区的土壤湿度将会降低；气温上升还将使大气环流作重大调整。由此降水格局变化，旱涝出现的频次与台风路径、强度会发生重大改变。可以预料，在今后几十年内，中纬度地区旱情会加剧，水资源问题会更加突出；高纬度地区则可能出现洪涝；海平面上升将威胁沿海国家和地区；世界粮食生产的稳定性与分布状况也将发生变化；生态环境将受到严重破坏等。世界各国的经济将因此受到巨大的影响。

（3）臭氧层破坏和损耗

臭氧层破坏是指大气层中，距地面20～50千米的臭氧层被破坏出现空洞和变薄的现象。臭氧层能吸收太阳辐射中99%以上的危害生命机体的紫外线辐射，保护着地球上的万物生灵。1984年，科学家们首次发现南极上空出现臭氧层空洞。自1985年南极上空出现臭氧层空洞以来，地球上空臭氧层被损耗的现象一直有增无减。北极臭氧层虽尚未发现空洞，但已开始变薄。到1994年，南极上空的臭氧层破坏面积已达2 400万平方千米。现在美国、加拿大、西欧、中国、日本等国家或地区的上空，臭氧层都开始变薄。

科学研究证明，工业上大量生产和使用的全氯氟烃、全溴氟烃等物质，被释放并上升到平流层时，受到强烈的太阳紫外线UV-C的照射，分解出Cl.自由基和Br.自由基，这些自由基很快地与臭氧进行连锁反应，每一个Cl.自由基可以摧毁10万个臭氧分子。人们把这些破坏大气臭氧层的物质称为"消耗臭氧层物质"，其英文名称为"ozone depleting substances"，取其英文名称字头组成缩写，简称"ODS"。

在对消耗臭氧层物质实行控制之前（1996年以前），全世界向大气排放的ODS已达到了2 000万吨。由于ODS相当稳定，可以存在50～100年，因此被排放的大部分ODS目前仍留在大气层中。在它们陆续升向平流层时，就会与那里的臭氧层发生反应，分解臭氧分子。因此，即使全世界完全停止排放ODS，也要再过20年，人类才能看到臭氧层恢复的迹象。

（4）雾霾

雾霾，雾和霾的统称。霾的意思是灰霾（烟霞），空气中的灰尘、硫酸、硝酸等造成视觉障碍的叫霾。雾是雾，霾是霾，雾和霾的区别十分大。霾与雾的区别在于发生霾时相对湿度不大，而雾中的相对湿度是饱和的。

雾霾使空气质量恶化，"雾霾天气"现象增多，危害加重。中国不少地区把雾霾天气现象并入雾一起作为灾害性天气预警预报，统称为"雾霾天气"。如遇雾霾天气尽量采取防毒措施。

中国社科院联合中国气象局发布《气候变化绿皮书》，称雾霾天气影响健康，除众所周知的会使呼吸系统及心脏系统疾病恶化等，还会影响生殖能力。

2013年，全国平均雾霾日数为4.7天，较常年同期（2.4天）偏多2.3天，为1961年以来最多。其中，河北、黑龙江、辽宁、山东、山西、河南、安徽、湖南、湖北、浙江、江苏、重庆、天津等13省（直辖市）均为历史同期最多。

（5）土地荒漠化

荒漠化是当今世界最严重的环境与社会经济问题。1991年联合国环境规划署对全球荒漠化状况的评估是：全球荒漠化面积已近36亿公顷，约占全球陆地面积的1/4，已影响到全世界1/6的人口（约9亿人），100多个国家和地区。而且，荒漠化扩展的速度是，全球每年有600万公顷的土地变为荒漠，其中320万公顷是牧场，250万公顷是旱地，12.5万公顷是水浇地，另外还有2 100万公顷土地因退化而不能生长谷物。亚洲是世界上受荒漠化影响的人口分布最集中的地区，其中，遭受荒漠化影响最严重的国家依次是中国、阿富汗、蒙古国、巴基斯坦和印度。

（6）水资源危机

世界上许多地区面临着严重的水资源危机。根据国际经验，每人每年1 000立方米可重复使用的淡水资源是一个基本指标，低于这个指标的国家可能会遭受阻碍发展和损害健康的长期性水荒。然而，目前世界上约有20个国家已低于这一指标，它们主要位于西亚和非洲，总人口数已过亿。另外，由生活废水、工业废水、农业污水、固体废物渗漏、大气污染物等引起的水体污染，使全球可供淡水的资源量大大减少了。世界银行的报告估计，由于水污染和缺少供水设施，全世界有10亿多人口无法得到安全的饮用水。

（7）森林植被破坏

由于推测的难度，全世界的森林面积尚无准确数值。据推算，地球上的森林面积为30亿~60亿公顷，占陆地面积的20%~40%，其中约一半是热带林（包括热带雨林和热带季雨林），另一半以亚寒带针叶林为主。从森林植物的干重测定值来看，热带林是亚寒带针叶林的两倍，所以，热带林占陆地总生物量的很大部分。但在工业化过程中，欧洲、北美等地的温带森林有1/3被砍伐了，所以近三十年来，发达国家对全球的热带林进行了大规模的开发。欧洲国家进入非洲，美国进入中南美洲，日本进入东南亚，大量砍伐热带林，它们进口的热带木材增长了十几倍。森林大面积被毁引起了多种环境后果，主要有降雨分布变化，二氧化碳排放量增加，气候异常，水土流失，洪涝频发，生物多样性减少等。

（8）生物多样性锐减

科学家估计地球上约有1 400万种物种，但当前地球上的生物多样性损失的速度比历史上任何时候都快，比如鸟类和哺乳动物现在的灭绝速度可能是它们在未受干扰的自然界中的100~1 000倍。这主要是7种人类活动造成的：①大面积对森林、草地、湿地等生态环境的破坏；②过度捕猎和利用野生物种资源；③城市地域和工业区的大量发展；④外来物种的引入或侵入毁掉了原有的生态系统；⑤无控制旅游；⑥土壤、水和大气受到污染；⑦全球气候变化。这些活动在累加的情况下，会对生物物种的灭绝产生成倍加快的作用。20 世纪 90 年代初，联合国环境规划署首次评估生物多样性的结论是：在可以预见的未来，5% ~ 20% 的动植物种群可能受到灭绝的威胁。

（9）海洋资源破坏和污染

据估计，全世界有 9.5 亿人把鱼作为蛋白质的主要来源。但近几十年来，人类对海洋生物资源的过度利用和对海洋日趋严重的污染，有可能使全球范围内的海洋生产力和海洋环境质量出现明显退化。1993 年，在全世界捕捞的 1.01 亿吨鱼中，有 77.7% 来自海洋。当年，联合国粮农组织估计，2/3 以上的海洋鱼类已被最大限度或过度捕捞，特别是有数据资料的 25% 的鱼类，由于过度捕捞，已经灭绝或濒临灭绝，另有 44% 的鱼类的捕捞已达到生物极限。此外，人类活动产生的大部分废物和污染物最终都进入了海洋。全球每年有数十亿吨的淤泥、污水、工业垃圾和化工废物等被直接排入了海洋，河流每年也将近百亿吨的淤泥和废水、废物带入沿海水域，引起沿海生态环境改变，使动物的栖息地和繁殖地遭到破坏。海洋污染的主要来源和比例约是：城市污水和农业径流排放占 44%，空气污染占 33%，船舶占12%，倾倒垃圾占 10%，海上油、气生产占 1%。

（10）持久性有机污染物的污染

全世界已有约 1 100 万已知化学物，同时，每年还有约 1 000 种新的化学物进入市场。化学物是当今许多大规模生产所必需的原料，但这些化学物在制造、储存、运输、使用和废弃过程中常常危害环境和生态。现在，全世界每年产生的有毒有害化学废物达 3 亿 ~ 4 亿吨，其中对生态危害很大并在地球上扩散最广的是持久性有机污染物（POP），最具代表性的是多氯联苯和滴滴涕。这类化学污染物从人类的工业和农业活动中释放，已广泛进入了空气、土地、河流和海洋。由于这类污染物能被海洋中微小的浮游生物吸收并积累，从而将其浓缩上百万倍。海中的鱼吃下这些浮游生物，又能将其浓缩，于是浓度增大到上千万倍。当大型海洋动物吞食了这些鱼之后，会使污染毒素的浓缩系数增加到上亿倍。这是因为污染毒素聚集在动物的脂肪里而很难通过躯体排出体外。通过食物链，这些毒素对海洋生态系统产生了强烈的干扰，比如：多氯联苯的作用之一就是损害生殖系统。有人认为，多氯联苯是导致波罗的海海豹出生率下降 60% ~ 80% 的罪魁祸首。这些毒素也引起人类健康方面的严重问题。

几年前科学家们发现，生活在北极地区的因纽特人的母乳里含有高浓度的多氯联苯，而鲸、海豹等海生动物正是因纽特人主要的蛋白质来源。当这些动物携带了很高的污染毒素时，因纽特人的生活不再安全。按同样的原理，持久性有机污染物对陆地生态系统也有很大的干扰和危害，因而成为目前全世界关注的重大环境问题之一。

（11）有毒有害化学物质污染与越境转移

有毒有害化学物质污染主要指有毒有害化学物质的随意排放造成大气、水和土壤的污染。许多国家颁布了法律，严加限制，但这一问题仍未得到彻底解决。有的国家将这类污染物向其他国家转移，或到其他国家处理，或向其他国家领土或水域倾倒。

3) 中国的环境问题

我国的环境状况可以概括为，局部有所改善，总体仍在恶化。环境污染和生态破坏日益成为我国经济和社会发展的重要制约因素。我国环境保护工作虽然取得多项进展，但形势仍然严峻，主要表现在：

（1）大气污染严重。在我国能源结构中，一次能源中煤占70%以上，燃煤产生烟尘、二氧化硫、一氧化碳、一氧化氮等大气污染物。此外，汽车尾气污染突出。汽车排放的氮氧化合物、一氧化碳等已经成为我国大城市的重要流动污染源。

（2）水体污染形势严峻。任意排放工业废水和污染物使得江河湖库水域普遍受到不同程度的污染，造成水质恶化。

（3）土壤状况不断恶化。目前，我国水土流失面积达365万平方公里。水土流失不仅使我国失去了大片宝贵的土地，还使河床升高，湖泊、水库淤积，洪涝灾害频繁，使人民的生命财产安全受到严重威胁。

（4）噪声和固体废弃物污染加剧。全国有2/3的城市居民生活在噪声环境中。此外，我国对固体废弃物的处理处置率较低，多数垃圾只是露天放置，不仅占用大量土地，还污染了耕地及地表水和地下水。危险废物大多未得到有效处置，随意堆放形成重大环境隐患。

（5）植被破坏严重。森林是生态系统的重要支柱，一个良性生态系统要求森林覆盖率不低于30%。尽管我国开展了大规模植树造林活动，但森林被破坏严重，特别是用材林中可供采伐的成熟林和过熟树林积蓄量大幅度减少。由于过度放牧和管理不善造成了13亿亩草原严重退化、沙化、碱化，加剧了草地水土流失和风沙危害。

11.5.4　环境保护

我国环境保护的主要对策：加强教育，提高公众环境保护意识；加强法律手段切实落实环境保护；推进环境保护产业化；改变发展模式，走可持续发展之路。

我国环境保护的具体措施：提高废水处理技术水平；建立垃圾分类收集、储运和处理系统；改进发动机的燃烧设计，提高汽油燃烧质量；加紧研究和开辟新的能源，如电动汽车、太阳能、氢燃料、地热资源等；绿化造林；制定合理的工业废水处理措施。

进入21世纪，人类对自身不良活动及其后果的认识更加深刻。困扰我们的各种环境问题，是一个长远的问题。我国一定能够遏制环境污染，使经济建设走上可持续发展的轨道。

本章小结

　　商品经济活动经历三个发展阶段：第一阶段是"自然平衡发展"阶段，第二阶段是"掠夺失衡发展"阶段，第三阶段是"可持续发展"阶段。

　　可持续发展性商品的概念是一种全新的商品发展观，是在原来发展商品的文化观的基础上加入了生态观内涵的可持续发展模式，与传统的商品发展观相比，强调了商品发展的可持续性和协调性，俗称绿色商品、生态商品。绿色标志是指印在产品或包装上，用以表明该产品在生产、使用和处置过程中符合特定的环境保护标准的一种图形标记。

　　绿色商品按用途可分为绿色食品、绿色纺织品、绿色家用电器、绿色包装等。

　　资源与商品的根本区别在于，资源只有经过劳动加工才能成为商品，人类发展商品经济离不开资源，人类的生产、生活依靠资源。在资源保护、资源开发和资源利用上要遵循"可持续发展"的新思维方式，为人类的永续、健康发展提供新的发展方向。

　　在人类、商品、环境、资源的复杂系统之中，人类为了生存，以商品为中心，商品与人类、商品与资源、商品与环境存在着相互制约的不可分割的密切关系，使人类周围的生态环境处在不断变化的动态之中，环境保护是可持续发展战略的重要组成部分。

关键概念

　　可持续发展　绿色商品　绿色标志　绿色消费　酸雨　温室效应　臭氧层破坏　雾霾　生物多样性锐减　持久性有机污染物的污染

简答题

　　1.人类的商品经济活动过程经历了几个发展阶段？

　　2.商品可持续发展的含义是什么？商品的可持续发展具有哪几层含义？

　　3.对绿色食品、绿色家用电器、绿色包装的要求是什么？

4.资源的广义和狭义概念是什么？对其如何进行分类？

实训题

1.按我国《绿色食品标志管理办法》的规定识别绿色食品。
2.运用环境、能效、免检、安全、抗菌等标识来选择绿色家用电器。

试述题

1.试述自然资源的可开发利用的特点，全球性的资源危机表现在哪些方面。
2.试述环境的广义和狭义的概念、环境的分类。
3.试述自然环境与自然资源的关系，全球性的环境问题表现在哪些方面。

论述题

1.试论商品可持续发展的重要意义。
2.试论人类、商品、环境、资源之间的可持续发展关系。
3.试论21世纪企业发展的战略选择。

第 *12* 章

新产品开发

学习目标

通过本章的学习，使学生在了解商品信息的作用和商品信息分类的基础上，理解商品预测及其作用；初步掌握商品预测的过程；掌握新产品的概念和分类；明确提高新产品开发的成功率和缩短新产品开发周期的重要性。

12.1　商品信息

12.1.1　商品信息

1）商品信息的概念

商品信息是指能够被接收者接收，并满足其某种特殊需要，有关商品及其生产、流通或消费的消息、情报、数据或知识等的总称。

从广义上讲，一切商品及其运动过程中有一定意义的情报、数据、消息、资料、知识都是商品信息。

从狭义上讲，商品信息是关于商品生产、商品流通和商品消费的有用的知识和消息，是商品市场信息。

关于商品使用价值及其变化规律的研究，离不开对商品信息的收集、分析、研究和预测。这些信息包括商品市场质量信息、商品市场品种信息及与此有关的商品需求信息、商品供销信息和商品市场反馈信息等。

2）商品信息的特性

（1）商品信息具有使用价值和价值

商品信息反映了商品在生产、流通和消费过程中的客观存在和具有规律性的知识，它能启迪思想、解除疑问、增长知识、提高商品管理决策水平和生产经营效率及效益，所以，商品信息具有使用价值。商品信息的收集、加工、传递和交流要消耗人的劳动，商品信息还可以交换和转让，所以商品信息又具有价值。

（2）商品信息的可识别性和转换性

信息是借助于一定符号或物理模拟量来表现的，如用文字、数字或者其他符号所组成的数据来作为信息的一种载荷形式。信息是数据的内容，数据是信息的表现形式。商品信息可采取不同的表现形式，如语言、文字、图表、图像、计算机代码、电视、电信号、广播等。它们之间可以相互转换，并且可以通过感官直接识别或通过探测手段间接识别。

（3）商品信息的传递性

任何信息总是从一定的信息源发出，并借助信息媒介，经过适宜的信息传输通道，传播给一定的接收者。即信息由信源、信道、传递给信宿的信息接收者，完成了商品信息的传递。商品信息的传递在多数情况下表现为信息网络间的信息交流和信息反馈。

（4）商品信息具有多级流动的活跃和时效变化性

商品信息的流动不是简单的双向流动，而是在商品生产部门、商品流通部门以及消费者或用户之间的信息输入与信息反馈，进行信息的贮存、处理和输出，其信息流动始终是以商品市场为核心进行的。市场情况瞬息万变，商品信息生成速度快，数量大，活跃性极强，时效性极强。

12.1.2 商品信息的分类

按经济管理目的和需要不同，商品信息有以下几种分类方式：

1）按来源分类

任何经济系统、管理系统的工作都需要掌握本系统内部的有关资料和外部环境资料，按照来源的不同，商品信息可分为内部信息和外部信息。

（1）内部信息

内部信息是指企业内部商品生产或流通方面的有关资料和数据，内部商品质量标准与变化，如：商品的组成成分、结构、性质、包装、运输条件、自然与社会环境；商品性能是否与消费者主观愿望相一致等。

（2）外部信息

外部信息是从企业外部传递到企业的各种商品信息，如：商品质量和管理水平与同行业其他企业比较；国内同类商品与国外同类商品相比较等。

2）按时间分类

按照时间，商品信息可以分为历史性信息和预测性信息。

（1）历史性信息

历史性信息是指对已发生过的商品运动状态和方式的描述和评价。如某种商品的升级换代情况，商品工艺、形态、材质随着生产力水平的发展变化等。

（2）预测性信息

预测性信息则是指对商品未来运动状态和方式的预测预报。如通过对商品科技信息的分析和消费需求的变化趋势来预测未来新产品开发的可能途径；商品新品种出现的可能性；商品新功能、新用途的发现；流行色和流行款式的预测等。

3）按信息加工程序分类

按照信息加工的程序，商品信息可以分为例行信息和非例行信息。

（1）例行信息

例行信息是指按照一定程序，反映经常发生的商品运动的状态和方式。其具体方式是采用一定格式，定期地、经常地收集、整理、加工有关信息。

（2）非例行信息

非例行信息是指在市场经济活动中，有时也会发生一些突发事件，如受某种因素影响引起的市场波动，这种突发事件生成的信息就是非例行信息。

4）按信息加工程度分类

按照信息的加工处理程度，商品信息可以分为原始信息和综合性信息。

（1）原始信息

原始信息是对商品运动状态和方式所作的未经加工的最初原始记录。

（2）综合性信息

综合性信息是指按照一定要求和程序对原始信息资料进行加工处理、综合概括而得到的信息。

5）按信息的精度分类

按照信息的精度，商品信息可以分为高精度信息和低精度信息。

（1）高精度信息

信息属性值能够精确测量和表达，这样的信息是高精度信息，如商品的重量、价格、规格、产地等。

（2）低精度信息

信息属性值不能精确测量与表述，这样的信息是低精度信息。如食品风味的感官鉴定结果、商品外观的美学特征等，都只能使用相对比较模糊的语言来判断表述，如极好、较好、中等、一般、较差等。

6）按信息更新时间间隔分类

按照信息更新的时间间隔，商品信息可以分为经常变动的信息和相对稳定的信息。

（1）经常变动的信息

经常变动的信息是指信息随时间变化的频率较高。如在报纸和杂志上，每日刊登的市场销售商品信息中的具体品种、价格等信息。

（2）相对稳定的信息

相对稳定的信息是指信息随时间变化的频率较低。如电视中播出的宣传广告，为了提高企业和商品的知名度，经常在一段时间里采用不变的图案和文字说明。

7）按信息流方向分类

按照信息流与商流和物流方向的同逆性，商品信息可以分为同向信息和逆向信息。

（1）同向信息

同向信息是与商流和物流的方向基本一致的信息，可以超前、同时或滞后，如商品广告信息、进出口贸易情况等。

（2）逆向信息

逆向信息是与商流和物流的方向相反的信息，又叫反馈信息。如对商品品质进行跟踪调查，是向生产经营部门反馈商品使用质量的信息。商品生产者、经营者不断收集反馈信息进行验证，发现问题，采取调整步骤，使整个信息系统呈现良性循环。因此，反馈信息是信息系统不可少的调整控制手段。

12.1.3 商品信息的重要作用

商品信息对商品生产、经营和消费活动的不断深入发展具有重要作用。

1）商品信息也是商品

商品信息是从原始信息经过处理、概括、汇总和提炼而形成的有用信息，它本身凝结了人们的劳动。商品信息不仅具有使用价值，而且还可以通过信息市场进行交换，是一种特殊形式的软商品。

2）商品信息的指导性

商品信息可以提高人们对商品本质和规律的认识，减少人们活动的盲目性。准确的商品信息使人们可以有的放矢地发展商品生产和扩大商品经营，促进公平合理的商品市场竞争，保持商品的旺盛生命力。

3）商品信息是管理活动的核心

商品质量管理工作的成效取决于对商品信息掌握与利用的程度。商品质量管理活动包括三个环节：计划决策、组织指挥和控制监督，即决策过程、实施过程和控制过程。商品信息是商品质量管理活动对象之一。在企业管理的过程中要有大量内部、外部信息输入、处理、输出和反馈。信息流的反馈可以纠正计划、决策的偏差，及时发现问题并解决问题。商品信息可以反映商品经营和消费的动态，有利于企业做出正确的生产和经营决策，提高经营管理水平。商品信息还有利于生产企业的技术改造，提高商品质量，促进新产品开发，提高商品市场竞争力。

4）商品信息是联系的纽带

商品信息的联系纽带作用，具体体现在商品信息是生产和商业经营者的耳目，是各类企业进行决策的依据，亦是商品质量提高和品种发展并带来良好社会经济效益的保证。市场经济愈发达，商品信息网就愈复杂，从而愈有力地促进社会经济协调发展。

12.2　商品预测

12.2.1　商品预测的概念

商品市场预测是指企业在通过市场调查获得一定资料的基础上，针对企业的实际需要以及相关的现实环境因素，运用已有的知识、经验和科学方法，对企业和市场未来发展变化的趋势做出适当的分析与判断，为企业商品营销活动等提供可靠依据的一种活动。它为商品经营决策提供可靠的依据。

商品预测是指系统地研究市场经济和商品科学技术发展的历史和现状，找出支配商品演变和发展变化的内在规律，全面地估量科学技术和市场环境条件变化的影响，从而科学地预测未来商品发展状况的本质和必然趋势。通常，商品预测按预测的时间、范围、内容对象和方法分类。

商品预测的准确程度取决于以下因素：要把握经济周期的变化规律，有对商品发展客观规律性的认识和商品学的知识；要依靠大量准确、可靠的商品信息；要借助于数理经济学对现象数量关系的现代科学技术研究手段；要注重商品市场预测精确度。

商品预测为决策服务是提高企业管理水平的重要条件。企业要明确其生产经营方向、范围，正确决定其发展规模和投资方向，必须进行全面而科学的商品预测，以克服企业生产经营管理的盲目性，减少未来的不确定性，加强目的性，降低决策可能遇到的风险，使决策目标得以顺利实现。

12.2.2　商品预测的分类

1）按预测的时间分类

商品市场预测可以分为短期预测、近期预测、中期预测、长期预测。

（1）短期预测。短期预测期限，一般是以周、旬为预测的时间单位，根据商品市场变化的观察期资料，结合市场当前的实际情况和未来变化，对商品市场未来一个季度内的发展变化情况做出估计。

（2）近期预测。近期预测期限，一般是以月为时间单位，根据市场变化的实际观察资料，结合当前市场变化的情况，对商品市场未来一年内的发展变化情况做出预测。

（3）中期预测。中期预测期限一般为 3～5 年，如产品经济寿命周期分析、商品需求前景预测。

（4）长期预测。长期预测期限一般在 5 年以上，如商品升级换代的可能性、商品发展战略预测、消费结构的远期构成分析、商品造成环境污染的远期预测。

2）按预测的范围分类

商品市场预测可分为宏观商品市场预测、中观商品市场预测、微观商品市场预测。

（1）宏观商品市场预测。宏观商品市场预测是对整个商品市场的预测分析，研究总量指标、相对数指标以及平均数指标之间的联系与发展变化趋势。宏观商品市场预测对企业确定发展方向和制定营销战略具有重要的指导意义。其内容涉及国民经济全局的市场预测，其空间范围往往是全国性商品市场预测。

（2）中观商品市场预测。中观商品市场预测是涉及国民经济各行业的商品市场预测，从空间范围来看，是以省、自治区、直辖市或经济区为总体的市场预测。它主要用以满足地区或行业组织生产与市场营销决策的需要。

（3）微观商品市场预测。微观商品市场预测一般是对一个生产部门、公司或企业的营销活动范围内的各种预测。微观商品市场预测是企业制定正确的营销战略的前提条件。微观商品市场预测是宏观商品市场预测的基础和前提，宏观商品市场预测是微观商品市场预测的综合与扩大，预测的结论应是一致的。微观商品市场预测的范围比较小，其预测的过程及内容可以比较具体、细致。它可以具体地预测市场商品需求的数量、品种、规格、质量等，为企业根据商品市场变化合理安排生产和营销活动提供准确、具体的市场信息。

3）按预测的内容对象分类

商品市场预测可分为单项商品预测、分类别商品预测和商品总量预测。

（1）单项商品预测。这是指对某种商品生产或需求数量的预测。它的特点在于预测内容具体化，有极强的针对性。

（2）分类别商品预测。这是指按照商品类别进行的预测。一般而言，按照相同大类商品类别预测其需求量或生产量等。它主要是为了分析研究商品需求的结构，为合理地组织各类商品生产和营销进度提供科学依据。除了按产品本身的类别分别进行市场预测外，还可按商品消费对象不同分类进行市场预测。

（3）商品总量预测。这是指按照行业各种产品生产总量或消费需求总量所做的市场预测。它常常表现为一定时间、地点、条件下的购买力总量和生产总值的预测。商品总量预测可为从宏观和中观管理角度研究市场供求平衡提供重要的依据。

4）按预测的方法分类

商品市场预测可分为定性分析方法预测和定量分析方法预测。

（1）定性分析方法预测。研究和探讨预测对象在未来商品市场所表现的性质。主要通过对历史资料的分析和对未来条件的研究，凭借预测者的主观经验、业务水平和逻辑推理能力，对未来商品市场的发展趋势做出推测与判断。定性预测简单易行，在预测精度要求不高时较为可行。

（2）定量分析方法预测。确定预测对象在未来商品市场的可能数量。它以准确、全面、系统、及时的资料为依据，运用数学或其他分析手段，建立科学合理的数学模型，对市场发展趋势做出数量分析。定量预测主要包括时间序列预测法与相关回归预测法两大类。

①时间序列预测法。依时间序列进行预测的方法称为时间序列预测。在商品市场预测中，经常遇到一系列依时间变化的经济指标值，如企业某产品按年（季）的销售量、消费者历年收入、购买力增长统计值等，这些按时间先后排列起来的一组数据称为时间序列。按时间顺序运用历史的数据和信息对商品的发展趋势和变化动态进行外延推算和估计。

②相关回归预测法（因果分析法）。根据事物之间的相互依存关系，应用数理统计方法，从商品发展状态和方式的已知因素推断未知因素。

回归预测用于分析、研究一个变量（因变量）与一个或几个其他变量（自变量）之间的依存关系，其目的在于根据一组已知的自变量数据值，来估计或预测因变量的总体均值。回归预测分为一个自变量的一元回归预测和多个自变量的多元回归预测。这里仅讨论一元线性回归预测法。

应用一组已知的自变量数据去估计、预测一个因变量之值时，这两种变量需要满足以下两个条件：

第一，统计相关关系。统计相关关系是一种不确定的函数关系，即一种因变量（预测变量）的数值与一个或多个自变量的数值明显相关但却不能精确且不能唯一确定的函数关系，其中的变量都是随机变量。

第二，因果关系。如果一个或几个自变量 x 变化时，按照一定规律影响另一变量 y，而 y 的变化不能影响 x，即 x 的变化是 y 变化的原因，而不是相反，则称 x 与 y 之间具有因果关系，可用回归模型反映因果关系。

12.2.3 商品市场预测精确度的测定

市场预测精确度就是利用误差来说明商品市场预测的准确度。商品市场预测精确度是市场预测对象的预测值与其实际值之间的误差程度，是对商品市场预测误差的测定。误差越小，说明市场预测的精确度越高；误差越大，则说明市场预测的精确度越低。

1）常用的商品市场预测误差指标

计算商品市场预测误差的方法，可以根据研究问题的需要和市场预测对象的不同而有所不同，常用的市场预测误差指标有以下几种：

（1）平均误差 $\bar{e}$

平均误差是对预测值与实际值之间的差计算的平均值，计算公式为：

$$\bar{e} = \frac{1}{n} \sum_{i=1}^{n} e_i$$

式中：e_i——各预测值与实际值之间的差；

　　　　n——观察值项数。

（2）平均绝对误差 MAE

平均绝对误差是对预测值与实际值之间的差的绝对值计算平均数，计算公式为：

$$MAE = \frac{1}{n} \sum_{i=1}^{n} |e_i|$$

（3）均方误差 MSE

均方误差是对预测值与实际值之间的差的平方值计算平均数，计算公式为：

$$MSE = \frac{1}{n} \sum_{i=1}^{n} e_i^2$$

（4）标准误差 RMSE

标准误差是对预测值（与实际值之间的差的平方值计算平均数，再将这个平均数开平方，计算公式为：

$$RMSE = \sqrt{\frac{1}{n} \sum_{i=1}^{n} e_i^2}$$

（5）平均绝对百分误差 MAPE

平均绝对百分误差是用相对数形式百分数表示的预测误差指标。平均绝对百分误差指标是对预测值（Y_j）与实际值（Y_i）之间的差除以实际值的比值的绝对值计算平均数，计算公式为：

$$MAPE = \frac{1}{n} \sum_{i=1}^{n} |P_{ei}|$$

式中：$P_{ei} = \dfrac{Y_j - Y_i}{Y_i} \times 100\%$。实际应用中，这个指标数值越小，说明预测精度越高；若大于10% ~ 15%，则认为预测值误差太大，不能被采用。

2）对商品市场预测精度的分析

（1）如何认识商品市场预测精度

商品市场预测中预测误差的测定，是根据商品市场现象观察期内理论值与实际值之间的差来计算的，而不是对预测期内的误差进行测定。预测者只能根据这样计算出的预测误差来确定预测是否可用，也只能通过各种努力将这个误差控制在最小限度内。

（2）商品市场预测不准确的原因

造成商品市场预测不准确的原因主要有：市场预测资料的限制；市场现象影响因素的复杂性；预测方法不适合。

（3）提高商品市场预测精度的可能性

在商品市场预测中，提高预测精度是完全可能的，除了各种条件具备和主观努力外，根本上是由商品市场现象客观上存在的发展变化规律所决定的。商品市场现象存在连续性，市场现象与其他事物是相互联系的。

12.3　新产品的概念和分类

12.3.1　新产品的概念

新产品的概念可以从整体、局部、学术领域、观察角度，以及综合论述等展开。

1）商品学的新产品整体概念

商品学的新产品整体概念把有形商品和无形商品融为一体，包括硬件部分、软件部分、流程性部分、服务性部分。

2）市场营销学的新产品概念

从市场营销的角度看，凡是企业向市场提供的过去没有生产过的产品都叫新产品。具体地说，只要是产品整体概念中的任何一部分的变革或创新，并且给消费者带来新的利益、新的满足的产品，都可以认为是一种新产品。

营销学的新产品是从企业、市场和技术三个角度出发制定的整体性概念。整体性概念中任何一部分的创新、改进，能给消费者带来某种新的感受、满足和利益的相对新的或绝对新的产品，都叫新产品。

市场营销意义上的新产品含义很广，除包含因科学技术在某一领域的重大发现所产生的新产品外，还包括服务领域。

3）消费者新产品概念

从消费者的角度看，新产品是指能进入市场给消费者提供新的利益或新的效用而被消费者认可的产品。

新产品概念是企业从消费者的角度对产品构思进行的详尽描述，即将新产品构思具体化，描述出产品的性能、具体用途、形状、优点、外形、价格、名称、提供给消费者的利益等，让消费者能一目了然地识别出新产品的特征。

4）从技术角度给出新产品概念

新产品通常是"新种类工业产品"的简称，指采用新技术原理、新构思、新设计、新材料、有新的功能和结构，技术含量达到先进水平，经营生产性能可靠，有经济效益的产品。所谓新产品的类型，是指狭义的有形产品，是从技术角度给出的。新产品最主要一点是能够满足社会不断增长的新需求。

5）整体综合论述的新产品概念

从整体概念上看，新产品是有形部分和无形部分的结合。新产品=产品（有形）+服务（无形）。

开发的有形新产品通常是从技术角度给出的有形产品，无形服务开发的是覆盖金融/银行、软件和IT服务等众多行业的软服务业务。

例如，金融/银行除存款、贷款、汇兑等业务外，又开发出许多新服务，如代收代付、代发工资、保管箱、代开支票、代理项目收费、信用卡、交易结算、转账账户查询、代理国际卡、个人外汇、个人理财、投资咨询等服务开发业务。

又如，电子服务软技术领域的数据交换、网上购物、电视购物、信用卡、IC卡、自助取款、磁卡电话、电子邮件等服务开发业务。

新产品开发覆盖金融/银行、软件和IT服务、制造业、通信、游戏开发、教育、医疗、工程、物流、国防等众多领域。

12.3.2　新产品的分类

新产品可以按不同的分类标准进行分类，从多个角度进行分类，方法很多，下面只给出按层次级别、按创新的科技程度、按应用范围分类。

1）按层次级别分类

（1）世界级新产品

世界级新产品也就是在世界范围内首次研制成功，并投入生产，投放市场销售的全新产品。

（2）国家级新产品

国家级新产品是指其他国家已经试制成功并投入使用，而在本国还只是第一次设计、试制、生产并投入市场销售的产品。

（3）地区级新产品

地区级新产品是指在国内与国外其他地区或企业已经生产，并投入市场，但本地区第一次试制和生产的产品。

（4）企业级新产品

企业级新产品是指其他企业已经生产，并投入市场，本企业初次生产和销售的产品。

2）按创新的科技程度分类

（1）全新型新产品

全新型新产品一般是指新发明创造的产品，是应用新的原理、新的技术、新的结构和新的材料研制成功的前所未有的新产品。全新产品在全世界首先开发开创全新的市场。全新产品的发明难度十分大，不仅需要大量的资金、先进的技术，而且市场风险也比较大。它占新产品的10%左右。

（2）更新换代型新产品

更新换代型新产品是在新科技的基础上，采用或部分采用新技术、新结构、新工艺、新方法、新材料在原有技术基础上有较大突破的新产品。

随着科学技术突飞猛进的发展，产品更新换代的速度正在加快，新科技与新一代产品的不断出现导致老产品被淘汰。它占新产品的比例较大。

（3）改进型新产品

改进型新产品是指在老产品的基础上加以适当的改进，包括对老产品的性能、结构、功能等加以改进，具有新的特点和新的突破，使其性能更好，或结构更加合理，或功能更加齐全，品质更加优良，能更多地满足消费者不断变化的需要。

（4）仿制型新产品

仿制型新产品一般是指对国际或国内市场上已经出现的产品进行引进或模仿、研制生产的产品。

3）按应用范围分类

（1）系列通用型新产品

系列通用型新产品包括系列型新产品、改进型新产品、重新定位型新产品等。

（2）专业配套单用型新产品

从专业行业用户所需要的产品功能出发，探索能够满足功能需求的原理和结构，结合新技术、新材料研制开发新产品。此类新产品应用范围有专业单用性特点。

（3）地区型新产品

地区型新产品是地域和地区内独特的新产品。

（4）企业型新产品

企业型新产品是企业范围内专用型特殊新产品。

4）新产品开发的程序

新产品开发是一项极其复杂的工作，其中经历从产品与服务的构思、创意、研制、成功进入市场等许多阶段，涉及面广、科学性强、持续时间长，必须按照一定的程序开展工作，程序之间互相促进、互相制约，才能使产品开发工作协调、顺利地进行。

产品开发的程序是指从提出产品构思到正式投入生产的整个过程。由于行业的差别，新产品开发所经历的阶段和具体内容并不完全一样。现以企业自行研制产品的开发方式为对象，来说明新产品开发的各个阶段。

（1）调查研究阶段

开发新产品的目的是满足社会和用户需要。为此必须认真做好调查工作。调查研究阶段主要是提出新产品构思以及新产品的原理、结构、功能、材料和工艺方面的开发设想和总体方案。

（2）新产品开发的构思创意阶段

新产品创意是一种创新活动，包括三个方面的内容：产品构思、构思筛选和产品概念的形成。

①产品构思：产品构思是在市场调查和技术分析的基础上，提出新产品的构想或有关产品改良的建议。

②构思筛选：并非所有的产品构思都能发展成为新产品。有的产品构思可能很好，但与企业的发展目标不相符，也缺乏相应的资源条件；有的产品构思可能本身就不切实际，缺乏开发的可能性。因此，必须对产品构思进行筛选。

③产品概念的形成：经过筛选后的构思仅仅是设计人员或管理者头脑中的概念，离产品还有相当大的距离，还需要形成能够为消费者接受的、具体的产品概念。产品概念的形成过程实际上就是构思创意与消费者需求相结合的过程。

（3）"三段设计"程序阶段

①初步设计阶段。初步设计阶段的主要工作就是编制设计任务书，提出合理设计方案的改进性和推荐性意见，经批准作为新产品技术设计的依据。

②技术设计阶段：它是新产品的定型阶段。它是在初步设计的基础上完成设计过程中必需的试验研究（新原理结构、材料元件工艺的功能或模具试验），并写出试验研究大纲和报告；对技术任务书的某些内容进行审查和修正；对产品进行可靠性、可维修性分析。

③工作图设计阶段。工作图设计的目的，是在技术设计的基础上完成供试制（生产）及随机出厂用的全部工作图样和设计文件。设计者必须严格遵守有关标准规程和指导性文件的规定，设计绘制各项产品工作图。

（4）新产品试制与评价鉴定阶段

新产品试制阶段又分为样品试制和小批试制阶段。试制后，必须进行鉴定，对新产品从技术上、经济上做出全面评价，然后才能得出全面定型结论，正式投入生产。

（5）生产技术准备阶段

在这个阶段，应完成全部工作图的设计，确定各种零部件的技术要求。

（6）正式生产和销售阶段

新产品的市场开发既是新产品开发过程的终点，又是下一代新产品再开发的起点。通过市场开发，可确切地了解开发的产品是否适应需要以及适应的程度，分析与产品开发有关的市场情报。可为开发产品决策、为改进下一批（代）产品、为提高开发研制水平提供依据。

12.4　提高新产品开发的成功率

12.4.1　新产品开发失败率的历史借鉴

企业的成功和发展离不开新产品，新产品市场是一个激烈竞争的市场，谁的新产品在竞争中获胜，谁就占领了动态变化的市场。能否提高新产品开发的成功率，降低失败率，这对企业的成功和发展至关重要。然而，由于种种原因并不是所有已投入市场的新产品都能为市场所接受，迅速成长并较长期地满足企业的经营目标。恰恰相反，有相当高比例的新产品在激烈的市场竞争中，在投入市场初期便夭折，有的甚至在开发过程中就不得不停止开发。这就是说新产品开发存在着风险，有时风险还很大。新产品开发的失败，除消耗企业的一定资源以外，有的还会影响企业已建立起来的良好声誉。美国福特公司在开发新产品爱德塞尔汽车上损失3.5亿美元，RCA公司在赛莱克塔录像机上损失5.8亿美元，德州仪器公司在从家用电脑行业撤退时已损失了6.6亿美元。事实上，任何探索未来的行动都不同程度地存在着风险，新产品开发也不例外。问题是，企业如何从新产品开发失败的教训中寻求历史借鉴，找出新产品开发失败的原因，有效地动用市场营销策略观念和技巧提高新产品开发的成功率，使企业稳步地向前发展。

新产品开发的失败率究竟有多高，不同的资料来源给出了不同的答案，而且数值变化范围很大，失败率大体上在10%～90%之间。

1983年美国全国工业会议发布的统计资料指出，大约30%已投入市场的新产品未取得成功。布诺尔（Buzzell）和罗斯（Nource）在美国《哈佛商业评论》上发表了《食品工业产品革新》这篇有广泛影响的论文，其中，22%的新食品在试销后便停止开发，在投入市场的新产品中又有17%迅速撤出。

中国资料统计，工业新产品开发失败率为80%～90%。

表12-1是雷克尔对31份这样的资料进行分析，对7个新产品开发失败率进行研究得出的最有代表性的研究结果资料。

表12-1　　　　　　　　　　新产品失败率的统计

作者或咨询公司名	新产品	失败率
布兹·阿隆和哈米尔顿	消费品	32%
布诺尔和罗斯	食品	27%
库奇雷恩	综合	30%
格拉享	综合	41%
格雷弗/尼尔申	食品	42%
霍布金斯和贝尼	消费品	40%
曼斯菲尔德	工业	26%

这份统计资料说明，工业新产品开发约有25%不成功，而消费新产品约30%～35%未达到开发者所拟定的开发目标。

国际广告公司经理马瑟·英克提出的新产品开发失败率也值得重视。他对西方各主要市场过去30年各类新产品的开发投放进行了调查，发现大约每25个新产品设想中只有1个真正成为进入市场的商品，其他24个产品设想都中途停止了开发，而且在投入市场的新产品中，经营状况不佳的仍然占很高的比例。他还发现，当前世界技术有很大的进步，企业的市场营销技能也普遍提高，但新产品开发的失败率同25年前比几乎是一样的。

尽管新产品开发失败率比成功率高，企业还是不得不努力去开发新产品，而且投入的资金也越来越多。对于新产品开发来说，唯一可以选择的道路是寻求一种能降低风险、增大成功可能性的策略和方式。通用电气、微软、思科、英特尔、3M、宝洁和杜邦等获得持续成功的国际性企业无一例外都在产品创新方面成为行业领导者。中国的许多企业也正在逐步摆脱低水平模式，开始走上自主创新之路。但一项国际权威研究表明：在大多数企业进行的新产品开发活动中，平均每7个新产品创意，有4个进入开发阶段，有1.5个进入市场，只有1个能取得商业化成功。很多企业在新产品开发过程和市场推广活动中投入了大量的人力、资源和金钱，但回报却不尽如人意，甚至有的企业由此失去了再次卷土重来的本钱。纵观众多成功或失败的案例，新产品开发成败的关键无非在于三个方面：战略、流程和团队。

12.4.2 新产品开发失败的原因

引起新产品开发失败的因素，除工程技术因素之外，主要可归纳为市场营销因素、产品质量因素和价格因素3个方面。已经上市未达到开发目标的新产品统计数据见表12-2。其中，市场营销因素4项累积在进入市场以前就遭受失败的新产品有80%左右出自市场营销方面的错误，而真正由于生产和技术原因造成失败的仅占20%左右。

表 12-2   新产品开发失败的原因

因素	原因	失败率
市场营销因素	市场分析不当	32%
	新产品投放时机不当	10%
	企业之间竞争的阻碍	8%
	企业销售力量、分销与促销组织得不好	13%
产品质量因素	新产品质量不过关	23%
价格因素	新产品成本超过预期值	14%

根据上面已经上市和未上市的新产品开发失败的统计数据分析，企业新产品开发不是一项纯属企业工程技术范畴的问题。新产品开发是否成功，在很大程度上取决于企业能否合理和有效地运用市场营销观念和技巧。而且，随着科学技术的迅猛发展，市场上新产品竞争会愈演愈烈，市场营销的观念和技巧就显得更加重要。

12.4.3　成功开发的新产品应具有的特征

（1）质量优化。新产品具有新科学技术独特的优点与长处，质量先进、性能好、使用方便、携带容易或价格低廉等。

（2）多功能化。新产品具有多种用途，方便购买者的使用，提高购买兴趣。

（3）节能化。节约能源，降低消耗。

（4）简易化。尽量在结构和使用方法上方便和容易维护。

（5）适应化。新产品必须适应人们的消费习惯和人们对产品的观念。

（6）微型轻便化。产品的体积变小、重量变轻，便于移动。

（7）人体工程化。对人体与生活要更多考虑到这一点。

（8）时代感增强化。新产品能体现时代精神，培植和引发新的需求，形成新的市场。

（9）保护环境化。原材料对"三废""三害"的消除有效。在保障质量的前提下有利于保护环境。

12.4.4　增强市场营销观念，搞好企业经营管理

鉴于上面的历史借鉴和新产品开发失败的原因分析，为提高新产品开发的成功率，应当注意下列问题：

1）决策过程

企业的高层领导人必须增强市场营销观念。新产品的开发决策要有足够的宏观和微观调查研究。企业高层领导人决不要"拍脑门"独自欣赏自己的决策，不顾一切地投入力量进行开发。

2）开发过程管理

（1）对新产品的开发过程进行有效的组织并实施有机的管理。

（2）在不影响产品质量和使用效果的情况下，尽量降低成本，避免造成新产品成本造价过高。

3）投放市场规模

对新产品的投放市场规模要认真地调查研究，搞好市场预测，避免投放规模过大，造成产品积压损失。相反，投放不足会得不到应得的回报。

4）新产品计划

要有完备的产品定位、市场细分、开发预算和新产品定价计划。

5）消费者利益

投放市场的新产品要在质量上、性能上、使用上同老产品有明显改进，使消费者在比较新老产品之后，从产品本身的使用价值上得到明显的利益。

6）市场竞争

企业必须对新产品市场竞争的激烈程度进行充分的估计，从中找出本企业的特色，在错综复杂的环境中求得取胜之路。

新产品开发涉及有关企业管理的各个方面，而企业领导人的决策是新产品开发成功与否的首要原因，其对新产品开发的成败至关重要。

12.5　缩短新产品开发周期

12.5.1　新产品开发周期

新产品开发周期，是指以市场需求为出发点，经过调查、决策研究、筛选、新产品计划、试制、正式生产等阶段，以满足市场需求为归宿，并进而产生更新的新产品开发需求的过程。企业要占领市场，就要寻求市场空白点，也就是抓住那些显在或潜在尚无竞争者涉足的空间领域，这就必须不断地进行超前的新产品开发。新产品的开发决定企业生存和发展，而缩短新产品开发周期，又可以使企业捷足先登占领市场。缩短新产品开发周期，是减少新产品开发费用的需要；是中国经济建设迅速发展以及人民生活水平不断提高的需要；是发展出口贸易的需要；更是增强和提高企业生存和发展能力的需要。总之，缩短新产品开发周期是中国国民经济发展中一项重要战略任务。

12.5.2　新产品开发亟待解决的问题

改革开放以来，中国的新产品开发和应用已得到足够重视，新产品开发工作取得了很大成绩，国家从税收、价格、信贷等多方面给予新产品开发优惠待遇，鼓励企业试制新产品。企业也越来越在技术上和管理上重视新产品开发工作。但是，中国新产品开发的速度还不适应国内外迅速发展的市场经济的需求，还存在着许多亟待解决的问题。

1）新产品开发周期过长

新科技革命浪潮正日益强烈地冲击着当今世界，改变着各国的生产方式、生活方式，强烈影响着社会、经济、文化、技术等各个领域，产品不断更新换代，全新产品不断问世。如果不能把握住新产品的开发周期去适应市场的快节奏变化，新产品开发周期太长，致使开发出来的新产品成为过时产品，不但不能满足市场需求，反而造成严重的人力、物力浪费。

2）有些高新技术新产品得不到推广和应用

在开发出的高新技术新产品中，有一些由于找不到需求市场而不能及时得到推广和应用，耽误上市时间，新产品变成了老产品。

3）中小企业缺乏新产品开发资金

企业采用新技术，开发新产品，需要花费一定的资金。新产品的开发属于探索性的，往往没有资金来源，而且往往不能肯定取得经济收益，甚至还有失败的可能性。企业在经费不足的情况下，很难给新产品开发投入很大的资金。

4）缺乏"中试"所需的足够设备和原材料投入

当新产品试制成功需要转入"中试"（中型试验）进行小批量或批量生产时，更需要足够的资金来购置设备和原材料、安装和调试以及试生产等，但由于缺乏资金而不能进行，导致科研成果不能尽快转化为生产力。

5）企业缺乏配套的技术人才，难以形成新产品攻关力量

我国的专业技术人员大多集中在高校和科研单位，而一般企业技术力量单薄，大多分布在各个生产线上，人员分散难以集中，无法形成新产品的攻关力量。

6）不少技术人员不了解市场，不少管理人员不懂技术

在当前市场经济的大潮中，任何产品必须适应市场及其发展趋势，新产品的选择必须与市场相适应，设计制造的新产品才能满足市场的需求。但是，我国不少技术人员不注重了解市场，缺乏社会科学知识，选题不对路子，即使试制成功也无市场需求。另外，不少管理人员虽然了解市场，但又缺乏自然科学知识，很难参加新产品的开发研制工作。

7）有些产品重复开发，多头开发，既浪费人力，又浪费物力

由于缺乏新产品开发的系统管理和科技情报，特别是缺乏高层次的系统管理，导致企业对产品的重复开发和多头开发。

12.5.3 缩短新产品开发周期

影响新产品开发的因素很多，其中以宏观政策、技术力量、经济条件和管理工作等最为重要。

1）实行倾斜的价格和税收政策

在市场经济条件下，按市场法则对新产品开发实行按质论价、优质优价、低质低价的价格政策，是促进技术进步，提高产品质量，增加花色品种，提高经济效益的重要手段。因此，可实行三级价格。

（1）一级增值的鼓励价格：在新产品生产初期，由于成本高，产品比较先进，故应规定较高的价格，使生产单位有较高盈利率。

（2）二级保值的正常价格：当产品已大批生产，成本降低以后，再适当降低价格，使生产单位获中等盈利率。

（3）三级贬值的惩罚价格：当产品已落后，进入衰退期或又出现其他新产品时，价格就进一步降低，使企业继续生产该产品无利可图。

这三级价格政策对促进企业积极采用新技术、新工艺，开发新产品，不断提高产品质量，提高社会经济效益，有着十分重要的意义。

税收是国家财政收入的主要来源，也是国家用于调节市场经济、企业生产经营活动的杠杆。为了鼓励企业多采用新技术，开发新产品，应对高新科技产品提供更优惠的税收政策。

2）吸引外资、实行鼓励技术进步的引进政策

应加大吸引外资、利用外资和引进技术改造企业，解决我国缺少先进技术设备

和资金不足的困难，这对于我国工业提高质量、丰富品种、提升水平、降低消耗、提高效益将起到有力的推动作用；对于改造现有企业，迅速提高技术进步的起点，缩小与国际水平的差距，增强自力更生的能力，将起到强大的促进作用。对消化后的"创新产品"施行优惠政策，通过消化吸收开发出来的新技术成果，应由"改进型"向"全新型"拓展，要积极在国内进行有偿转让，推广、消化、吸收以引进技术开发出来的新产品。

3）要从政策上扶持高校、科研院所和企业联合的进一步发展

为了进一步促进高校、科研院所和企业联合的发展，需要制定必要的政策，加强生产与科研的结合。要帮助引导企业进一步应用先进的科学技术，促使产业部门以外的科技队伍有更多的机会面向经济建设主战场。要建立"科技发展基金"，解决企业新产品开发费用不足的问题。

4）在经济上保证开发新产品的资金来源

应从财政、税收、银行、信贷等方面推行一系列更宽松的规定和措施，为企业的产品更新换代提供可靠的资金渠道。如允许企业把新产品试制费分期分批摊入成本；享受银行发放技术开发低息贷款或贴息贷款；享受国家、省计划安排的重点新产品试制的补助费；从折旧基金中划拨一定比例统筹安排，企业留利中一定要有一定比例用于新产品开发等。

5）搞好新产品开发的管理工作

技术和管理是经济发展的两个"车轮"，缺一不可。管理是一种经济资源，也是一种生产力。企业要更加重视科研和新产品开发的管理，这将是企业的发展趋势。

（1）推行新产品开发的招标、投标和承包制。招标、投标、承包是一个整体，它能按照经济规律鼓励竞争和择优支持的原则，达到提高企业的社会经济效益的目的，新产品的开发工作也应该实行这种行之有效的措施。这样做有利于克服现行管理工作的弊端，打破行业界限，改变条块分割的状况，促进横向联合，推动企业技术进步，强化企业的技术吸收和开发能力，达到提高企业的管理素质和增强企业活力的目的。

（2）实行奖励企业开发新产品、采用新技术的政策。世界上一些发达国家都把鼓励开发新产品、新技术作为重大国策，采取了一系列方针、政策和办法。其中有一项重要决策，就是奖励政策，鼓励和调动科技人员的积极性，加快发展新产品、采用新技术、提高产品质量的步伐。企业应建立"新产品开发奖励基金"，对在新产品开发或缩短新产品开发周期等领域做出贡献者，按其贡献的大小给予一定奖励。

（3）重视智力投资，加速人才培养。新产品是采用新技术、新材料、新设备、新工艺和新构思的产物。因此，要对职工有计划地进行轮训、培训和进修等形式的教育，重视同国内外有关企业的横向关系，以获得更多情报信息，抓好人员的技术储备，迎接新的挑战，使企业的技术人员和管理人员向既懂技术又懂经济，既懂自然科学又懂社会科学的方向发展。

本章小结

商品信息对商品生产、经营和消费活动的不断深入发展具有重要作用。

商品预测是指系统地研究市场经济和商品科学技术发展的历史和现状，找出支配商品演变和发展变化的内在规律，根据事物之间的相互依存关系，应用数理统计方法，从商品发展状态和方式的已知因素推断未知因素。

中国规定，在结构、材质、工艺等某一方面或几个方面对老产品有明显改变，或采用新技术原理、新设计构思，从而显著提高产品的性能或扩大了使用功能的上市产品称为新产品。新产品按层次级别、按创新的科技程度、按应用范围等进行分类。

能否提高新产品开发的成功率，降低失败率，这对企业的成功和发展至关重要。

新产品开发决定企业生存和发展，而缩短新产品开发周期，又可以使企业捷足先登占领市场。

关键概念

商品信息　商品预测　新产品

简答题

1. 商品信息的特征是什么？
2. 商品信息如何分类？
3. 市场预测有哪些种类？

实训题

按商品创新的科技程度区分某种新产品的类型。

试述题

1.试述新产品的概念。
2.试述新产品的分类。

论述题

1.试论提高新产品开发的成功率。
2.试论缩短新产品开发周期。
3.试论新产品开发中商品预测的重要性。

主要参考文献

［1］张丽川. 海关统计［M］. 北京：中国海关出版社，2007.

［2］宗慧民. 进出口商品归类［M］. 北京：中国海关出版社，2014.

［3］海关总署关税征管司. 进出口税则商品及品目注释：上册［M］. 北京：中国海关出版社，2012.

［4］海关总署关税征管司. 进出口税则商品及品目注释：下册［M］. 北京：中国海关出版社，2012.

［5］海关总署关税征管司. 2007—2012年版《协调制度》目录转换翻译稿［M］. 北京：中国海关出版社，2012.

［6］海关总署综合统计司. 海关统计实务手册［M］. 北京：中国海关出版社，2013.

［7］中国物品编码中心. GS1通用规范［M］. 北京：中国物品编码中心，2011.

［8］黄泽霞. 国内外物品编码发展历程与现状［M］. 北京：中国物品编码中心，2016.

［9］梁栋. 国内外物品编码与条码符号技术［M］. 北京：中国物品编码中心，2016.

［10］杜景荣. GS1全球统一标识系统与商品条码标准体系［M］. 北京：中国物品编码中心，2016.

［11］洪大用. 当代中国环境问题［M］. 北京：社会科学文献出版社，2007.

［12］付建敏，黄承亮. 分析当前5G网络技术研究现状和发展趋势［J］. 山东工业技术，2017（2）.